F. Wilhelm Weber

DU MEIN SCHÖNES MOSELLAND

Freitzeit- und kulturhistorischer
Reiseführer
über 550 km
durch das Tal der Römer
von der Quelle bis zur Mündung
mit Wandertips

Impressum
CIP Kurztitelaufnahme der Deutschen Biliothek
Weber Wilhelm F.
DU MEIN SCHÖNES MOSELLAND
Freizeit- und kulturhistorischer Reiseführer
von der Quelle bis zur Mündung.

I. Auflage

Inh. F. Wilhelm Weber
Bullay/Mosel, Am Königsberg 14,
Telefon 06542 / 2723 * Fax 06542 / 22723
ISBN 3-9801720-8-2

Layout und Einband: F.W. Weber
Printed in Germany (594)

ISBN 3-9801720-8-2

Vorwort

Das Moselland, inmitten von reichlich ländlicher Idylle und beschaulicher Schönheit, ist eine der großen Kulturlandschaften in Europa, bis heute vom Leben und Wirken vergangener Epochen geprägt, vor allem durch die Zeit der Römer. In keinem anderen Landstrich nördlich der Alpen hat die Antike eine solche Vielfalt an Zeugnissen alter Kulturen hinterlassen, kaum eine andere Region ist so reich an früh- und mittelalterlichen kulturhistorischen Baudenkmälern. Das Moselland ist eine Kulturlandschaft voller verborgener Schätze.

Die Mosel entdecken, erleben; jeder der die Mosel kennt, kommt von seiner Faszination nicht mehr los. Schon die Römer wußten die Mosel zu schätzen, als sie Trier zu ihrem Domizil machten. Seither wurde Geschichte geschrieben. Völker kamen und gingen, Kriege und Fehden haben ihre Spuren hinterlassen. Was aber fast unverändert von den Römern übernommen wurde, ist die Rebe, die im Wandel der Zeit den Moselraum zu einem blühenden Wirtschaftsfaktor werden ließ. Der Wein war es also, der die Mosel weltweit so bekannt und berühmt gemacht hat.

In Hochachtung will ich, wie schon vorher Dichter, Komponisten und Filmproduzenten, der Mosel und dem Wein Tribut zollen. Viele literarische Werke über die Mosel und seinen Wein wurden schon verfaßt, dieser Band soll neue Perspektiven eröffnen, ob Kulturgeschichte, Freizeit, Genießen u.v.a.

Sie, liebe/r Leser/in, möchte ich inspirieren, Sie zum Ziel der Reise hinführen, Ihnen die Mosel in Wort und Bild fesselnd schildern, bzw. Ihre bereits erworbenen Kenntnisse erweitern oder vertiefen. Nein, nicht in Trier beginnend oder endend, sondern unter Einbeziehung des ganzen Moselraumes will ich Vergangenes aufleben lassen und Gegenwärtiges in seiner Vielfalt vorstellen.

Urlaub, Erholung, Freizeit, Erlebnis und Genuß: Jeder Moselbesucher kommt hier voll auf seine Kosten. Traumhafte Landschaftsbilder wie aus dem Märchenbuch, historische Baudenkmäler, Museen, Burgen, Schlösser, Kultur, Kunst, Wassersport, Radfahren, Wandern und nicht zuletzt der Wein sind die Garanten für einen unbeschwerten und erholsamen Auf enthalt.

Das integrierte Gastgeberverzeichnis zahlreicher Gastronomie- und Weinbaubetriebe - die mit Kulinarischem und Genüßlichem aufwarten und den Gast verwöhnen - vermittelt einen Überblick leistungsstarker und meist familiär-geführter Betriebe.

F. Wilhelm Weber

Inhaltsverzeichnis

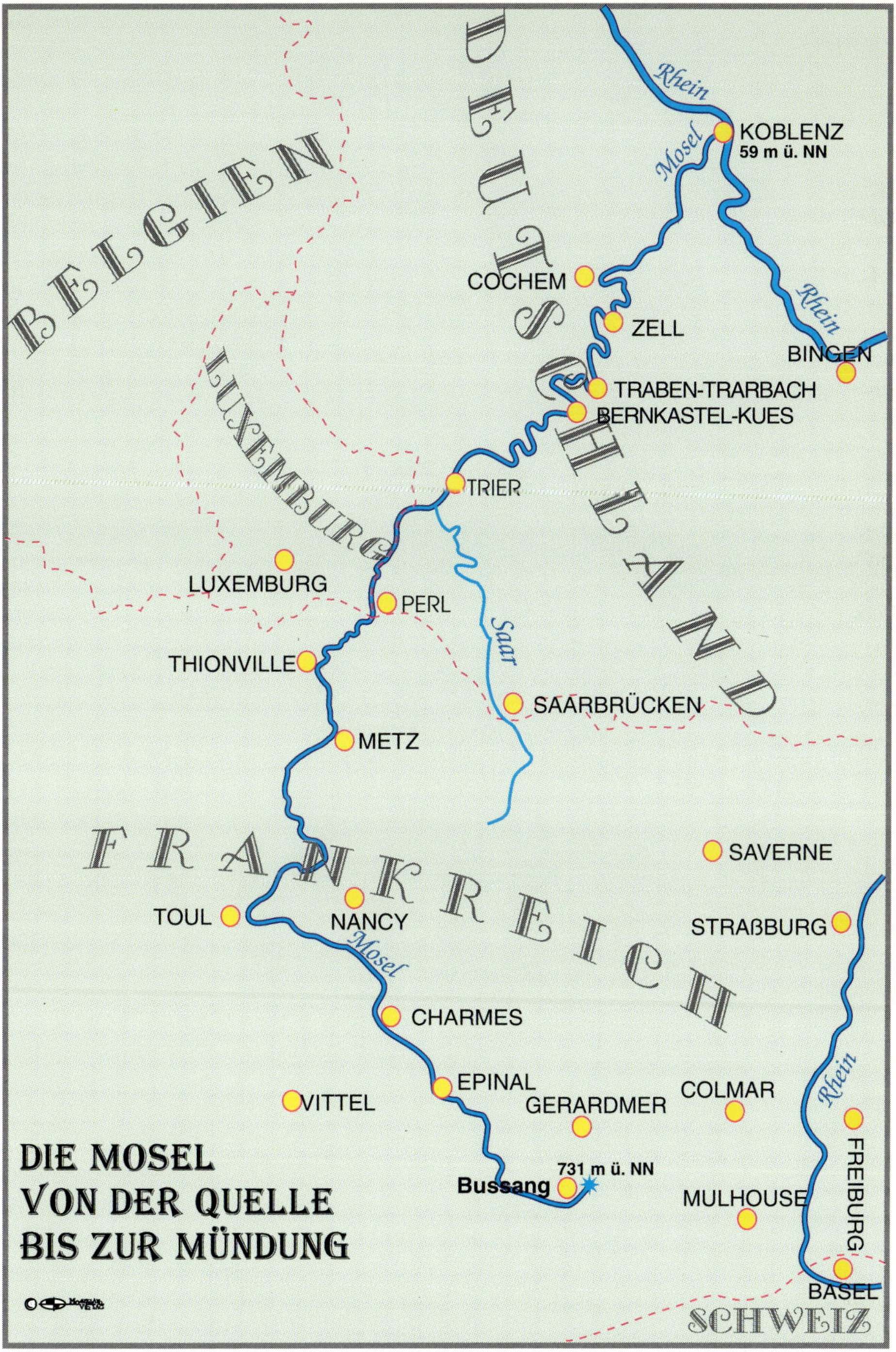
DIE MOSEL
VON DER QUELLE
BIS ZUR MÜNDUNG
BELGIEN
DEUTSCHLAND
LUXEMBURG
FRANKREICH
SCHWEIZ
Rhein
Mosel
Saar
KOBLENZ
59 m ü. NN
COCHEM
ZELL
BINGEN
TRABEN-TRARBACH
BERNKASTEL-KUES
TRIER
LUXEMBURG
PERL
THIONVILLE
SAARBRÜCKEN
METZ
SAVERNE
TOUL
NANCY
STRAßBURG
CHARMES
EPINAL
VITTEL
GERARDMER
COLMAR
731 m ü. NN
Bussang
MULHOUSE
FREIBURG
BASEL

I. Kapitel
Die Mosel und der Wein

Die Mosel und „der Mosel" sind ein Begriff weltweit. Umsäumt von rebenbekränzten Hängen schlängelt sich die eigenwillige »Mosella« während ihrer langen Reise zum Rhein zwischen Mittelgebirgslandschaften hindurch. Berühmte Baudenkmäler, ehrwürdige Städtchen und Dörfer mit gepflegten Fachwerkhäusern lassen 2000 Jahre Geschichte ahnen. Den Römern und Rittern nachzuspüren, sich vom Reiz einer der schönsten Landschaften der Erde bezaubern zu lassen, sollte Grund genug sein, dieses schöne Fleckchen Erde links und rechts der Moselweinstraße kennen und lieben zu lernen.

Als Goethe auf einer seiner Reisen mit einem Boot die Mosel hinabfuhr - er nächtigte in Traben-Trarbach - notierte er mit Bewunderung die Schönheit dieses Flußtales. Hinter jeder Flußbiegung erwartet den Betrachter ein anderes Bild voller Romantik.

Burgen wie aus dem Märchenbuch und malerische Orte und Städtchen sind wie an einer Perlenkette aufgereiht. Das 2000-jährige Trier ist nicht nur die Moselhauptstadt, sondern auch die älteste und geschichtsträchtigste Stadt Deutschlands. Hier haben die Römer eine eindrucksvolle Fülle steinerner Zeugen hinterlassen.

So nachbarlich Rhein und Mosel auch aneinandergrenzen, so sind sie trotzdem verschieden im Charakter ihrer Landschaft, ihrer Geschichte, und nicht zuletzt in ihrem Haupterzeugnis, dem Wein. Der Rhein war eine der ersten deutschen Völkerstraßen, die stille Mosel blieb lange ein Versteck der Romantik. Aus wildzerklüfteten Felsen bricht der Rhein zutage und stürzt donnernd in die Tiefe, bis er endlich ruhig in die breite Rheinebene, dann in die enge Fels gasse des Rheinischen Schiefergebirges tritt, die ihm bis Bonn treu bleibt. Dome inmitten pulsierender Städte spiegeln sich in seinen - jetzt wieder - grün wallenden Fluten. Burgen und kuschelige Weinorte reihen sich aneinander. Bei Worms soll der unselige Schatz der Nibelungen in seinem Bett ruhen. Von alters her ist um seinen Besitz hart gekämpft worden. Immer wieder haben Sänger ihre Harfen zum Lobpreis des Rheines geschlagen, und eine Rheinfahrt war der Traum vieler deutscher Hochzeitspaare, bevor die Welt sich mehr und mehr geöffnet hat.

Wie bescheiden tritt dagegen die Mosel auf! Aber wer sie näher kennt und sie liebevoll entdeckt hat, der wird von ihr immer wieder eingefangen. Hier haben noch der Strom und Sturm des Völkergewoges Land und Leute geprägt. Hier ist alles enger, vertrauter, persönlicher, und schon bald ist man hier zu Hause. Burgenreicher als der Rhein zeigt sich dieses Tal, dessen wundersame Windungen so häufig und stark sind, daß man oft ein paar Stunden wandern kann, um fast am gleichen Punkt wieder anzulangen. Burgen, Kapellen, romantische verträumte Städtchen wechseln, wenn man bergauf, bergab an den grünen Hängen entlang zieht. Keine Fabrikschornsteine stören, man wandert an den nicht endenden, rebenbedeckten Schieferhängen entlang. Glocken von hohen Türmen erklingen und verklingen wieder. Auf der Mosel gleiten Ausflugsschiffe dahin; man ruht am Ufer und lauscht dem Rauschen der Wellen. Zur Zeit der Rosenblüte, an den Tagen, wenn das Feuer der Sonne die Reben in den Schieferhängen kocht und erste Herbstnebel morgens den Strom bedecken - immer ist die Mosel schön. Immer wieder entrollt sie sich in unsagbar malerischer Frische. Und so ist auch der Wein, der hier seit zwei Jahrtausenden an den Hängen reift und von dem der Dichter singt:

Der Mosella Rebgelände zeugen Wein von eigner Art:
Moselwein ist Frauenspende, lieblich, duftig, fein und zart.
Vinum Mosellanum, est omni tempore sanum.

Schon recht bald wußte man, was den Moselwein auszeichnet. Er bekommt gut und schützt - wie behauptet werden kann- vor mancherlei Krankheiten; das glaubt man nicht nur in allen Weinbaugebieten, sondern man kann es wohl auch beweisen. Und wer ein echter Genießer ist, der weiß ihm eine solche Fülle guter Eigenschaften nachzurühmen, daß auch der Laie ihn nur in „vollkommener Hochachtung" schlürfen sollte. Hier ist eine von Kennern gegebene Charakteristik geboten: „Der Moselwein ist leicht und flüchtig, er ist feingärig, duftig, blumig, würzig und pikant; er ist elegant und süffig; er ist fest und stahlig; er ist rassig und charaktervoll; er ist voller Leben, frisch, spritzig und prickelnd; er ist lichtfarbig, grüngoldig schimmernd." - „Aroma" und „Bouquet" entfaltet er in ganz besonderer Weise. Wer aber kann mit dürren Worten diese Tugenden des edlen Nasses beschreiben, in denen der Charakter der Traube, der eigenartige und einzigartige Reiz dieses Rebensaftes zum Ausdruck kommt?! Heute hat der Moselwein wie kaum ein anderer, die Weinkenner in aller Welt erobert; Und wenn etwa Namen genannt werden wie: „Bernkasteler Doktor", „Scharzhofberger", „Josefshöfer", „Zeltinger Schloßberg" „Erdener Treppchen", „Ürziger Würzgarten", „Graacher Himmelreich", „Kröver Nacktarsch", „Zeller Schwarze Katz", „Bullayer Brautrock" u.v.a., so läuft vielen Moselweintrinkern alsbald das Wasser im Munde zusammen. „Und wer des Moselweins Gefunkel mit poetischen Augen anzuschauen versteht, dem lacht aus dem lichten, grüngoldigen Naß die frische Ursprünglich keit des Lebens an der Mosel entgegen, die märchenhafte Romantik des Tales schimmert hervor, und all das Sonnenfeuer, das die Traube gezeitigt, sprüht neu auf im krystallenen Glase."

Stadtsilhouette des spätantiken Trier um das Jahr 400

Als die wahren Entdecker des Moseltales müssen wir die Römer ansprechen. Sie brachten die feine Kultur des Südens hierher. Trier ward zum deutschen Rom erhoben. Kaiserpaläste,

Tempel, bildergeschmückte Gärten, prächtige Landhäuser, Wasserleitungen und Bäder entstanden längs des Stromes. Die weiche Luft des Tales, und die zahlreichen warmen Quellen der nachbarlichen Eifel hatten das verwöhnte Römervolk angezogen.

Die durch Jahrhunderte herrschende Anschauung, daß die Römer erst im 3. Jh. den Weinbau an die Mosel gebracht hatten - ihr Kaiser Probus (276 bis 282 n. Chr.) sollte die ersten Weinstökke angepflanzt haben - hat sich als irrig herausge stellt. Das war, als die berühmten Grabdenkmal-Funde von Neumagen gemacht worden waren. Unter den damals ausgegrabenen zahlreichen Skulpturen, die das Landesmuseum zu Trier in Obhut genommen hat, befinden sich einige, deren Darstellungen beweisen, daß schon in der ersten Hälfte des zweiten, wenn nicht gar schon zu Ende des ersten Jahrhunderts n. Chr. an der Mosel Weinbau getrieben worden ist. In diesem Zusammenhang verdienen die verschiedenen Hochbildbruchstücke, die mit Weinfässern beladene Schiffe zeigen, besondere Beachtung. Ein solches Grabmonument, stilecht rekonstruiert, zeigt die Abbildung zu Neumagen dieses Buches. Gleiche Bedeutung kommt einem großen Quaderstein zu, dessen eine Fläche ein recht gut erhaltenes Rebenornament aufweist. Darauf ist der Schnitt einer Rebe zu erkennen, der eine Ähnlichkeit mit dem an der Mosel noch heute üblichen Rebenzuchtverfahren unverkennbar hat. Aus diesen Funden hat der genaue Kenner des Mosellandes, Karl Heinrich Koch, dem ich in diesen Ausführungen folge, den Schluß gezogen, daß lange vor der Zeit der Neumagener Skulpturen, der Weinbau an die Mosel gelangte, und zwar durch die einstmals hier ansässigen Treverer, denen ja auch Trier (Augusta Treverorum) seinen Namen verdankt. Dieses mächtige und in mancherlei Hinsicht merkwürdige Volk wird meist den Kelten zugerechnet, obwohl es, wie Tacitus in seiner „Germania" bezeugt, sich nachdrücklich seiner germanischen Abstammung rühmte.

In jenen Tagen der Römerherrschaft erstand der Mosel auch ihr erster Sänger: Decimus Magnus Ausonius! Die Wissenschaft hat sich in unseren Tagen wieder an ihn erinnert und einen Teil seiner Werke neu herausgegeben. Von seinen „Idyllen" interessiert uns hier am meisten natürlich die zehnte, „Mosella" benannt. In schier überschwenglicher Weise feiert der Römer die Schönheiten des Moseltales, den Liebreiz seiner Ufer, den Reichtum der Fische, die Güte der hier gezogenen Weine, um dann die Pracht der römischen Kunstbauten und stattlichen Siedlungen zu preisen. Vom Hunsrück kommend, sah er oberhalb von Neumagen zum ersten Male den Fluß. Das war im Jahre 365 n. Chr. Er ging damals nach Trier, wohin er vom Kaiser Valentinian als Erzieher seines Sohnes Gratian berufen worden war. Fünf Jahre später entstand der Sang von der Mosel, der in Römerlanden damals hohen Beifall auslöste. Ungefähr 200 Jahre später war es wiederum ein römischer Dichter, Venantius Fortunatus, später Bischof von Poitiers, welcher in seinem Gedichte „de navigio suo" die Mosel schwungvoll feierte. Er schildert darin eine unterhaltsame Fahrt, die er von Metz nach Andernach im Gefolge eines austrasischen Herrschers gemacht - vermutlich Child - oder Sigeberts, an dessen Hofe er längere Zeit gelebt - und entwirft da erstmalig ein fesselndes Bild frühmittelalterlichen Personenverkehrs auf dem grünen Fluß. In unseren Tagen sind dann die Mosellieder wie Pilze aus der Erde gekommen, besonders zu der Zeit, als das Casino von Trarbach Wein für das beste neue Lied aussetzte. Aber fast alle Lieder sind längst wieder verweht. Erhalten hat sich nur das Lied, das ungekrönt und unbelohnt aus dem wilden Sängerkriege von 1845 mit her vorging. Georg Schmitt aus Moselkern, aus dem Trierer Vorort Zurlauben gebürtig, hat es anfangs der vierziger Jahre des 19. Jahrhunderts auf einer schönen Dampfschiffahrt nach Koblenz in Töne gesetzt; der Pfarrer Karl Theodor Reck aus Feldkirchen bei Neuwied aber war der Dichter.

„Im weiten deutschen Lande,
zieht mancher Strom dahin;
Von allen, die ich kannte,
liegt einer mir im Sinn:
O Moselstrand, o selig Land!
Ihr grünen Berge, o Fluß und Tal,
Ich grüß' euch von Herzen viel tausendmal!"

Die Moselquelle

In den Südvogesen haben wir die Quelle der Mosel zu suchen. Von dort kann man sowohl nach Frankreich als auch nach Deutschland schauen. Abends erkennt man zuweilen sogar die Firnen und Gletscher des Berner Oberlandes, die in der Sonne schimmern. Daß die Mosel einen so friedlichen Eindruck macht, wie das herrliche Tal selbst, das beruht in der Eigenart des vielfach gewundenen Tales. Durch diese zahlreichen Schleifen wird der Strom besänftigt, der trotz allem ab und zu Gefahr für die nahegelegenen Dörfer und Städte durch anschwellendes Hochwasser herbeiführt. Wenn man bedenkt, daß die Entfernung zwischen Quelle und Mündung in Luftlinie nur 278 km, der Gesamtlauf der Mosel aber 550 km beträgt, die Höhe der Quelle 731 m ü. NN mißt, und die Mündung 59 m ü. NN, so erkennt man, wie viele Krümmungen die Mosel vollführt, ehe sie bei Koblenz in den Rhein mündet.

Der Name Mosel ist übrigens zweifellos mit dem Namen Maas verwandt, der zu den ältesten Flußnamen Westeuropas zählt. Von den Römern wurde die Maas, nachdem Julius Cäsar das Gebiet, das dann 400 Jahre lang zur Provinz Gallia Belgica gehörte, unterworfen hatte, Mosa genannt, die Mosel aber Mosella, also „kleine Maas". In vorgeschichtlichr Zeit ist nämlich die Mosel, nahe dem heutigen Orte Pagny sur Meuse in die Maas gemündet. Sie hat dieses Tal erreicht, nachdem sie das der Ane durchflossen hatte, wo in den alten Fluß schottern Gebeine des Mammuts gefunden worden sind. Diese Funde beweisen, daß die Mosel ihre Richtung nach der Maas hin erst aufgegeben hat, nachdem das Zeitalter des Ur-Elefanten vergangen war. Zu der Zeit, da die Mosel noch in die Maas mündete, war sie beträchtlich wasserreicher als die Maas selbst. Daher wurde ihr der Name gegeben, den der Unterlauf des in die Nordsee fließenden Stromes führte, also Mosa. Der heutige Oberlauf der Maas aber muß einst einen anderen, später hin verlorengegangenen Namen getragen haben. Nachdem nun die Mosel ihren Lauf geändert und sich selbständig zum Rheine gewandt hatte, hat man sie Mosella = kleine Maas genannt, weil ihr Lauf im Verhältnis zu dem der ganzen Maas kürzer ist. In der Geschichte des Mosellandes, des zwischen Hunsrück und Eifel sich windenden Tales, nimmt das Römertum den breitesten Raum ein. Römer brachten einst erste Kunst und feinere Kultur in dieses Tal. Von Rom allein erzählen die reichen Funde, welche die Erde so lange verwahrt hat, und die heute, sorgfältig gesammelt, den kostbarsten Schatz des Landesmuseums zu Trier bilden Und noch immer werden neue Funde gehoben, Mosaikböden, Waffen, Architekturstücke; weite Gräber reihen werden bloßgelegt, wo römische Legionen ihre Krieger fern der Heimat betteten.

Ehemals saßen hier wie schon erwähnt, die Treverer, bis dann die Römer, nach der Unterjochung Galliens, in das Tal rückten und die Treverer unterwarfen. Von da ab tritt das Moselland erst in die Geschichte ein.

Fast 500 Jahre hindurch haben dann die stolzen Eroberer an der Mosel geherrscht, unerhörte Pracht entfaltet, gewaltige Denkmale ihrer Kunst errichtet. Ein großzügiges Volk, doch zugleich auch grausam-brutal in seinen Lebens äußerungen. Es ist nicht unmöglich, daß die Treverer nach und nach in dem Römervolke aufgegangen sind. Vielleicht stammt die aus Riesenquadern errichtete Porta Nigra noch aus ihren Tagen; an Alter also noch Trier, die zweite römische Kaiserstadt, überragend. Aus dieser ersten Niederlassung erstand nun die Colonia Augusta Treverorum, die reichste, und größte Stadt dieseits der Alpen.

Zugleich mit Trier wurden nun längs der Moselufer bis Koblenz rasch aufblühende Städte gegründet, die in ihrer prunkvollen Ausgestaltung den verwöhnten, aber auch verweichlichten Geschmack dieses kühnen Herrenvolkes bezeugten. Aus allen Richtungen kamen fremde Völker herbeigezogen, diese Wunderwerke anzustaunen. Unter Kaiser Konstantin wurden im Amphitheater bei Trier allabendlich Tausende von gefangenen Franken und Brukterern den wilden Tieren vorgeführt.

Dann aber schritt bald strafend die Gerechtigkeit durch die Tore Triers. Germanische Völkerscharen wogten herbei. Und vor diesen Kriegern verkroch sich Rom. Die vor dem heutigen Dome noch liegenden, von den Stein metzen angefangenen Säulenkolosse reden ernster und eindrucksvoller davon als alle Worte. Viermal sank unter den Brandfackeln der „Barbaren“ die Herrlichkeit Triers in Asche und Trümmer. Roms stolze Weltmacht ging dahin, und der Schritt seiner einst so siegreichen Legionen verhallte für immer im Moselta le. Der Sturm der Völkerwanderung mag die Weinberge vom Boden hinweggefegt haben, doch kann die gewaltsame Unterbrechung des Weinbaues nur von kurzer Dauer gewesen sein. Das Christentum kam. Ein Frankenkönig war über das östliche Reich Austrasien gesetzt. In Metz und Andernach erhoben sich seine Herr scherburgen. Schon zu Beginn der Frankenzeit, als die Völker kaum seßhaft geworden waren, stand der Weinbau bei den ripuarischen Franken an der Mosel unter gesetzlichem Schutz. In jenen Tagen wurde das Erzbistum Trier begründet, das die Sorge für Kultur und Sitte über nahm. Aus seiner Frühzeit stammt die erste Urkunde, die den Weinbau an der Mosel be zeugt. Im Jahre 634 war es nämlich, als König Dagobert dem Erzbischof Modoald zu Trier alle Rechte und Güter seiner Kirche bestätigte, darunter auch Weinberge am Rhein, an der Loire und an der Mosel. Auch aus Jahren des achten, neunten und zehnten Jahrhunderts ist dann der Weinbau in einzelnen Orten des Moseltales urkundlich nachgewiesen. Um's Jahr 1000, als der Weinbau in Deutschland schon große Ausdehnung gewonnen hatte, dürfte bereits das ganze Tal der mittleren und unteren Mosel ein zusammenhängendes Weinland gewesen sein, wie es das noch heute ist.

Unter den Karolingern kam das Moselland an Lothringen. Gaugrafen begründeten seßhafte Geschlechter, erste Steinburgen wuchsen am Strome empor. Als dann die Hohenstaufen die Zügel der Regierung übernommen hatten, wuchs die Zahl der Rittersitze noch weiter an. Im vierzehnten Jahrhundert war es der geniale Erzbischof Balduin von Trier, der das Moseltal zu ganz besonderer Blüte führte. Der Dreißigjährige Krieg hat dann die Bevölkerung des Mosellandes um mehr als 100.000 Menschen verringert. Am Boden lagen Arbeit und Kultur von Jahrhunderten.

Als dann die Franzosen unter der Schreckensherrschft der Jakobiner 1794 die linksrheinischen Gebiete besetzten, lösten sie tiefgreifende Veränderungen aus: 150 Kleinstaaten verschwanden für immer von der Landkarte, eine ganze Region ging schließlich im französischen Staatsverband auf. Die Franzosen fügten auch dem Moselland tiefe, schmerzvolle Wunden zu, der Bevölkerung wurden schwere Bürden aufgelegt. Zwingburgen, z.B. Mont Royal bei Traben-Trarbach zu deren Errichtung die Moselaner, zähneknirschend Frondienste leisten mußten, wurden angelegt. Heute nach 200 Jahren, erinnert man an die Ereignisse als „Zeitenwende“, die den Beginn der politischen Moderne auf deutschem Boden einleiteten.

Erst seit der Zugehörigkeit zu Preußen und besonders nach dem Einigungskriege von 1870/71 kam das Land zur Ruhe. Das Moseltal wurde entdeckt und der Moselwein begann seinen Siegeszug. Das Verdienst, das Moseltal zuerst dem neuzeitlichen Verkehr erschlossen zu haben, gebührt der Trierer Dampfschiffahrts gesellschaft, die bereits im Frühjahre 1841 mit ihrer Mosella, einem Rotterdamer Schiff, die Dampfschiffahrt zwischen Trier und Koblenz eröffnete. Heute verkehren mehrere Schiffahrtsgesellschaften von Frühjahr bis zum Spätherbst regelmäßig auf der Mosel. Wanderer, Radfahrer, Genießer, Kultur- und Kunstfreunde fühlen sich inzwischen hier wie zu Hause. Und jeder, der den Zauber der Mosel je kennen gelernt hat, wird von ihrer Faszination nicht mehr loskommen. Die Mosel ist der rechte Sorgenbrecher für alle, die für Tage und Wochen den Kampf und die Hast des Alltages vergessen wollen. Lassen wir uns einstimmen mit dem Trinkspruch v. Joh. Wolfgang v. Goethe

„Trunken müssen wir alle sein,
Jugend ist Trunkenheit ohne Wein,
Trinkt sich das Alter wieder zur Jugend,
so ist es wundervolle Jugend.
Für Sorgen sorgt das liebe Leben,
und Sorgenbrecher sind die Reben.“

Die Mosel, der Magnet für den Besucher

An erster Stelle im landesweiten Vergleich lagen die Besucherzahlen der Fremdenverkehrsregion Mosel und Saar für 1993. Rund 15 Millionen Tagesgäste haben das schone Mosel tal bereist. Die Gemeinden verzeichneten mit rund 1,5 Millionen Personen die meisten Gäste in Rheinland Pfalz und liegen auch mit fast 5 Millionen Übernachtungen an der Spitze.

Hochwasser

Das Moseltal wurde seit 1784 insgesamt 46 mal durch Hochwasser heimgesucht. Für die Mosel ab Trier talwärts werden die Wasserstände am Pegel Trier gemessen. Der Normalwert liegt bei 3 - 3,50 m. Der höchste gemessene Hochwasserstand war 1784 zu verzeichnen, der am Pegel Trier mit 11,50 m registriert wurde. Der zweithöchste Wasserstand wurde Weihnachten 1993 mit 11,40 registriert, der enorme Schäden für die Moselanlieger hinterließ. 13 Monate später, im Januar 1995, ist bei einem erneuten Hochwasser der Wasserstand stündlich sogar bis zu 25 cm gestiegen - so schnell, wie nie zuvor: Der Pegel erreichte erneut fast die 11 m Marke. Alle anderen Hochwasser bewegten sich zwischen 7,50 und 10,50 m. Viele Moseluferstraßen sind ab einem Pegel von rund 8 m schon überflutet und nicht mehr befahrbar.

Moselfestwochen

Alljährlich finden an der Mosel zu jeder Jahreszeit „Kultur-Festwochen“ statt unter Mitwirkung vieler bekannter Künstler, die durch Film, Fernsehen, Rundfunk und Theater Weltruf genießen. Die Presse informiert rechtzeitig! Fordern Sie den Veranstaltungskalender bei den zuständigen Veranstaltern an.

Moselhöhen-Wanderweg

er führt durch Weinstädtchen, Weinberge, Wald und Flur.

Der MOSELHÖHENWEG links und rechts der Mosel zwischen Koblenz und Wasserbillig an der luxemburgischen Grenze existiert schon Jahrzehnte und findet großen Zuspruch.

Die Hunsrückseite (rechts der Mosel) beläuft sich auf 186 km.

Die Eifelseite (links der Mosel) beläuft sich auf 165 km Länge.

Einheitliches Markierungszeichen ist ein weißes M im schwarzen Feld.

Nicht immer verläuft der Moselhöhenweg parallel zum Flußlauf: Er schneidet einige Moselschleifen ab, um ein anderes Mal schöner Aussichtspunkte wegen den Windungen getreu zu folgen.

Eine weitere Empfehlung: Bei geplanten Mehrtagswanderungen bestellen Sie bitte rechtzeitig Ihr Quartier in den Zielorten im Moseltal (siehe Gastgeberverzeichnis). Besonders in den Sommer- und Herbsttagen könnte es Engpässe für Übernachtungen ohne Voranmeldung geben. Die in der Wegbeschreibung des Moselhöhenweges angegebenen Streckenabschnitte sind, was Länge und Auswahl der Ausgangs- und Zielpunkte angeht, unverbindlich. Selbstverständlich ist es jedem Wanderer überlassen, sich seinen Streckenabschnitt selbst auszuwählen.

Hunsrückseite

Der Moselhöhenweg (rechte Seite) verläuft auf der Hunsrückseite über 186 km von Koblenz bis Trier, wird vom Hunsrückverein betreut und ist in folgende Tagesabschnitte unterteilt:

1. Koblenz -Hbf bzw.
   Bhf Koblenz-Moselweiß - Alken (28 km)
2. Alken - Beulich (17 km)
3. Beulich - Treis-Karden (24 km)
4. Treis-Karden - Zell (25,5 km)
5. Zell - Traben-Trarbach (19 km)
6. Traben-Trarbach - Monzelfeld (21 km)
7. Monzelfeld - Papiermühle (22 km)
8. Papiermühle - Riol (18 km)
9. Riol - Trier-Ruwer/Bhf (11,5 km)

Anmerkung: Der Moselhöhenweg schneidet einige Moselschleifen ab, die Schleife Traben-Trarbach/Bernkastel-Kues wurde wegen ihrer schönen Aussichtspunkte mit in die Markierung einbezogen ist.

Eifelseite

Der Wanderweg kommt von Luxemburg und wird linksseitig der Mosel, beginnend auf der Sauerbrücke bei Wasserbillig, vom Eifelverein betreut. Von hier läuft er zunächst nach Trier, dann Fortsetzung ab Schweich nach Koblenz. Ab Trier bietet sich die letzte Teilstrecke des HWW(2) über Biewer nach Ehrang, evtl. auch bis Quint an. Hier fehlt jedoch eine Wanderverbindung nach Schweich. Schweich ist ab Trier (Bf.-Vorplatz) mit dem Bus der Deutschen Bundesbahn oder mit dem Moselbahnbus zu

erreichen, evtl. auch mit dem Bus von Ehrang oder Quint nach Schweich.
Dieser Moselhöhenweg ist in folgende Tages abschnitte unterteilt:

1. Wasserbillig - Trier (14,5 km)
2. Schweich - Klüsserath (15 km)
3. Klüsserath - Lieser (19 km)
4. Lieser - Ürzig (15,5 km)
5. Ürzig - Alf (22 km)
6. Alf - Cochem (24,5 km)
7. Cochem - Karden (14 km)
8. Karden - Münstermaifeld (14 km) bzw. Karden - Hatzenport (12,5 km)
9. Münstermaifeld - Koblenz-Güls (25,5 km)
10. Hatzenport - Kobern (18 km)
11. Kobern - Koblenz-Güls (12 km)

Radwandern und Einkehren im Moselland,

unter diesem Titel hält der MOSELLAND VERLAG einen Radwanderführer bereit für den aktiven Freizeitgestalter, der seine Freizeit sinnvoll gestalten möchte und gleichzeitig die Reize der abwechslungsreichen und romantischen Landschaft der Mosel kennen und erleben will. Passend für die Lenkradtasche beschreibt er den Tourenverlauf entlang der Mosel von Koblenz bis Perl im Maßstab 1 - 60.000 mit graphischer Darstellung. Eine zusätzliche Übersicht-Straßenkarte M 1- 120.000 sorgt für den großen Überblick. Der Radwanderführer ist im Handel erhältlich für DM 9,80, oder zu bestellen direkt beim Verlag. (Anschrift im Impressum)

Happy-Mosel (Radelsonntag)

Jeweils am Sonntag nach Pfingsten ist auf beiden Seiten der Mosel zwischen 9 - 18 Uhr - der Teilabschnitt zwischen Schweich und Cochem - für alle Kraftfahrzeuge gesperrt. Nur Radfahrer haben das Privileg, an der Mosel entlang zu radeln und die herrliche Landschaft ohne den störenden Kraftfahrzeugverkehr in aller Ruhe zu genießen. An diesem Tag finden vielerorts Veranstaltungen statt. Gastronomische Betriebe sind bestens gerüstet für diesen Tag. Ein Erlebnis besonderer Art!

Wassersport auf der Mosel

Die Mosel ist seit ihrer Schiffbarmachung, die 1964 abgeschlossen wurde, die zweite internationale Wasserstraße von Rheinland-Pfalz und somit für alle Sportbootfahrer zu einem Dorado geworden.

Die 12 Staufstufen von Perl bis Koblenz sind so behutsam in die Landschaft gesetzt worden, daß sie nirgends das vertraute Bild stören. Sie haben im Gegenteil dem Fluß ein sauberes und gepflegtes Ansehen gegeben. Beim Bau der Schleusen wurde auch den Belangen der Wassersportler Rechnung getragen. An allen Staufstufen sind Bootsschleusen und Bootsschleppen, manchmal außerdem noch Bootsgassen vorhanden. Sind die Bootsschleusen außer Betrieb, können die Großschleusen mit benutzt werden. Alle Anlagen für die Sportschiffahrt dürfen nur am Tage benutzt werden und sind von den Benutzern unter Beachtung der aushängenden Vorschriften selbst zu bedienen. Weite Strecken des Flusses sind für Wasserski freigegeben. Wie auf dem Rhein wird aber allen Sportbootfahrern mit oder ohne Motor empfohlen, sich an die wasserpolizeilichen Vorschriften zu halten und die Markierungen zu beachten.

Moselschiffahrt

Die Mosel ist die einzige bundesdeutsche Wasserstraße, die weit über ihre Möglichkeiten ausgelastet und somit ohne freie Kapazitäten ist. Um hier teilweise eine Abhilfe zu schaffen, hat man beschlossen, die Fahrbahnrinne zu vertiefen. Schon im Jahre 1992 wurde mit den Arbeiten begonnen und sie werden voraussichtlich 8 Jahre lang dauern bis zur Fertigstellung der Strecke von Koblenz bis Apach. Die Fahrrinne wird von 2,70 m auf 3 m vertieft und für den Güterverkehr auf der Mosel erhebliche Verbesserungen bringen. Dadurch ist es möglich, daß ganzjährig 2,80 Meter abgeladene Güterschiffe die Mosel befahren können. Die Mehrladung durch die Fahrrinnenvertiefung

Die Moselwasserstraße und ihre Stauwehre

Geöffnete Schleuse

Geschlossene Schleuse

So stellt sich der Mosellauf graphisch dar. 13 Stauwehre mit einer Gesamtsteigung von 86 m ist für die Schiffahrt von Koblenz bis Apach an der französischen Grenze zu überwinden.

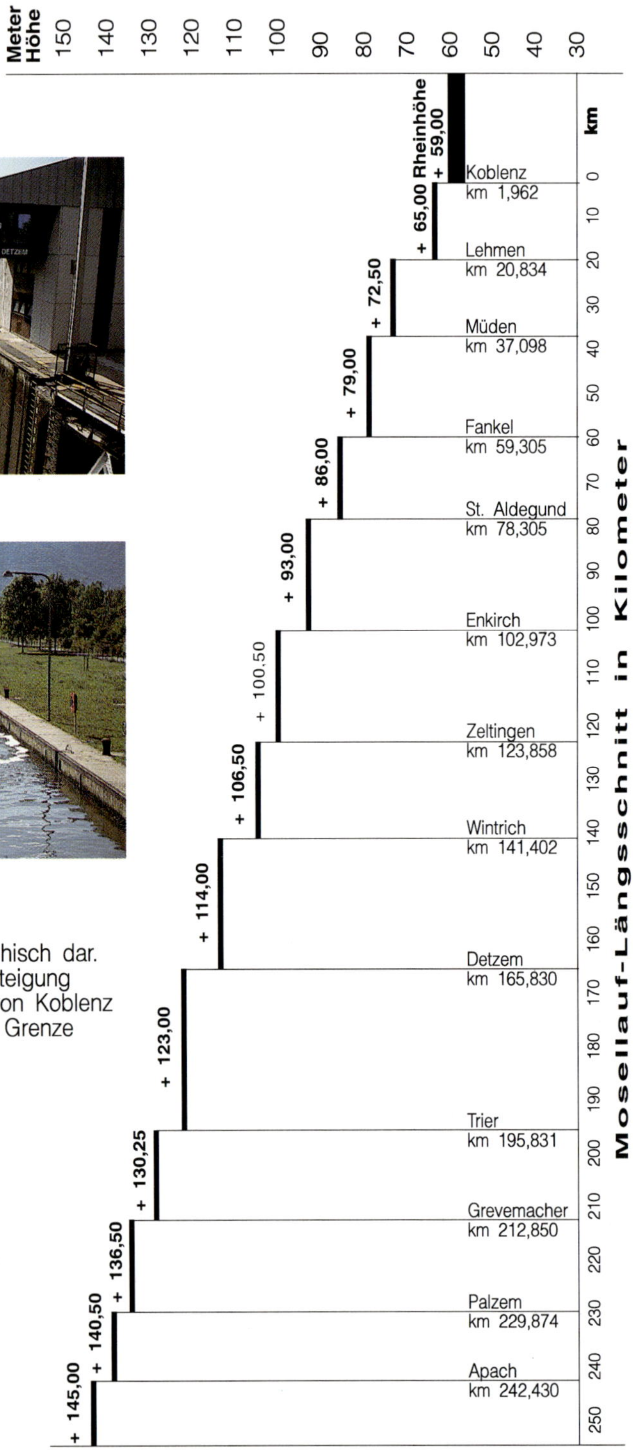

beträgt bei einem 1500-Tonnen-Schiff ca. 20 Prozent gegenüber der bisherigen Fahrtiefe von 2,70 m.

Ein modernes Großraumschiff von 110 m Länge und 11,40 Breite hat einen Laderaum in der Größe, wie der Laderaum von 106 Lastzügen beziehungsweise 52 Eisenbahnwaggons. Die Vertiefung ermöglicht den Mehrtransport von 18 Lastzügen oder neun Eisenbahnwaggons je Güterschiff.

Strom aus der Mosel

800 Millionen Kilowattstunden Strom pro Jahr werden von den 10 Kraftwerken der mit Turbinen bestückten Moselstaustufen quasi als Abfallprodukt der Schiffahrt produziert. Das reicht, um ca. 200.000 Haushalte ausreichend mit Energie zu versorgen. Von der Leitstelle in Fankel werden die Moselstaufen überwacht, gesteuert und reguliert. Pro Anlage entspricht dies dem elektrischen Energiebedarf von rund 20.000 Haushalten. Der Anteil des mit Wasserkraft erzeugten Stromes beträgt bundesweit vier Prozent des Gesamtverbrauchs.

Der Weinbau an Mosel - Saar - Ruwer

Die Menschen brachten seit Urzeiten der Rebe und dem Wein eine besondere Hochachtung entgegen, was aus unzähligen Erwähnungen sowohl des Rebstockes als auch des Weines in der Literatur, in Berichten und Erzählungen hervorgeht. Dies mag daraus zu erklären sein, daß die Rebe ohne die Hilfe und Pflege durch den Menschen ungeordnet wachsen würde und unfruchtbar wäre, denn sie ist eine sehr anspruchsvolle und teils empfindliche Pflanze, die der besonderen Zuwendung und Bearbeitung durch den Menschen bedarf. So wurde der Rebstock als die Mutter des nicht immer voll begreifbaren Sohnes Wein stark in die Gedanken- und Gefühlswelt einbezogen.

Aus Papyrusrollen kann entnommen werden, daß eine Weinrebenpflanzung bei den alten Ägyptern als Gottesgabe galt. Die Sumerer setzten in ihrem Schriftbild ein dreilappiges Weinblatt als Zeichen für Leben. Die Babylonier verehrten eine Göttin als die Herrin des himmlischen Weinstockes. Die Griechen und Römer sagten, daß aus der Rebe das Leben fließt. In der christlichen Region sind die Rebe und der Wein ebenfalls von sehr hohem Symbolwert. An vielen Stellen der Bibel wird die Rebe erwähnt, und der Wein selber verkörpert im Gottesdienst das Blut Christi.

Im Altertum, dem Mittelalter und in der Neuzeit hat der Wein die Menschen befeuert, die Dichter und Denker inspiriert. Die umfangreiche neue Weinliteratur zeugt von dem hohen Ansehen, das der Wein auch heute noch genießt. Weinbruderschaften, Weinseminare, Weinlehrpfade, Weinproben bieten allen Interessierten die Möglichkeit, ihr Weinwissen zu erweitern. Wenngleich die technische Funktion und der errechenbare Nutzen das Maß der Dinge in dieser Welt zu sein scheinen, so haben Symbol und Empfindungswert noch einige Geltung. Es wäre sicherlich eine Verarmung, wenn die Wein-Begeisterung und Wein-Schwärmerei verloren gingen.

Wir sollten nicht auf die vielfältigen, wohltuenden Wirkungen verzichten, die der Wein bei mäßigem und weisem Genuß auf das menschliche Wesen auszuüben vermag. Die Worte von Hippokrates, dem berühmtesten Arzt des Altertums, die er vor 2300 Jahren geprägt hat, sind heute zweifellos noch zutreffend: „Der Wein ist ein Ding, in wunderbarer Weise für den Menschen geeignet, vorausgesetzt, daß er bei guter und bei schlechter Gesundheit sinnvoll und im rechten Maße verwandt wird, übereinstimmend mit der Verfassung der einzelnen Person.“

Entwicklung des Weinbaues

Im Jahre 1958 hat das Großherzogtum Luxemburg eine Briefmarke herausgegeben, auf der „2000 Jahre Weinbau“ vermerkt war. In der Tat können wir an der Mosel und am Rhein auf eine zweitausendjährige Weinbaugeschichte zurückblicken. Die Einführung des Weinbaues geht wohl auf die Römer zurück.

Nach Dr. Cüppers ist an Mosel und Rhein in der Zeit vor der römischen Eroberung keine kultische Verehrung des Bacchus nachgewiesen. Es ist daher auch davon auszugehen, daß kein ausgedehnter Weinbau vorhanden war. Hierzu schreibt er weiter: „Aufgrund von Gräberfunden der eisenzeitlichen La-Tene-Zeit ist allerdings anzunehmen, daß der Wein als Getränk in den oberen Schichten der Bevölkerung bekannt war und durch Handelstausch bezogen wurde. Kunstvoll verzierte Schnabelkannen, Weinkelche und Siebe aus Bronze wurden nämlich in zahlreichen Gräbern gefunden. Diese Geräte, die in südlichen Ländern vornehmlich zum Anreichen und Trinken des Weines dienten, sind als Importgut nach hier gelangt und wur den von einheimischen Handwerkern in Metall und Ton nachgebildet. Daneben waren in Gräbern Flaschen, Doppelhenkelkelche und Becher in vielfältigen Formen, die auf eine Verwendung bei Genuß von Wein schließen lassen. Poseidonius von Ampamaea berichtet, daß im 1. Jahrhundert vor Christi die reicheren Kelten Galliens italischen oder massaliotischen

Wein (aus dem Gebiet von Massila = Marseille) tranken, während die einfache Bevölkerung mit Bier unterschiedlicher Qualität vorlieb nahm."

Die Römer brachten im Zuge ihrer Eroberungen den Weinbau in viele Länder, unter anderem auch nach Deutschland. Wir können davon ausgehen, daß bereits seit Mitte des 1. Jahrhunderts nach Christus größere Flächen im Rheintal und an der Mosel mit Reben bepflanzt wurden. Die Römer kannten die Klimaansprüche der Rebe sehr gut und so pflanzten sie vornehmlich die Reben an den Süd-, Südwest und Südost hängen der Flußtäler. Der Weinbau aus römischer Zeit wurde hauptsächlich durch die Funde von Weinbaugeräten, insbesondere von Winzermessern, Hacken, wie sie in der Rheinpfalz, in Rheinhessen, an der Nahe, an der Mosel und der Ahr gefunden wurden, bezeugt. Die Rebmesserformen lassen teils an die Herkunft des Weinbaus aus ehemals griechischen Einfluß gebieten (Provence) schließen. Daneben gibt es viele bedeutende Funde, die Aufschluß über die Rebenerziehung, die Mostgewinnung (Kelter anlagen), die Weinbereitung und den Weintransport geben.

Nach der Römerzeit (um 470 n. Chr) folgte die Zeit der Völkerwanderung. Die Bevölkerung hielt trotz aller kriegerischen Wirren am Weinbau fest. So kann Venantius Fortunatus, gestorben bald nach 600, in der 2. Hälfte des 6. Jahrhunderts den Weinbau an Rhein und Mosel besingen. Im Mittelalter waren es besonders die Klöster, die den Weinbau betrieben und die für eine weitere Ausbreitung des Weinbaues sorgten. Sie brauchten den Wein für den Gottesdienst, den Erwerb und die Bewirtung ihrer Gäste und versuchten, überall wo sie Niederlassungen gründeten, auch Reben anzubauen. Karl der Große wies die Klöster an, sich wissenschaftlich um den Rebenanbau und Weinausbau zu kümmern, was sie mit Fleiß und großem Erfolg getan haben. In der Zeit vom 9. bis 13. Jahrhundert wurde der Weinbau fast über ganz Deutschland ausgebreitet. Um die Mitte des 15. Jahrhunderts bis zur Mitte des 16. Jahrhunderts hat der Weinbau in Mittel- und Nordeuropa seine wohl größte Ausdehnung erfahren. Die

Rebfläche in Deutschland betrug rund 300.000 ha; das war das dreifache der heutigen. Der Pro-Kopf-Verbrauch an Wein soll damals bis 150 l je Jahr betragen haben.

Ab der 2. Hälfte des 16. Jahrhunderts ging der Weinbau in Nord-, Ost- und Teilen von Süddeutschland zurück. Er blieb aber in den heutigen Weinbaugebieten erhalten, die meist im Rheintal und in den Tälern der Nebenflüsse des Rheins liegen.

Besonders eine Verschlechterung des Großklimas, die um 1500 n. Chr. eingesetzt hatte, soll Ursache für den Rückgang des Weinbaues gewesen sein. Aber auch der Dreißigjährige Krieg, die Kriege Ludwigs des XIV. (1643 - 1715) und die Revolutionskriege um 1800 waren Schuld daran

Schließlich haben die Weineinfuhren aus den südlichen Weinbauländern den Rückgang mitbedingt. Infolge der verbesserten Transport möglichkeiten wurden immer größere Wein-mengen importiert.

Bereits in früheren Jahrhunderten war man um eine Qualitätserzeugung beim Wein bemüht. Im Jahre 1384 wurde beispielsweise in der „Statuabannorum civitatis Treverensis“ die älteste Weinleseordnung für das Trierer Land heraus gegeben.

Die Rebsorte Riesling, heute die bedeutendste Weißweinsorte der Mosel, des Mittelrheins und des Rheingaues, also der nördlichen Weinbau-gebiete, wurde von den Weingütern in ihrem Wert früh erkannt. Dr. Matheus, Trier, konnte nachweisen, daß im Jahre 1562 in den Weingütern des Klosters von St. Irminen bereits Weinberge mit dieser Sorte neu angelegt worden sind. Der Riesling-Anbau wurde an Mosel-Saar-Ruwer besonders durch den letzten Trierer Kurfürsten Clemens Wenzeslaus entscheidend gefördert. 1787 erließ er eine Verfügung, wonach im Sinne eines qualitätsbetonten Weinbaues alle Rebflächen auf diese Sorte umzustellen seien. Durch die französische Revolution im Jahre 1789 wurde die weitere Entwicklung des Weinbaues der Einflußnahme der Kurfürsten entzogen. Die Umstellung war offenbar gut eingeleitet worden und vollzog sich bis 1900 weiter.

Eine interessante Beschreibung des Moseltales aus dieser Zeit hat uns Goethe geschenkt. Als er 1792 auf der Rückkehr vom Feldzug in Frankreich mit dem Schiff von Trier nach Koblenz fuhr, schrieb er:

„Die Uferansichten waren höchst mannigfaltig, die vielen Ortschaften zu beiden Seiten gaben den muntersten Anblick. Der Weinbau, überall sorgfältig gepflegt, ließ auf ein heiteres Volk schließen, das keine Mühe scheut, den köstlichen Saft zu erzielen.“ Die Besitzverhältnisse erfuhren zur Zeit der französischen Herrschaft grundlegende Veränderungen. Der Verkauf der Kirchengüter führte zu einer weitgehenden Privatisierung dieser Besitzungen. Mittlerweile hatte sich auch ein bedeutender Weinhandel in Deutschland entwickelt.

An der Mosel ging der Weinhandel damals teilweise schwierigen Zeiten entgegen, nachdem ihm durch die Grenzziehung die traditionellen Absatzgebiete im Osten des Vaterlandes verloren gegangen waren. Erst nach dem Anschluß an das weinarme Preußen im Jahre 1815 erholten sich der Weinbau und der Weinhandel wieder, und Trier war „Mittelpunkt des besten Weinwachses“, wie es Kentenich formulierte.

Die Erholungsphase war aber nicht von langer Dauer. Durch die Gründung des Preußischen Zollvereins im Jahre 1833, wonach gemäß den Forderungen des Nationalökonomen Friedrich List alle inneren Zollgrenzen beseitigt werden sollten, und dem bis 1838 fast alle deutschen Staaten beigetreten waren, erwuchs dem Mosel wein eine starke Konkurrenz. In der Folgezeit wurden preisgünstige Weine aus den südlichen Weinbaugebieten eingeführt. Der Weinabsatz wurde erschwert und die Winzer gerieten in große Not. Die schwierigen und geringen Weinjahre zu Beginn des 19. Jahrhunderts trugen ebenfalls zur Verschärfung der wirtschaftlichen Situation bei.

Um 1800 begann die Epoche des wissenschaftlichen Weinbaues. Es wurden aktive Pflanzenschutzmaßnahmen eingeführt, man unternahm Reisen in andere Länder, um dort die

Produktionsbedingungen zu studieren, man schränkte die Zahl der Rebsorten ein und ging zu sortenreinen Anlagen über, nachdem zuvor meist Sortengemische angebaut worden sind, die man als gemischten Satz bezeichnete.

Bereits 1775 kam es im Kloster Johannisberg im Rheingau durch die verspätete Leseerlaubnis zur Entdeckung der Spätlese und der richtigen Bewertung der Edelfäule (Botrytis) für die Weinqualität. Um 1870 begann man in der Pfalz und in Franken mit der Klonenzüchtung, um die Leistungsfähigkeit der Reben zu erhöhen. 1882 züchtete Professor Müller in Geisenheim die Müller-Thurgau-Rebe, die aus einer Kreuzung Riesling x Silvaner stammt.

Einen Rückschlag erlitten der europäische und der deutsche Weinbau in der zweiten Hälfte des vergangenen Jahrhunderts durch die Einschleppung der Rebschädlinge aus Nordamerika. Ab 1850 trat der echte Mehltau (Odium) in Deutschland auf, 1874 die Reblaus (Phylloxe ra), 1888 der falsche Mehltau (Peronospora), die schwere Schäden im Weinbau verursachten. Damit mußte der Rebschutz entwickelt werden, um den Bestand des Weinbaues zu retten. 1912 wurde die Reblaus zum ersten Mal an der Mosel festgestellt. Sie kam vermutlich von Luxemburg in das Gebiet der Obermosel. Ab 1847 wurden Versuche zur besseren Rebenernährung mit Mineraldüngern durchgeführt. Moderne Drahtrahmenerziehungen wurden eingeführt statt der meist üblichen Pfahlerziehung. Ab 1830 wurde die Mostwaage „System Oechsle" verwandt. Es wurden neue Keltersysteme erprobt, die Most- und Weinbehandlung wurden verbessert, die die Weinbereitung regelten.

In diesem Jahrhundert hat sich der Weinbau weiter fortentwickelt. Es sind wesentliche Maßnahmen zur Modernisierung, Rationalisierung und Technisierung durchgeführt worden. Hier seien die Weinbergsflurbereinigung genannt, der Einsatz von Maschinen und Geräten, die Seilwinden im Steilhang, der Hubschrauber zur Pflanzenbehandlung und der Traubenvollernter. Auch in der Kellerwirtschaft ist die Entwicklung weitergegangen. Hier sei an den Ausbau der Weine in Großraumbehältern erinnert, die modernen Füll- und Verpackungsmaschinen.

Bei all diesen Neuerungen hat man sehr streng auf die Erhaltung und Verbesserung der Wein qualität geachtet, da diese die Voraussetzung für den Absatz der Weine ist.

Die natürlichen Produktionsbedingungen

Der geologische Aufbau und die Bodenverhältnisse sind auf Grund der Länge des Flusses nicht so einheitlich, wie es bei oberflächlicher Betrachtung scheinen mag. Im Westteil des Moseltales, das heißt, von der französischen Grenze bis zur Saarmündung bei Konz, sind vornehmlich Muschelkalk- und Keuperböden. Der anschließende Ostteil des Tales baut sich aus den Schichten des Devon auf. Bei Schweich beginnt das eigentliche Erosionstal der Mosel. Dort durchbricht der Fluß das Rheinische Schiefergebirge und bahnt sich in vielen Windungen seinen Weg durch den Tonschiefer. Am unteren Lauf der Mosel findet man neben dem weicheren Tonschiefer auch harte, kiesel säurereiche Grauwacken. In der Wittlicher Senke kommen die Sedimente des Rotliegenden und des Buntsandsteins vor, deren südliche Ausläufer bei Ürzig das Moseltal berühren. Die steinigen und zumeist dunkel gefärbten Böden erwärmen sich besonders gut, was für die Weinqualität sehr vorteilhaft ist.

Klimatisch liegt das Moseltal im Einflußbereich des atlantischen Ozeans. Die vorherrschenden Südwest- und Westwinde bringen genügend Regen, was für die steinigen Böden wesentlich ist. Die Gefahr der Spät- und Frühfröste ist gegeben. Bedingt durch die Temperatur- und Sonnenscheinverhältnisse werden Duft- und Aromastoffe infolge der behutsamen und längeren Reifeperiode sehr fein ausgebildet.

Der Rebsortenspiegel

Die Hauptrebsorte ist der Riesling. Er gedeiht recht gut auf den steinigen und trockenen Schieferhängen und hat eine gute Winterfrostfestigkeit. Wie bereits ausgeführt, hat der letzte Trierer Kurfürst seinen Anbau sehr gefördert.

Noch um 1950 lag sein Anteil an der Rebfläche um 90%. Heute liegt er bei 56%. Die Riesling anbaufläche ist dabei kaum zurückgegangen. Infolge der Erweiterung der Rebfläche von damals 7.500 ha auf rd. 12.600 ha, die zumeist mit Müller-Thurgau und Neuzüchtungen vor genommen worden ist, ging der prozentuale Anteil zurück. Die Mosel ist aber mit über 7.000 ha das größte geschlossene Rieslinganbaugebiet Deutschlands.

Die Rebsorte Müller-Thurgau wird vornehm - lich im auslaufenden Hang und in flacheren Lagen angebaut. Sie braucht tiefgründigere und feinerdereichere Böden, um ihre Leistungsfähig keit zu zeigen.

Im Gebiet der Obermosel und in einigen Gemarkungen im sogenannten Cochemer Krampen wird seit Jahrhunderten eine alte Rebsorte angebaut, der Elbling, früher auch Kleinberger genannt. Diese Sorte wurde vermutlich bereits durch die Römer an der Mosel eingeführt, die sie Uva albena nannten. Neben diesen Hauptrebsorten werden auch Neuzuchten angebaut. Nur wenige dieser Sorten haben befriedigt und eine größere Bedeutung im Anbau wie Kerner, Bacchus, Optima, Reichensteiner, Ortega.

Die Rebenanbauflächen

Sowohl die mit Reben bestockte Fläche als auch die angebauten Rebsorten unterlagen in den vergangenen Jahrzehnten einem gewissen Wandel. Die folgende Aufstellung macht die Entwicklung der Rebflächen und Erntemengen deutlich.

Es läßt sich ein deutlicher Rückgang der Betriebsgrößen unter 2 ha feststellen. Auch wird der Nebenerwerb stärker aufgegeben. Diese Strukturentwicklung ist aber in Abhängigkeit der allgemeinen Wirtschaftsentwicklung im letzten Jahrzehnt etwas verlangsamt worden. Zur Zeit besteht jedenfalls die Tendenz den Nebenerwerb beizubehalten, denn er bietet mitunter ein interessantes zusätzliches Einkom - men.

Die freiwerdenden Rebflächen werden von den Haupterwerbsbetrieben ohne Schwierigkeiten aufgenommen, die damit ihre Betriebsgrößen aufstocken. Seit dem Jahre 1985 hat dieser Prozeß eine Verlangsamung erfahren. Er würde auf Grund der derzeitigen Erlössituation im Weinbau eine Beschleunigung erfahren, wenn attraktive außerlandwirtschaftliche Arbeitsplätze angeboten würden.

Die Vermarktung

Es werden von den Weinbaubetrieben alle möglichen Vermarktungsformen praktiziert, beginnend mit der Traubenvermarktung über die Faßwein- bis hin zur Flaschenweinvermarktung. Die Vermarktungsform hängt wesentlich von der Betriebsgröße, der Verkehrslage, der technischen Ausrüstung, dem Können des Betriebsleiters und seinen Neigungen ab.

Schätzungsweise sind heute folgende Vermarktungsanteile gegeben:

Traubenvermarktung	24 %
Faßweinvermarktung	55 %
Flaschenselbstvermarktung	21 %

Im allgemeinen hat sich im gesamten Moseltal in den Familienbetrieben schon sehr früh eine eigene Kellerwirtschaft entwickelt. Diese Tradition ändert sich auch nur sehr langsam. In den Nebenerwerbs- und Gemischtbetrieben hat man mehr zu dem Trauben- und Mostverkauf tendiert. Bei der Traubenvermarktung überwiegt sehr deutlich die Vermarktung über die Winzer genossenschaft. Das Winzergenossenschaftswesen hat in den letzten 20 Jahren eine beachtliche Entwicklung genommen.

Die Gründung der ersten Winzergenossenschaften im Weinbaugebiet Mosel-Saar-Ruwer erfolgte in der zweiten Hälfte des vergangenen Jahrhunderts. Neben einigen Gemeinden der Mittelmosel waren es besonders die Weinbaugemeinden des Saartales, wo sich Winzervereine bildeten, um eine moderne Kellerwirtschaft und einen gemeinsamen Weinverkauf einzuführen. Die örtlichen Winzervereine arbeiteten unabhängig voneinander. Auf Initiative des Kaplans Dasbach aus Trier wurde 1897 der Trierische Winzerverein gegründet, der die zentrale Vermarktung der Weine der Winzergenossenschaften übernehmen sollte. Diese Entwicklung ging aber kaum über die ersten Ansätze hinaus. In den letzten Jahren 1961 bis 1963 wurde die zentrale Vermarktung erneut aufgegriffen, nachdem die marktwirtschaftliche Entwicklung dies erforderte. Einer konzentrierteren Nachfrage mußte ein entsprechendes Angebot entgegengesetzt werden. Nach der Gründung von drei Gebietswinzergenossenschaften in Cochem-Ernst, Wehlen und Wiltingen wurde 1969/70 die Zentralkellerei Mosel-Saar-Ruwer als der große Zusammenschluß aller Winzergenossenschaften gebildet. Der Saar-Winzerverein war die Gebietswinzergenossenschaft für das Gebiet der Saar und der Obermosel. Im Jahre 1969 zählte er 700 Mitglieder, von denen 560 Winzer der Saar und 140 Winzer der Obermosel waren. Sie lieferten Trauben von rund 260 ha Ertragsrebfläche ab. Im gesamten Weinbaugebiet waren im Jahre 1968 1.583 Winzer Mitglieder einer Genossenschaft. Die Faßlagerkapazität der Winzergenossenschaften lag bei 101.000 hl. Ausgelöst durch die Betriebsaufstockung einerseits und die Aufgabe des Weinbaues im Haupterwerb andererseits, entschlossen sich in den letzten Jahrzehnt mehr Betriebe, dieser Selbsthilfeeinrichtung beizutreten, um eine kostspielige Investition für Keller und Wirtschaftsgebäude mit den dazu gehörigen Maschinen und Geräten zu umgehen. Bis Dezember 1975 stieg die Mitgliederzahl auf rund 4.000, und die Lagerkapazität war auf über 230.000 hl angestiegen. Einen starken Zuwachs an Mitgliedern hatte die Zentralkellerei in den Jahren 1982 und 1983. Diese beiden Jahre brachten Rekordernten in der Menge, wodurch große Unterbringungsschwierigkeiten hervorgerufen wurden. Die Zentralkellerei in Bernkastel-Kues hatte Vorsorge getroffen und hat ihre Lagerkapazität wesentlich erweitert. Durch diese Maßnahme konnten wesentliche Schwierigkeiten auf dem Herbstmarkt vermieden werden. Heute hat die Zentralkellerei rund 5.120 Mitglieder. Im Jahre 1982 traten mehr als 1.200 neue Mitglieder bei. Ihre Lagerkapazität macht 540.000 hl aus. Sie erfaßt rund 25 % des Weinaufkommens unseres Gebietes. Damit ist die Winzergenossenschaft zu einem bedeutenden Marktpartner geworden. Der größte Teil der Weinmenge wird über den Weinhandel vermarktet. Der Verkauf von Trauben an den Handel ist unbedeutend. Er nimmt vornehmlich Most und vor allem Faß weine ab und baut somit auf die traditionelle eigene Kellerwirtschaft der Winzerbetriebe auf. So hat sich in der Vergangenheit ein bedeutungsvoller Produktionsweinhandel entwickelt, der sich eine starke Position erworben hat.

Im Weinbaugebiet Mosel-Saar-Ruwer durften früher insgesamt über 1.000 Weinhandlungen und Weinkommissionsbetriebe bestanden haben, die sich mit dem Ein- und Verkauf von Wein beschäftigten. In Abhängigkeit von den allgemeinen Konzentrationsbestrebungen der übrigen Wirtschaft, die sich insbesondere in den beiden letzten Jahrzehnten vollzogen haben, hat sich ihre Zahl verringert. Dieser Entwicklungsprozeß wird sich weiter fortsetzen, denn der starken Ballung auf dem Nachfragesektor muß sich auch das Angebot anpassen. Mit Hilfe des Marktstrukturgesetzes - Gesetz zur Anpassung der landwirtschaftlichen Erzeugung an die Erfordernisse des Marktes - sollen auch die Produzenten ihr Angebot straffen und mit dem Weinhandel partnerschaftlich zusammenarbeiten. Seit dem Erlaß des Marktstrukturgesetzes im Jahre 1969 sind 8 Erzeugergemeinschaften gegründet worden, die mit dem Weinhandel bzw. der Winzergenossenschaft zusammenarbeiten. Der Weinhandel hat sich in den letzten Jahren besondere Anstrengungen im Export gemacht.

Der Export deutschen Weines hat schon vor 10 Jahren 2,4 Mio. ltr. erreicht, woran die Moselweinkellereien den größten Anteil hatten. Die mengenmäßige Ausweitung des Exports hat damals 20 % betragen. Die Vermarktung des Faßweines ist also immer noch die bedeutendste. Auf diesem Sektor entstehen auch im Herbstmarkt die Schwierigkeiten, die zuweilen zu Preiszusammenbrüchen führen. Das derzeitige Preisniveau ist nicht kostendeckend, zumindest nicht für die Gruppe der Qualitätsweine. Gerade dieser Preis ist für die Existenz der

Winzerbetriebe wichtig. Es fallen nämlich 11 % Tafel- bzw. Landwein an, 51 % Qualitätswein und 38 % Prädikatsweine. Bei Produktionskosten von 2,28 DM je kg Trauben im steilen Gelände und 1,36 DM im ebenen oder hängigen Gelände, wie sie die betriebswirtschaftliche Abteilung der Weinbaulehranstalt errechnet hat, sind Weinpreise von 1,20 DM bis 1,50 DM je Liter Wein absolut nicht kostendeckend. Selbst in den ebenen Lagen wird keine Kostendeckung erreicht.

Die Weinbaubetriebe streben daher eine stärkere Flaschenweinvermarktung an. Sie erbringt den höchsten Arbeitsertrag je Arbeitskraft und den besten Gewinn. Der Selbstvermarkter hat ein individuelles Weinangebot, er kann den Kunden persönlich beraten und bietet zu günstigeren Preisen an. Die Entwicklung des Tourismus und das Verlangen vieler Konsumenten, direkt beim Erzeuger einzukaufen, begünstigen die Ausweitung der Selbstvermarktung. Dies gilt besonders für Betriebe, die in guten und bekannten Gemeinden beheimatet und die dem Fremdenverkehr zugetan sind. Das Moseltal bietet mit seinen schönen Weinorten und Feriendörfern und der herrlichen Landschaft hierzu gute Voraussetzungen. Viele Touristen, die heutzutage u.a. nach Trier, der 2000-jährigen Stadt kommen, nutzen die Gelegenheit, die schmucken Winzerdörfer und ihren köstlichen Wein kennenzulernen.

Es muß aber dennoch festgestellt werden, daß die Markt- und Preissituation langfristig gesehen nicht befriedigt und weiter verbessert werden muß. Mit Rücksicht auf die hohen Produktionskosten müssen zukünftig höhere Erlöse erzielt werden. Dies wird aber nur möglich sein, wenn noch größere Anstrengungen gemacht werden, die Qualität und die Spezialität der Weine von Mosel-Saar-Ruwer zu betonen. Dies beginnt bei der Neuanlage eines Weinberges, der Auswahl der Rebsorten, der Durchführung der Kulturmaßnahmen und setzt sich fort in einer sehr sorgfältigen Kellerwirtschaft. Das besondere Augenmerk und das Schwergewicht in der Erzeugung muß dabei zweifellos auf der Rebsorte Riesling liegen, die die gebietstypischsten Weine hervorbringt. Außerdem sind marktwirtschaftliche Verbesserungen notwendig. Das zersplitterte Angebot muß stärker zusammengefaßt werden, um die negativen Auswirkungen dieser Zersplitterung zu vermeiden. Diese Entwicklung ist sicherlich sehr langwierig, wobei aber bereits ermutigende Fortschritte zu verzeichnen sind.

Für den Absatz der Weine haben auch die beiden Versteigerungsringe eine große Bedeutung. Den Sitz in der Moselweinmetropole Trier hat der Große Ring der Prädikatswein-Versteigerer von Mosel-Saar-Ruwer e.V. dessen Vorläufer 1908 von Oberbürgermeister Albert von Bruchhausen gegründet wurde. In Bernkastel ist der Sitz des Bernkasteler Rings, der Prädikatswein- Versteigerungs-Gesellschaft Mittelmosel, Saar und Ruwer e.V.. Dieser Versteigerungsring wurde bereits 1899 gegründet.

Die Versteigerungen finden im Frühjahr oder Herbst statt. Sie finden im In- und Ausland großes Interesse.

Die Bemühungen auf dem Weinmarkt werden durch die Weinwerbung Mosel-Saar-Ruwer unterstützt, die sich zum Ziel gesetzt hat, den guten Bekanntheitsgrad der Moselweine auszuweiten und die Nachfrage zu erhöhen. Alle am Moselweinbau Beteiligten müssen die Anstrengungen der Weinwerbung durch ein kompromißloses Qualitätsstreben und ein Höchstmaß an Solidarität unterstützen.

Der Wein

Die natürlichsten Faktoren Boden und Klima sind für den Charakter der Weine sehr entscheidend. Die Vielfalt der Rebenstandorte im Anbaugebiet Mosel-Saar-Ruwer, die sich durch ihre Exposition, Inklination, Höhe über dem Meeresspiegel, die Natur und Struktur ihrer Böden ergibt, legt den Grundstein für die feinen Nuancen, die wir im Wein wiederfinden. Im Kern wird der Wein dann durch die Rebsorte geprägt.

Mit Rücksicht auf den besonderen Einfluß der Weinbergslage auf die Art des Weines, hat man viele Lagebezeichnungen für die Weine geschaffen. Im Rahmen des Landesgesetzes über die Festsetzung von Lagen und Bereichen und über die Weinbergsrolle (Weinlagengesetz) vom 1. Juni 1970 wurde das Weinbaugebiet in fünf Bereiche, 19 Großlagen und 520 Einzellagen eingeteilt. Maßgebend für diese Einteilung waren die Faktoren Klima, Boden, Landschaft und Rebsorte, die den Wein im Charakter prägen, und die Erzeugung von entsprechend großen Weinmengen mit einheitlichen Namen. Eine solche Einteilung nach der standorttypischen Beschaffenheit, der Gleichartigkeit und Gleichwertigkeit der gewonnenen Weine ist an der Mosel nicht leicht gefallen, da die Grenzen im Haupttal doch recht fließend sind. So reicht die Variationsbreite der Weine vom grünen Wein bis hin zum duftigen, fruchtigen, großen, edlen Wein.

Dem Auge bietet der Moselwein eine wohltuende lichtgrüne Farbe. Grüngelb bis grüngold lechtet er im Glase. Bei den großen Spitzen weinen aus sonnenreichen Jahrgängen überwiegt der Goldton. Mit zunehmendem Alter wird der Farbton ebenfalls intensiver.

Das Rieslingbukett ist sehr fein im Ausdruck. Es ist dezent, vornehm zurückhaltend und je nach Jahrgang, Lage und Qualitätsstufe auch stärker ausgeprägt. Das feinduftige Rieslingbukett braucht Zeit zur Entwicklung und kann eine beachtenswerte Altersschönheit erlangen. Zuweilen erinnert die Blume des Weines an Schwarze Johannisbeeren, Reseda oder Pfirsich. Vom Wesen her sind die Weine leicht, spritzig, elegant, feinrassig, mit einer Fruchtsäure. Er bietet dem durstigen Gaumen das immer Frische durch feine Fruchtsäure. Auf Grund ihres niedrigeren Alkoholgehaltes sind die Weine besonders bekömmlich. Dies gilt in erster Linie für die Riesling-Kabinettweine, die als echte Leichtweine anzusprechen sind. Sie weisen sicherlich die niedrigsten Alkoholgehalte von allen Weinen auf der ganzen Welt auf. Die Spät- und Auslesen sind entsprechend fülliger und in der Harmonie und Feinheit reichhaltiger. Die großen, edlen Beeren- und Trockenbeerenauslesen sonnenreicher Jahrgänge zeichnen sich durch eine recht große Fülle der Extraktstoffe aus und erreichen eine bewundernswerte Vollkommenheit der tausendfältigen Inhaltsstoffe.

Dabei wirkt sich die Edelfäule besonders fein aus, die die Beeren rosinenartig zusammenschrumpfen läßt und eine edelreife Frucht und Süße bleibt. Eine Spezialität und Rarität stellen Eisweine dar, die nur selten geerntet werden. Ihre Größe liegt in dem beeindruckenden Zusammenspiel ihrer relativ hohen Fruchtsäure und Fruchtsüße, die durch den Gefrierungseffekt bewirkt werden.

Die Weine werden in den Geschmacksrichtungen trocken, halbtrocken und lieblich ausgebaut. Bei den trockenen und halbtrockenen Weinen, die besonders unter den Qualitätsweinen angeboten werden, schmeckt man die kräftige Rieslingsäure heraus. Diese weiter durchgegore nen Weine werden insbesondere bei Tisch getrunken. Im Zusammenspiel mit gut gewürzten Speisen ist ihre herzhafte, feinherbe Art willkommen.

Zur geschmacklichen Abrundung und Harmonisierung wird den Weinen heute noch den meisten Weinen, eine höhere Restsüße belassen. Mit Rücksicht auf die kräftige Rieslingsäure wirkt dieser unvergorene Zucker recht angenehm und trägt zur Geschmacksharmonie bei. Die Weine werden heute vielfach jung getrunken. Der Konsum liebt frische, spritzige Weine. Wer gute Lagermöglichkeiten für Wein hat und reifere Weine liebt, der tut gut daran, die Weine einige Jahre zu lagern, damit sie eine vollkommenere Bukett- und Geschmacksreife erreichen können.

Die Saar- und Ruwerweine zeichnen sich vor den Moselweinen durch ihre etwas betontere Art im Bukett und in der Fruchtsäure aus. Die Säure ist rassiger, ja stahliger und zeichnet die Weine besonders in großen Jahrgängen aus.

Ein sehr zutreffendes und die Art des Mosel weines beschreibendes Urteil hat G. Binding geprägt. Er schreibt: „Man schmeckt den Schiefer im Wein, man atmet die Luft, man riecht ihn nach flüchtigem Regen, wenn die Sonne die porösen Schichten eilig trocknet und das samtene, metallene Grau wieder aufblitzt unter den

Rebstöcken, als ob die Trauben auch vom Boden noch die zurückgeworfenen Sonnenpfeile aufzusammeln hätten. Der Wein macht nicht heiß. Er ist kühl und munter. Er ist ohne Beschwer und Hinterhalt. Leicht, flüchtig, fein und hell - wie eine liebenswürdige Musik, die nachklingt, ohne Körper und Gemüt zu belasten - nimmt er kaum Besitz von dir. Er läßt sich genießen, das ist seine Ehre, das ist sein Ehrgeiz."

Auch die Weine der Rebsorten Müller-Thurgau, Elbling, Kerner, Bacchus lassen deutlich den Einfluß des Bodens und des Klimas erkennen. Die Müller-Thurgau-Weine sind in der Blume von feiner, betonter Art und im Geschmack etwas zarter, eleganter und mit angenehmer Frucht. Die Elbling-Weine sind kräftig, recht säurebetont und neutraler in der Blume und im Geschmack. Sie empfehlen sich den Liebhabern kräftiger, säurebetonter und herberer Weine.

Die Winzer an Mosel-Saar-Ruwer sollten auch in der Zukunft die Rebsorte Riesling im Anbau forcieren, da diese Weine durch ihren Charakter, verbunden mit dem Erdgeschmack des Schiefers, sich von den Weinen anderer Gebiete deutlich abheben. Den leichten, bekömmlichen Wein mit den interessanten Geschmacksempfindungen wird der Weintrinker von heute besonders zu schätzen wissen.

Besondere Erwähnung verdient der spritzige, herzhafte Saar-Riesling-Sekt. Wegen des natürlich höheren Säuregehaltes sind die Saarweine auch als Sektgrundweine sehr begehrt. Die großen deutschen Sektfirmen, auch ortsansässige Firmen, stellen aus diesen Grundweinen den bekannten und von Kennern sehr geschätzten Saar-Riesling-Sekt her. Seit einigen Jahren Jahren haben sich Winzer der Saar und der Mosel zu einer Sekt-Erzeugergemeinschaft zusammengeschlossen und wollen aus ihren eigenen Grundweinen Riesling-und Elbling-Sekte herstellen. Dabei wenden sie die klassische Flaschengärmethode an, um das volle Bukett und die kräftige, spritzige, herzhafte Art herauszuarbeiten. Besonders die Saar-Riesling-Sekte sind eine Bereicherung des deutschen Sektangebotes.

So hat das Weinanbaugebiet Mosel-Saar-Ruwer eine reichhaltige Palette an guten Weinen und Besonderheiten des Riesling- und Elbling- Sektes zu bieten.

Mit Lob und Anerkennung sollte man den Winzern begegnen, die mit Fleiß, Sorgfalt und Können die Weinberge bewirtschaften und diese Köstlichkeiten erzeugen, die unser Herz zu erfreuen vermögen. Wir sollten es den Winzern danken, indem wir den Weinen zu sprechen.

Moselländische Tafelfreuden

Der beste Beginn - ein Gläschen Wein

Wenn Sie uns auf der Entdeckungsreise zum Wein folgen, wenn Sie ein wenig tiefer in seine Geheimnisse eindringen und die Charaktereigenschaften und Besonderheiten des Moselweins entdecken möchten - dann werden Sie das Vergnügen der Weinprobe richtig schätzen lernen. Aber was könnten wir Ihnen schon Besseres versprechen, als mit jedem neuen Schluck die Freude am Wein zu steigern.

Haben Sie schon eine Flasche bereitgestellt? Sich ein Gläschen eingeschenkt? Einen Augen blick! Bevor Sie den ersten Schluck trinken, schauen Sie den Wein in Ihrem Glas einmal gegen das Licht an. Natürlich wissen Sie genau, ob Sie roten oder weißen Wein vor sich haben. Doch wissen Sie, daß schon der Farbton allein eine Menge über den Wein verrät? Über sein Alter, seine Rebsorte.

Was soll's, werden Sie sagen, bis ich die Erfahrung habe, wird noch so mancher Schluck Wein durch die Kehle rinnen müssen. Aber trinken Sie erst einmal. Zum Wohl!

Eigentlich erstaunlich, daß bei der Neugier der Menschen, die stets darauf aus ist, den Ursprung einer Sache zu erfahren, es bisher niemandem gelungen ist, exakt die Geburtsstunde des Weins herauszufinden. Freilich gibt es neben vielen Anekdoten über den Ursprung des Weins auch viele interessante Tatsachen über den Weg des Weins durch die Jahrtausende. Einige davon tragen bestimmt dazu bei, daß

Sie den nächsten Schluck Wein noch mehr zu würdigen wissen.

Wein - so alt wie die Menschheit

Hätten Sie je gedacht, daß die ersten Menschen auf unserer Erde bereits die Rebe vor gefunden haben? Allerdings handelte es sich um eine Wildrebe, die - Funde beweisen es - schon vor rund 130 Millionen Jahren existierte. Weitere Funde ließen schließlich die Deutung zu, daß eine solche Menge von Traubenkernen nur Preßrückstände sein können. Hat man sich damals schon auf die Bereitung von Wein verstanden? Neuere Untersuchungen konnten nachweisen, daß Wein vor 8000 Jahren tatsächlich hergestellt wurde. Ebenso gewiß ist, daß dieses damalige alkoholische Getränk nicht die mindeste Ähnlichkeit mit dem Wein in Ihrem Glas besaß.

Erst die mühselige Arbeit unzähliger Genera - tionen von Weinbauern verwandelte dieses Getränk in Wein der uns bekannten Güte. Angefangen von den Menschen, die genießbare, saftige Früchte der Wildreben aussuchten, um damit erste Anbauversuche zu machen, bis hin zur heutigen vollendeten Kellertechnik unserer Weinbauern, führt der Weg des Weins über viele Entwicklungsstufen. Um Ihnen den Genuß des Weins schmackhafter zu machen, wollen wir Ihnen etwas ausführlicher vom deutschen Wein erzählen.

Deutscher Wein - einzig unter den Weinen

Als die Römer im 2. Jh. n. Chr. Rebstöcke ihrer südlichen Heimat in unsere nördlichen Breitengrade verpflanzten, haben sie sicher nur die schwierigen Transportwege im Sinn gehabt. Statt den Wein mühselig in Amphoren über die Alpen zu transportiern, war es naheliegend, ihn gleich im besetzten Land herzustellen. Sie mögen nicht schlecht überrascht gewesen sein, als sie die ersten Tropfen des deutschen Weins probierten. Eine solche Fülle an Geschmacksstoffen, an Würze und harmonischer Süße hatten sie sicher nicht erwartet.

Inzwischen ist der deutsche Wein überall in der Welt berühmt für seine hohe Qualität, für die Vielfalt köstlicher Spezialitäten Sorten und Geschmacksrichtungen. Doch bis zum heutigen Tag mutet es fast wie ein Wunder an, daß gerade in den nörlichst gelegenen Weinanbaugebieten so einmalig gute Weine gedeihen. Zumal die Weinanbaufläche in Deutschland mit rund 100.000 ha -etwa einem Prozent der gesamten Rebfläche der Welt von 10 Millionen ha - zwergenhaft klein ist. Wie ist es möglich, daß ein so kleines Weinland ein so großes Ansehen erringen konnte?

Der Charakter eines Weins hängt ab von verschiedenen Tatsachen. Da ist einmal die Rebsorte, die ihm seinen eigenen Geschmack gibt. Wesentlich sind daneben die Wachstums bedingungen. Und hier besitzt die kleine deutsche Weinlandschaft viele Vorzüge: Mineralreicher Boden unterschiedlicher Gesteinsarten und Verwitterungsformen. Dann ein gemäßigtes, ausgeglichenes Klima. Und die günstige Lage der Weinberge. All das schafft ideale Reifemöglichkeiten für die edlen Rebsorten. Schließlich tragen die Pflege des Rebstocks und die Kunst des Kellermeisters dazu bei, daß die natürlichen Vorzüge des deutschen Weins zur vollen Entfaltung gelangen. Nicht zuletzt verhilft auch das deutsche Weinrecht unserem Wein zu seiner sprichwörtlichen Qualität, denn nur wenn er strengen gesetzlichen Maßstäben entspricht, erhält deutscher Wein die amtliche Prüfungsnummer auf dem Etikett, als geprüfte Qualität.

Aber damit es nicht zu theoretisch wird, kosten Sie lieber gleich noch einmal ihren Wein. Vielleicht können Sie jetzt schon ein wenig von der Rebsorte erschmecken, vom Boden, auf dem sie wuchs, von Sonne und Landschaft, in der der Wein gedieh? Sie sind unsicher? Nun - dann werden wir Ihnen ein wenig zu Hilfe kommen. Beginnen Sie mit dem Versuch, die Rebsorte herauszuschmecken.

Von den Rebsorten und ihrem charakteristischen Geschmack

Die Weinrebe, eine der ältesten Pflanzen der Erde, fand der Mensch bereits vor, als er noch nahrungssammelnd durch das Land zog. Unter den verchiedenen Wildrebensorten mit erbsen großen, sauren Beeren befanden sich vereinzelt wohlschmeckende, genießbare Früchte. Diese Pflanzen wurden selektiert und angebaut. Sie waren die Stammformen der heutigen Kulturreben. Ägypter, Phönizier und Griechen gelten als die ersten Weinbauer. Die Griechen brachten den Weinbau nach Gallien. Im Zuge ihrer Eroberungen vermittelten die Römer den germanischen Stämmen im Rheintal die Kenntnis der Rebkultur und Weinbereitung. Mönche verbreiteten später den Weinbau über ganz Deutschland.

Nostalgie-Automobil auf Weintour an der Mosel!

Mitte des 19. Jh. drohte dem klassischen Weinbau Europas eine Katastrophe, die ihn buchstäblich zum Erliegen gebracht hätte. Mit bewurzelten Amerikaner-Reben wurde 1860 aus Nordamerika über Südfrankreich die Reblaus eingeschleppt. Diesem Schädling boten die hochgezüchteten Edelreben Europas nur wenig Widerstand. Die einzige Rettung vor der völligen Vernichtung der europäischen Rebbestände bot die Rebenveredlung. Auf das reblausimmune Wurzelstück amerikanischer Reben wird das Edelreis europäischer Rebsorten gepfropft. Die Pfropfreben sind gegen die Reblaus immun.

Fachleute unterscheiden zwischen Keltertrauben, oftmals unscheinbaren Trauben mit kleinen Beeren, die erst im Wein zeigen, was in ihnen steckt, und Tafeltrauben, die süß, saftig, groß beerig, aromatisch und haltbar sein sollen. Wie im ganzen Pflanzenbereich gibt es früh- und spätreife Sorten, die je nach Gebiet und Witterung von September bis Dezember gelesen werden.

Mehr als 8.000 Rebsorten sind heute bekannt. Nur ein halbes Hundert von ihnen, die best geeigneten Edelreben, dürfen in Deutschland angebaut werden.

Nehmen Sie Ihre Flasche Wein zur Hand, und schauen Sie aufs Etikett. Bei den meisten deutschen Weinflaschen finden Sie die Rebsorte angegeben. Ist es ein Riesling, Silvaner oder Spätburgunder? Vielleicht eine der weniger bekannten Rebsorten? Und nun prüfen Sie, lassen Sie den Wein auf der Zunge, damit er mit allen Geschmacksnerven in Berührung kommt - der Weinkenner „kaut“ den Wein regelrecht, nur so können Sie den bestimmten Geschmack der Rebsorte erschmecken.

Reizvoller ist es freilich, wenn Sie sich für einen der nächsten Abende eine Weinprobe mit verschiedenen Rebsorten vornehmen. Erst der Gegensatz oder die unterschiedlichen Geschmacksnuancen - möglichst von Weinen des gleichen Jahrgangs und gleicher Qualität - kommen dann voll zur Geltung, und Sie sind auf dem besten Wege, zum Weinkenner zu werden.

Die Rebsorten bedeuten für den Geschmack des Weins etwa so viel wie die ererbten Anlagen für den Charakter des Menschen. Sie wissen, daß sich diese Anlagen je nach den Umwelteinflüssen ungleich entwickeln. Ähnlich ist es bei der Rebsorte. Erst der Einfluß des Bodens, des Klimas und viele andere Faktoren bestimmen, wie sich die veränderbaren Eigenschaften der Rebe entfalten.

Erst das besondere Klima schafft große Weine

Sonneneinstrahlung, Winde, Lufttemperatur und Feuchtigkeit, die Niederschlagsmenge - all diese klimatischen Einflüsse in ihrer Wechsel wirkung prägen den Wein. Nirgendwo ist das Klima günstiger für sein Gedeihen als in den deutschen Flußlandschaften; am Rhein und seinen Nebenflüssen. Die Flußspiegel reflektieren die Sonne und wirken als Wärmespeicher. Doch ebenso nötig wie die Sonne braucht der Wein zum langsamen Reifen viele Arten von Feuchtigkeit, wie Regen, Tau und Nebel (der im Herbst den Frost fernhält). Sonne allein ergibt zwar süßere wuchtige und sehr alkoholreiche Weine, wie wir sie aus den südlichen Ländern Europas kennen. Doch ihnen fehlt die Harmonie von belebender Säure und unaufdringlicher Süße.

Die moselländische Weinlandschaft auf deutschem Boden erstreckt sich von Perl bis zum Deutschen Eck in Koblenz am Rhein und ihren Nebenflüssen Saar und Ruwer. Eine Landschaft, die die günstigsten Wachstumsbedingungen für den Wein aufweist und sich durch die natürlichen Gegebenheiten entwickelt hat. Diesen geologischen Vorzügen verdankt das Anbaugebiet seine Entstehung.

Spitzengewächse wie unsere deutschen Weine entwickeln sich unter dem Schutz eines sanften Himmels . So drückt Georg Christoph Lichtenberg aus, was wissenschaftlich ausgeglichenes gemäßigtes Klima heißt. Neben dieser allgemeinen Klimazone kennt der Fachmann noch das Kleinklima. Damit unterscheidet er - übrigens genau wie Sie, wenn Sie sich einen deutschen Urlaubsort suchen - die lokalen Klimaverhält nisse. Und die sind ja bekanntlich überall in Deutschland anders. Das Kleinklima, in dem ein Wein gedeiht, hängt davon ab, wie ein Weinberg liegt: die Himmelsrichtung, der er zugewandt ist; die Hangneigung; die Intensität der Sonnenreflexion durch den Flußspiegel; eine schützende Bergkuppe, oder anders ausgedrückt: jede Lage hat ihr spezielles Kleinklima, das dem Wein zu seinem spezifischen Geschmack verhilft.

Die Weine verraten sich durch typische ähnliche Geschmackseigenarten. Machen Sie die Probe auf's Exempel. Probieren Sie Weine der verschiedenen Jahrgänge und Sorten. So können Sie auf einer kleinen Weinreise Weinkenner werden und genüßlich Tropfen für Tropfen Wein genießen. Das wird dann ein Vorgeschmack auf die tatsächliche Weinreise, die sie auf keinen Fall versäumen sollten.

Ein Überblick der Weinbergslagen an der Mosel, verhilft Ihnen, die Qualitätsmerkmale und Geschmacksnuancen der einzelnen Lagen in ihrer Vielfalt besser unterscheiden zu lernen.

Die Weinbergslagen untergliedern sich in Bereiche, Groß- und Einzellagen. Dies sind im Einzeln:

a.) Die Bereiche: ZELL, BERNKASTEL, SAAR-RUWER, OBERMOSEL, MOSEL-TOR.

b.) Groß- und Einzellagen, siehe Auflistung.

(Untermosel)

BEREICH ZELL

Großlage Weinhex

Güls
Bienengarten
Im Röttgen
Königsfels
Marienberg

Moselweiß
Hamm

Lay
Hamm
Hubertusborn

Winningen
Brückstück
Domgarten
Hamm
Im Röttgen
Uhlen

Kobern-Gondorf
Fahrberg
Fuchshöhle
Gäns
Kehrberg
Schloßberg
Uhlen
Weißenberg

Dieblich
Heilgraben

Niederfell
Fächern
Goldlay
Kahllay

Lehmen
Ausoniusstein
Klosterberg
Lay
Würzlay

Oberfell
Brauneberg
Goldlay
Rosenberg

Moselsürsch
Fahrberg

Kattenes
Fahrberg
Steinchen

Alken
Bleidenberg
Burgberg
Hunnenstein

Brodenbach
Neuwingert

Löf
Goldblume
Sonnenring

Hatzenport
Burg Bischofstein
Kirchberg
Stolzenberg

Burgen
Bischofstein

Großlage Goldbäum-chen

Moselkern
Kirchberg
Rosenberg
Übereltzer

Müden
Funkenberg
Großlay
Leckmauer
Sonnenring
St. Castorhöhle

Treis-Karden
Dechantsberg
Juffermauer
Münsterberg

Pommern
Goldberg
Rosenberg
Sonnenuhr
Zeisel

Klotten
Brauneberg
Burg Coreidelstei-ner
Rosenberg
Sonnengold

Cochem u. Stadt teile
Herrenberg
Pinnerkreuzberg
Schloßberg

Sehl
Hochlay
Ebernach
Bischofstuhl
Klostergarten
Sonnenberg

Cond
Arzlay
Nikolausberg
Rosenberg

Ernst
Feuerberg
Kirchlay

Bruttig-Fankel
Ortsteil Bruttig
Götterlay

Ellenz-Poltersdorf
Altarberg
Kurfürst
Rüberberger Dom herrenberg

Briedern
Rüberberger Dom herrenberg

Senheim
Ortsteil Senhals
Römerberg
Rüberberger Dom herrenberg

Großlage Rosenhang

Treis-Karden
Ortsteil Treis
Greth
Kapellenberg
Treppchen

Valwig
Herrenberg
Palmberg
Schwarzenberg

Bruttig-Fankel
Kapellenberg
Layenberg
Martinsborn
Pfarrgarten
Rathausberg
Rosenberg

Ellenz-Poltersdorf
Silberberg
Woogberg

Beilstein
Schloßberg

Briedern
Herrenberg
Kapellenberg
Römergarten
Servatiusberg

Mesenich
Abteiberg
Deuslay
Goldgrübchen

Senheim
Bienengarten
Rosenberg
Vogteiberg
Wahrsager

Senhals
Lay

Bremm
Abtei Kloster
Stuben

Ediger-Eller
Ortsteil Eller
Stubener Kloster-
segen

Großlage Grafschaft

Nehren
Römerberg

Ediger-Eller
Ediger
Bienenlay
Elzhofberg
Feuerberg
Hasensprung
Kapplay
Osterlämmchen
Pfaffenberg
Pfirsichgarten
Eller
Calmont
Engelströpfchen
Höll
Schützenlay

Bremm
Calmont
Frauenberg
Laurentiusberg
Schlemmertröpf-
chen

Neef
Frauenberg
Petersberg
Rosenberg

St. Aldegund
Himmelreich
Klosterkammer
Palmberg Terras-
sen

Alf
Arrasburg-Schloß
berg
Burggraf
Herrenberg
Hölle
Kapellenberg
Katzenkopf
Kronenberg

Beuren
Pelzerberger

Bullay
Brautrock
Graf Beyssel-
Herrenberg
Kirchweingarten
Kronenberg
Sonneck

dazu Einzellagen
freie Flächen in
Zell-Merl

Großlage Schwarze Katz

Zell u. Stadtteile
Zell
Burglay-Felsen
Domherrenberg
Geisberg
Kreuzlay
Nußberg
Petersborn-Kabert
chen
Pommerell
Merl
Adler
Fettgarten
Klosterberg
Königslay-Terras
sen
Sonneck
Stephansberg
Kaimt
Marienburger
Rosenborn
Römerquelle

Bereich Bernka-
stel (Mittelmosel)

Großlage vom Heißen Stein

Briedel
Herzchen
Nonnengarten
Schäferlay
Schelm
Weisserberg

Pünderich
Goldlay
Marienberg
Rosenberg
Nonnengarten

Reil
Falklay
Goldlay
Moullay-Hofberg
Sorentberg

Großlage Schwarzlay

Burg
Falklay
Hahnenschrittchen
Schloßberg
Thomasberg
Wendelstück

Enkirch
Batterieberg
Edelberg
Ellergub
Herrenberg
Monteneubel
Steffensberg
Weinkammer
Zeppwingert

Starkenburg
Rosengarten

Traben-Trarbach
u. Stadtteile
Trarbach
Burgberg
Hühnerberg
Kreuzberg
Schloßberg
Taubenhcus
Ungsberg
Traben
Gaispfad
Königsberg
Kräuterhaus
Würzgarten
Zollturm
Wolf
Auf der Heide
Goldgrube
Klosterberg
Schatzgarten
Sonnenlay

Kinheim
Hubertuslay
Rosenberg

Lösnich
Burgberg
Försterlay

Erden
Busslay
Herrenberg
Prälat
Treppchen

Ürzig
Goldwingert
Würzgarten

Bausendorf
Herzlay
Hubertuslay

Flußbach
Reichelberg

Wittlich
Bottchen
Felsentreppchen
Klosterberg
Kupp
Lay
Portnersberg
Rosenberg

Hupperath
Klosterweg

Dreis
Johannisberg

Platten
Klosterberg
Rotlay

Großlage Nacktarsch

Kröv
Burglay
Herrenberg
Kirchlay
Letterlay
Paradies
Steffensberg

Großlage Münzlay

Zeltingen-Rachtig
Zeltingen
Deutschherrenberg
Himmelreich
Schloßberg

Sonnenuhr

Bernkastel-Wehlen
Wehlen
Abtei
Hofberg
Klosterhofgut
Klosterberg
Nonnenberg

Graach
Abtsberg
Domprobst
Himmelreich
Josephshöfer

Großlage Badstube

Bernkastel-Kues
Bernkastel
Bratenhöfchen
Doctor
Graben
Lay
Matheisbildchen

Großlage Beerenlay

Lieser
Niederberg-Helden
Rosenlay
Süßenberg

Großlage Kurfürstlay

Bernkastel-Kues u. Stadtteile
Bernkastel
Johannisbrünnchen
Schloßberg
Stephanus-Rosengärtchen
Kues
Kardinalsberg
Rosenberg
Weißenstein
Andel
Ortsteil von Bernkastel-Kues
Schloßberg

Lieser
Schloßberg

Mülheim
Amtgarten
Elisenberg
Helenenkloster
Sonnenlay

Veldenz
Carlsberg
Elisenberg
Grafschafter-Sonnenberg
Kirchberg
Mühlberg

Maring-Noviand
Honigberg
Kirchberg
Klosterberg
Römerpfad
Sonnenuhr

Burgen
Hasenläufer
Kirchberg
Römerberg

Brauneberg
Hasenläufer
Juffer
Juffer Sonnenuhr
Kammer
Klostergarten
Mandelgraben

Osann-Monzel
Kätzchen
Kirchlay
Paulinslay
Rosenberg

Kesten
Herrenberg
Paulinsberg
Paulinshofberger

Wintrich
Geierslay
Großer Herrgott
Ohligsberg
Sonnseite
Stefanslay

Minheim
Burglay
Günterslay
Kapellchen
Rosenberg

Piesport
Domherr
Falkenberg
Gärtchen
Grafenberg
Goldtröpfchen
Günterslay
Hofberger
Kreuzwingert
Schubertslay
Treppchen

Neumagen-Dhron
Dhron
Goldtröpfchen
Grafenberg
Großer Hengelberg
Häschen
Hofberger
Roterd
Neumagen
Engelgrube
Laudamusberg
Nußwingert
Rosengärtchen
Sonnenuhr

Trittenheim
Altärchen
Apotheke
Felsenkopf
Leiterchen

Rivenich
Brauneberg
Geisberg
Niederberg
Rosenberg

Hetzerath
Brauneberg

Sehlem
Rotlay

Großlage St. Michael

Leiwen
Klostergarten
Laurentiuslay

Köwerich
Held
Laurentiuslay

Klüsserath
Bruderschaft
Königsberg

Bekond
Brauneberg
Schloßberg

Thörnich
Enggaß
Ritsch
Schießlay

Ensch
Mühlenberg
Sonnenlay
St. Martin

Detzem
Maximiner Klosterlay
Würzgarten

Schleich
Klosterberg
Sonnenberg

Pölich
Held
Südlay

Mehring
Blattenberg
Goldkupp
Zellerberg

Lörsch
Zellerberg

Longen
Zellerberg

Großlage Probstberg

Riol
Römerberg

Fell
Maximiner Burgberg

Longuich
Herrenberg
Hirschlay
Maximiner Herrenberg

Schweich
Annaberg
Burgmauer
Herrenberg

Kenn
Held
Maximiner Hofgarten

Bereich Saar-Ruwer

Großlage Römerlay

Trier und Stadtteile
Trier
St. Matheiser
Ruwer
Domherrenberg
Marienholz
Maximiner
Sonnenberg
Eitelsbach
Karthäuserhofberg
Burgberg
Karthäuserhofberg
Kronenberg
Karthäuserhofberg
Orthsberg
Karthäuserhofberg
Sang
Karthäuserhofberg
Stirn
Marienholz
Kürenz
Altenberg
Domherrenberg
Herrenberg
Hammerstein
Kupp
Rotlei
St. Maximiner
Kreuzberg
Tarforst
Andreasberg
St. Martiner Klosterberg
Irsch
St. Martiner Hofberg
St. Martiner Klosterberg
Olewig
Benediktinerberg
Burgberg
Deutschherrenköpfchen
Deutschherrenberg
Jesuitenwingert
Kurfürstenhofberg
Thiergarten
Unterm Kreuz
Thiergarten Felsköpfchen
Biewer
Augenscheiner
St. Petrusberg

Franzenheim
Johannisberg

Sommerau
Schloßberg

Riveris
Heiligenhäuschen
Kuhnchen

Morscheid
Dominikanerberg
Heiligenhäuschen

Waldrach
Doktorberg
Ehrenberg
Heiligenhäuschen
Hubertusberg
Jesuitengarten
Jungfernberg
Krone
Kurfürstenberg
Laurentiusberg
Meisenberg
Sonnenberg

Kasel
Dominikanerberg
Herrenberg
Hitzlay
Kehrnagel
Nieschen
Paulinsberg
Timpert

Mertesdorf
Felslay
Herrenberg
Johannisberg
Mäuerchen

Maximin Grünhaus
Abtsberg
Bruderberg
Herrenberg

Großlage Schwarzberg

Konz u. Stadtteile

Auf der Wiltinger kupp
Brauneberg
Euchariusberg
Klosterberg
Sprung
Falkenstein
Hofberg
Könen
Fels
Kirchberg
Filzen
Altenberg
Herrenberg
Liebfrauenberg
Paulchen
Steinberger
Urbelt
Unterberg

Hamm
Altenberg

Mennig
Obermennig-Niedermennig
Altenberg
Euchariusberg
Herrenberg
Sonnenberg

Oberemmel
Altenberg
Agritiusberg
Hütte
Karlsberg
Raul
Rosenberg

Kanzem
Altenberg
Hörecker
Schloßberg
Sonnenberg
Pellingen
Herrgottsrock
Jesuitengarten

Wiltingen
Braunfels
Braune Kupp
Gottesfuß
Hölle
Klosterberg
Kupp
Rosenberg
Sandberg
Schlangengraben
Schloßberg

Wawern
Goldberg
Herrenberger
Jesuitenberg
Ritterpfad

Schoden
Geisberg
Herrenberg
Saarfelser Marienberg
Ockfen
Bockstein
Geisberg
Heppenstein
Herrenberg
Kupp
Neuwies
Zickelgarten

Ayl
Herrenberg
Kupp
Scheidterberg

Saarburg
Antoniusbrunnen
Bergschlößchen
Fuchs
Klosterberg
Kupp
Laurentiusberg
Rausch
Schloßberg
Stirn

Irsch
Hubertusberg
Sonnenberg
Vogelsang

Serrig
Antoniusberg
Herrenberg
Heiligenborn
Hoeppslei
König Johann Berg
Kupp
Schloß Saarsteiner
Schloß Saarfelser
Vogelsang
Würtzberg

Kastel-Staadt
König Johann Berg

Maximiner Prälat

Kö nigsberg

Bereich Obermosel Großlage

Igel
Dullgärten

Liersberg
Ortsteil von Igel
Pilgerberg

Langsur
Brüderberg

Mesenich
Ortsteil von Lang sur
Held

Großlage Gipfel

Wasserliesch
Reinig auf der Burg Albachtaler

Oberbillig
Hirtengarten
Römerberg

Fellerich
Ortsteil von Tawern
Schleidberg

Temmels
St. Georgshof
Münsterstatt

Wellen
Altenberg

Onsdorf
Hubertusberg

Nittel
Hubertusberg
Leiterchen
Blümchen
Rochusfels

Köllig
Ortsteil von Nittel
Rochusfels

Rehlingen
Ortsteil von Nittel
Kapellenberg

Wincheringen
Burg Warsberg
Fuchsloch

Wehr
Ortsteil von Palzem
Rosenberg

Helfant und Esin gen
Ortsteil von Palzem
Kapellenberg

Palzem
Karlsfelsen
Lay
Kreuzweiler
Ortsteil von Palzem
Schloß Thorner Kupp
Dazu einzellagen freie Rebflächen in den Gemarkungen Bitzingen, Fisch, Kirf, Meurich, Portz, Soest, Ta wern

Bereich Moseltor
Großlage Bübinger
Nennig Ortsteil von Perl
Schloßberg
Römerberg
Sehndorf
Ortsteil von Perl
Klosterberg
Marienberg
mit Rebflächen in der Gemarkung Oberperl

Perl
Quirinusberg
Hasenberg

Einzellagenfreie Rebflächen in den Gemarkungen Besch, Tettingen und Wochern.

Die Zeit der Weinlese - ein Fest für alle Besucher.

Mit dem Beginn der Traubenreife tritt bis zum Zeitpunkt der Traubenlese - in der Regel 4 Wochen - für den Winzer eine Verschnaufpause ein. Im Weinberg herrscht der „Herbstbann". In dieser Zeit darf keine Spritzung mehr erfolgen. Die Trauben sollen durch nichts und niemanden in ihrem Gedeihen gestört werden, die Rebhänge sind für jeden geschlossen. Nur die Feldhüter wachen verstärkt darüber, daß weder Vögel, Wild noch andere Diebe sich an den Trauben gütlich tun.

Endlich kommt die Zeit der Lese. Wenn sie auch schon längst der früheren Romantik ent behrt, die von fröhlichen, scherzenden Winzer mädchen und -burschen erzählt, so überträgt sich doch eine befreite, heitere Stimmung auf den Besucher. In diesen Tagen eine Wanderung durch eine Weingegend zu unternehmen, das kann man Ihnen nur empfehlen. Überall herrscht eine erwartungsvolle Geschäftigkeit. Jetzt ist es soweit. Bald wird man wissen, wie der Wein des Jahres geraten ist. Und das Prophezeien beginnt. Wird er 70 oder gar 120 Grad Öchsle bringen? Entsprechend ausgelassen ist die Stimmung am Abend in den Weinorten nach der Anstrengung des Tages. Denn die Weinlese ist durchaus kein Vergnügen. Sie gehört zu den mühsamsten Arbeiten des Winzers, für die er nur noch sehr schwer Arbeitskräfte findet. Dafür schafft die ganze Familie mit.

Federweißer..., die große Vorfreude auf den neuen Jahrgang.

Wenn der Altweibersommer in unseren Winzerdörfern Einzug hält, die Blätter sich bunt färben und Morgennebel über den Weinbergen wallen, beginnt es in den Straßen der Weindörfer nach dem hefetrüben Wein, dem Bitzler, dem Sauser, dem Rauscher, zu duften. In den Fässern mit dem neuen Most treten die Hefepilze in Aktion und wandeln den Zucker der Trauben in Alkohol und Kohlensäure um. Wer den spritzigen neuen Süßen kostet, spürt ein heftiges Bizzeln auf der Zunge und einen hefti-

gen Duft in der Nase. Noch paßt der sich wild gebärdende Most nicht zu Zwiebelkuchen und Edelkastanien. Lassen wir ihn also noch etwas sausen und rauschen, bis er die letzte Stufe des Gärungsprozesses erreicht hat, bevor er sich zum Jungwein entwickelt. Nicht umsonst sagt ein altes Winzersprichwort: „Es geht der Jugend wie dem Most“: „Wenn ihr die nit tobe lost, wenn se jung sind und tobe wolle, dann tobe se später, wenn se nit solle.“ Ist der Most in ein Stadium getreten, in dem der Traubenzucker schon fast vergoren ist, also kurz nach dem Höhepunkt der ersten Gärung, dann färbt er sich weißlich, und seine milchig-trübe Farbe erinnert an Tausend wirbelnde Federchen, wie sie Frau Holle aus ihren märchenhaften Betten schüttelt. Aus dem Bitzler und Bremser ist der schon säuerliche Federweiße geworden, der nur noch leicht brotzelt und der den Weinnasen die erste Vorfreude auf den neuen Jahrgang schenkt. Jetzt tauchen in den Fenstern der Winzerhäuser neben den sich gelb und rötlich färbenden Blättern der Hausreben erste Schilder auf Frischer Federweißer, Gasthäuser locken mit der Aufschrift „Heute im Ausschank“ und die Weingüter fordern uns auf: Gleich zum Mitnehmen: Federweißer. Milchig schäumt er in die großen Kanister, die im Kofferraum verstaut werden, um gleich am Abend in froher Runde mit Kastanien, Gegrilltem oder deftigen Wurstplatten probiert und genossen zu werden.

Wer nicht Auto fahren muß, nimmt aber zu nächst einmal in der Probierstube beim Winzer Platz und läßt den ersten Schluck des nach frischer Hefe schmeckenden prickelnden Süß krätzers genüßlich über die Zunge rollen. Es ist schwer, dem lockenden Angebot aus dem nächsten Gasthof zu widerstehen, das da verheißt: Frischer Federweißer und „Zwibbelekoche“. Wenn die Wirtin ihr Handwerk versteht und gar einen knusprig geflämmten Zwiebelkuchen auf die hölzerne Platte des Wirtshaustisches stellt, die Spätsommersonne durch die Gardinen leuchtet und der Gesprächspegel der fröhlichen Zecher steigt, dann macht sich ein Hauch herbstlicher Romantik breit, von dem man ein ganzes Jahr träumen kann. Federweißer ist ein Stück Herbstglück, aber auch eine Naturgewalt, die man nicht unterschätzen sollte. Gerade bei diesem Gesellen mit seinem noch unausgegorenen Charakter sollte man Maß halten. Er wirkt schneller und kräftiger, als man zunächst meint. Und deshalb sollte man des Guten nicht zu viel tun.

Die Weinsprache

Ein wenig seltsam hört es sich schon für unsere Ohren an, wenn zwei Weinspezis sich gegenseitig mit der Beschreibung eines besonderen Weines zu übertreffen suchen. Aber diese Weinsprache, die fast so blumenreich klingt wie eine chinesische Übersetzung eines Gedichts, charakterisiert und verdeutlicht den Wein überaus treffend.

Der Weinexperte beurteilt den Wein nach verschiedenen Kriterien, denen er spezielle Bezeichnungen zuordnet. Hier ein paar der gebräuchlisten Weinvokabeln:

Nach Blume und Bukett: duftig, blumig, fruchtig, aromatisch, bukettreich, würzig, pikant, flüchtig, sauber.

Nach Körper und Gehalt: voll, körperreich, saftig, dick, markig, kurz, leicht, schwer, füllig, erdig, stoffig.

Nach Süße und Säure: mild, zart, frisch, stahlig, herb, spritzig, mundig, hart, fruchtige oder feine Säure, elegante oder edle Süße.

Nach Art und Rasse: artig, rassig, edel, feurig, wuchtig, lieblich, süffig, elegant, glatt, kräftig, kernig, nervig, trocken.

Nach dem Alter: jung, alt, reif, vollreif, firn, edelfirn, frisch, leer, schal, tot.

Nach der Harmonie: harmonisch, ausgeglichen, rund, reintönig.

Die Wein-Empfehlung zum Essen.

Die Speise:	Der Weintyp dazu:
Pasteten	Herbe und finessenreiche Weißweine mit eleganter Säure. Trockene, herzhafte Rotweine.
Fisch, gedünstet	Trockene, herzhafte Weißweine.
Fisch, gebraten	Trockene, säurebetonte Weißweine Trockene, säurebetonte und herzhafte Rot- und Roséweine.
Fisch mit aromatischer Sauce	Trockene, herzhafte Weißweine.
Schwein/Kalb/Huhn.	
- mit Bratensaft oder kurzgebraten	Trockene, herzhafte Roséweine.
- mit Rahmsauce.	Trockene, herzhafte Weißweine Blumige mild-liebliche Weißweine.
Rind	
- im Bratensaft oder kurzgebraten	Trockene herzhafte Weißweine oder Roséweine. Trockene, herzhafte Weißweine.
- mit Rahmsauce.	Blumige, mild-lieblich Rotweine Trockene, herzhafte Rotweine. Feurige, nachhaltige samtige Rotweine.
Würziges Ragout von Fleisch und Geflügel Braten mit pikanten Saucen.	Würzige Weißweine mit ausgeprägtem Aroma.
Wildgeflügel (Fasan, Rebhuhn) und Kleinwild (Hase)	Würzige Weißweine mit ausgeprägtem Aroma. Herbe und finessenreiche Weißweine mit eleganter Säure.
Wild (Reh, Hirsch, Wildschwein).	Feurige, nachhaltige, samtige Rotweine.
Lamm, Hammel	Feurige, nachhaltige samtige Rotweine. Herbe und finessenreiche Weißweine mit eleganter Säure.
Truthahn	Trockene, herzhafte Weißweine. Trockene, herzhafte Rot und Roséweine. Herbe und finessenreiche Weißweine mit eleganter Säure.
Deftige Eintopfgerichte	Trockene, säurebetonte Weißweine. Trockene, säurebetonte und herzhafte Rot- und Roséweine.

Teigwaren und Mehlspeisen	Trockene, herzhafte Weißweine. Trockene, herzhafte Rot- und Roseweiné.
Innereien,	Trockene, säurebetonte Weißweine.
- Leber, Niere, Lunge	Trockene, säurebetonte und herzhafte Rot- und Roséweine.
- Bries, Hirn	Trockene, herzhafte Weißweine.
Käse mit ausdrucksvollem-Geschmack.	Trockene, säurebetonte Weißweine, Würzige Weißweine, mit ausgeprägtem Aroma, Herbe und finessenreiche Weißweine mit eleganter Säure.

Die Mosel lädt ein!

Erholungssuchende, Freizeit- und Hobby-Urlauber und Liebhaber kulturhistorischer Hinterlassenschaften, sie alle finden ihren Ansprüchen entsprechend, das passende Umfeld. Eine solche Reise ist in jeder Hinsicht ein großes Vergnügen. Sie können nicht nur die köstlichsten Weine entdecken, sondern auch landschaftlich ungemein schöne Gegenden, romantische Dörfer und Städtchen, und abseits finden sich noch oft fast unberührte Wanderwege.

Der Wein kann weiß Gott zum Hobby werden in diesem Weinland. Aber ein Urlaub nur mit Wein - das ist vielleicht nicht ganz die rechte Erholung. Auf ideale Weise können Sie hier beides kombinieren; Foto- und Filmfreunde, Segler, Wassersportler und Weinfreunde, für sie bieten die zauberhaften Flußtäler ein weites Betätigungsfeld.

Wie schaut es mit Ihrem nächsten Urlaub aus? Schon ein verlängertes Wochenende reicht, eine sagenumwobene romantische Weinlandschaft und ihre herrlichen Weine näher kennenzulernen. Die Mosel erwartet Sie!

II. Kapitel

Freizeit- und kulturhistorische Reise-Route über 304 km in Frankreich entlang der Mosel von Bussang bis Sierck-Les-Bains

Ein Blick in das Elsaß

Über die Paßhöhe von Bussang (731 m ü. NN) - dort wo die Mosel entspringt - gelangt man auf der Nationalstraße 66, Hauptverkehrs ader der Touristenstraße Benelux-Basel, nach dem Elsaß. In engen Schleifen windet sich die Straße abwärts ins Tal der Thur. Der Blick fällt auf Urbès und Storckensohn, angenehme Ferienorte abseits des Lärms und des großen Verkehrs, über Wesserling und St. Amarin gelangt man nach Moosch und Willer-sur-Thur am Fuße des Großen Belchen (1424 m).

Das schöne Thann verdient die Aufmerksam keit des Touristen, und wäre es auch nur zum Besuch der Stiftskirche St. Thiébaut, eines Prachtstücks gotischer Kunst.

Über Lutterbach und Pfastatt erreicht man Mulhouse, das große Handels- und Industie-Zentrum des Oberelsaß (165.000 Einw.), woselbst ein längerer Aufenthalt empfehlenswert erscheint. Als Sehenswürdigkeiten seien nur Zoo, Museum und Schwimmstadion genannt. Die Nationalstraße 66 führt von Mulhouse weiter nach der Grenzstadt St. Louis, und darüber hinaus nach Basel (Schweiz), an den Ufern dieses selben Rheins, in welchen sich die Mosel in Koblenz ergießt.

Eine weitere Verbindung von Mulhouse zum Rhein bildet die Departementstraße 39, welche über die Brücke von Chalampé nach Baden und zur Autobahn Basel-Frankfurt-Hamburg führt.

BUSSANG

an der Nationalstraße 66 liegt am Westabhang der Vogesen, eingebettet im oberen Moseltal, inmitten prächtiger Tannen und Buchenwälder, im Süden vom Ballon de Servance und im Osten vom Drumont (1208 m) überragt, an der großen Verkehrsstraße Benelux-Basel, die über die Paßhöhe in östlicher Richtung zieht.

Mairie - Eglise

Nur einige Schritte abseits dieser Straße, erhebt sich das kunstvoll errichtete Bauwerk der neugefaßten Quelle der Mosel, welche den Vorüberziehenden inmitten eines einzigartigen Dekors zur kurzen Besinnung einladen will.

Die Entstehung von Bussang geht in die ältesten Zeiten zurück. Die Römer benutzten die Paßstraße zur Verbindung der Städte unter einander. Unter Charles dem II., Herzog von Lothringen erfuhr Bussang eine Entwicklung als Industriestandort. Kupfer, Blei- und Silberminen wurden eröffnet, wobei deutsche und schwedische Arbeiter beschäftigt wurden.

Auf Anordnung der Herzöge von Lothringen wurden 1621 die Mineralquellen gefaßt, welche seit dieser Zeit ihre heilsame Wirkung infolge ihrer radioaktiven, eisenhaltigen und verdauungsfördernden Eigenschaften bewiesen haben.

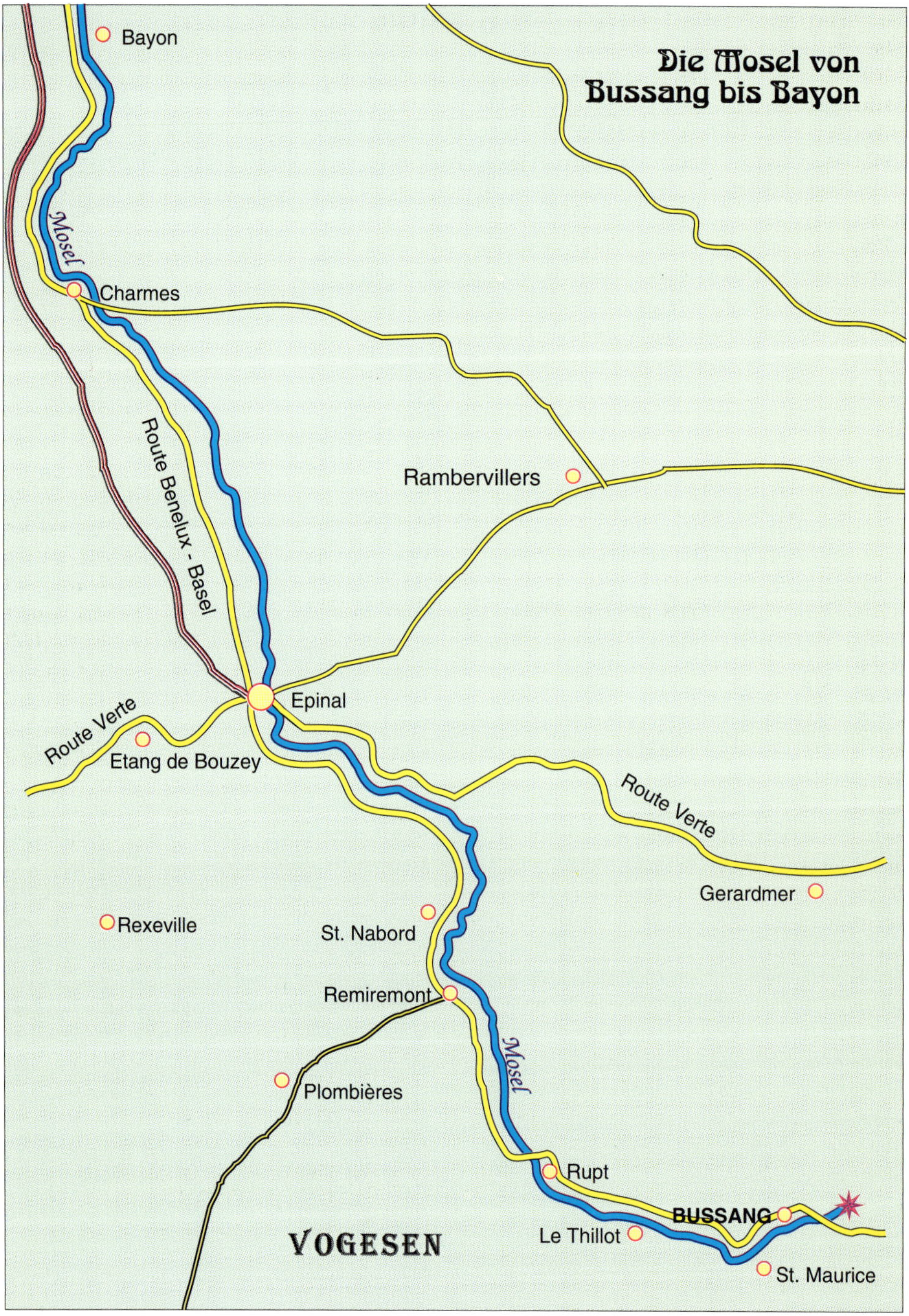
Die Mosel von
Bussang bis Bayon
Bayon
Mosel
Charmes
Route Benelux - Basel
Rambervillers
Epinal
Route Verte
Etang de Bouzey
Route Verte
Gerardmer
Rexeville
St. Nabord
Remiremont
Mosel
Plombières
Rupt
BUSSANG
Le Thillot
St. Maurice
VOGESEN

Im Winter wird der Skisport ausgeübt unter Mitwirkung von diplomierten oder spezialisier ten Fachkräften. Mehrere Abfahrtsgelände mit Skilift sind eingerichtet. Ein erstklassiges Plastik-Sprungbrett wurde schon Ende 1961 eingeweiht, wo die Skisportler das ganze Jahr hin durch trainieren und ihren Stil verbessern können.

Berge, Felsen, Wald und Wasser sind hier vereint, um demjenigen, der in Bussang verweilen will, den Hochgenuß der Ruhe im natürlichen Rahmen der Hochvogesen zu sichern.

St. Maurice

früher Visentine-sur-Agne genannt, liegt in der Nähe der Moselquellen 38 km von Remire mont, östlich und südlich von Vogesengipfeln begrenzt, in einer Höhenlage von 550 bis 1250 m. Die Rodung des Urwaldes und Trockenlegung der Sümpfe um das Kloster von St. Romaric begann um 1090 durch Ansiedler, welche Täler und Ebene urbar machten. Ihr Haupt-Erwerbszweig war die Viehzucht; auf den Bergweiden wurde Käse hergestellt.

Um 1360 begann die Pfarrei Visentine zu existieren, welche das Gebiet des heutigen St. Maurice mit Bussang umfaßte, um nach ihrer Trennung im Jahre 1746 den Namen ihres Schutzpatrons, St. Maurice anzunehmen.

Die Entdeckung von Eisen- und Kupferminen um 1550 zog Arbeitskräfte aus dem Elsaß, der Schweiz und Tirol an, und 1560 entstand eine Gießerei, wodurch sich die Förderung der Mineralien weiter entwickelte. Zu gleicher Zeit wurden im „Tal der Kohlenbrenner" von deutschen und schwedischen Zugewanderten, die das Holz der ausgedehnten Tannenwälder verwerteten, Holzkohlen hergestellt.

Bereits 1623 gingen vier große Verbindungswege von St. Maurice aus; die Römerstraße Metz-Basel, die Straßen St. Maurice-Masevaux, St. Maurice-Giromagny, und St. Maurice-Plancher-les Mines. Um 1767 wurden die Minen- und Kohlenindustrie durch Baumwollwebereien verdrängt. Die aus dem Elsaß zugezogenen Weber arbeiteten vorerst in Heimarbeit auf großen Holzwebstühlen mit Hand- und Fußbetrieb. In der Zeit von 1843 bis 1910 sind dann etwa 10 mechanische Webereien entstanden, die eine Belegschaft von ungefähr 1600 Arbeitern beschäftigten.

Heute erscheint St. Maurice den Touristen mit einem ganz anderen Gesicht. Durch seine Lage ist es ein wahres Touristenzentrum geworden, das infolge seiner reinen Luft mit zahlreichen Promenaden in ausgedehnten Tannenwäldern mehr und mehr ärztlich empfohlen wird für Erholungs- und Ruhebedürftige.

Le Thillot

Der Mosel entlang in 10 km Entfernung von ihrer Quelle breitet Le Thillot seine eleganten Bauten an den Ufern des „Baches" aus, inmitten von grünenden Fluren, Wäldern und Bergen.

Die kleine Stadt mit ca. 6.000 Einwohnern, in einer Höhenlage von 500 bis 1000 m, deren Wälder die Wege und Pfade beschatten und die klaren, springenden Bächlein umsäumen, hat den Vorzug einer reinen, milden Luft. Außer der wohltuenden Stille und dieser reinen Luft bietet Le Thillot dem Touristen eine Fülle der verschiedenartigsten Promenaden.

Die Bewohner dieser kleinen Stadt sind geschäftig und übermitteln in ihrer Gesamtheit einen Begriff von Komfort und unbeschwertem Leben. Der Handel ist einträglich dank einer umfangreichen Kundschaft. Die lokalen Industrien: Baumwoll-Spinnereien und Webereien, Gerbereien, Sägewerke usw. sind sehr tätig, stören jedoch in keiner Weise das Ortsbild und die Ruhe.

Le Thillot lädt sowohl zur Erholung als auch zum Besuch ein. Dank seiner bevorzugten Lage am Fuße des Ballon d'Alsace und des Ballon de Servance ist es der ideale Ort für Ruhebedürftige, die wahre Höhenstation, ein angenehmer Familienaufenthalt.

Remiremont

Die Gründung von Remiremont geht auf das Jahr 620 zurück, wo auf der Höhe Saint Mont ein Kloster entstand, das bis zur Revolution 1789 existierte. Um dieses Kloster entwickelte sich bis ins Moseltal hinunter die heutige Ansiedlung.

Archive und historische Sammlungen aus dieser Zeit der Lokalgeschichte sind im Museum der Abtei untergebracht, welche letztere in ihrem Originalzustand erhalten ist.

Neben der Abtei erhebt sich die Pfarrkirche, welche aus dem 10 Jh. stammt, obwohl die Architektur in ihrer Gesamtheit im gotischen Stil des 15. und 16. Jh. gehalten ist. Die Krypta aus dem 11. Jh. ist eine schöne Verwirklichung altertümlichen Kirchenbaus.

Die malerische Hauptstraße weist beiderseitig Arkaden mittelalterlichen Stils auf, von den Anwohnern geschmackvoll mit Blumen geschmückt. Unter diesen Arkaden entfaltet sich ein reger Geschäftsgang dank der Liebenswürdigkeit ihrer Geschäftswelt, welcher die Stadt ihren guten Ruf verdankt.

Südlich von Lothringen, in 400 m Höhe zwischen den Vorhügeln der Vogesen, durch den Bussang-Pass mit dem Elsaß verbunden, liegt Remiremont an dem großen nord-südlichen Verbindungsweg der Mosel.

Reich an historischer Vergangenheit renomiertes Touristenzentrum und Luftkurort mit würzigen Tannenwäldern abseits des Lärms, im Winter in nächster Nähe der Schneefelder kann Remiremont als idealer Ferienaufenthalt nur empfohlen werden.

Plombières

Plombières, ist eine elegante Kleinstadt, in mitten von Vogesenhügeln im reizenden Tale der Augronne gelegen. Ihre Heilquellen waren schon den Kelten, vor der Invasion Galliens durch die Römer, bekannt. Übrigens entstand der Name „Plombières“ aus den keltischen Worten „Plomen Birvi“, d.h. heiße Quellen.

Zur Fassung dieser Quellen leiteten die Römer den Gebirgsbach in ein künstliches Bett um und bedeckten die Thermalzone mit etwa 80.000 cbm ihres bekannten Betons, bauten auf der Hauptquelle einen Sammelschacht, um durch in Stein gehauene Leitungen ein Bad von 66 m Länge zu speisen, das während 4 1/2 Jahrhunderten von den römischen Soldaten benutzt wurde. Eine zweite Quelle wurde zur direkten Speisung von Dampfbädern installiert.

Im 5. Jh. wurde Plombières durch die Hunnen zerstört und erst im 13. Jh. wurde das römische Bad wieder instand gesetzt. 1772 ließ Louis XV. ein Warmbad erbauen, das später in ein Schwimmbad umgebaut wurde. Unter Napoleon I. erstand 1811 am Platze des ehemaligen Kapuzinerklosters ein Thermalbad, das nach seinem Abbruch 1935 Nationalbad wurde. Die zur Zeit Napoleons III. ausgeführten Arbeiten brachten den bei der Invasion der Barbaren im Jahr 412 geschlossenen, unter den Trümmern begrabenen Bronze-Hahn wieder zum Vorschein, der wie 14 Jahrhunderte zuvor Hyperthermalwasser von 72 Grad liefert.

Die von 1928 bis 1935 methodisch ausgeführte physico-chemische Revision erlaubte den Ausbau der Heilquellen zur Erreichung von Höchstleistungen physiologischer und schmerzlindernder Einwirkung auf das Nervensystem.

Obwohl äußerlich gesehen die verschiedenen Quellen den Zeitpunkt ihrer Entstehung verraten, tragen sie heute den Stempel modernster Technik, um die höchstmöglichen Resultate bei Behandlung von Darm- und rheumatischen Leiden zu erreichen. Neben dem großen Interesse als Thermalbad verdient Plombières besondere Aufmerksamkeit auf touristischem Gebiet.

Contrexéville

Östlich der großen Verkehrsstraße Benelux-Basel, unweit von Epinal, liegt Contrexéville, das mit seinen seit Jahrhunderten berühmt gewordenen Hydromineralquellen die Aufmerk samkeit des Touristen verdient.

Wenn auch in unserer hastigen Zeit der Durchreisende in seinem Programm kaum mehr als eine kurze Rast einlegt, sollte er doch einen Augenblick finden zu einer Promenade im schattigen Park, und den in einer Galerie mit reichem Mosaikschmuck untergebrachten Quellen, welche den Leidenden die Wohltaten ihrer Wasser in so reichem Maße spenden, einen Besuch abstatten.

Die Wirkung dieser Wasser auf die Funktionen der Leber und der Nieren ist unbestreitbar, ebenso die Linderung der Krankheiten die aus der funktionellen Störung dieser Organe entstehen.

EPINAL

Am Ufer der Mosel inmitten prächtiger Wälder an den Vorhügeln der Vogesen gelegen, bildet die „Stadt der Bilder“ (39480 EW.) die Drehscheibe von Ostfrankreich und zugleich einen anmutigen Erholungsort. Sein Ursprung geht in das 10. Jh. zurück, wo eine Siedlung um das vom Bischof von Metz erbaute Kloster entstand. Seit dem 13. Jh.war Epinal als Festung ausgebaut, die Ringmauer wurde 1871 geschleift. Als Bauwerk ist bemerkenswert die als historisches Kunstwerk klassierte Basilika St. Maurice (11.-14.Jh.), die alle Kriege glücklich überstand. Ein weiterer Anziehungspunkt ist die vom Rosengarten umgebene Bibliothek mit ihren wertvollen Manuskripten und Druck werken des 15. Jh.

Basilika Sankt Moritz

Epinal ist auch reich an natürlichen Schönheiten. Seine schattigen Promenaden der Mosel entlang, der Schloßpark mit seinen 26 Hektar Wäldern und die öffentlichen Gärten, welche zu den schönsten Frankreichs gehören, sowie seine wundervollen Aussichtspunkte auf die Stadt und das Moseltal suchen ihresgleichen. Für Spaziergänger bietet in weniger als 1 km Entfernung von den Hotels ein Naturpark von 100 Quadrat-Kilometern mit einem Netz schattiger Waldpfade die Möglichkeit wohltuender Entspannung, und die Mosel Gelegenheit zum Fischen und zu Bootsfahrten.

Epinal ist auch ein Paradies für Zeltsportler. Ein ausgedehntes Gelände mit allen erdenklichen Einrichtungen jeder Art steht den Benutzern zur Verfügung.

Der Kunstliebhaber findet im Musée Départe mental eine Gemäldegalerie mit Werken berühmter Künstler sowie eine prächtige Sammlung von Gravuren und Zeichnungen des 18. Jh. Das Internationale Museum für Volkskunst ist in Frankreich einzig dastehend. Die originelle Darstellung erlaubt dem Besucher die Geschichte dieser bescheidenen Handwerke mit zu erleben, die der Stadt ihr Renommé erwarben, und mit anderen gleichartigen Sammlungen zu vergleichen.

TOUL

In Toul bestätigt die Mosel ihren rheinischen Charakter. Man braucht sich nur über die Landkarte zu beugen und deren Lauf zu verfolgen, wie sie aus der Enge einer größeren Bestimmung zustrebt. Von Bussang kommend, durch verschiedene Zuflüsse verstärkt, als letzten den Madon, läßt sie sich durch nichts in ihrem Lauf aufhalten, und die größten Hindernisse wirken ihr gegenüber wie harmlose Nadelstiche. Die Zeiten sind vorüber, wo nach dem Wort eines berühmten Schriftstellers die Schönheit des Moseltales nur von einigen sonntäglichen Spaziergängern bewundert wurde. Die Landschaft zieht immer mehr Bewunderer an, welche niemals enttäuscht, immer neue Naturschönheiten entdecken und eine kurze Fußtour oder einen kleinen Aufstieg nicht scheuen, wo ihnen der Fluß als Wegweiser dient. Eine empfehlenswerte Promenade führt der Mosel entlang zwischen dem Leinpfad und

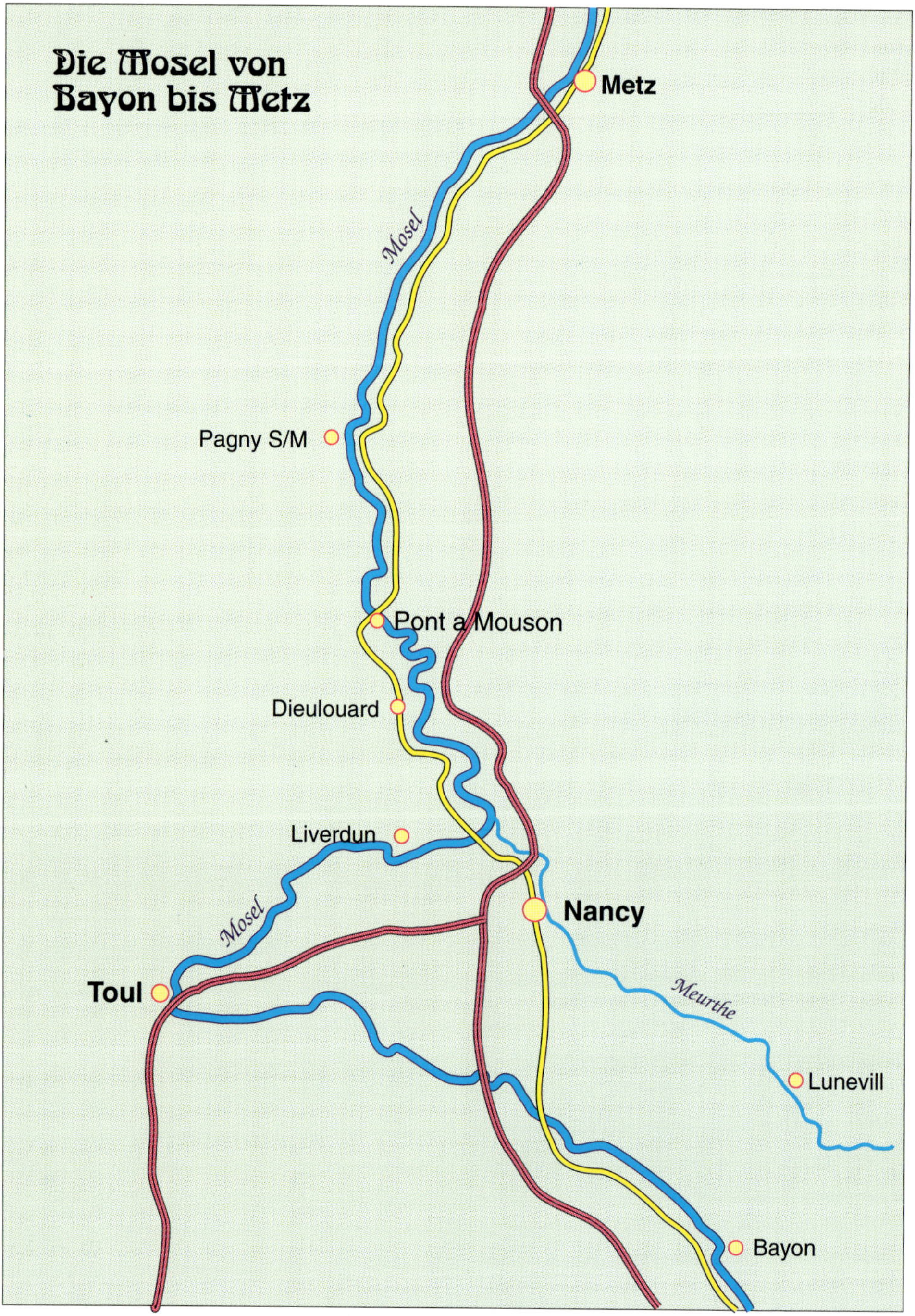
Die Mosel von
Bayon bis Metz
Metz
Mosel
Pagny S/M
Pont a Mouson
Dieulouard
Liverdun
Nancy
Mosel
Toul
Meurthe
Lunevill
Bayon

der Bahnlinie nach Bois-l'Éveque, sowohl im Sommer im Schatten der Wälder, als auch im Winter bei Frost und Kälte ein Hochgenuß für jeden Naturfreund.

Eine Insel, gleich einem verankerten Schiff, erweckt besondere Aufmerksamkeit. Sie birgt - im Gebüsch verborgen - eine Grotte welche in prähistorischen Zeiten unseren Vorfahren, den Kelten, als Behausung oder Grabstätte diente.
Etwas weiter bei der Barrage, finden wir alljährlich die Barken der Wassersportler von Toul.

Im nahen Chaudeney finden wir die Ruhestätte des Romanschriftstellers Moselly, der die Mosel, die er so sehr liebte, leidenschaftlich besungen hat.

Die Mosel und Toul sind unzertrennlich. Der Lauf des Flußes, bald reißend, bald träge, begleitet den Touristen auf seinen Wanderungen durch Rebengelände wie auf Waldlichtungen, und ihre Wasser weichen nur dem ankernden Kahn oder dem über ihre Oberfläche gleitenden Schiffe. Die Stadt, einst stark befestigt, hatte ehemals ein bischöfliches wie auch ein militärisches Gepräge. Die zwei Türme der Kathedrale gleichen stummen Wächtern, die mit den umliegenden Höhen über der Stadt zu wachen scheinen. Der Lauf der Mosel vom Bevédère von Liverdun aus betrachtet, schlängelt sich durch's weite Wiesental, fernen Gestaden zu.

Sehenswerter kleiner Stadtrundgang: Vom Vorplatz der Kathedrale Saint Etienne gehen wir in die Rue de Rigny (Rigny Straße), dort sieht man rechts das Rathaus und sein Portal, ein alter Bischofssitz aus dem 18. Jh., der zur Revolution Rathaus wurde. Abgebrannt im Dezember 1939 und im ursprünglichen Stil aufgebaut. Das Spitzbogenfenster der alten Gemeindekirche Ste Geneviéve (der heiligen Genoveva) über einer Garage sichtbar. Daneben zwei Tore an der katholischen Schule der Heiligen Familie (Ecole Ste Familie) an dem Haus Krebs.

Wir biegen nach rechts ab zum Platz „Pont des Cordeliers“, dort sieht man das Portal des alten Klosters des Cordeliers (Franziskaner kloster), die „Rue des Tanneurs“ (Gerberstraße), eine alte Straße an deren Seite ein Bach floß und wo die Häuser standen. Weiter geht's in die Rue des Moutons (Schafstraße), wo früher die Schafsställe der Stadt standen. Wir überqueren den Platz und gehen in die Straße „General FOY“ weiter. Dort sehen wir: Gotische und Renaissance Türen, das Gymnasium (Lycée) = früher das Haus des Gouverneurs mit seinem Portal, über dem Militärtrophäen angebracht sind. Daneben ein kleines Gebäude mit gotischem Fenster.

Saint Etienne

Wir gehen weiter in die „Rue Gouvin Saint-Cyr“ (Gouvin Saint-Cyr-Straße). Dort sieht man das alte Maison Dieu (Hospiz): Kapelle mit Glockenturm, Portal Domus Dei und gotischen Türen. Wir setzen unseren Rundgang fort und gelangen in die Straße „de la Boucherie“ (Metzgerstraße) und du College (Realschule Amiral de Rigny) in die Rue Joly (Joly Straße), eine Nische mit einer Statue (der barmherzige Saint Aignan) dann die Straße „Pont de Vaux". Von dort biegen wir nach rechts ab in die „Rue du Docteur Denis" (Dr. Denis Straße). Dort sieht man gotische Türen, Kapelle und Hospital St. Charles (ehemaliges Bürgerhospital). Weiter geht's durch die „Rue des Teinturiers" (Färberstraße) mit runden Moselsteinen gepflastert und die „Rue du Terreau" und erreichen die „Rue Gengoult" (General Gengoult Straße). Dort sieht man: Schöne Türen an Privathäusern, das alte Hotel Pimodan, ein gotisches Haus, ein renaissance Portal, eine kleine Nische mit Statue - die Barmherzigkeit von St. Amand.

An der Kreuzung der „Rue Thiers" und der „Rue Chanzy" sehen wir: den schönen Brunnen aus weißem und rosarotem Marmor. In der „Rue Chanzy" (Chanzy Straße) finden wir die alte Dominikanerkirche. Von dort biegen wir nach links in die „Rue de la Halle". Auf der linken Seite steht die Synagoge. Dann noch einmal nach links gehen in die „Rue Jeanne d' Arc". Von dort aus kommt man zum „Place des trois évéchés" (Platz der drei Bistümer), es ist das Herz der wiederaufgebauten Stadt. Durch die „Rue de Lattre de Tassigny" und die „Rue Muids des Blés" erreicht man den Platz „du Marché au Poissons" (Fischmarktplatz): Läden an den Stützpfeilern der Kirche St. Gengoult. Wir gehen weiter durch die „Rue des Lombards" (Lombardenstraße) und kommen wieder auf den Marktplatz zurück (zu sehen ist das Portal des alten Gefängnisses).

Von dort gehen wir in die „Rue de la petite Boucherie" (der kleinen Metzgerei), schönes Haus, Haus der Knöpfe genannt. Wir erreichen den Platz „Croix de Fue", Renaissance Haus, Apotheker-Haus genannt. Durch die Straße „du Murot" in die „Michatel" Straße gehen. Von dort sieht man das Haus von Bossuet und das Gendarmerie Portal. Dann durch die „Rue corne de Cerf" (Hirschgeweihstraße) und die „Rue Beranger" zum „Place de la République" (Republikplatz), Patrizierhäuser und Häuser aus dem 18. Jh. Wir kehren auf den Vorplatz der Kathedrale zurück und gönnen uns in einem der vielen gastronomischen Betriebe eine ausgedehnte Verschnaufpause.

Kathedrale Saint Etienne (St. Stefan) Die Kathedrale von Toul ist ein Bauwerk romanischen Entwurfs (kein Chorumgang- großes Kirchenschiff- Raum zwischen den Scheiben- die beiden Türme, die den Hochaltar umgeben, wie in der lothringischen Romanik). Die Architektur ist gotisch.

Nach alten Texten ist es die neunte Kirche, die an dieser Stelle erbaut wurde. Seit dem 5 - 6. Jh. besaß die Stadt Toul christliche Kultstätten, die feindliche Überfälle und häufige Brän de in diesen aus Holz erbauten Städten verwüsteten. Im 10. Jh. erbaute der hl. Gerhard, Bischof von Toul, eine Kathedrale aus Stein im romanischen Stil und weihte sie 981 ein. 1221 beginnt der Bau der jetzigen Kathedrale nach dem Plan im lateinischen Kreuz der vorigen romanischen Kathedrale. Man brauchte drei Jahrhunderte um sie zu vollenden. Nichtdesto weniger hat der Bau eine tiefe Stileinheit bewahrt, daß der Besucher meinen könnte, die Kirche sei in einem Zug erbaut worden.

Im 13. Jh.: Bau des Chores, des Querschiffes und eines Teiles des Kreuzganges (klassische Gotik) 16. Jh.: Erbauung der 4 Fächer (von Pfeiler zu Pfeiler) des Schiffes (Strahlengotik) 15. Jh.: Vollendung des Schiffes und Ausführung des berühmten Hauptportals nach dem Plan von Tristan de Hattonchatel unter der Leitung von Jacquemin de Lenoncourt. Im Jahre 1496 setzt die Vollendung der Fassade einen Schlußpunkt in der langen Erbauung der Kathedrale.

An der reich geschmückten Außenfassade erkennen wir grandios ausgearbeitete Architek tur im leuchtenden Spitzbogenstil. Die beiden Türme, die harmonisch vom Viereck zur okto - gen Form übergehen und ihre mächtigen Stre - bepfeiler. Unter der ersten Galerie rechts die Spuren des Pferdes Renés II., Herzog von Lothringen, und darüber sehen wir seine Wappen.

Der monumentale Christus, zu seinen Füßen Maria Magdalena. Der kleine Glockenturm in der Mitte, dessen Spitze die Kunst der Renais sance zeigt und der gut sichtbar eine Glocke trägt.

Der Pelikan zu seinen Füßen und ein Affe ganz an der Spitze eines Strebepfeilers des linken Turms (nur mit einem Fernglas sichtbar). Stiftskirche Saint Gengoult (St. Gangolf) Die Stiftskirche Saint Gengoult ist ein gotischer Bau. Als Vorbild diente dem Bauherrn die nahe Kathedrale St. Etienne. Man findet diesselbe Anordnung: ein Querschiff, das stark gegenüber dem Hauptschiff hervortritt und das Fehlen des Chorumgangs (Deambulatorium) und des Triforiums.

Die erste Kirche stammte wahrscheinlich aus dem 10. Jh. Der Bischof von Toul, Saint Gérard, bewunderte Saint Gengoult sehr. Um den Verlust der Abtei von Varennes (Haute-Marne) auszugleichen, welche Gauzelin, sein Vorgänger, dem Bischof von Langres geschenkt hatte, beschloß der Bischof von Toul am Ein gang des Bischofsitzes eine Kirche bauen zu lassen.

Die Stadt war damals auf die alten römischen Stadtgrenzen beschränkt. An den Einfahrtstraßen im Norden und im Süden hatten sich die Vororte entwickelt. Gerard betraute zuerst die Ordensschwestern mit dem Kirchendienst, später erst die Geistlichen, die nach den Regeln des Heiligen Chrodegang lebten. Die zweite Kirche: 1036 belagerte der Graf der Champagne die Stadt Toul und brannte die Abteien St. Evre, St. Mansuy, den Vorort St. Amand im Süden der Stadt und die Kirche Saint Gengoult nieder. Der Bischof Bruno von Dabo, der spätere Papst Leo IX, begann mit der Instand setzung des Bauwerks; doch ist es sein Nachfolger Udon, der sie 1065 beenden ließ und sie den Domherren anvertraute, die besonders dazu bestimmt waren, regelmäßig den göttlichen Dienst zu versehen, das Gebet, die Studien und die Unterrichtung auszuüben. Über die Kirche dieser Zeit weiß man nichts.

Die dritte Kirche ist die, welche wir heute sehen. Um die verschiedenen Bauabschnitte festzustellen, besitzt man einige Daten und Hinweise, die durch die architektonische Analy se gegeben sind. Die Daten: 1219 - Ein Dokument von Eudes von Sorcy, dem 48. Bischof von Toul bescheinigt, daß dieser seine Zustimmung gab damit Pierre de Vouxay und Ponce, seine Gattin, den Domherren ein Stück Land zur Vergrößerung der Kirche überließen. 1316, 1321, 1329, 1332, 1400, sind die Daten, die man auf den Grabsteinen und Inschriften in den Mauern findet. 1325 Grundsteinlegung der Saint Nicolas Kapelle (St. Nikolaus Kapelle). Die Hauptfassade (Place du Courail).

Zwei Türme erheben sich, der Nordturm ist der höchste und trägt auch die Glocken. Er scheint auch der älteste Teil zu sein. Der obere Teil, wo man die Glockenfenster sieht, ist achteckig (oktogonal), darüber sieht man eine spätgotische Balustrade. Die Strebepfeiler, die dazu dienen den starken Druck der Mauern zu mindern, haben das Aussehen von Baumstämmen mit Ästen.

Der Südturm, für den ursprünglich diesselbe Höhe vorgesehen war wie für den Nordturm, ist nicht vollendet worden. Wahrscheinlich kann man dies mit Geldmangel erklären, wie es oft in jener Zeit der Fall war. Am oberen Ende der Fassade zwischen den zwei Türmen sieht man ein spitzes Dreieck, den Giebel, der dazu dient das Gebälk zu verdecken.

Das Portal ist ein gebrochener Bogen. Die Mauern erweitern sich nach außen durch eine Reihe von Bögen, wo man zwei Konsolen sieht, die früher zwei Statuen getragen hatten- diese sind heute verschwunden. Das Portal ist durch einen Wimperg überhöht, der immer die Form eines Dreiecks zeigt. An seiner Spitze unter der Fensterrose steht eine Kreuzblume als Krönung. Das Städtische Museum verkörpert alle Epochen der Zeitgeschichte.

NANCY

die historische Hauptstadt Lothringens, weltbekannt durch den „Place Stanislas“ und die Werke der Jugendstilkünstler der „Ecole de Nancy“. Altstadt und Labyrinth der mittelalterlichen Straßen, prachtvoller Architektur, schöpferischer Kunst und vieles mehr.

Nancy ist fest mit seiner brillanten Vergangenheit verwurzelt und bietet Besuchern aus der ganzen Welt ein reichhaltiges und sorgfältig gepflegtes Erbe, das Nancy zu einer attraktiven und anziehenden Stadt macht

Eine sonderbare Laune der Natur will es, daß die Mosel nur einige Kilometer von Nancy entfernt ihren Lauf nach Westen richtet, um unterhalb Toul wieder umzukehren und nördlich Nancy über Metz dem Rheine zuzufließen.

Nancy hat immer bedauert abseits zu liegen und hat mit der Meurthe nur einen schwachen Trost gefunden. Trotzdem kamen im Mittelalter unzählige Schiffe reicher Kaufleute über die Mosel und die Meurthe flußaufwärts bis nach St. Nicolas-du-Port. Auch Vergnügungsschiffe verkehrten bis zum vorigen Jahrhundert regelmäßig auf dem Wasserweg Mosel-Meurthe zwischen Metz und Nancy. Nichtsdestoweniger wußte Nancy ohne die Mosel sich zu behaupten, zum Nachteil von Toul und St. Nicolas-du-Port.

Aus der Chronik: Die Herzöge von Lothringen nahmen zu Kriegs- und Katastrophenzeiten hier ihren Wohnsitz und schufen eine ständig im Wachsen begriffene Stadt, bauten Paläste, ermutigten und beschützten Kunst und Wissenschaft. Im 18. Jh. entwickelte sich ein architektoraler Reichtum, welchem Nancy Weltruf verdankt. Zu diesem Zeitpunkt tauschte Francois III., Herzog von Lothringen, seinen Thron gegen die Königskrone von Toscana ein, was Frankreich erlaubte, den freigewordenen Thron von Lothringen dem Polenkönig Stanislas Leszinski anzuvertrauen, als Gegenleistung für die Vermählung seiner Tochter mit dem Sonnenkönig Louis XIV. Stanislas wurde in der Folge einer der beliebtesten Herzöge Lothringens und erhielt den Beinamen „der Wohltäter". Ihm verdankt Nancy das prunkvolle Gepräge, das jeden Besucher beeindruckt. Nach seinem Tod in Lunéville fiel das Herzogtum wieder an Frankreich zurück. Eine tausendjährige Geschichte hat der Stadt Nancy ihren Stempel aufgedrückt und ihr im Zentrum der Ostregion einen spezifisch französischen Charakter verliehen. Die Metallindustrie, die Glasindustrie, die chemische Industrie und die Bierbrauerei bieten Tausenden von Arbeitern lohnende Beschäftigung. Die modernen Warenhäuser und Kaufläden in den breiten und geraden Verkehrsadern der Stadt sind eine wahre Zierde.

Sehenswert: Im „Palais Ducal" (Sitz des lothringischen Fürstentums) ist heute das lothringische historische Museum „Musée historique lorrain" untergebracht, das aufgrund des Reichtums und Diversität seiner Sammlungen zu den bemerkenswertesten französischen Museen dieser Art gehört.

Gleich neben dem Palais Ducal, befindet sich die Kirche und das Kloster „Eglise et Couvent des Cordeliers", die von Rene II. gegründet wurden. In spätgotischem Stil erbaut, diente die Kirche als Grabstätte für die Prinzen des Hauses Lothringen. Über der Gruft erhebt sich die achteckige „Chapelle Ducale", die nach dem Vorbild der Medici Kapelle in Florenz gebaut wurde.

Der „*Place Stanislas*" der als einer der großartigsten Baukomplexe des 17. Jahrhunderts betrachtet wird, ist Werk des Architekten Emanuel Hèré - Schüler von Boffrand - und des Kunstschmieds Jean Lamour. An der Südseite des viereckigen Platzes mit Seitenlängen von 124 und 106 m befindet sich das Rathaus das „Hotel de Ville".

Bekannt und ehemals gefürchtet, befanden sich in der „Porte de la Crafe", einem der ältesten Stadttore Nancys, Folterkammern und Verließ. Der Fürst Jean I. erbaute es 1382, aber erst 1463 beim Bau einer neuen Stadtmauer wurden die zwei Rundtürme zur Befestigungsanlage hinzugefügt. Heute ist die Porte de la Craffe Nebengebäude des lothringischen Museums.

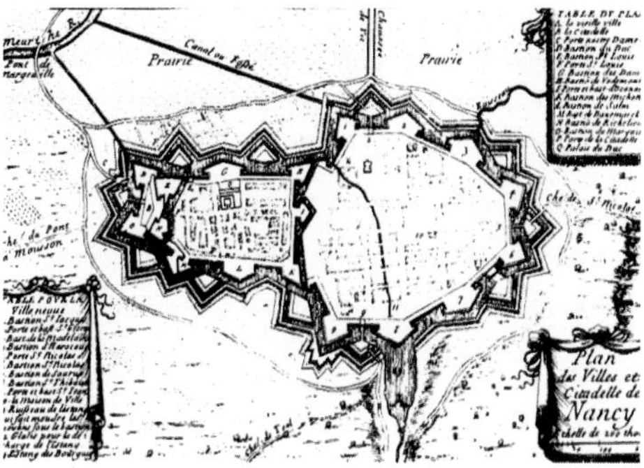

Ehemalige Stadtmauer

Die Kathedrale, ursprünglich la Primatale wurde unter der Herrschaft des Fürsten Leopold erbaut und 1742 fertiggestellt. Sie ist das Werk des Architekten Germain Boffrand.

Die Kirche „Saint Sébastien“ wurde von 1720 bis 1731 vom Architekten Jennesson im Barockstil nach dem Vorbild der Fassade von Agnes in Rom erbaut.

„Notre-Dame“de Bonsecours ursprünglich unter René II. als Zeichen des Sieges über Charles le Téméraire erbaute Kapelle; das heutige Gebäude aus dem Jahre 1732 ist Werk von Emanuel Héré und Grabstätte von Stanilas und seiner Gemahlin Catherine Opalinska.

LIVERDUN

Auf einem schroffen Vorhügel im Massiv von Haye, die graziösen Moselschleifen beherrschend, liegt der mittelalterliche Ort Liverdun, der den Besucher immer angenehm überrascht.

Die Altstadt mit ihren winkeligen Gassen und Gäßchen, früher von starken Mauern umgeben, scheint die Häuser der Unterstadt zu beschützen, welche sich stufenartig an der Stüdseite anlehnen. Schon von den Vorfahren der Stein zeit benutzt, bot der Liverduner Sporen, als die römischen Legionen das Land beherrschten, Schutz für einen Posten der Gallier, der als unüberwindlich galt.

Lange Zeit war das Schicksal dieser Mosel feste mit dem Bistum Toul eng verbunden, dessen Sitz sie war, nachdem sie diesem 622 von König Dagobert von Austrasien geschenkt wurde. Liverdun kannte während einem Jahr tausend eine heroische Zeit. Dreimal wurde seine Garnison überwältigt und ihre Mauern geschleift. Die letzte Zerstörung 1467 war besonders folgenschwer.

Das heldenmütige Verhalten der Bevölkerung im Laufe der Jahrhunderte gegenüber ihren Feinden sicherte ihr zahlreiche Privilegien. Bis zur zweiten Hälfte des 19. Jh. betrieb sie aus schließlich Feld- und Weinbau.

1840 begann der Bau des Rhein-Marne- Kanals, 10 Jahre später folgte die Eisenbahn. Wasser- und Schienenweg begünstigten bald die Ansiedlung von Industrien: Eisenwerke, Gießereien, eine Fabrik für feuerfeste Produkte und zuletzt eine Obst- und Gemüsekonservenfabrik.

Die Oberstadt besitzt eine romanische Kirche aus dem 13. Jh., ihre gewundenen Gäßchen und zwei Plätze älteren Stils, das Obertor aus dem 15. Jh., nebenan das Haus des Gouverneurs mit einer Renaissance-Fassade, das monumentale Portal des ehemaligen bischöflichen Palastes und das Schloß mit seinen Türmen entzückenden Besucher. Die Promenadenwege der Mosel entlang und die schattigen Waldpfade laden ein zur Entspannung.

DIEULOUARD

Bei Dieulouard tritt die Mosel in das erweiterte Tal der Moselebene und teilt sich hier in zwei Arme. Das linke Ufer wird von einem steil abfallenden Kalksteinfelsen überragt, dessen Höhlen einst den Urbewohnern, den Leuken, welche Jagd und Fischfang ausübten, Nahrung und Unterkunft boten.

Urprünglich Scarpone genannt, wurde die im Zuge der Eroberung Galliens von den Römern erbaute, an der Heerstraße Lyon-Trier gelegene Stadt im Jahre 275 von den Alemannen zerstört. Zur größeren Sicherheit erbauten hierauf die Römer ein Kastell auf einer der Moselinseln. Nach Erreichung ihres Höhepunktes mußte sie jedoch in der Folge mehrere Invasionen erleiden: Babaren, Germanen, Hunnen und Franken, welch letztere 476 die letzten Reste der Römer vertrieben.

Zur Zeit der Merowinger kam die Stadt erneut zu Wohlstand, und um 800, als Karl der Große in den Vogesen zur Jagd ging, wurden die ersten Weinberge angepflanzt. Infolge wieder holter Feindangriffe geschwächt, wurde das Fort zur größeren Sicherheit der Verbindung Toul- Metz durch die Brücke von Pont-à-Mousson ersetzt.

Nach der vollständigen Zerstörung der Stadt durch Conrad II. und Thibaut II. von Bar erstand in den Vororten der gallo-römischen Stadt eine neue Feste: Dieulouard. Im Laufe der Jahrhunderte mehrere Male zerstört und gebrandschatzt, im 30-jährigen Kriege abwechselnd von Franzosen, Deutschen und Lothringern besetzt, erhielt es 1660 den Gnadenstoß durch Louis XIV. Als Eigentum des Bistums von Verdun wurde das wieder erbaute Schloß bei der Revolution vom bischöflichen Verwalter erworben.

Als älteste Tätigkeit ist sicher die Münzpräge-Anstalt aus der Merowingerzeit, dem 6. Jh. zu nennen. Eine weitere Tätigkeit ist die Herstellung des ersten lothringer Bieres durch den englischen Benediktiner-Orden, welcher in dem abgetretenen Kloster eine Brauerei einrichtete, die bis zur Revolution bestand. Im übrigen trieb die Bevölkerung bis zur Jahrhundertwende Ackerbau und Viehzucht.

Außer einigen Mauerresten als Überbleibsel des Schloßes ist die St. Sebastians-Kirche aus dem 15. Jh. zu nennen mit einer prächtigen Fassade und schönen Statuen, im Innern eine Krypta.

Am Ausgang von Dieulouard steht auf einem Felsen eine Kapelle, „Notre Dame des Airs", mit einem wunderbaren Rundblick über das ganze Tal.

PONT-A-MOUSSON

Im Herzen des lothringischen Industrie-Gebietes, liegt Pont-à- Mousson an der großen Nord-Süd-Axe Europas, (der Römerstraße Aix-en-Provence - Lyon - Trier - Köln und der Touristenstraße Benelux-Basel) beiderseits der Mosel. Bald Festung, bald Grenzstadt hatte es wieder holt die Härten der Kriege erfahren, so im 30-jährigen Kriege, 1870, 1914 und 1944!

Aus der Chronik: Die Stadt Pont-a-Mousson verdankt ihren Namen dem Hügel, der die Mosel überragt und der es den Grafen von Bar und von Pont-a-Mousson ermöglichte, eine Burg an der östlichen Grenze ihres Landes zu bauen. Im 11. Jh., förderte der Bau einer Brücke über den Fluß, am Fuße der Stadt die Entwicklung. Diese Stadt liegt auf der großen europäischen Nord-Süd Achse, die zur Zeit der Römer Lyon mit Trier und Köln verband. Der eigentliche Gründer der Stadt war Thiebaut der zweite (er war der Graf von Bar und auch von Pont-a-Mousson 1239-1291). Im Jahre 1354, erhob Kaiser Karl IV. von Böhnen die Stadt zum Markgrafbesitztum. Einige Zeit später, im Jahre 1372, gehörte die Stadt zum Reich. Am linken Ufer der Mosel bauten die Herzöge von Bar und von Lothringen eine kleine Burg, in die sie oft kamen, um sich zu erholen. Viele Lothringische Prinzen wurden dort geboren. Zum Beispiel: Marguerite, die Tochter vom König René d' Anjou. Marguerite heiratete Henrich VI. im Jahre 1445 und ist Königin von England geworden. Sie war auch eine Heldin des „Zwei Rosen Krieges". Im 16. Jh. gewann Pont-a-Mousson immer mehr an Bedeutung dank der Universität.

Die Universität: Ihre Gründung, beschlossen von dem Papst Grégoire XVIII. am 5. Dezember 1572, entsprach einem Wunsch des Herzogs Karl III. und des Kardinals von Lothringen, Erzbischofes von Reims. Die Zahl der Studenten (400 im Jahre 1575) stieg immer mehr, um 2000 „Schüler" am Anfang des 17. Jh. zu erreichen. In Folge dieser Universität wurde Pont-a-Mousson zwei Jahrhunderte lang das „Lothringische Athen" genannt.

Zur jener Zeit war auch die Stadt ein wichtiges Editionszentrum, wie es uns diese sehr berühmten Namen zeigen: der Radierer, Jean Appier Hanzelet und die Buchdrucker, Etienne Marchand oder Cramoisy. Die Universität war so groß, daß viele andere reiligiöse Orden sich in

Pont-a-Mousson niedergelassen haben. Ihre Verlegung nach Nancy im Jahre 1768 war die Konsequenz des Dreißigjährigen Krieges und später, des Anschlusses Lothringens an Frankreich und der Auflösung des religiösen Ordens der Jesuiten.

Vor dem Anschluß, im Jahre 1871, lag die Stadt an der Grenze zwischen Frankreich und Deutschland. In der Gegend von Pont-a-Mous son gibt es berühmte Namen wie „Grand Couronné“ und „Bois le prétre“, die uns an die harten Kämpfe des ersten Weltkrieges erinnern.

Sehenswert: Die Bombenangriffe haben während des zweiten Weltkrieges einen großen Teil des künstlerischen Vermögens der Stadt zerstört. Die vorteilhafte geographische Lage der Stadt in der Mitte Lothringens erklärt zum Teil die ruhmreiche Vergangenheit und die verheißungsvolle Zukunft Pont-a-Moussons.

Als Sehenswürdigkeiten seien erwähnt die Moselbrücke, seit 1914 dreimal zerstört, in schöner Linienführung neu errichtet, rechts auf der Mousson-Höhe die Ruinen des Schloßes der Herzöge von Bar, die Höhe Ste. Geneviève, 1914 Vorstellung des Grand Couronné. Am Fuße dieser Höhen die Abtei de Prémontrés, das Lyceum (ehemalige Universität) mit dem prächtigen Ehrenhof im Renaissance-Stil und die St. Martins-Kirche aus dem 14. Jh.

Auf dem linken Moselufer liegt der Duroc-Platz mit seinen Arkaden, u.a. die der berühmten „Sieben Todsünden“, dem Lustschloß der Herzöge von Lothrigen und dem Rathaus, dahinter die St. Laurentius-Kirche aus dem 15./16. Jh., in den anliegenden Straßen zahlreiche Häuser im Renaissance-Stil. Über den Boulevard de Riolles gelangt man zum Tour de Prague mit schöner Aussicht - Vorgelagert sind die Anlagen und Promenade der Insel Esch mit Bad, Camping, Rudersport und Tennisplatz -.

Die schönste Promenade ist ohne Zweifel die Höhe von Mousson (385 m) mit herrlicher Aussicht auf Stadt und Moseltal. Außerdem sind empfehlenswert: der Priesterwald, Croic des Carmes (Stellungen 1914/18), das Eschtal (lothringer Schweiz), das Tal Rupt de-Mad (gut erhaltenes Feudalschloß), Thiaucourt (amerikanischer Militärfriedhof 1914/18), Prény mit altem Schloß der Herzöge von Lothringen.

Die ehemalige restaurierte Abtei „Sainte Marie Majeure“ die neben dem Gymnasium liegt, ist heutzutage ein wichtiges Kulturzentrum, das in der ganzen Gegend sehr berühmt ist.

Die Prämonstratenserabtei: Die prachtvolle, am Ufer der Mosel erbaute Abtei ist insbesondere durch die vom Barock beeinflußte Abteikirche im neoklassischen Stil und ihrer majestätischen Treppen bemerkenswert. Diese Abtei wurde von 1705 bis 1735 gebaut. Die Abtei ist heute ein renommiertes Kulturzentrum für Kolloquien.

Der Brunnen, abgebaut im Jahre 1869, wurde im Jahre 1931 wiederhergestellt, um an die Ergebenheit der amerikanischen Sänitäter während des ersten Weltkrieges zu erinnern. Das Rathaus ist eine schöne Konstruktion im Stil Louis XVI. Dieses Kunstwerk von Leereulx wurde von Claude Mique von 1786 bis 1791 gebaut.

Das Haus der 7. Todsünde: „Das Schloß der Liebe“ ist die alte herzogliche Wohnung. Es wurde im 16. Jh. auf dem Duroe Platz (großes Dreieck, das von Arkadenhäusern umgeben ist) erbaut.

Die Kirche Saint Laurent, die zum gotischen Stil gehört (unter anderem, mit einem wunderschönen Retabel). Das Tor vom ehemaligen Münzamt (künftiges Museum).

Die alte Universität (heutzutage das Gymnasium Jacques Marquette)
Der Ehrenhof der aus dem 16/17 Jh. stammt.
Die Kirche Saint Martin ist am Ende des 13. Jh. entstanden und wurde während des 15. Jh. von Jacquemin de Lenoncourt zu Ende gebaut.

Die Abtei „Sainte Marie Majeute“ im 18. Jh. von den Mönchen Thomas Mordillac und Nicolas Pierson gebaut.

PAGNY

Pagny liegt im großen Bogen, welchen die Mosel um den Ort beschreibt, und bietet ein treffendes Beispiel der Verschmelzung von zwei Tätigkeiten, die dem lothringer Landeeigen sind. Das ehemalige Winzerdorf hat sich um die Jahrhundertwende in einen Industrieort verwandelt, welcher auch die Arbeitskräfte des Hinterlandes, der Täler von Trey und Rupt-de- Mad, anzieht.

Die Geschichte von Pagny ist eng verbunden mit derjenigen des Schlosses von Prény und der Abtei Ste. Marie und geht in die gallo-römische Zeit zurück. Durch die Schleifung der Befestigungen von Prény gewann Pagny schnell an Bedeutung, da sich dessen Weine eines guten Zuspruchs erfreuten, u.a. von König Stanislas.

METZ

Schon 2000 Jahre vor der christl. Zeitrechnung existierte eine prähistorische Siedlung, die zur Zeit der römischen Invasion mit über 40.000 Einwohnern eine der größten Städte Galliens geworden war. Ihr Name „Metis Divodurum" bedeutet: Am Zusammenfluß von zwei Wassern (Mosel und Seille).

Aus der Chronik: Seit der frühen Antike gehört Metz zu den großen Städten im Osten Frankreichs. Dank ihrer Lage am Zusammen fluß von Mosel und Seille und am Kreuzpunkt von zwei bedeutenden Handelsstraßen vom Mittelmeer zur Nordsee und von Straßburg nach Reims, haben sich die ersten Bewohner hier niedergelassen. Zuerst Hauptstadt der Mediomatriker (Kelten) wird sie aber ab 51 vor Chr. eine ansehnliche römische Stadt, wovon noch Zeugen bestehen.

Als mächtige und reiche Stadt war Metz stets viel umstritten. Vom 3. bis 5. Jh. wurde es mehrmals von Alemannen und Hunnen überfallen und ausgeplündert. 511 wurde sie Hauptstadt des merowingischen Königreichs Austrasien. Merowinger und Carolinger gründeten hier die Abtei St. Arnould, welche sie sich als letzte Ruhestätte erwählten. Hauptstadt, geistliches Zentrum der Karolinger, verwandelt sie sich im Mittelalter zur freien Reichsstadt. Diese Stadtrepublik konnte mit ähnlichen in Flandern, Italien und Deutschland rivalisieren. Dank seiner natürlichen Lage war Metz ein wichtiger Handelsplatz und großes intellektuelles Zentrum der Ostregion. Nach der Teilung von 959 wurde sie Bischofssitz und erlangte rasch die Unabhängigkeit. Das 13. und 14. Jh. brachte ihm Wohlstand und weltliche Macht, zum Nachteil der Geistlichen. Die Mosel spielte mehr und mehr ihre Rolle als Wasserweg, in deren Hafen Tuche, Leder, Weine us.w. mit Bestimmung für Flandern, Deutschland, Graubünden und Italien umgeschlagen wurden. Metz kaufte aber auch viel ein, wie Tuche, Eisen, Weine, Pelzwaren und Seide, und die Metzer Währung hatte Kurs auf allen Märkten.

Durch Kriege und innere Kämpfe büßte Metz seine Macht nach und nach ein, um 1552 zur vorgeschobenen Feste Frankreichs zu werden. 1552 läßt sich König Heinrich II. in Metz nieder und 1648 wird die Stadt offiziell unter dem Westfälischen Vertrag an Frankreich geschlossen. Die Handelsstadt wird zur Militärstadt und nach Vauban verteidigt Metz den Staat.

Zu Anfang des 19. Jh. war Metz eine ausge sprochene Militärstadt mit einer starken Garnison. Größere Arbeiten brachten dem Stadtbild viele Veränderungen. Die Eisenbahn stellte Verbindungen mit Paris und anderen Zentren her und förderte so die wirtschaftliche Entwicklung der Stadt

Während der Annexion von 1870 -1918 blieb Metz auf seiner wirtschaftlichen Stufe, setzte aber nach der Rückgliederung 1918 alles daran, um sein früheres Prestige wieder zu finden. Als größte Militärstadt Frankreichs wurde sie auch großes Handelszentrum.

Seit 1945 versucht Metz seine Vergangenheit hervorzuheben. Sie ist eine Handels- und Verwaltungsstadt und die Regierungshauptstadt Lothringens im Herzen Europas.

Dank seiner günstigen Lage an der kanalisierten Mosel (Nord-Süd Wasserstraße Rotterdam-Marseille), der Eisenbahnverbindungen mit mehreren europäischen Hauptstädten, der Autobahn und dem Flugplatz Metz-Frescaty, ist Metz der Sitz einer wirtschaftlichen Region geworden.

Sehenswert: Die Kathedrale wurde zwischen 1215 und 1522 im gelben Kalkstein von Jaumont gebaut, mit seinem 42 m hohen Mittel schiff gehört er zu den höchsten und Dank seiner 6.500 qm Kirchenfenster zu den lichtdurchbrochensten Frankreichs. Die Fensterrose über dem großen Portal (350 qm) ist von Hermann von Münster (1384-1392), die Fenster des rechten Querschiffs im Renaissancestil von Valentin Bousch (1521- 1527). Die beiden letztgenannten Fensterflächen (424 qm) sind die größten der Welt. Von Valentin Bousch stammen auch die bunten Fenster im Chor und im Chorumgang. Links neben der neuen Orgel (rechts Querschiff) sind Teile des ältesten Fensters (Mitte des 13. Jh.) zu bewundern. Im Mittelschiff befinden sich Fenster von Gaudin (1954-1959), in der Grabkapelle von Villon (1957), unter den Mütten- und Kapiteltürmen von Bissière (1960) und im linken Querschiff und Chorumgang von Chagall (1960-1970).

Kathedrale

Der Goldene Hof und das kunsthistorische Museum. Das Museum besitzt verschiedene Schwerpunkte: Ein Architekturmuseum, eine Sammlung mittelalterlicher Bildhauerkunst, die Kunstgalerie und ein Militärmuseum bilden weitere interessante Entdeckungsmöglichkeiten.

Stiller Winkel in Metz

THIONVILLE

die alte Moselstadt, kann auf eine glorreiche und bewegte Geschichte zurückblicken.

Aus der Chronik: Im Jahre 753 ist der Name „Thodonis-Villa“ (Thionville) zum ersten Mal geschichtlich erwähnt. Es war die Lieblingsresidenz Karls des Großen, wo seine Gattin Hildegard verstarb (783), und wo er mehrere Gesetze verfaßte, u.a. die „Teilung des Reichs“ (806), bekannt als „Testament von Thionville“. Die Stadt unterstand nacheinander der französischen, luxemburgischen, burgundischen, deutschen und spanischen Herrschaft, um 1659 wieder französisch zu werden. Durch Vauban befestigt, war sie das Ziel zahlreicher Angriffe und wurde 1870 und zuletzt 1944 schwer bombardiert.

Die Mosel von Metz bis Konz
Wasserbillig
Igel
Mertert
Konz
Wasser-
liesch
Saar
Grevemacher
Wellen
Tawern
Wiltingen
Machtum
Nittel
Ayl
Ockfen
Mosel
Luxemburg
Ehnen
Wincheringen
Saarburg
Wehr
Serrig
Palzem
Taben
Remich
Nennig
Rech
Luxemburgisch-
Französische Grenze
Mondorf
Les-Bains
Mettlach
Perl
Schengen
Merzig
Sierck-Les-Bains
Deutsch-
Französische Grenze
Saar
Dillingen
Rehlingen
Thionville
Bounzonville
Saarlois
Mosel
Boulay
Metz

Hotel Ville

Die verschiedenen geschichtlichen Epochen haben der Stadt ihren Stempel aufgedrückt, besonders in der Architektur, wovon die noch allenthalben vorhandenen Bauwerke beredte Zeugen sind. Im Laufe der Jahrhunderte hat sich das Ortsbild erheblich geändert. Die markanteste Erscheinung unserer Zeit ist die industrielle Entwicklung infolge seiner günsti gen Lage auf allen Gebieten. Thionville ist das natürliche Zentrum eines ausgedehnten Minen- und Industriegebietes, das die im lothringischen Erzbecken erzeugten Erze liefert. Seit Ende des vorigen Jahrhunderts siedelten sich deshalb auf dem Gebiete der Stadt und Umgebung eine ganze Anzahl von Hochöfen, Stahl- und Walzwerken, Zementwerken und Industriebe triebe an.

Thionville ist außerdem Knotenpunkt der großen Verkehrsadern nach Deutschland, Benelux, Saar und Schweiz, dessen Wichtigkeit durch den Bau der Autobahn Thionville - Metz noch erhöht wurde, wie auch durch die Elektrifizierung der Bahnlinie Valencienne - Thion ville, die eine raschere Verbindung des Kohlen- mit dem Eisenzentrum herstellt. Auf dem Gebiet der Binnenschiffahrt ist es als einer der wichtigsten Häfen des Eisenbeckens zu betrachten. Durch die Moselkanalisierung konnte der Warenumschlag von 550.000 auf 7 - 8.000.000 Tonnen gesteigert werden.

Sehenswert: Die Bollwerke (Ende des 16. Jh.) und die Befestigungsanlagen von Cormontaigne in der Nähe der Sankt-Maximin-Kirche (18. Jh.), deren große Orgel, ein Juwel des Barocks, unter Denkmalschutz steht. Die beiden Schleusenbrücken aus dem 18. Jh. Das Flohturm-Museum „Musèe de la Tour aux Puces" und die alten Patrizierhäuser der „Cour de Chàteau", die „Maison des Raville" (Ende des 15. Jh.), das Klarissenkloster (1629) das heutige Rathaus.

Das Stadtzentrum mit dem einzigen Vater landsaltar (Autel de la Patrie), der in ganz Frankreich aus der Revolutionszeit übriggeblieben ist. Das Landgut von Volkrange mit seinem historischen Schloß (13. Jh.), und seinem Hotel- und Freizeitkomplex. Das von den Deutschen errichtete Fort von Guentrange (1899-1906).

SIERCK-LES-MAINS

An den Ufern der Mosel unweit der Landes grenze, von grünenden Hügeln umgeben, liegt Sierck-les-Bains, eine reizende, gastfreundliche Kleinstadt, welche ihren Namen von dem ehemaligen römischen Kastel „Circum Castel lum" erhielt.

Seine engen, verwinkelten Gassen, die zackigen Mauern der Burgruine aus dem 11. Jh. erinnern an eine mittelalterliche Stadt, wahre Pforte der Mosel, von feindlichen Heeren oftmals vergeblich berannt, so im 12. Jh. durch Adalberon, Erzbischof von Trier.

Nach einer Besetzung durch Karl den Kühnen von Burgund im Jahre 1473 wurde die Stadt im 30-jährigen Kriege von den Schweden größten teils zerstört. 1643 durch den Herzog von Enghien, genannt „le Grand Condé", besetzt, blieb Sierck bis 1659 französisch; 2 Jahre später wurde es von der Armee von Turenne geplündert. 1705 widerstand die Stadt dem Ansturm der Armee des Herzogs von Marlborough.

In der Folge war Sierck oftmals von Lothringern, Deutschen und Franzosen umstritten. In neuerer Zeit, im September 1939 infolge vor übergehender Räumung wieder im „Nomans'-land" fanden die Bewohner bei ihrer Rückkehr zahlreiche Ruinen.

Der Tourist, der in dem seit einigen Jahrzehnten neu erstandenen Kurort Ruhe und Erholung sucht, findet in der Umgebung, die

„lothringische Schweiz" genannt, zahlreiche Promenaden, von welchen Erwähnung verdienen: der Bach von Montenach, Altenberg, Schloß Marlborough, Hammelsberg, Kirschberg, Stromberg, das Bade-Etablissement, die Moselufer Schliwerberg u.a.m., alle vom Vogesen-Club sorgsam markiert.

Als Sehenswürdigkeiten sind zu nennen: die Kriegerdenkmäler, die Marienfloss-Kapelle (Wallfahrtsort), das alte Schloß mit Befestigungen aus dem 13. Jh. und Amphitheater, der Hexenturm, der Uhrenturm, die Pfarrkirche aus dem 15. Jh. u.s.w. Reich an Zerstreuungen (Jagd, Fischerei, Strandbad, Campingplatz, Cinema), bietet Sierk mit seinen zahlreichen modernen Hotels, einer Jugendherberge (40 Betten) und der Schutzhütte des Vogesen-Clubs (30 Betten) einen interessanten Anziehungspunkt für den Tourismus.

MONDORF-LES-BAINS

Vom Stromberg aus, an der lothringischen Grenze, finden wir bei einem Abstecher von 10 km in westlicher Richtung das Staatsbad Mondorf.

Dieser Badeort, der seinen Ruf seit über einem Jahrhundert zu bewahren wußte, liegt in dem anmutigen Tale der Gander, einem Nebenfluß der Mosel, welche die Grenze zwischen Lothringen und Luxemburg bildet. Die Landschaft, als Verlängerung der sanften lothringer Ebene, übermittelt den Hauch der ländlichen Ruhe wohltuend für Erholungsbedürftige und Kranke. Schwerlich wird man einen idyllischeren Flecken Erde finden als die 36 ha. große Park anlage dieses Badeortes. Die zahlreichen Blumen- und Tulpenbeete finden alljährlich im Frühling die Bewunderung der zahlreichen Besucher. Der in einem der malerischsten Winkel des Parks kunstvoll angelegte Rosengarten mit über 10.000 Sträuchern läßt den alten Ruf als Rosenstadt wieder aufleben, gleichsam als Huldigung für die Königin der Blumen, wo der Kurgast Ruhe findet inmitten der Blumenpracht. Mondorf bietet den Besuchern verschiedene Zerstreuungen: Tennis, Ruder- und Angelsport, zwei schöne Freiluftbäder, Miniatur-Golf und Spielplätze für Kinder. Ein abwechslungsvolles Programm sieht Turniere vor von Tennis, Fechten, Reiten, Bogenschießen, Schwimmen, Basket-Ball usw.

Freizeit: Ein Orchester von ausgezeichneten Künstlern gibt täglich mehrere Konzerte, Tanz-Abende im Kasino und Freilicht-Vorstellungen. Außer diesen medico-thermalen Mitteln bietet Mondorf seinen Kurgästen, was sie in großen, mondänen Stationen nicht finden: Stille, Ruhe und Entspannung, welche die übermüdete Menschheit unserer Tage so sehr benötigt.

Die luxemburgische Mosel

Seitdem Ausonius, Erzieher am kaiserlichen Hofe in Trier, im 4. Jh. seine unsterblichen Verse über die Mosel schrieb, war dieser Fluß mancherlei Veränderungen unterworfen. Nach den römischen Siedlern, welche an seinen Ufern prächtige Städte erbauten, u. a. Nennig mit seinem berühmten Mosaik, wurde das Tal nacheinander von Normannen, Germanen und Schweden, und später auch von den österreichischen und französischen Armeen überflutet. Auch Goethe, im Gefolge des Prinzen von Weimar, benutzte diese Straße bis in die Ebene von Valmy.

Seit 1815 ist das linke Moselufer auf einer Strecke von 35 km Luxemburgisch: von Schengen bis Wasserbillig. Diese der Morgen- und Mittagssonne zugewandte Seite weist eine rege Tätigkeit auf, besonders im Weinbau. Sechzehn blühende Städte und Dörfer, gekennzeichnet durch einen bemerkenswerten Wohlstand begleiten die in letzter Zeit bedeutend modernisierte und verbreiterte Mosel, welche dadurch ein bequemes Bindeglied zwischen diesen Siedlungen bildet. Imposante Genossenschaftskeller mit köstlichen Weinen in zahlreichen Ortschaften zeugen von der Leistungsfähigkeit des luxemburgischen Weinbaus. Hotels und Gasthäuser haben hier ein beachtliches Niveau erreicht, und ihre Küchen und Keller vermögen auch den verwöhntesten Feinchmecker zu befriedigen.

Diese moderne Entwicklung, verbunden mit den Naturschönheiten der Gegend und der sprichwörtlich gewordenen Gastfreundschaft ihrer Bewohner ziehen die Touristen aller Länder an.

Majestätische Höhen beiderseits des Tales, so der Stromberg, der Scheuerberg, das Köpchen und der Palmberg, beeindrukken immer wieder den Besucher. Und außer der Talstraße werden dem Wanderer auch die Höhenwege und Pfade erlauben, die unvergeßlichen Reize der Rundblicke voll und ganz zu genießen.

III. Kapitel
Reiseroute über 246 km auf deutschem Boden von Perl bis Koblenz

PERL (MIT NENNIG) 800 EW.

ist der erste Ort auf deutschem Boden am rechten Moselufer im Dreiländereck Deutschland, Frankreich und Luxemburg; einzige weinbautreibende Gemeinde des Saarlandes. Perl ist geprägt durch seine Dorfmitte mit der auf einem keltischen Heiligtum und auf römischen Grundmauern erbaute Kirche, der heute als Kriegergedächtnisstätte dienenden Quirinuskapelle und dem Palais (1733), einem ehemaligen Hofhaus des Domkapitels und später der Herren von Nell.

Aus der Chronik: Aus vorgeschichtlicher Zeit hat man ein Brandgräberfeld nordwestlich von Perl aus der Spät-La-Tène-Zeit freigelegt. Unter den Einzelfunden waren urnenfelderzeitliche Scherben. Die erste schriftliche Überlieferung stammt aus dem 9. Jh. In Perl deckte man nahe der Kirche und an anderen Stellen im Ort römische Mauerreste auf. Auf unterst Raselchen wurde ein röm. Gutshof festgestellt. Perl bildete mit Sehndorf eine reichsunmittelbare, dem Trierer Domkapitel gehörende Herrschaft. Der Hof „Perle" des Domkapitels wird um 1160 genannt. Nach einer Urkunde des Erzbischofs Albero v. Trier (1138-1151) erscheint Perl unter denjenigen Pfarreien, die nach altem Brauch eine Wallfahrt nach Mettlach durchführten. 1334 wurde die Gerichtsbarkeit des Kapitels in Perl von Erzbischof Baldewin anerkannt.

Nach dem Orte benannte sich ein 1152-57 zuerst mit Gerhardus de Pirla genanntes Trierer Ministeraliengeschlecht. Der im Jahre 1283 und zu Anfang des 14. Jh. genannte Ritter Johann v. Perl stand, darauf läßt das gleiche Wappen schließen, in Beziehungen zu dem Geschlecht von Sierk. Sein Sohn Johann trat im Jahre 1341 seinen noch in demselben Jahre zum trierischen Lehen erklärten Hof Perl dem Kurfürsten Balduin von Trier ab.

Nennig: Fundort eines Treverergrabes aus der spätlatènen Zeit (Eisenzeit). Der Ort wird zuerst genannt, als Liutfrid von Erzbischof Ratbod (883-915) eine Hufe und die Kirche zu Nannece erhielt, die er 924 als Lehen besaß. In dem gefälschten, aber Tatsachen wiedergebenden Testament des Probstes Adalbero von St. Pailin, angeblich vom Jahre 1036/37, wird die Schenkung des Dorfes Nenniche an das Kloster St. Eucharius (St. Matthias Trier) beurkundet. Im Jahre 1443 nahm der Ritter Georg v.d. Fels das Dorf vom Erzbistum Trier zu Lehen.

Nennig ist bekannt durch seine im 2. Jh. entstandene prunkvolle Villa Urbana. Am südlichen Ende des Ortes, im Flur „Langengarten", dort wo man schon früher römerzeitliche Überreste fand, stieß man im

Jahre 1852 auf Teile eines wohlerhaltenen Mosaiks, das durch das Domkapitel in Trier untersucht und freigelegt wurde. Nach Übereignung des Geländes im Jahre 1865 an den preußischen Staat wurde eine systematische Ausgrabung eingeleitet und dabei eine Prachtvilla aufgedeckt und freigelegt. Die Anlage ist nach einer gesamtheitlichen Bauplanung durchgeführt und bestand aus einem Hauptgebäude mit den beiden vorgelagerten Seitenflügeln und zwei weiteren Nebengebäu den, sowie einer 256 m langen Wandelhalle und der im Südwesten getrennt liegenden Badeanlage. Die Umfassungsmauer der Anlage und des dazugehörenden ausgedehnten Parks mißt stolze 610 m. Der im Hauptsaal aufgefundene pracht volle Mosaikfußboden ist heute durch einen modernen Bau geschützt.

Villa Urbana

Sehenswert: In Nennig befindet sich der mit 10 x 15 m größte, bilder- und ornamentreichste und besterhaltene Mosaikfußboden nördlich der Alpen. Am Ortsrand erhebt sich ein röm. Grabhügel von 40 m Durchmesser und 10 m Höhe.

Wandertips: Vor Ort ausgeschilderte Rundwanderwege. Die Wanderwege durch Wälder, Wiesen und am Moselufer führen durch eine intakte Naturlandschaft und bieten herrliche Ausblicke auf Lothringen, Luxemburg und Rheinland Pfalz.

Dreiländerwanderweg mit schönen Aussichts- punkten (10 km), von Perl bis Zollamt Ober- moselstraße - über die Mosel - vom Zollamt Schengen (Luxemburg) ca. 1,5 km moselaufwärts, an der Staustufe vorbei - rechts die Teerstraße hoch - die zweite Straße links in die Weinberge - Richtung Süden (am Waldrand Grenze Luxemburg/Frankreich) - Wegemarkierung weißes Rechteck mit blauem Pfeil als Dreieck - gegenüber Sierck der Markierung nach den Teerweg verlassend, rechts den Pfad hoch, auf den Stromberg. Sehr schöne Aussicht. Vom Stromberg-Parkplatz die Teerstraße in nördlicher Richtung zurück nach Schengen, nach ca.1,5 km an einer Linksschleife am Wegekreuz rechts den Feldweg hinein, an Waldrändern vorbei und durch den Wald zur Aussichtskanzel mit herrlichem Ausblick auf Perl. Weiter den Pfad mit Treppen bergab nach Schengen. Der gesamte Weg wird vom luxemburgischen Ministerium für Touristik mit weißen Rechteck und blauen Dreieckpfahl markiert.

Weinfest- und Kellerfest in Perl: Ende Okt.
Weinfest in Nennig: Letztes WE. im Aug.

PALZEM 1208 EW.

liegt am rechten Moselufer und ist die südlichste Weinbaugemeinde in Rheinland-Pfalz. Schon die Römer fühlten sich hier wohl, als sie in der Nähe des heutigen Ortes einen Palast bauten, das Palatiolum. Aus diesem wurde der Ortsname hergeleitet. Außerdem führte damals eine Brücke über die Mosel. Hier fand man mächtige altersgraue Eichenpfähle, die Tragpfeiler einer römischen Brücke an der Römerstraße Metz - Trier, unweit des Schlosses Thorn an der deutsch-luxemburgischen Grenze.

Aus der Chronik: Der Ort wird zuerst im Jahre 924 genannt, als ein gewisser Liutfrid eine Hufe und die Kirche zu „Paltiulum" von der Trierer Kirche als Lehen besaß. Angeblich vermachte der Propst Adalbero von St. Paulin im Jahre 1036 den Hof „Palcele" der Abtei St. Matthias bei Trier. Als „Palcela" erscheint Palzem auch unter den Orten, die vor der Mitte des 12. Jh. eine Wallfahrt nach Mettlach unternahmen. Palzem gehörte als Filiale zur Pfarrei Nennig, von der es 1792 als selbständige Pfarrei ganz abgetrennt wurde. Beim Abbruch des Hochaltars im 19. Jh. fand man in der Kirche das Siegel des Bischofs Hermann v. Buxhoeven (Bischof von Dorpat), der in den Jahren von 1229-1233

mehrere Kirchen in der Erzdiözese Trier weihte. Es wird daher angenommen, daß die Kirche in diesen Jahren erbaut wurde.
Sehenswert: Römische Villa und Mosaikboden in Nennig.
Weinfest: Mitte August,
Offene Kellertage: Ende Mai.

WINCHERINGEN 1317 EW.

ist ein Winzerdorf hoch über dem Moseltal mit frühfränkischer Vergangenheit. Der Ortskern selbst fügt sich um die „Wasserburg", - das Wahrzeichen des Ortes, deren mittelalterlicher Rund- und Wehrturm heute noch erhalten ist.

Aus der Chronik: Wincheringen dürfte bereits zur Steinzeit eine wichtige Rolle gespielt haben, denn das beweisen die zahlreichen Funde aus dieser Zeit.

Wincheringen gehört als Ort mit der Endung - „ingen" der frühen fränkischen Siedlungsperiode an. Als Winegringen wird es erstmals im Prümer Güterverzeichnis vom Jahre 893 genannt. Winechera gehörte mit Ausnahme der Kirche - die erst später an das Stift überging - zum Besitz des Erzbischofs Poppo (1016-1047), der auch das von ihm gegründete St. Simeon- Stift in Trier erbauen ließ.

Über die Rechte des Stiftes in Winechera unterrichtet ein wohl um 1200 niedergeschriebenes Weistum. Der Propst von St. Simeon schenkte im Jahre 1261 seine Rechte an dem Patronat seinem Stiftskapitel. Die ältere, wohl gotische Kirche wurde in den Jahren 1737 bis 1752 an gleicher Stelle durch einen Neubau ersetzt. Die Pfarrei wurde durch die französische Verwaltung (1797 bis 1802) aufgehoben, das Pfarrarchiv verschleppt und der Pfarrverwalter nach Cayenne verbannt. Wincheringen war auch bis 1795 Sitz dreier Gerichte: Grundgericht, bürgerliches Gericht und Hochgericht.
Sehenswert: Burg Warsberg,
Weinfest: Letztes WE: im Juni.
Offene Kellertage: Ende Mai.

WELLEN 680 EW.

kleiner Ort an der Brückenauffahrt direkt nach Grevenmacher in Luxemburg. Geprägt wird der Ort durch die Kalksteinindustrie, deren Rohmaterial (Kalkstein) hier in der Nähe genügend vorhanden ist.

Aus der Chronik: Der Ort wird 1338 als Weyle erwähnt. Im Jahre 1536 war Georg v. de. Fels von Luxemburg mit Wellen belehnt. Die „Klautermühle" wird die schon im 14. Jh. verlehnte Mühle sein. Dicht südlich vom Ort wurde beim Bahnbau im Jahre 1875 durch das Landesmuseum Trier eine kleine bäuerliche Ansiedlung mit Bad untersucht. Dabei fand man im Schutt des Gebäudes eine Merkurstatuette aus weißem Marmor. Eine Anzahl Funde aus Wellen befindet sich im Museum für Vor- und Frühgeschichte in Berlin.

NITTEL 1620 EW.

ist das größte Weindorf des Obermoselraumes, einer der größten Weinorte Deutschlands, gelegen im Landschaftsschutzgebiet Dreiländereck (Frankreich-Luxemburg-Deutschland). Mächtige Kalksteinfelswände, an deren Beginn sich die Weinberge bis in den Ort erstrecken, vermitteln ein eindrucksvolles Panorama. Rings um den Ort wurde eine stattliche Anzahl von Steinbeilen aus vorgeschichtlicher Zeit gesammelt. Auch ausgedehnte Gräberfelder aus der Römer- und Frankenzeit wurden angeschnitten bzw. gehoben.

Aus der Chronik: Als „Nitele" wird der Ort in einer Urkunde der Abtei St. Marien bei Trier im Jahre 1000 genannt. Im Jahre 1030 bestätigt Erzbischof Poppo von Trier der Abtei St. Marien den Besitz der Kirchenpacht der Kirche in Nittele. Eine Bestätigungsurkunde vom Jahre 1098 besagt, daß auch das Trierer St. Simeon- Stift in dem

Ort begütert war. Später gehörte der Ort zum lothringischen Amt Siersburg. Die Hochgerichtsbarkeit wurde 1589 geteilt zwischen Lothringen und den Herren von Kriechingen; als Grundherr wird damals der Abt von St. Marien und als „Vogtherr" der Herr v. Warsburg genannt. Im Jahre 1769 trat der König von Frankreich seine Hoheitsrechte über Nittel an das Herzogtum Luxemburg ab.

Freizeit: Bei der Begehung des Weinlehrpfades können Interessierte viel zum Thema Wein und der Traubensorte Elbling erfahren.
Weinfest: Am WE. nach dem Rochustag im August. Offene Kellertage: Ende April.

OBERBILLIG 857 EW.

liegt am rechten Moselufer und gegenüber dem luxenburgischen Wasserbillig. Der Ort konnte in den vergangenen Jahren mehrfach vordere Plätze im Wettbewerb „Unser Dorf soll schöner werden" belegen.
Über den geschichtlichen Werdegang des Ortes ist nicht viel zu berichten, eine Schautafel der Gemeinde an der Mosel zeigt in Wort und Bild die Ortsgeschichte und das frühere Leben an der Mosel.
Weinfest: 4. WE. im August.

WASSERLIESCH 1860 EW.

von Kennern des Mosel-Saar-Raumes das „Tor zur Obermosel" genannt. Zahlreiche Ausgrabungen lassen auf eine römische Vergangenheit schließen. Des Ortes reizvolle Lage am Ufer der Mosel, der gegebene Waldreichtum und die deutliche Prägung der Landschaft vom Weinbau, lassen seine Umgebung, besonders für Menschen aus Ballungsgebieten interessant erscheinen.

Sehenswert: Die Löschemer und Reiniger Kapelle, -das Grana-Denkmal -Spuren römischer Ausgrabungen.
Wandertips: schöne Wanderwege im Tal, auf den Höhen und durch Wälder.
Weinfest: 3. WE. im September.

Weinorte an der unteren Saar

SCHODEN 559 EW.

In einem kleinen, aber reizvollen Tale an der Saar, liegt die Weinbaugemeinde Schoden. Bereits vor 1200 Jahren wird der Ort urkundlich erstmals mit der Bezeichnung „Scoda" erwähnt, aus der später der Name Schoden entstand. Fleißige Mönche pflanzten schon Reben, als Karl der Große sein Reich ausbaute und begannen eine große Tradition, die heute für die Schodener Winzer eine Verpflichtung ist.

Wandertips: Herrlich sind die erholsamen Spaziergänge durch und um den Ort, durch seine Rebhänge hinauf zum Schodener Geisberg (482 m), einem wildreichen Hochplateau. Vom Bismarckturm aus bietet sich dem Wanderer ein herrlicher Blick in das romantische Saartal.
Weinkirmes: 4. WE. im Juli

KANZEM 525 EW.

idyllischer Saarweinort, liegt im Innenbogen der schlanken Saarschleife. Schöne Saaruferpromenade mit Bootsanlegehafen, Dorfbrunnen. Gut ausgebaute Wanderwege mit PKW-Abstellplätzen.
Weinkirmes: Ende August.

Römischer Tempel bei Tawern (rekonstruiert)

TAWERN-FELLERICH 2144 EW.

im Landschaftsschutzgebiet „Mannebachtal“ gelegen, ist urkundlich erstmals im Jahre 1000 als „Taberna“ erwähnt. Teile der Heerstraße Trier - Metz auf dem „Metzenberg“ sind noch gut erhalten.

Sehenswert: -Tempelbezirk, rekonstruiert. Wandertips: gut ausgebautes Wanderwegenetz in waldreicher Umgebung. Freizeit: Grillhütte, Angeln.

WILTINGEN 1319 EW.

bekannter Saarweinort in landschaftlich romantischer Lage mit bis in den Ort hineinragenden Weinbergen. Der Weinort steht noch heute größtenteils auf den Resten eines römischen Gutshofes.
Freizeit: Interessanter Weinlehrpfad.
Weinfest: Ende Juli.

AYL 1136 EW.

ist in einem Seitental der Saar (Hauptweinbaugebiet) gelegen. Schöne Mittelgebirgslandschaft mit herrlichen Laub- und Mischwäldern. In einer alten Chronik wird der Ort zuerst im Jahre 1052 als „Eile“ genannt. Die Geschichte Ayls ist die Geschichte eines Weindorfes. Bereits im Jahre 1289 verzeichnet die Chronik ein sehr gutes Weinjahr.
Weinfest: Ende Aug. Offene Weinkellertage: Mitte Mai.

OCKFEN 583 EW.

1000-jähriger Weinort in einem landschaftlich reizvollen Seitental der Saar gelegen. Umliegende Wälder und mannigfaltige Ausflugsziele - fern von jeglichem Touristenrummel - bieten echte Erholung und Entspannung.
Weinfest: Mitte Mai

SAARBURG 5945 EW.

Schöne Stadt, gelegen in einer reizvollen Landschaft des Saarweinanbaugebietes, die sich in ihrer über tausendjährigen Geschichte zu einem weithin bekannten städtebaulichen Kleinod entwickelt hat. Schon zu Zeiten des Sonnenkönigs hatte Saarburg eine gastronomische Bedeutung, denn hier pflegte man abzusteigen. Heute ist Saarburg staatlich anerkannter Erholungsort und zu allen Jahreszeiten ein beliebter und pulsierender Mittelpunkt mit hohem Freizeitwert.

Sehenswert: Burganlage mit dem weithin sichtbaren, hochaufragenden Bergfried aus dem Jahre 964, -20 m hoher Wasserfall des Leukbaches inmitten der Stadt und der alten Mühlen. -Glockengießerei, -Altstadt mit farbenprächtigen Häuserfassaden - Fachwerk- und Barockbauten - Wallfahrtskirche St. Marien und Pfarrkirche St. Laurentius.

Freizeit: Auf alle Aktivurlauber wartet eine Palette von vielseitigen Freizeitangeboten, die fast jedes Hobby ermöglichen - naturkundliche Exkursionen -Radwandern mit Fahrradservice - Schiffsfahrten.
Freizeit: Weinlehrpfad,
Weinfest: 1. WE. im September.

SERRIG 1354 EW.

Am südlichsten Teil des Saarweinanbaugebietes liegt die idyllische Weinbaugemeinde Serrig am Fuße des Klausberges, dessen

Krone aus malerischen Buntsandsteinfelsen besteht. Voller Reichtum sind die weiten Serriger Weinberge, die sich von den Ufern dei Saar bis hoch hinauf zum Berggipfel erstrecken.

Sehenswert: Wahrzeichen der Gemeinde Serrig ist der alte Kirchturm aus dem 12. Jh. und das Widdertshäuschen aus römischer Vergangenheit. Auf gegenüberliegendem Felsvorsprung liegt die „Klause", 1838 von Karl Friedrich Schinkel erbaut. Staustufe mit 14,5o m Hubhöhe.

Wandertips: Erholsame und ausgedehnte Wanderwege am Beginn der Hochwaldkette führen durch den Neunhäuserwald und rund um den Höckerberg.
Weinfest: Ende Juli

Orte entlang der Mosel

KONZ 16219 EW.

die junge Stadt (1959) liegt am rechten Moselufer, wo Saar und Mosel zusammenfließen, Schnittpunkt der Verkehrswege Saarland - Frankreich - Luxemburg. Konz hat eine historische Vergangenheit, mal römischer, mal mittelalterlicher oder weinbaulicher Prägung. Auf den historischen Mauern einer römischen Prunkvilla erhebt sich ein moderner Kirchbau, welcher zukünftigen Generationen ein Zeugnis unserer Baukunst vermitteln soll. Das alte Kloster der früheren Karthäuser Mönche ist heute Treffpunkt für Kulturveranstaltungen, Feste und Vereine. Zahlreiche andere Bauten und Gutshöfe sind ebenfalls Zeugnis traditionsreicher Geschichte.

Sehenswert; Freilichtmuseum „Roscheiderhof" und der historische Gewölbekeller im Museum Roscheider Hof.

Wandertips: Markierte Rad und Wanderwege
Weinfest: 2. WE Juli.

IGEL 1550 EW.

nahe der Deutsch-Luxemburgischen Grenze, liegt am linken Moselufer vor den oft steilen, mit Reben und Wäldern bewachsenen Hängen. Berühmt ist das römische Monument, der so genannten „Igeler Säule", einem Pfeilermal aus Sandstein. Die Säule hat alle Jahrhunderte überdauert und steht malerisch im Ort zwischen Häusern nur wenige Meter abseits der Hauptstraße Trier-Luxemburg, einer alten Römerstra ße.

Aus der Chronik: Früher hat man angenommen, daß der Adler des Jupiter, der den Gany med in den Himmel entführt, dem Ort seinen Namen gegeben habe. Namensforscher argu mentieren, das lateinische „aquila" = Adler sei im Französischen zu „aigle", im Englichen zu „eagle" und so der Ortsname Igel aus einer römischen Stra-

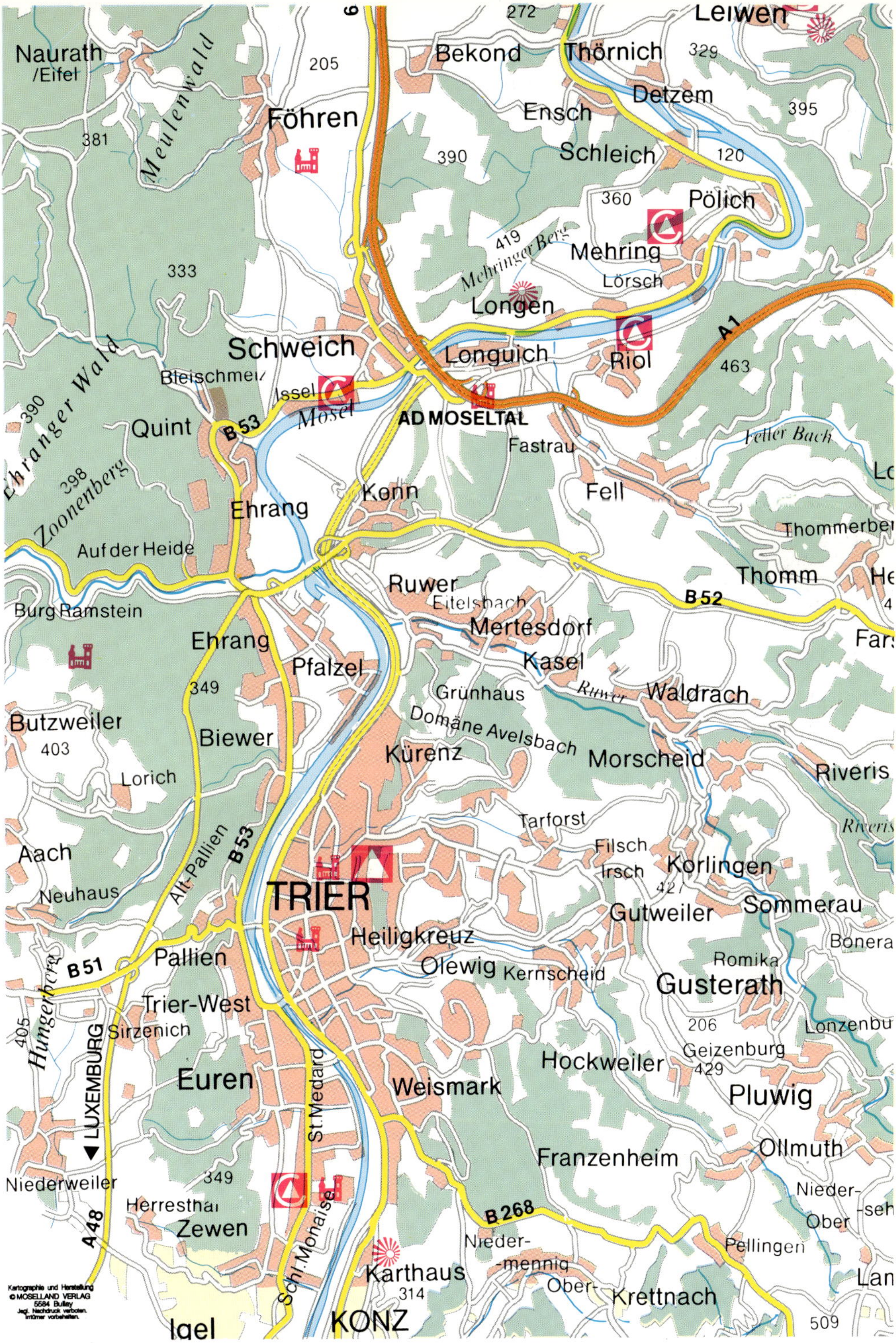

Naurath
/Eifel
Meulenwald
381
333
205
Föhren
Bekond
Thörnich
Leiwen
329
Detzem
395
Ensch
Schleich
120
390
360
Pölich
419
Mehringer Berg
Mehring
Lörsch
Longen
A1
463
Riol
Longuich
Schweich
Bleischmel
Issel
Mosel
B 53
AD MOSELTAL
Quint
390
298
Zoonenberg
Fastrau
Feller Bach
Fell
Kenn
Ehrang
Thommerber
Auf der Heide
Ruwer
Eitelsbach
Thomm
B 52
Burg Ramstein
Ehrang
Mertesdorf
Pfalzel
Kasel
349
Grünhaus
Ruwer
Waldrach
Butzweiler
403
Biewer
Domäne Avelsbach
Kürenz
Morscheid
Riveris
Lorich
Tarforst
Aach
B 53
Alt-Pallien
Filsch
Irsch
Korlingen
427
TRIER
Neuhaus
Gutweiler
Sommerau
Heiligkreuz
Bonera
Romika
B 51
Pallien
Olewig
Kernscheid
Gusterath
Trier-West
405
Hungerberg
Sirzenich
206
Lonzenbu
Geizenburg
429
Hockweiler
LUXEMBURG
Euren
St. Medard
Weismark
Pluwig
Franzenheim
Ollmuth
Niederweiler
349
Herresthal
Nieder-
Ober
B 268
A 48
Zewen
Schl. Monaise
Nieder-
-mennig
Pellingen
Karthaus
314
Ober-
Krettnach
Igel
KONZ
509
Kartographie und Herstellung
© MOSELLAND VERLAG
5584 Bullay
Jegl. Nachdruck verboten.
Irrtümer vorbehalten.

ßenstation entstanden. Wahrscheinlicher ist aber, daß der Name aus dem mittellateinischen Wort „agulia“ entstanden ist. Der Ortsname Igel bedeutet also nichts anderes, als die eingedeutschte mittellateinische Bezeichnung für das hochaufragende Denkmal. Die aus der Römerzeit stammende „Igeler Säule“ - das älteste Römerdenkmal seiner Art nördlich der Alpen - ist 23 m hoch, aus roten Sandsteinquadern erbaut und um 250 n Chr. als Grabmal von den Brüdern L. Secundinius Aventinus und L. Secundinius Securus einer Tuchfabrikanten- familie errichtet worden.

Sehenswert: Igeler Säule mitten im Ort.

TRIER 100.000W.

älteste Stadt Deutschlands seit 16. v. Chr. Sagenhafte Gründung um 2050 v. Chr. durch Trebata, den Sohn der Semiramis »1300 Jahre vor Rom« „Ante Romam Treveris stetit annis mille trecentis.“ („Vor Rom stand Trier dreizehnhundert Jahre“) sagt die berühmte die Gründung Triers betreffende Inschrift des Roten Hauses am Hauptmarkt. Wenn man auch diese frühe Stadtgründung in das Reich der Sage verweisen muß, so ist doch geschichtlich erwiesen, daß Trier von Augustus im Jahre 16 v.Chr. gegründet wurde und demnach die älteste Stadt Deutschlands ist. 56-51 v. Chr. Eroberung des von keltischen Treveren bewohnten Mosellandes durch die Römer unter Gajus Julius Caesar im Gallischen Krieg, um 16. v. Chr. Gründung der AUGUSTA TREVERORUM, Stadt des Kaisers Augustus im Lande der Treverer.

Der römische Kaiser Konstantin der Große besiegte 312 den Kaiser Maxentius von Rom an der milvischen Brücke zu Rom. Trier wird zur mächtigsten Stadt des römischen Westreiches und Residenzstadt der Caesaren. Seine Macht reichte von Schottland bis Marokko. Trier, und nicht Rom, war somit von 293 bis 395 Sitz der Verwaltung für die westliche Hälfte des römischen Reiches.

Zur Bezeugung und zur Festigung seiner Macht über Rom entstanden in Trier großartige, römische Prachtbauten, die zum Teil großartiger waren als die römischen. Ausbreitung des Christentums, Trier Bischofssitz, 367-383 Decimus Magnus Ausonius, der Dichter der MOSELLA, Prinzenerzieher, Konsul und Inhaber höchster Staatsämter in Trier, um 400 Aufgabe Triers als Kaiserresidenz und Hauptstadt, Rückzug der Römer aus dem Moselland, 1969 Trier wird Großstadt, 1984 - 2000-Jahr-Feier.

Kurfürstliches Schloß

Kurfürstliches Palais, Ost- und Nordflügel, Roter Turm und Petrusportal aus der Renaissance, 17. Jh., barocker Südflügel, erbaut 1757-1761, heute Sitz der Bezirksregierung.

Trier und seine Umgebung: Es gibt wohl wenige Städte in Deutschland, die eine so große Anzahl von reizvollen Punkten in landschaftlich-romantischer Lage besitzen, wie gerade Trier. Bewaldete Höhen schließen die türmereiche Stadt auf beiden Seiten der lieblich dahingleitenden Mosel ein. Hoch ragt der Schluchten und Täler beherrschende, in vielfarbigem Grün prankende Kockelsberg über steilfallende Rotsandsteinfelsen, an deren Fuß geschützt die Rebe rankt. Anmutig erhebt sich der wildwachsende Edelkastanien tragende Markusberg mit der im Lande weit sichtbaren Mariensäule.

Noch ist das römische Trier nicht ganz erforscht; fortwährend werden bei Grabungen in und um Trier neue Schätze antiker Bau- und Zierkunst erschlossen. In diesem Jahrhundert haben Archäologen mit viel Mühe und großen Opfern einen ganzen Tempelbezirk mit mehr als 30 Tempeln verschiedener Gottheiten, einem Theater- und einem Marktplatz im Altbachtal zutage gefördert, der für die Kenntnis des einheimischen Götterkultus von besonderer Wichtigkeit ist. Auf dem Viehmarktplatz wurde vor einigen Jahren beim Bau einer Tiefgarage eine römische Badeanlage aus dem ersten Jahrhundert n. Chr. freigelegt. Die Planung für die Tiefgarage mußte völlig umgestaltet werden, damit die Badeanlage erhalten bleibt.

Baudenkmäler zeichnen Trier aus. Kunstsinnige

Bischöfe und Kurfürsten ließen im Laufe der Jahrhunderte interessante, prächtige Kirchen und Profanbauten entstehen. Prachtstücke des Mittelalters sind der aus einer römischen Halle entstandene Dom und die sich anschließende Liebfrauenkirche. Während der Dom verschiedene Bauperioden aufweist, ist Liebfrauen ein ein heitlich geschlossenes Bauwerk, ein Juwel der Frühgotik auf deutschem Boden.

St. Peter auf dem Hauptmarkt

Die Bauarbeiten sind noch nicht abgeschlossen. Daß Trier auf den Resten römischer und mittelalterlicher Bauperioden steht, beweist der im Verhältnis zum heutigen Stadtniveau außerordentlich tiefe Standort seiner alten Römerbauten; sie liegen wie die Porta Nigra, die Kaiserthermen und die neu entdeckte Badeanlage um 3 - 4 m unter dem heutigen Niveau. Aber nicht nur Ruinen und Trümmer römischer

St. Matthias im Süden der Stadt birgt die Gebeine des einzigen nördlich der Alpen ruhenden Apostels. Am andern Ende der Stadt findet man die in lebhaften Farben ausgemalte Stiftskirche St. Paulin, ein Meisterwek des Baumeisters Neumann, eine der schönsten Rokokobauten Deutschlands. Werke klösterlichen Fleißes und eifriger Strebsamkeit enthält die Stadtbibliothek; unter ihren kostbaren Schätzen sind der Codex aureus oder Ada-

Handschrift aus der Zeit Karls des Großen und der Codex-Egberti, eines der schönsten Stücke mittelalterlicher Buchmalerei.

Sehenswert: Bau- und Kunsthistorische Baudenkmäler aus zwei Jahrtausenden: Da steht als das besterhaltene Römerbauwerk nördlich der Alpen die gewaltige Porta Nigra, römisches Stadttor aus dem 2. Jh., das monumentale Nordtor der Stadt mit Sandsteinquadern und Eisenklammern verbunden, im 11.-18. Jh. Doppelkirche St. Simeon, davon erhalten ist die romanische Apsis. Den vollständigen Eindruck eines römischen Staatsgebäudes aber vermittelt in ihrer alten Größe und Erhabenheit die Römische Palastaula (Basilika), die Markt- oder Gerichtshalle der Römer, um die sich einst Säulengänge gliederten. Anfang des 4. Jh. Thronsaal des Kaisers Constantin, später Burg der Trierer Kurfürsten, heute ev. Kirche.

Rheinisches Landesmuseum, vielfältige und reichhaltige Sammlung archäologischer und kulturhistorischer Ausgrabungsfunde und Denkmäler der vorgeschichtlichen, röm. und mittelalterlichen Zeit bis in die Neuzeit.

In der Olewigerstraße 25 liegt Triers ältester Römerbau (1. Jh.), das 25000 Zuschauer fassende Amphitheater, (römische Arena) im Zeitalter Konstantin des Großen noch der Schauplatz grausamblutiger Tier- und Gladiatorenkämpfe und Spiele, die tausenden von germanischen Gefangenen das Leben kosteten. Die Römerbrücke, fünf von ehemals neun Pfeilern der römischen Moselbrücke, vermutlich 3. Jh. erbaut, tragen noch heute die Brücke.

Kaiserthermen

Nicht minder großartig sind die Kaiserthermen, ehemals der prächtig ausgestattete kaiserliche Bäderpalast, 4. Jh. mit Warmbad, Kaltbad und Sportplatz, dessen hochragende Ruinen heute noch die architektonische Schönheit und Größe antiker Bauten erkennen lassen. Erhalten ist das Mauerwerk des Warmbades und das weitläufige Kellergeschoß.

Dom, Bischofskirche, römischer Kernbau: 4. Jh., römischer Westbau: 11. Jh., Ostchor: 12. Jh., Domkreuzgang: 13. Jh., Domschatzkammer: 1716. Simeonstift, ehemaliges, Mitte des 11. Jh. erbautes Stiftsgebäude zu Ehren des hl. Simeon, Einsiedler in der Porta Nigra, heute Stadtmuseum und Tourist-Information.

Liebfrauen-Basilika, Gotische Basilika, erbaut 1235 bis 1250, als Zentralbau auf der Grundform des Kreuzes. Neben der Marburger Elisabethkirche früheste gotische Kirche Deutschlands. -Marktkirche St. Gangolf, 1507 vollendete gotische Marktkirche, Zeichen des Bürgerstolzes der mittelalterlichen Stadt Trier.

Abtei und Kirche St. Matthias (Trier Süd), romanische Abtei- und Pfarrkirche 10./12. Jh., mit dem Grab des Apostels Matthias

St. Paulin Kirche, 1734-1754 nach Plänen von Joh. Balthasar Neumann von Kurfürst

Innenstadtplan Trier

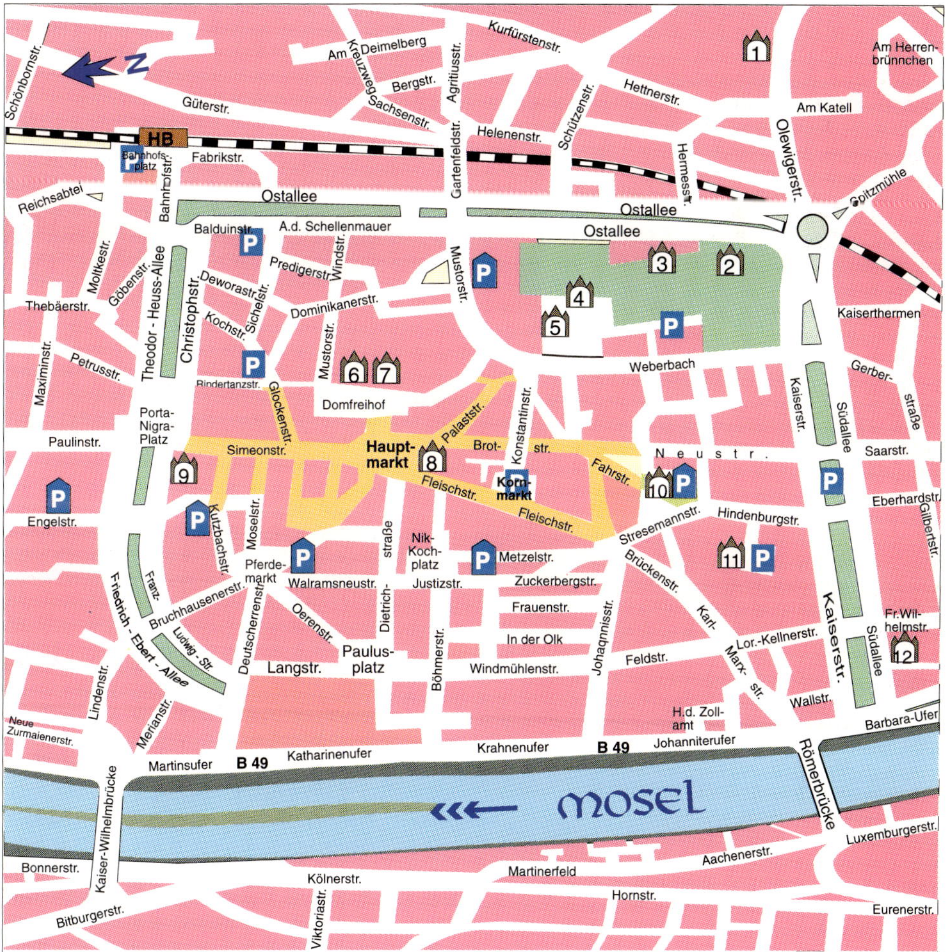

Sehenswürdigkeiten 1 = Amphitheater, 2 = Kaiserthermen, 3 = Landesmuseum 4 = Kurfürstliches Schloß, 5 = Basilika, 6 = Dom, 7 = Liebfrauenkirche, 8 = St. Gangolf, 9 = Porta Nigra, 10 = Viehmarkt, 11 = Stadttheater, 12 = Barbarathermen

Franz Georg Schönborn erbaute Rokoko-Basilika. Eines der kostbarsten Werke des deutschen Rokoko auf einem römischen Gräber feld der Trierer Märtyrer.

Domschatzkammer, Eingang durch den Dom, beherbergt die Kunstgegenstände des Domschatzes. Dazu gehören Elfenbeinschnitzereien und Goldschmiedearbeiten, frühmittelalterliche Handschriften und Buchdeckel.

Städtisches Museum, Simeonstift. Dokumente zur Kunst- und Kulturgeschichte Triers. Skulpturen, Malerei und Kunstgewerbe vom Mittelalter bis zum 19. Jh. aus Trier und Nachbargebieten; spätantike Kunst aus Ägypten und Vorderasien: Studiensammlung klassischer Antiken.

Wandertips: Über Igel, wo noch vollständig und fast unversehrt das majestätische 23 m hohe Grabmal einer reichen römischen Familie steht, führt der Weg in die fels- und schluchtenreiche Luxemburger- und Sauer-Schweiz, das Ziel naturfroher Wanderer, und zu den Kalkfelsen der Obermosel. Reizvoll sind auch die nahen Täler der Eifel, des Hunsrücks, der Saar und der Ruwer, wohltuend auch eine Wanderung durch den wildreichen Hochwald. Da liegt versteckt, von Tannen- und Fichtenwaldungen umgeben, Burg Ramstein im Kylltal, und in der Eifel findet man das malerische Kyllburg, das Kloster Himmerod und zwischen stillen, einsamen Maaren Manderscheid und Daun. Im engen Saartal grüßt die mittelalterliche Weinstadt Saarburg, hoch über steilem Felssturz die Serriger Klause, die romantische Ruhestätte des blinden Königs Johann von Böhmen, sowie die Weinorte Wiltingen, Ockfen, Serrig, Ayl und andere, nicht fern von hier Nennig a.d. Obermosel, wo man den weltbekannten prachtvollen Mosaikboden einer römischen Villa zeigt. Nicht versäumen sollte man eine Moselfahrt mit den Schiffen, die die Mosel hinauf und hinunter fahren nach Bernkastel, Kröv, der Hauptstadt des ehemaligen „Cröver Reiches“, vorbei an Traben-Trarbach, Zell, Beilstein, und anderen bekannten „Weinstädtchen“. Wer aber die Romantik der Mosel ganz genießen will, setze den Weg über das reizvolle Cochem bis zum Deutschen Eck fort.

Weinfest im Weinort Olewig: 1. WE. im Aug.

Stadtteil Biewer: Der Ort liegt am Fuß der Buntsandsteinfelsen des Weißhausberges im „Augenscheiner“ von Trier, weshalb auch die dort sich hinziehende Weinbergslage: „Augenscheiner“ genannt wird.

Das alte Beuera villa, auch Biuera, Bibere, Bevere und Bievere genannt, wird schon 926 unter den Besitzungen des Erzbischofs Rütger erwähnt. 1017 erhielt Kloster St. Marien auf dem gegenüberliegndn Ufer die Kapelle in Biewer nebst Hofhaus, Zehnten u. Siechenhaus St. Jost von Erzbischof Poppo geschenkt. Das Siechenhaus diente einst zur Aufnahme der Aussätzigen Triers, denen Erzbischof Johann von Schönburg 1591 ein eigenes Gesetz gab. In Biewer wohnten einst auch die römischen Steinbrecher, welche die Buntsandsteinquadern für die Trierer Monumentalbauten der Römer gebrochen haben sollen. Im Wald zeigt man heute eine Felshöhle des Einsiedlers Hieronymus. Oberhalb Biewer treten wir mit Pallien und Weißhausberg in den Bereich Triers, der ältesten Stadt auf deutschem Boden. Ein prächtiges Bild entrollt sich zu unseren Füßen, wenn wir vom Weißhauswald die alte Römer- und Kaiserstadt Trier, die Stadt der Kirchen und Dome überschauen.

Stadtteil Pfalzel: Der Ort hat seinen typischen mittelalterlichen Stadtcharakter mit Stadtmauern, Burg und Bastionen trotz der mehr maligen Zerstörung bis heute bewahrt. Stadtrechte besaß der Ort bis 1824. Die große gesegnete Flur kann man schon als Garten der Stadt Trier ansprechen. Schon früher versorgte von hier aus der kurfürstliche Hofstaat Küche und Keller.

Aus der Chronik: Nach der Chronik Balderichs befand sich hier schon vor unserer Zeitrechnung ein befestigtes römisches Lager. Die Stiftskirche steht nachweisbar auf römischen Fundamenten. Das alte Palatiolum, auch Palatium und Aula Palatii genannt, zeigt heute auch noch die Baureste eines römischen Lustschlosses, auf denen die fränkischen Könige einen Palast errichteten. Der Ort war eine Königspfalz, ein Königshof wie Detzem, Kröv und Ingelheim. Schon 895 signierte König Zwentebold in einem Vertrag: „Apud Palaziolum fisco nostro in Ardenna". Mit der Herrlichkeit des Frankenreiches verfiel auch der Königshof und erst Erzbischof Adelbero erbaute an dessen Stelle eine neue Sommerresidenz. In der Fehde Adelberos mit dem Grafen von Namur (1146) wurde Pfalzel von dem Grafen eingenommen und an der Liebfrauenkirche Feuer angelegt. Die Burg konnte noch gerettet werden.

Während der kurfürstlichen Zeit war Pfalzel Hauptort des gleichnamigen Amtes, das über 50 Ortschaften umfaßte. Als Erzbischof Boemund II. (+1365) seinem Koadjutor Kuno von Falkenstein die Regierung des Erzstifts überließ, bedingte er sich den lebenslänglichen Besitz von Stadt und Burg Pfalzel aus. Teile der Burg mit Tor stehen heute noch. Kuno befestigte 1366 den Ort, darauf Johann III. von Metzenhausen (1531-40). Ein Teil der alten Befestigung ist heute noch als „Wahl = Wall" erhalten. 1456 starb in Pfalzel Kurfürst Jakob von Sierck. Auch die Leiche des 1534 in Wittlich verstorbenen Kurfürsten Richard wurde erst nach Pfalzel und dann erst nach Trier gebracht. 1552 wurde Pfalzel von den Soldaten des Markgrafen Albrecht von Brandenburg trotz des Widerstandes von Philipp von Homburg und der kurfürstlichen Söldner eingenommen und samt dem Schloß eingeäschert. Stadt und Schloß wurden wieder hergestellt, bis sie 1689 von den Franzosen wiederum zerstört wurden. Es stehen noch Teile von Burgmauer, Stadttor, Burgtor und der Bastei mit Rokokohäuschen.

Pfalzel war schon früh auch der Sitz einer klösterlichen Niederlassung. Adela, die Tochter des fränkischen Königs Dagobert II., erstand vom Majordomus Pipin einen Hof in Pfalzel (villa regia) und errichtete 690 hier ein Benediktinerinnenkloster nur für adlige Jungfrauen, das sie reich dotierte. Als Äbtissin empfing sie hier den hl. Bonifatius. Das Kloster kam zu Reichtum und Macht. Nach Abkehr von der strengen Regel der Benediktinerinnen setzte jedoch Sittenverderbnis ein, so daß Erzbischof Poppo 60 Nonnenpfründe einziehen mußte und sie als Lehen an Kriegsleute gab. Auch strengere Regeln änderten nichts am Verfall. Er hob daher das Kloster auf und verteilte die Nonnen auf andere Klöster. Im Jahre 1027 gab er das Gebäude einer Gesellschaft von Klerikern, die bald ein Kollegiatstift gründeten mit einem Dechanten und Propst an der Spitze, das bald bedeutendes Ansehen gewann und das Patronat über eine große Anzahl von Kirchen im Mosel land bekam. Der Propst des Stifts gehörte dem Domkapitel in Trier an und war als solcher stimmberechtigt bei den Bischofswahlen. Neben der Stiftskirche bestanden an kirchlichen Gebäuden die Marien-, die Nikolaus- und die Petruskapelle, sowie der gotische Kreuzgang aus dem 16. Jh., daneben die Häuser der Stiftsherren. Die Stiftsschule war einst die einzige Bildungsstätte Pfalzels. Die Stiftskirche, die von der hl. Adela auf den Bauresten des römischen Palatii erbaut wurde, ist nach dem Dom zu Trier die älteste Kirche Deutschlands und überhaupt eine der ältesten diesseits der Alpen. Von ihrem römischen Ursprung spricht heute noch ihr römischer Fußboden aus dreieckigen Marmorplättchen. Im übrigen hat die baugeschichtliche Entwicklung der Stiftskirche eine überraschende Ähnlichkeit mit der des Trierer Domes, denn sie trägt ebenfalls alle namhaften Baustile. Sie beherbergt heute noch die kunstvolle Renaissance-Grabtafel des 1601 verstorbenen Stiftsdechanten und Universitätsrektors Peter Homphäus und des kurtrierschen Hauptmanns Pankratius Saurzapf von Sulzbach, der 1568 bei der Belagerung Triers durch den Kurfürsten Jakob von Eltz im Bohnenkrieg, dem Streit um die Reichsunmittelbarkeit der Stadt, den Tod fand. Beides sind Kunstwerke aus der Werkstätte des Trierer Bildhauers Hans Rupprecht Hoffmann.

Während der franz. Revolution wurden die Klostergebäude versteigert. Die Stiftskirche, in der anfänglich die Gebeine der hl. Adela ruhten, wurde in eine Scheune umgewandelt, ist aber seit 1927 wieder in Händen der Pfarrgemeinde. Heute beherbergt die Pfarrkirche hinter dem Hochaltar die hl. Gebeine. Die Nikolauskapelle wurde 1527 vom Stiftsdechanten Joh. v. Lutze rath erbaut. Die Stiftskirche nebst 2 Häusern wurde für 3650 Frs. (973 Taler) durch die franz. Domänenverwaltung verschleudert, die Nikolauskapelle, die bis 1802 Pfarrkirche der klösterlichen Angestellten und der Orte Mertesdorf und Eifelsbach war, für 900 Frs. (240) Taler). Der Hochaltar der Stiftskirche, der von Kaiser Franz Josef I. für 10000 Gulden erworben wurde, steht jetzt in der Votivkirche in Wien; die Orgel kam in die Kathedrale nach Metz. Die Mitte des 15. Jh. errichtete spätgotische Marienkapelle diente offenbar als Sakristei der Stiftskirche. Die jetzt zur Klosterschänke gehörige Petruskapelle war einst Hauskapelle und ist baugeschichtlich von großem Wert. Sie beherbergt ebenfalls 2 Grabtafeln aus der Werkstätte Hans Rupprecht Hoffmanns, des Erbauers des Trierer Marktbrunnens und der Domkanzel, nämlich die Renaissancegrabtafel des Stiftsdechanten Joh. Sierck (Motiv: Auferstehung) von 1547 und des Trierer Kanonikus Philipp Weyr (Motiv: Tischgesellschaft) von 1576. Außerdem befindet sich in der Kapelle eine Inschriftensammlung von historischem Wert.

Auch ein Moselzoll wurde in Pfalzel erhoben; das alte, weit in die Mosel vorgebaute Zollhaus, zeugt heute noch davon. Im Jahre 1209 stand der Zoll dem Stifte St. Simeon zu.

Im Jahre 1168 bestätigte Erzbischof Hillin dem Kloster St. Martin die Martinskirche in Pfalzel mit dem Gertrudenaltar und 3 Mansen (Bauernhöfe). 1190 verpfändetet Johann Erwählter von Trier seinem Domkapitel für die Beschaffung der Palliumsgelder u.a. den Hof in Pfalzel. Laut Güterverzeichnis von 1220 hatte der Erzbischof hier 32 Mansen. Davon zahlten 25 am Feste St. Paulin 50 Malter Frucht, wovon für die Kanoniker 10, für den Kurfürsten 40 Malter bestimmt waren: am Feste St. Martin zahlte jeder Manse 17 Solidus, an verschiedenen anderen Festen Geldrenten, Hühner, Eier, Brot und Fische. Insgesamt war die Summe der zu liefernden Denare 5 Pfund, daneben 208 Hühner und 480 Eier. In Pfalzel wurde im Jahre 1562 Joh. Mechtel, der Dechant zu Limburg a.d.Lahn, der Verfasser der bekannten Limburger Chronik geboren.

An Pfalzel knüpft auch die Genovevasage, auf die auch das Maifeld Anspruch erhebt, die Genovevahöhle wird heute noch im Pfalzelner Wald gezeigt.

Wandertips: Schöner Spaziergang am Moselufer, ins Kylltal über Ehrang zur Burg Ram stein, zum Kaiserhammer, zum Weißhausberg und Kockelsberg und hin zum römischen Trier.

Stadtteil Ehrang: Wo die Kyll aus dem Buntsandsteingebirge ins Moseltal heraustritt, liegt der Ort von weiter Ebene umschlossen. Vor herrschend ist hier die Bundesbahn und etliche Industriebetriebe, die diesen Raum beleben.

Aus der Chronik: Der Ort erscheint in den Urkunden als Yranth, Yranc, Iranc, Jerang und Erang. Er wird zuerst erwähnt im Jahre 753 im Zusammenhang mit dem Jagdunglück des passionierten Erzbischofs Milo von Trier und Reims, des Sohnes des hl. Ludwinus, der in dem nach ihm benannten Meulenwald auf der Jagd von einem Eber zerrissen und in der Kirche von Ehrang beigesetzt wurde. Das Milokreuz bezeichnet heute noch die Stelle.

Aber schon zur Römerzeit war dieser Ort wegen seiner günstigen Verkehrslage besiedelt. Die Römerstraße Trier - Quint - Detzem - Neumagen führte hier über die Kyll. An dieser Übergangsstelle fand man über 100 römische und alemannische Gräber, ferner Grundmauern und Reste zweier römischer Grabdenkmäler, außerdem einen römischen Altar mit Reliefs des Merkur, des Herkules, der Minerva und der

Ceres, die jetzt das Landesmuseum in Trier beherbergt.

Im Jahre 973 dotierte Erzbischof Theoderich die wiederhergestellte Benediktinerabtei St. Marien mit der Kirche in Ehrang mit 2/3 des Zehnten und 3 Mansen, außerdem hatte der Abt Herbergsrecht im Pfarrhaus. Im Jahr 980 hatte auch das Domkapitel hier Besitz. Unter den Gütern, die Erzbischof Eberhard im Jahre 1052 dem Grafen von Arlon zum Lehen überließ, findet sich auch die „villa Yranc" mit Kirche und Rechten. Im Ehranger Wald hatte seit 1177 die Abtei Himmerod Rechte. 1190 verpfändete Johann Erwählter zu Trier seinem Domkapitel für die Beschaffung der Palliumsgelder aus goldenen Kunstwerken die 3 Höfe zu Ehrang, Pfalzel und Kordel. Das Güterverzeichnis des Erzbischofs vom Jahre 1220 berichtet von 20 Mansen in Ehrang, die jährlich 5 Pfund, 300 Eier, 100 Hühner, 40 Brote und 14 Malter Frucht zu zahlen hatten. Seine 2 Fischer in Ehrang hatten 40 Fische oder 4 Denare für den Haushalt des Erzbischofs zu liefern. Ein Johann von Ehrang kommt 1400-1417 als Propst des St. Simeonsstifts vor.

Der Ort war einst mit Ringmauern umgeben und hatte 3 Tore. 1646 erhielt er Stadtrechte. Am 18.September 1689 wurden Ehrang und Pfalzel von den Franzosen in Brand gesteckt. Erwähnt sei noch die Hexenverfolgung früherer Zeiten, die auch hier ihre Opfer forderte.

Wandertips: Nach Wallenbach (2,1 km) Kanzel mit Rundblick, Pfalzeler Wald, durchs Kylltal zur Genovevahöhle (4,2 km), Hochburg, Klausengrund und Burg Ramstein (6,9 km), nach Hochmark (401 m),.

Stadtteil Quint: Der Ort liegt am Quintenbach; die Naturkraft des Wassers ausnutzend, wurde früher hier ein Eisenwerk angelegt.

Aus der Chronik: Der Bach wurde als Quinta schon im 3. Jahrhundert von Ausonius erwähnt. Von Trier führte die römische Heerstraße über Quint (5. Meile) - Detzem, (10. Meile) - Neumagen über den Hunsrück nach Bingen. Dafür sprechen die Ausgrabung des 5. Römischen Meilensteines dieser Heerstraße (quinta lapis) sowie eines römischen Gräberfeldes, einer Ziegelei und einer Glasfabrik. Über die Jagdrechte im Walde bei Quint spricht schon eine Urkunde aus dem Jahre 1023; begütert war hier vornehmlich das Kloster Himmerod.

Das Eisenschmelzwerk war eines der ältesten des Rheinlandes. Der durch die Kirchenbücher des 17. Jh. nachweisbar älteste Besitzer des Werkes war die Familie „de Thier", die als „dominus ferri-fodina" eingetragen war. Dann kam das Werk in die Hände der Familie von Pidoll zu Quintenbach, im 19. Jh. in den Besitz der Familie de Wendel, dann an die Familie Krämer in Saarbrücken. Man fabrizierte Herde, Öfen und Maschinenteile. Das Eisenerz lieferten die Bergwerke der Südeifel, die Gruben Roth und Schweich, und schließlich Lothringen und Frankreich. Etwas weiter oberhalb von Quint erbaute Franz von Pidoll eine Bleischmelze, die Erze von Bernkastel und Kautenbach verhüttete. Der idyllisch gelegene Kaiserhammer in der Nähe erinnert noch an das ehemalige Hammer werk.

Sehenswert: Der Burgberg bei Quint, Quintenburg genannt, weist noch Reste einer Keltenfeste auf. (Steinwall)

Wandertips: Der Ort erinnert wegen seiner malerischen Umgebung tatsächlich nicht an die unschönen Zechen des Ruhrgebietes. Riesige Laub- und Nadelwälder des Meulenwaldes mit erholsamen Spaziergängen und Fernsichten ins sonnige Moseltal laden ein. Bequem zu erreichen sind Kaiserhammer, Haardthof, Schweicher Heilbrunnen, Burg Ramstein, Genoveva höhle, Weißberg, Kockelsberg, das historisch berühmte Pfalzel, das Saar- und Ruwertal sowie Trier.

Stadtteil Ruwer: Ruwer liegt am Ausgang des Ruwertales zur Mosel hin. Schon der römische Sänger Ausonius rühmt im 4. Jh. n. Chr. den marmorberühmten Erubius. Auch Venantius Fortunatus gedenkt im 7. Jh. in seinem Mosel lied der Ruwer. Urkundlich erwähnt wird Ruwer erstmalig im Jahre 646 in der Bestätigung des Irminenklosters in Trier durch König Dagobert.

Im Jahre 816 nimmt König Ludwig der Fromme Ruwer als Besitz des Irminenklosters in seinen Schutz. Die ehemaligen Grundherren waren die Abtei Maximin und die Propstei St. Paulin in Trier, aus denen die heute getrennten Gemeinden Ruwer und Longuich hervorgingen. Schon 1135 beurkundet Graf Conrad von Luccelenburg seine Rechte als Vogt der Abtei St. Maximin in Ruwer. Im Jahre 1240 erscheint auch St. Paulin als Grundherr hier. Am Berghang liegt der Hof Duisburg (Disbar gum), ehemals Eigentum der Domdechante, jetzt im Besitz des bischöflichen Convicts, das auch großen Weinbergsbesitz in Eitelsbach hat.

Wandertips: Beliebte Wanderungen von Ruwer aus führen nach Grünhaus 1 km, über den Berg nach Kenn 3 km, zum Longuicher Sauerbrunnen 5 km, nach Pfalzel über die Moselbrücke 2 km und nach Trier. Eine schöne Aussicht genießt man vom Grüneberg über Trier, das Moseltal und die Eifelberge.

Das Ruwertal

Der Ruwer ist ein wasserreicher Nebenarm der Mosel, der vom Hochwald her kommend, beim Weinort Ruwer in die Mosel mündet. Es diente den Römern als Heer- und Handelsstraße von Trier über Bingen nach Mainz. An ihr liegen die Weinorte Ruwer, Mertesdorf/Eitelsbach, Kasel und Waldrach.

MERTESDORF 1614 EW.

an der Ruwer im Seitental der Mosel. Der römische Dichter Ausonius schrieb 371 in seiner Dichtung Mosella Der Ruwer dreht in schwindelndem Wirbel die kornzermahlenden Steine und zieht die kreischende Säge durch glatte Marmorblöcke. Als eine dieser Mühlen könnte die heutige Karlsmühle in Betracht kommen. Die bedeutende Heer- und Handelsstraße von Trier über Bingen nach Mainz verlief hier durch den Ort und überquerte den Ruwer.

Freizeit: Weinlehrpfad, Weinfest: Anfang Juli

Hof Grünhaus bei Mertesdorf: Der frühere Rittersitz Grünhaus gehörte einst der Abtei St. Maximin, der er im Jahre 966 als Hof „ad valles“ durch Otto I. bestätigt und von dessen Vorgänger König Dagobert um 630 der Abtei geschenkt wurde unter der Bedingung, daß an allen Tagen zur Sommerzeit nach dem Mittagsschläfchen alle Mönche mit einem Trunk aus den dazu gehörenden Weinbergen erquickt würden; ein Beweis für das ehrwürdige Alter des Ruwerweinbaus. Nach der Säkularisation wechselte das Gut mehrmals den Besitzer und kam von dem Herrn von Handel an den Baron von Solemacher, dann an den Herrn von Stumm und ist jetzt Besitz der Familie von Schubert.

KASEL 1216 EW.

Flußaufwärts liegt das Weindorf Kasel. Der Kaseler Wein wurde von jeher als Heilmittel gegen Steinkrankheiten gepriesen. Schon im Jahre 973 bestätigte Kaiser Otto II. dem Kloster St. Irminen in Trier Besitz und Grundherrschaft in Kasel.

Große Weinprobe: im August

WALDRACH 2071 EW.

im Ruwertal ist ein altes Weindorf im Tal der Ruwer. Erste urkundliche Erwähnung im 12. Jh. Zeugnisse aus vielen Jahrhunderten bietet die Waldracher Pfarrkirche.

Aus der Chronik: Schon den Römern war Waldrach bekannt, ging doch die alte römische Wasserleitung zum Amphitheater in Trier von hier aus. Zwischen Waldrach und Morscheid erkannte man den Anfang der 4 Fuß breiten und 5 Fuß hohen Leitung, die auf der linken Seite dem Bach folgte bis zum Ort Ruwer und dann über Kürenz weiterführte zum Amphitheater und zu den Thermen. Urkundlich kommt der Ort schon vor im Jahre 981 durch die Schenkung des Erzbischofs Egbert an die Abtei St. Paulin in Trier. Das Güterverzeichnis von 980 erwähnt schon 4 Solidus Geldzinsen von 12 Weinbergen und einer Wiese des Domkapitels in Waldrach. Im Jahre 1168 war auch Abtei St. Martin hier begütert. Im Jahre 1220 hatte auch der Erzbischof hier einen Hof mit 19 Mansen, wovon 17 Mansen 7 Solidus, die anderen 2 Mansen 16 Solidus jährlich zinsten. Außerdem besaß der Erzbischof hier noch 15 Weinberge. Neben diesen Einnahmen zinste der Ort ihm jährlich noch 200 Hühner. Im 13. Jh. hob auch die Abtei St. Maximin hier Ölzinsen. Schon 981 wird in Waldrach eine Kirche erwähnt, 1256 war Waldrach Mutterkirche von Casel, das 1/3 der Unterhaltungskosten zu zahlen hatte sowie jährlich 2 1/2 Sester Öl für die Ewige Lampe. Auch Waldrach war einst unter dem Namen Hochgericht eine der 5 Nebenstellen des Amtes Pfalzel.

Wie einst der Schutzheilige Waldrachs, der hl. Laurentius, auf dem glühenden Rost gebraten wurde, ebenso heiß brät die Traube auf den sonnendurchglühten Schieferhängen der Waldracher Gemarkung zu köstlicher Reife.

Sehenswert: ist das vor einigen Jahren aus Bruchstücken von St. Simeon rekonstruierte Enschringengrabmal zu einem Heiligkreuzaltar in der Kirche Waldrachs. Es ist ein qualitativ wertvolles Epitaph (Grabmal mit Inschrift) aus der Werkstätte des Trierer Bildhauers Hans Rupprecht Hoffmann (1568)., röm. Wasserleitung, die von hier nach Trier reichte. Freilichtausstellung von alten Weinkeltern, die an die lange Tradition der Weinbaugeschichte erinnern. In 5 km Entfernung flußaufwärts liegt die Riveristalsperre.

Wandertips: Das liebliche wein- und waldrei che Tal der Ruwer bietet abwechslungsreiche Wanderungen in nächster Nähe und ist von Trier aus bequem zu erreichen.
Weinfest: Mitte August,
Offene Weinkellertage: Mitte Mai.

KENN 2388 EW.

das „Tor zur Römischen Weinstraße“: von Trier her kommend liegt Kenn als erste Perle der röm. Weinstraßenschnur entlang der Mosel. An einem Wiesenhang gekuschelt, ein wenig abseits der Mosel und überragt von waldbestandenen Bergen, liegt die ehem. Römersiedlung „Cannis“. Heute gilt Kenn als ein fortschrittliches Weindorf.

Aus der Chronik: Auch Kenn, das sich früher Kannis, Cannis, Chenna und Kenna schrieb und zum Königshof in Detzem gehörte, wird schon in der Schenkung Königs Dagobert an Abtei St. Maximin 634 erwähnt. Es verblieb dem Stiftsamte Maximin und war Pfarrfiliale von Longuich. Die Abtei hatte hier 17 Mansen und 7 Halbmansen, die am Tage St. Brictius Holz, Öl, Hühner, Eier und die 7. Garbe zinste; zudem verfügte die Abtei über 24 Joch Grundstücke, 5 Joch Wiesen und 3 Joch Saalland. 1318 erwarb das Kollegiatstift Pfalzel Weinberge in Kenn. 1504 erhält Eberhards-Clausen für 2 Anniversarien von Johann Herrn zu Helfenstein und Sporkenburg eine jährliche Rente von 40 Weißpfennigen aus dem Orte Kenn. Heute noch sind die Kenner Hexenprozesse aus dem abergläubischen Mittelalter nicht ganz verstummt. Der Ort war früher viel größer; leider hat die furchtbare Feuersbrunst des Jahres 1822 bei den damals unzureichenden Wasserverhältnissen des von der Mosel ziemlich abseits liegenden Ortes allein 122 Gebäude zerstört. Am alten Schulhaus befindet sich noch ein altes Wappen.

Sehenswert: Der sogenannte Römerkeller - ein Museum mit römischen Fundstücken - zeugt von der bis in die Römerzeit reichenden Geschichte.

Wandertips: Schattige und bequeme Wander wege durch den Wald zum Longuicher Sauerbrunnen, nach Fell, zum Ruwertal, nach Schweich und Trier.

Freizeit: -Freizeithalle -Tennis -Tennisschule mit lizenzierten Tennislehrern -Trimmpfad -Waldlehrpfad -.Heimatmuseum.
Offene Weinkellertage Anfang Juli

Issel ist heute Stadtteil von Schweich. In vor geschichtlicher Zeit scheint die Mosel, dort wo Issel heute steht, sich in zwei Arme geteilt zu haben. Einer scheint den heutigen Mosellauf über Mehring, der andere den Weg durch das Seitental Hetzerath - Klausen - Osann - Lieser genommen zu haben. So bildete sich hier ein inselartiges breites Schwemmland, dem der Ort seinen Namen verdanken dürfte, denn Issel bedeutet insula=Insel. Der Ort erscheint dann auch urkundlich tatsächlich als Insula, Isla und Issela. Die gewaltigen Wassermasssen der Eiszeit hatten an der Bildung des Isseler Schwemmlandes besonderen Anteil. Daß die Eiszeit hier gewirkt hat, geht aus den zahlreichen Mammutrestfunden hervor, die zum Teil im Landesmuseum Trier aufbewahrt werden.

Aus der Chronik: Früher war der Ort berühmt durch seinen Flachsanbau. Der Weinbau hört mit dem Schiefergebirge bei Schweich vorläufig auf und roter Bundsandstein tritt hervor. Mit einer kurzen Unterbrechung durch den Trierer Augenscheiner - des Hauptvertreters des Mosel weinbaues auf Buntsandstein - setzt sich der Weinbau erst wieder an der Obermosel oberhalb Trier auf Muschelkalk fort. Die Steine aus den Isseler Rotsandsteinbrüchen gingen früher per Schiff ins Bergische Land. Diese Buntsandsteinbrüche setzen sich das Kylltal aufwärts bis Kordel und Kyllburg fort, wo heute noch Rotsandstein für den Bau als Zier- und Blendmauerwerk hergestellt wird.

Im Güterverzeichnis der Abtei Prüm von 893 tritt der Ort urkundlich zum ersten Mal in Erscheinung. Die Abtei bezog hier jährlich 30 Maas Wein und 32 Hahnen. Später (1140) wurde der Ort mit Kirche der Abtei St. Maximin unterstellt. Nach dem Güterverzeichnis des 13. Jh. hatte diese Abtei hier ein Hofhaus mit 6 Mansen, 5 Grundstücke von je 20 Joch, 3 Joch Saalland und 10 Weinberge. Der Manse zahlte am Feste St. Maximin 6 Denare, am Feste St. Andreas 7 Denare, 3 Hühner und 5 Eier. Der Verwalter erhielt am Feste St. Maximin 3 Sester Wein, 6 Brote und 4 Käse. Wegen der schlechten Verbindung bei Hochwasser und Eisgang wurde der Ort 1803 durch den französischen Bischof Mannay der Pfarrei Schweich unter stellt.

SCHWEICH 5929 EW.

der alte Weinort und junge Stadt am Auto bahndreieck Moseltal ist das „Tor zur Mittelmosel". Auch der Hauptort der „Römischen Weinstraße", die junge Stadt Schweich, leitet ihren Namen vom keltischen „Soiacum" ab und war bereits in der Römerzeit besiedelt. Davon zeugen Ausgrabungen des Landesmuseums Trier, die u.a. die Grenzmauern einer röm. Villa zu Tage trugen. Der Niederprümerhof, heute das Kulturzentrum von Schweich, verdankt seine Existenz einer Schenkung.

Aus der Chronik: Die günstige Verkehrslage an der Ausmündung eines verkehrspolitisch bedeutsamen Seitentales hatte schon die Römer zur Niederlassung veranlaßt, was durch den auf dem Friedhof ausgegrabenen Mosaikboden bestätigt wird. Von den alten, von Kurfürst Wenzeslaus an beiden Moselufern errichteten Fährtürmen

Stefan Andreas Brunnen

steht nur der eine noch als Wahrzeichen des Ortes. An dem zwischen den beiden Türmen gespannten Seile hatte vor Erbauung der Bahn eine Fähre den durch die Trierer Wallfahrten immer stärker werdenden Verkehr zu bewältigen. Sie war ein Stück der Heerstraße Trier-Koblenz. Die Fährrechte standen der Abtei St. Maximin schon seit dem 13. Jh. zu. Dem modernen Verkehr hielt die Pont an dieser wichtigen Übergangsstelle nicht mehr stand und wurde daher 1905 durch eine Moselbrücke ersetzt, die inzwischen nochmals durch eine neue Brücke ersetzt wurde. Die Pacht der Fähre war stets so gewinnbringend, daß sich das Sprichwort bildete: „Wän am längsten levt, dä kriet et Schwächer Foahr mit da Schlauder!"

Als der Ort im Jahre 720 durch die Stiftung des fränkischen Königskindes Bertrada an die Abtei Prüm kam, wurde Schweich erstmals erwähnt. Diese Schenkung bestätigte König Pipin 762 in einem besonderen Stiftungsbrief. Im Jahr 752 erhielt die Abtei von König Pipin auch die Fischereirechte zwischen Schweich und Mehring geschenkt. Nach dem Prümer Lagerbuch befanden sich in Schweich 15 Mansen, die 5 Fuder Wein, 15 Pfund Flachs, 1500 Pfähle, Ferkel, Hühner und Eier zu entrichten, und 15 Mansen, die 15 Tonnen Holz zu liefern hatten. 11 Pichterweinberge waren vorhanden, und die Zehnterei entrichtete wegen der Waldnutzung 30 Viertel Wein. Als sich die Gemeinde mancherlei landesherrliche Rechte anzueignen versuchte, gebot ihr Kaiser Maximilian 1497, daß sie sich der Ausübung der hohen Gerichtsbarkeit zu enthalten habe; diese stehe lediglich dem Trierer Kurfürsten zu. Dieser besaß hier ein bedeuten des Hofhaus. Begütert waren hier ferner neben Prüm die Abteien St. Maximin, St. Marien (1136), Echternach (1144), die Nonnenklöster Niederprüm, Irminen, St. Thomas a.d. Kyll (1212), das Kollegiatstift St. Paulin, St. Simeon und die Grafen von der Leyen, von Kesselstatt, die von Berg zu Seinsfelt, die Ritter von Kerpen und andere. Eine eigene Pfarrkirche hatte Schweich seit 1570; damals wurde die Schweicher Filialkapelle von der Mutterkirche Mehring getrennt und zur eigenen Pfarrei erhoben. Sie war der hl. Luzia geweiht, woher noch der Luzienkrammarkt als weltliches Kirchweihfest stammt.

Zu Anfang des 17. Jh. wurde Schweich durch einen Heilbrunnen im Meulenwald berühmt und viel besucht. Im Jahre 1602 soll ein Schweicher Bürger durch dieses Quellwasser von seinen räudigen Händen geheilt worden sein. Wie die Limburger Chronik berichtet zog die Kunde von der Heilkraft des Wassers Scharen von Lahmen, Blinden und Kranken nach Schweich, die teils zu Fuß, teils zu Schiff aus der Lahn-, Rhein-, Mainzer- und Kölner Gegend und vom Niederrhein kamen. Schiffe mit 70-100 Kranken kamen täglich an. Die Schiffer, Gastwirte, Bäcker, Metzger und Köche hatten ein gutes Geschäft und eine Teuerung setzte ein. Die Reichen wohnten im Orte, die Armen in Laub hütten um den Brunnen, dessen Wasser nur gegen Geld abgegeben wurde. Krämer und Marketender aus Neuß, Köln und Bonn ließen sich am Brunnen nieder. Das Wasser wurde in solchen Mengen in Fäßchen nach den Niederlanden versandt, daß bald Mangel an Gebinden eintrat. Selbst Herzog Joh. Wilhelm von Jülich, Cleve und Berg suchte seinen Verstand im Schweicher Wasser, jedoch vergebens. Das alaunhaltige Wasser hielt der Analyse nicht stand, weshalb es auch heute nicht mehr genutzt wird. Zu der idyllisch gelegenen Kapelle mit Kreuzweggang am Heilbrunnen zieht noch heute die Pfarrprozession von Schweich.

Auch Eisenerze wurden einst in Schweich gegraben, die in der Quinter Hütte verarbeitet wurden. Die Grube „Morgenstern" wurde etwa bis zum Jahre 1880 ausgebeutet. Die Erzadern besaßen eine Dicke von 1-3 m. Im Jahre 1873 betrug die Ausbeute noch 8678,2 Tonnen. 1880 waren es nur noch 2001,8 Tonnen. Der durch schnittliche Eisengehalt betrug 45,64 %. Mit dem Aufkommen des modernen Verkehrs legte die übermächtige Konkurrenz des Auslandes den Schweicher Bergbau wie die kleineren Bergwerke der Eifel still. Heute haben sie nur noch historischen Wert.

Sehenswert: Altes „Hisgen-Haus" (barockes St. Maximiner Amtshaus) an der

Brücke mit dem gut erhaltenen Maximiner Wappen, Stefan Andres-Brunnen, Niederprümerhof, alter Fährturm, Heilbrunnen, Hochkreuz bei Bekond mit dem Wappen der Grafen von Kesselstatt.

Freizeit: -Angeln -Wandern -Jugend-Freizeitanlage -Fliegerclub Trier e.V. IG Luftfahrt (Föhren/Flugplatz) -Drachenfliegen -Fahrradverleih -Fallschirmspringen -Freibad -Golf -Schiffsanlegestelle -Camping, -Weinlehrpfad.

Hotel - Restaurant
Bender
Telefon: 06502/91500 * Fax: 06502/915050
Inh. B. Alt. Persönlicher Service und familiäre Atmosphäre werden groß geschrieben. Spezialitäten sind Fischgerichte, sowie die internationale frische Küche.
54338 Schweich * Hofgartenstr. 21

Hotel Restaurant
Zur Moselbrücke
Telefon: 06502/1068 * Fax 06502/7680
Zimmer mit Bad/Du/WC, Telefon, teilw. Balkon, Farb-TV, Gartenterrasse, Liegewiese, Parkplatz, Konferenzräume bis 60 Pers., internationale Küche.
54338 Schweich * Brückenstr. 1

Hotel - Restaurant
Leinenhof
Telefon: 06502/1051 * Fax: 06502/7931
Zentr. Lage, Mod. Zi. mit Du/WC, Konferenzräume, Gute Küche, eigene Schlachtung, reg. Spezialitäten, Waldnähe, Hotelpark, Liegewiese, Parkplatz am Haus.
54338 Schweich * Am Azertwald

Wandertips: Ausflüge lohnen zum Heilbrunnen im Meulenwald 1/2 Std., nach Bekond mit dem Hochkreuz an der Straße Schweich - Hetzerath 3/4 Std., zum Longuicher Sauerbrunnen 1 1/2 Std., zum Föhrener Schloß 1 Std.
Weinfest: 2. WE. im September., Weinfest der römischen Weinstraße: Ende Sept./-Anfang Okt.

LONGUICH MIT KIRSCH 1166 EW.

liegt am rechten Moselufer direkt an der Autobahnanschlußstelle AD Moseltal. Träger des Staatsehrenpreises „Unser Dorf soll schöner werden“. 1986/87 schönstes Dorf von Rheinland-Pfalz.

Aus der Chronik: Der Doppelort stammt aus keltischem und römischem Ursprung. Gründung ca. 100 n. Chr. Der Ortsname Longuich wird von longus vicus-Langdorf abgeleitet und erscheint im Mittelalter als Luncwich und Lungwich. Erstmal urkundlich erwähnt ist der Ort in der Schenkungsurkunde König Dagoberts an die Abtei St. Maximin vom Jahre 634. Er gehörte zum Königshof in Detzem. Die Abtei hatte hier 17 Mansen, ein Hofhaus, das heute noch mit Wappen und Treppenturm zu sehen ist, ferner bedeutenden Weinbergsbesitz. Noch 1781 machte die Abtei hier allein 101 Fuder Wein. Heute erinnern an den Besitz der Abtei noch die bekannt guten Lagen Maximiner Herrenberg und Propstberg. Der Herrenberg war schon im Güterverzeichnis der Abtei vom 13. Jh. als vinea in dominico monte bekannt, ebenso die Lage Gakkertsberg als Kathereith und der Kirschberg links der Mosel als „Kirskerberch“ oder „vinea in Kersico monte“. Die Bewohner hatten ehedem den sog. Lichteimer abzugeben (1146). Seit 1256 bezog das Hospital St. Elisabeth nahe dem Kloster Maximin in Trier 1/2 Eimer Wein hierselbst. Die Pfarrkirche St. Laurentius war von der Abtei erbaut und ihr „incorporiert“ (einverleibt). Früher gehörten auch Issel und Kenn zur Pfarrei Longuich. Die Kirche ist barock und enthält das Grabmal eines Gerhard von Platt und einen Taufstein mit römischem Marmorkapitäl. Die 3 prachtvollen Altäre sind barock.

Römische Villa Urbanus

Die adligen Familien von Geispitzheim, von Merl, Benzerad und Platt waren hier begütert. An der Pfarrkirche zeigt man eine in Stein gehauene Frau als Bild der Dorothea von Benzerad, die wegen ihrer stark gebogenen Nase Eulchen genannt und als Hexe verbrannt wurde. Die in der Nähe liegende Fastrauer Heide galt damals als der Tummelplatz der Hexen und Hexenmeister. Viele weibliche Personen von Fastrau, Kenn und Riol fielen im abergläubischen Mittelalter dem Hexenwahn zum Opfer und endeten auf dem Scheiterhaufen.

Das Hofhaus „derer von Schmittburg" war an der Fähre. Die heute noch vorhandene Burg mit ihrem reichen Fachwerk, mächtigen Treppenturm, gotischen Fenstern und Türen war einst im Besitz „derer von Geyspitzheim" und der Grafen Cratz von Scharfenstein . Es kam durch Erbgang an die Grafen von Solms-Rödelheim, welche sie 1786 der Abtei St. Maximin verkauf ten.

Der zur Gemeinde Longuich gehörige Ort Kirsch wurde ebenfalls schon in der Dagobert schen Schenkungsurkunde an Maximin im Jahre 634 als Cressiacum erwähnt. Er kommt später als Kirsiche und Kirsche vor. Maximin hatte hier 12 Weinberge, die den Dritten gaben, und 2, die 1 Sester und den Zehnten entrichteten. Ein berühmter Longuicher war Joh. Christ. Spurzheim, der am 1. Dezember 1776 als Sohn eines Pächters in Longuich geboren wurde und Theologie und Medizin studierte. Er war als praktischer Arzt in England, Paris und Nord amerika tätig, war Dr. med. der Wiener Universität und gab verschiedene wertvolle Schriften über Gall's Gehirnanatomie und Schädellehre heraus.

Sehenswert: -Barockkirche aus dem Jahre 1771: Madonna mit der Weintraube aus dem 15. Jh. und Taufstein aus der ältesten Longuicher Kirche (ca. 400 n. Chr.), -St. Sebastianus-Kapelle in Kirsch aus dem 15. Jh., -Bestehender Maximiner Hof aus den Jahren 1763 - 1796. Historische Funde: Römische Villa „Urbanus" und Siedlung ca. 250 n Chr. mit Sarkophage ca. 400 n. Chr. im Weinberg. Ab dem 7. Jh. existierte das Kloster Maximin in Longuich, bis ins 16. Jh. Grundherrschaft der Maximiner Herren.

Freizeit: -Tennis -Kegeln -Wassersport -Golf -Fliegen -Angeln -Wanderwege.

Wandertips: Longuich und Kirsch haben eine reizende Umgebung. Der 334 ha große Wald ist schnell erreicht; lohnend ist eine Wanderung durchs Fellerbachtal über Fastrau nach Fell mit Burg und ehemaligen Dachschiefergruben 1 Stunde, über Riol nach der Peckshöhe 1 Stunde. Vom Schockberg sieht man bis ins Luxemburger Land, 1/2 Stunde geht man bis zum Sauer brunnen, der 1793 in Stein gefaßt und mit Grottenwerk geziert mitten im Walde liegt, und dessen stahliges Wasser heute nicht mehr wirtschaftlich genutzt wird.
Weinfest: 2. WE. im August.

RIOL 992 EW.

liegt auf der rechten gegenüberliegenden Moselseite an der B 53 und ist ein ruhiges, auf Weinbau ausgerichtetes Weindorf.

Aus der Chronik: Die Siedlung „RIGODOLUM" gründeten die Römer schon um das Jahr 70 n. Chr. Schon der römische Schriftsteller Tacitus nennt den Ort Rigodulum (Rigiodola, Ryola, Riola) im Zusammenhang mit der Schlacht des römischen Feldherrn Cerealis mit dem Führer der Treverer Valentinus im Jahre 70 n. Chr. In dieser Schlacht bei Riol wurden die aufständischen Treverer unter Valentinus end gültig von den Römern geschlagen und gefan gen genommen, die Römer rückten am nächsten Tag in Trier ein. Das Schlachtfeld ist auf den Anhöhen südwestlich des Ortes zu suchen. Die Geländebeschreibung des Tacitus stimmt für den Ort genau.
Urkundlich erwähnt wird der Ort erstmalig in der Schenkung König Dagoberts an Maximin 634. Auch Riol gehörte zum

Königshofe Detzem. Maximin besaß auch das Patronat der Kirche (1140), die heute noch einen romanischen Turm und ein spätgotisches Chor auf weist.

Die Abtei hatte hier 14 Mansen, von denen jeder 3 Ohm Wein zinste. Begütert war hier auch die Abtei Springiersbach (1128). Die Abtei St. Eucharius in Trier zog den Zehnten (1145) und zwar 12 Mark Silber, 4 Fuder und 2 Ohm Wein. Später war Riol in Händen der Grafen von Sayn durch Erbfall aus dem Geschlechte derer von Sierck. Im 17. Jh. war die Riolsburg im Besitze der „Husmann von Namedy", die sich dann „Freiherrn von Riolsburg" nannten.

Riol darf sich rühmen, um 1280 einen Pastor gehabt zu haben, der zu Größerem auserkoren war und der auf die deutsche Geschichte von derart starkem Einfluß war, daß man ihn mit Recht den Königsmacher nannte. Es war Peter Aspelt oder Aichspalt, der Sohn wenig bemittelter und kinderreicher Eltern. Sein Brot verdiente er als fahrender Geselle zuweilen mit Singen vor den Türen. Neben theologischen Studien trieb er auch Arzneikunde, wurde Leibarzt beim Grafen Heinrich IV. von Luxemburg, dann Propst zu Bingen und Wissehrad bei Prag und damit zugleich des Königreichs Böhmen geborener Kanzler. Nur in seiner Heimatstadt Trier galt er nichts. Wegen seiner bürgerlichen Herkunft widersetzte sich das durchweg adlige Domkapitel seiner päpstlichen Ernennung zum Dompropst von Trier im Jahre 1289. Peter mußte entsagen und wurde statt dessen 1293 Bischof von Basel und 1306 Erzbischof von Mainz und damit Erzkanzler des Deutschen Reiches. Als solcher setzte er die Kaiserwahl Heinrichs von Luxemburg durch und gewann dadurch sehr große Vorteile für sein Erzstift. Im Jahre 1311 setzte er dann auch Heinrichs Sohn Johann in der Domkirche zu Prag die böhmische Königskrone auf. Nach Kaiser Heinrichs Tod wußte er Herzog Ludwig von Bayern als Nachfolger durchzudrücken und krönte auch diesen 1314 in Aachen selbst zum deutschen Kaiser. Peter starb am 4. Juni 1320 und liegt im Dom zu Mainz beerdigt. So krönte ein Rioler Pastor 2 Kaiser und einen König.

Wandertips: Der Wald reicht fast bis an den Ort heran, bis zum bekannten Aussichtspunkt Kammerkneppchen 1/2 Stunde und ebenfalls 1/2 Stunde zur Peckshöhe. Weinfest: Letztes WE. im Mai.

FELL MIT FASTRAU 2205 EW.

das Tal der 7 Täler, 2 km im Seitental, liegt der alte wald- und rebenbestandene Weinort Fell, lateinisch val, vallis, velle, und gibt uns den Hinweis auf die Römer. Uralte Funde, wie das Steinrelief des Gottes Silvanus zeugen von der Bedeutung des Ortes in alter Zeit. Von der mittelalterlichen Blütezeit unter den Maximiner Herren zeugen Burgmauer, Burgkeller und Burgtor der ehemaligen Wirtschaftsburg.

Aus der Chronik: Nach alten Urkunden soll es etwa 1000 Jahre alt sein und hieß damals Faseruha, Vastro, vastrohe, Vastrou, Vastrauwe. Ein gewisser Fastheri oder Fastrih, vielleicht ein Moselfranke, soll sein Gründer sein, der am Rande einer vom Feller Bach halbkreisförmig umflossenen Aue siedelte. Fastrau wäre also die Aue des Fastheri. Funde aus römischer Zeit lassen auf eine viel frühere Besiedlung schließen. Das Kloster St. Martin in Trier besaß hier im Jahre 975 vier Hufen Land. 1290 hatte auch die Trierer Abtei St. Maximin Besitz in Vastrou. Das waren die Grundherren im Mittel alter. Eine Urkunde vom Jahre 1288 erwähnt einen Ritter Daniel von Vastroe. Von einem Burghause dieses Rittergeschlechtes sind keine Überreste vorhanden. Eine Kapelle in Fastrau wird in alten Urkunden schon im Jahre 1656 genannt. Von diesem Bau ist der wuchtige romanische Ostturm heute noch erhalten. Es war ein Chorturm, dreigeschossig, mit einem Zeltdach versehen. Eine niedrige, flachrunde, grobgemauerte Triumphbogenöffnung führte aus dem Chorturm in das Schiff. An dessen Rückseite stand ein Wandaltar aus Holz, in Weiß und Gold gestrichen. Ein schwerer Tag in der Geschichte von Fastrau war der 8. Juni 1827, als ein Großbrand die Kapelle ohne Turm, 22 Wohnhäuser samt Scheunen und Stallungen in Asche legte. Von 10 mit

Schiefer gedeckten Gebäuden gelang es, 7 zu retten. Beim Wieder aufbau verlegte man das Dorf weiter nach unten ins Tal.. In zwei Abschnitten erfolgte die Renovierung, erst von außen, dann von innen. Die Außenwände wurden verputzt und hell gestrichen, eine neue Sakristei mit direktem Zugang zum Chor gebaut, die alte Sakristei in den Kapellenraum einbezogen.

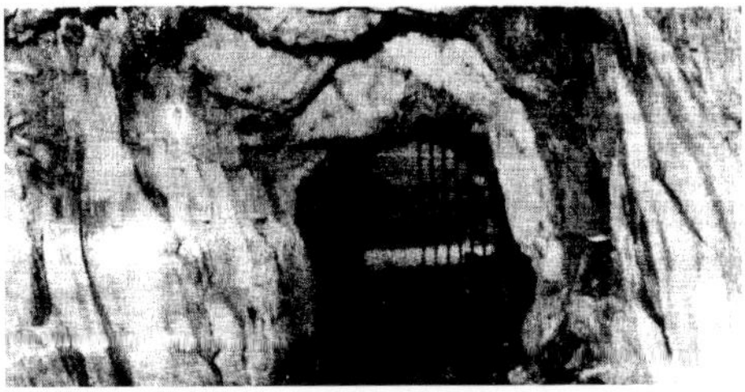

Alter Schiefertunnel

Sehenswert: Seit alters her wurde bei Fell im Untertagebau Schiefer abgebaut. Nach dem 2. Weltkrieg herrschte Hochbetrieb in den Schiefergruben, galt es doch die Kriegsschäden mit Dachschiefer und Bausteinen vergessen zu machen. Diese Hochkonjunktur war jedoch nur zeitbedingt. Als die Kriegsschäden behoben waren und mittlerweile der billigere Kunstschiefer auf den Markt kam, ging die Nachfrage schlagartig zurück. Hinzu kam der Umstand, daß die Gestellungskosten des Schiefers zu hoch wurden und die Gruben allmählich ausgebeutet waren. Im Jahre 1962 stellte die Grube Kesselstatt ihre Produktion auf Beton- und Kellersteine um, wobei auch hier das Schiefergestein den Rohstoff darstellt. Noch vorhandene Privat gruben stellten ebenso ihre Arbeit ein und mancher mußte sich nun nach einer anderen Arbeit umschauen. Die Schiefergruben sollen ab Sommer 1995 zur Besichtigung freigegeben werden.

Weinfest: 3. WE. im September
Offene Weinkellertage: Pfingsten

LONGEN 97 EW.

Der kleine Ort am linken Moselufer wird als Longun bzw. Longin bereits 770 erwähnt, als Hangilerus der Abtei Echternach Güter zu Longen übergab. Das Güterverzeichnis der Abtei Prüm vom Jahre 893 erwähnt ferner 3 Pichter der Abtei hierselbst. Die gestiftete St. Eligiuskapelle wurde im Jahre 1495 gebaut.
Wandertips: Als Ausflüge sind lohnend die schönen Bergpartien und zum Longuicher Sauerbrunnen.
Weinfest: Anfang Juni

Lörsch ist heute zu Mehring eingemeindet. Das kleine Örtchen auf der linken Moselseite liegt eingebettet in Weinberge.
Aus der Chronik: Das alte Loyse, Losche, Luvesche und Lusche des Mittelalters gehörte früher zum Amte St. Maximin. Schon im Jahre 1140 bestätigte Papst Innozenz II. der Abtei Maximin in Trier Besitzungen in Lörsch. Das Güterverzeichnis der Abtei vom 13. Jh. erwähnt 8 Mansen in Lörsch, von denen jeder 4 Eimer Wein, Hühner, Eier, Mehl, Holz etc. zu liefern hatte. Viel früher noch war die Abtei Prüm hier begütert. Das Güterverzeichnis von 893 bereits spricht von 8 Maß Wein, die der Manse zu liefern hatte, außerdem von Geldzinsen. Der Ort war auch dem Abteihof in Mehring zinspflich tig.

MEHRING 1900 EW.

der ürwüchsige alte Weinort, steigt wie - umrahmt von seinen Weinbergen - die Stufen eines Amphitheaters vom Moselufer aus an. Als Kontrast dazu erhebt sich auf der anderen Moselseite hinter der Dorferweiterung der Wald zur „Mehringer Schweiz“. Als Wahrzeichen ragt neben der Kirche ein alter Fährturm über die Häuser hinaus.

Aus der Chronik: Die älteste Urkunde, die von Mehring berichtet stammt aus dem Jahre 721. Als Marningum villa wird der Ort zuerst er wähnt und wechselt in der Folgezeit häufig seinen Namen. Anno 752 schenkte König Pipin der Abtei Prüm die

Fischereirechte bei Mehring. Im Jahre 861 besaß die Abtei hier auch ein Hofhaus und 8 Weinberge. Der heutige Plattenberg, Bungert, Leyet, sowie der oberste und unterste Pichter waren damals schon als plantatum, bongart, Leyen, bredepitere und langepitere bekannt. Im Jahre 1190 stiftete Abt Gerhard zu Prüm das adelige Nonnenkloster zu Niederprüm mit Gütern und Kirchen zu Mehring. Anno 1249 erwirbt die Abtei Prüm hier 3 weitere Weinberge durch die Schenkung des Mönchs Wirich. Im Jahre 1212 war auch die Abtei St. Thomas hier begütert. Im 15. Jh. richteten sich die Mehringer selbst, bis im Jahre 1579 das Prümer Kloster mit Kurtrier vereinigt wurde und der Kurfürst für sich Recht und Zins in Anspruch nahm. Als die Franzosen 1794 das Trierer Land eroberten und 1801 die Klostergüter einzogen und versteigerten, da wurden die Mehringer erstmals Bauern und Winzer mit eigenem Grund und Boden. Mehring ist heute ein modernes Weindorf mit zahlreichen neuen Häusern. In der wechselvollen Ortsgeschichte, auf die die Mehringer keinen Einfluß hatten, da durch Brand (1840), durch Bomben und schließlich durch die Moselkanalisierung die alten Häuser zum größtenteil vollständig zerstört wurden.

Die alte Medardus-Kapelle wurde niedergerissen und an ihre Stelle eine neue Kriegergedächtniskapelle errichtet.

Interessant ist eine Flurbezeichnung am Mehrigner Bahnhof, nämlich „Kühstantinopel“, ein Wortspiel, das nicht meint, daß die Kühe hier nobel standen, sondern an die Kuhställe erinnert, die in früherer Zeit die von den Hängen und

Römische Villa

Bergweiden der Mehringer Schweiz heimkehrende Viehherde über Nacht aufnehmen sollten, damit sie nicht jedesmal mit der Fähre übersetzen mußten.

Sehenswert: -Römische Villa mit freigelegten Fundamenten und wieder aufgebauten Teilen (Türme, Bad, Fußbodenheizung) Weinlehrpfad

Wandertips: Die Mehringer Schweiz, einer der schönsten Punkte der Mosel, hat ausgesprochenen Schwarzwaldcharakter. Bequeme Wege führen zu ihren schönen Aussichtspunkten. Das Gehöft Neumehring

mit dem Jagdhaus in der Nähe (4 km) sowie das Gehöft Schleicherberg, ebenfalls auf der rechten Moselhöhe, sind geruhsame Wanderziele durch Mehringens Gemeindeforst. Schön ist auch der Rundblick vom Kammerknüppchen im Staatswald rechts der Mosel (2 km). (Fünfseenblick).
Weinfest: 1. WE. im September.

PÖLICH 315 EW.

Der Ort liegt wie Minheim und Trittenheim auf dem Scheitelpunkt einer vom Mosellauf geformten Halbinsel auf sanft ansteigendem Gelände. Dem Orte gegenüber grüßt der romantische Bogen der Mehringer Schweiz. Seine idyllische Lage wird schon vom röm. Dichter Ausonius besungen, der sie mit seiner schönen Heimat vergleicht. Moselaufwärts ziehen sich in weiter Schleife bis nach Mehring die steilen Weinberge, unter denen besonders der Pölischer Held bekannt ist, der vor 1905 noch Gemeindelohhecke war.

Aus der Chronik: Der Ortsname soll aus „pulchra villa" = schönes Landhaus entstanden sein. Es wurden hier tatsächlich auch die Reste einer römischen Villa und der 9. Meilenstein auf der Strecke Trier - Quint - Detzem - Neumagen aufgefunden. In den Urkunden erscheint der Ortsname als Pulcha, Policha und Poliche. Schon anno 634 bestätigte König Dagobert Besitzungen der Abtei Maximin in Pölich, das zum Königshofe in Detzem gehörte. Die Abtei besaß hier neben 3 Joch Ackerland erheblichen Weinbau, in dem 20 Mansen (Bauern) beschäftigt waren. Der Bauer bezahlte vom gemeinen Wingert ein Sester Wein sog. Stockeimer, vom eigenen Weinberg 7 Sester und ein Sester für die ewige Lampe. Diesseits der Mosel war der 7. Teil der Traubenernte abzuliefern, jenseits der Mosel nur der 5. Teil. Von 3 Weinbergen gab er die Hälfte. Schon im 13. Jh. wird die Weinbergslage „Pölicher Lay" erwähnt. Im Jahre 1155 wurden auch der Abtei St. Eucharius in Trier Besitzungen in Pölich durch Papst Adrian IV. bestätigt. Die adligen Herren von Bettingen und Castell waren in Pölich begütert.

Sehenswert: Kürzlich ausgerabene röm. Wasserleitung, die besichtigt werden kann.

Wandertips: Besonders empfehlenswert und bequem ist ein Ausflug zur Mehringer Schweiz und zu den Moselhöhen mit herrlichster Aussicht. (4 Seenblick)
Weinfest: 1. WE. im Juli.

SCHLEICH 210 EW.

das alte Winzerdorf, liegt am höchsten Stau wehr der Mosel.

Aus der Chronik: Kelt.-röm. Siedlung. Erzbischof Theoderich schenkte schon 976 den Ort mit Hofhaus, 20 Bauleuten, Salland, Weinbergen und Äckern der Abtei St. Marien in Trier, die auch hier die Gerichtsbarkeit ausübte. Im Jahre 1127 erwarb Kloster Oeren zu Trier ebenfalls Güter zu Schleich, 6 Sester Wein und eine Olk mitten im Ort. Im Jahre 1140 wird die Weinbergslage Langwingert (longavinea) erwähnt. Im 13. Jh. hatte auch die Abtei St. Maximin Weinrenten zu Schleich. Im Jahre 1463 verkauften Joh. Booß von Waldeck und Katharina von Ingelheim dem Kloster Eberhards-Clausen ihre Güter zu Schleich.

Sehenswert: Im Dorf steht eine Kapelle aus dem Jahre 1788, deren dreiachsiges Schiff an den spätgotischen Chor gefügt wurde. Das Kirchhofskreuz stammt bereits aus dem Jahre 1679.
Weinfest: Letztes WE. im Juni.
Offene Weinkellertage: Mitte Juli

ENSCH 500 EW.

Der Weinort liegt, eingebettet zwischen Weinbergen, Wiesen und Wäldern, am linken Moselufer.

Aus der Chronik: Ensch stammt aus dem lateinischen „Anciacum = der Hof des Ancius", eine keltisch-römische Siedlung. Urkundlich zuerst erwähnt wird der Ort im Jahre 1033 in der Schenkungsurkunde der Wwe. Appa an den hl. Petrus in Trier, worin ihr allein Ensch als Präsent verbleiben sollte. Im Jahre 1098 besaß das Stift St. Simeon von Trier hier schon Weinberge, im Jahre 1127 auch das Kloster Oeren in Trier. Im 13. Jh. bezog die Abtei St. Maximin je 1 Sester Wein von Ensch's Bürgern. Im Jahre 1240 vermachte der

Dechant zu St. Paulin in Trier seine Pension von der Kirche in Ensch den Kanonikern von St. Paulin. 1254 verpflichtete sich Arnold, Propst zu St. Paulin, an sein Stift jährlich 5 Fuder Wein aus Ensch zu liefern.

Wandertips: Erholsam ist ein Wanderung zur Mehringer Schweiz und über den Berg nach Bekond, außerdem 6 gekennzeichnete Rund wanderwege und 3 Lehrpfade.
Weinfest: 1. WE. im September.

DETZEM 527 EW.

ist ein Weinort auf der rechten Moselseite ca. 1000 m oberhalb von Thörnich. Zwei Bronze-, eine Goldmedaille im Landesentscheid und mehrfache Auszeichnungen im Bezirks- und Kreisentscheid des Landeswettbewerbs „Unser Dorf soll schöner werden" zeugen von der Einstellung der Menschen dieses hübschen Winzerdorfes.

Dorfbrunnen

Aus der Chronik: Hier führte die alte Römerstraße Trier-Neumagen vorbei. Beim Bahnbau im Jahre 1902 fand man zwischen Trier und Detzem von den 9 Meilensteinen der Römer 6 Stück, von denen der 9. gut erhalten und mit der Inschrift versehen war: „Ab Augusta Trever orum lengas IX", d. h. Von Trier 9 Meilen. Daraus ist mit Bestimmtheit zu schließen, daß Detzem nichts anderes bedeutet als „Zehnte Meile von Trier" (decima lapis).
Urkundlich erwähnt wird der Ort schon im Jahre 639 als Königshof, den König Dagobert I. der Abtei St. Maximin in Trier schenkte. Zum Königshof Detzem (curtis regia Decima) gehörten u.a. die Orte Kenn, Kirsch, Longuich, Riol, Fell, Pölich und Thalfang. Detzem wird seitdem in den königlichen und Maximiner Urkunden häufiger erwähnt. Im Jahre 1023 empfängt Kaiser Heinrich II. von der Abtei St. Maximin 6656 Hufen Land u.a. in Detzem und belehnt damit den Herzog Heinrich von Bayern, den Pfalzgraf Ezzo und den Grafen Otto, damit sie für den Abt Kriegsdienste leisten sollten.

Maximin hatte hier neben Weinbergen reiche Wein-, Geld- und Fruchtzehnten, sowie die Kurmede. Seit 1225 war die Abtei auch im Besitz des Patronatsrechtes über die Detzemer Kirche zum hl. Agritius. Im Jahre 1486 verkaufte Friedrich von Esch und die Herren zu Detzem, dem Kloster Eberhards-Clausen eine jährliche Rente von 8 1/2 Achtel Korn aus 2 Wiesen der Rivenicher Mark und im Jahre 1512 erwarb genanntes Kloster von der Margrit von Esch einen jährlichen Zins von 4 Weißpfennigen aus den Weinbergen im Detzemer Gericht. Heute besteht hier noch die Bezeichnung „In der Burg" und „Maximinerhof".

Sehenswert: Pfarrkirche St. Agritius, erbaut 1735/36 mit erhaltenem spätgotischen Chor einer früheren Kirche, bemerkenswerte Stuckarbeiten im Innern. Lohnendes Fotomotiv ist die symbolische Darstellung des „Zehnten Meilensteins" auf dem Dorfplatz. Aussichtsturm mit fantastischem Rundumblick. Seit der Moselkanalisierung

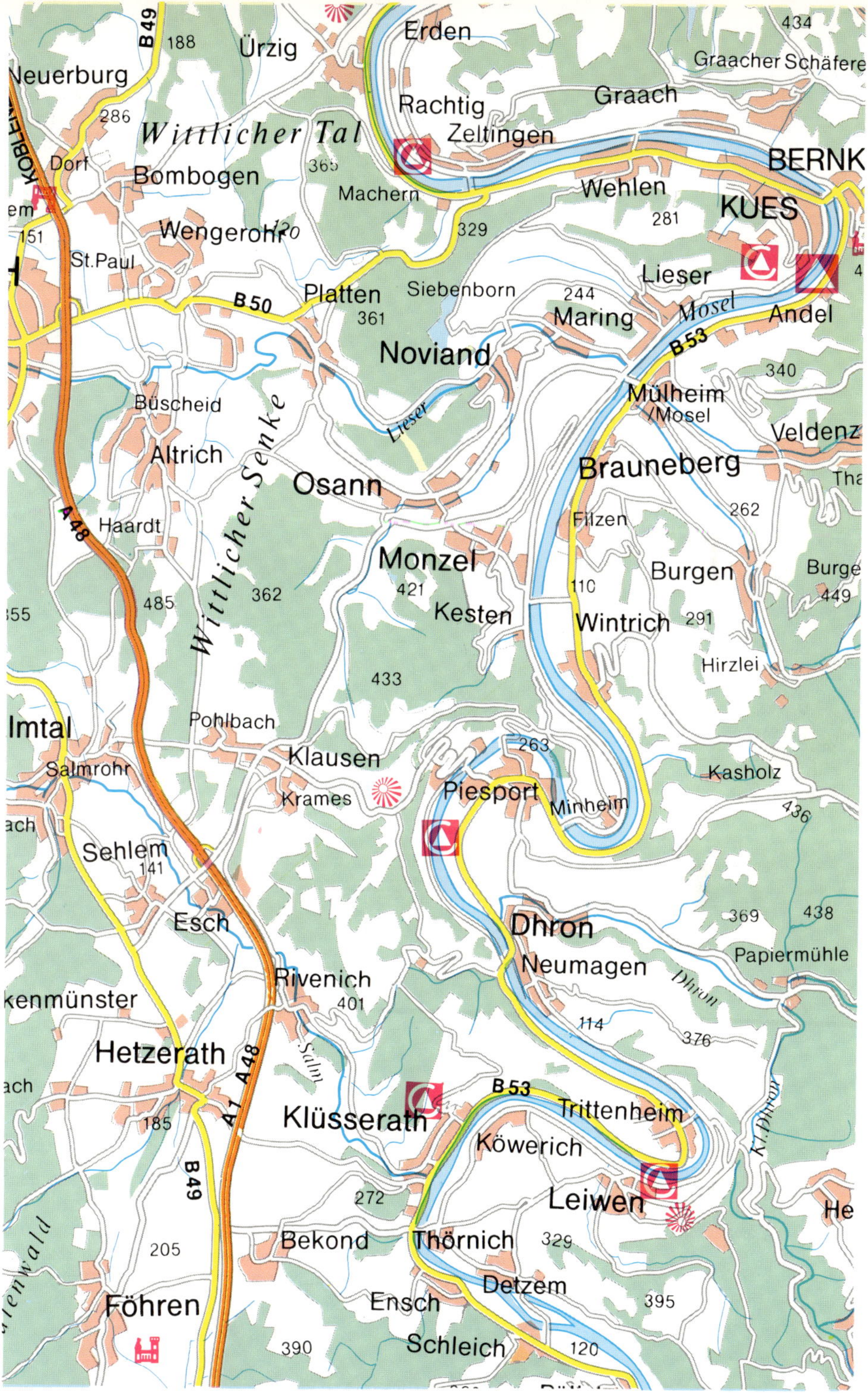
Erden
Ürzig
Neuerburg
B 49
188
286
Wittlicher Tal
Rachtig
Zeltingen
Graach
Graacher Schäfere
434
Dorf
Bombogen
365
Machern
Wehlen
BERNK
KUES
281
Wengerohr
329
151
St.Paul
Lieser
B 50
Platten
Siebenborn
244
361
Maring
Mosel
Andel
B 53
Noviand
340
Büscheid
Mülheim
/Mosel
Lieser
Veldenz
Altrich
Wittlicher Senke
Osann
Brauneberg
A 48
Haardt
Filzen
262
Monzel
Burgen
421
110
485
362
Kesten
Wintrich
291
449
433
Hirzlei
Imtal
Pohlbach
Klausen
263
Salmrohr
Krames
Piesport
Minheim
Kasholz
436
Sehlem
141
Esch
Dhron
369
438
Neumagen
Papiermühle
Rivenich
401
Dhron
114
376
Hetzerath
A 1 A 48
Salm
B 53
Trittenheim
Klüsserath
Köwerich
185
B 49
272
Leiwen
205
Bekond
Thörnich
329
Detzem
Föhren
Ensch
395
Schleich
390
120

befindet sich bei Detzem die höchste Staumauer von 9 m der insgesamt 13 Moselstaustufen auf deutschem Boden.

Gästehaus
Dorothea
Telefon: 06507/3147
Ruhige Lage. Gönnen Sie sich in unserem Hause erholsame schöne Tage. Wir werden dafür sorgen, daß Sie gerne zu uns wiederkommen.
54340 Detzem * Neugartenstr. 7

Weingut - Gästehaus
Edmund Schmitz
Telefon: 06507/3401
Unser Weingut bietet gemütliche Gästezimmer, alle mit Du/WC, Aufenthaltsraum, Gästeküche, Terrasse, Grillplatz, Liegewiese, Spielwiese, Weinproben. Sieger im Wettbewerb Das gastfreundliche Haus .
54340 Detzem * Neustr. 15

Wandertips: Ausflüge lohnen sich auf die Moselhöhen in Richtung Büdlicherbrück und zur Mehringer Schweiz und Fünfseenblick.
Offene Weinkellertage: Anfang August

THÖRNICH 178 EW.

alter Winzerort am rechten Moselufer. Auch auf der gegenüberliegenden Seite gedeihen an steilen Hängen seine Weine. Der Weinort mit dem kelt. röm. Namen Turinga, dessen Wein schon im Jahre 700 erwähnt wird, liegt „wie ein Idyll des Friedens" am Ufer der Mosel.

Aus der Chronik: Der Ort war einst als Tur ninge und Turnich bekannt. Im Jahre 816 nahm König Ludwig der Fromme die Güter des Klosters Horreum in Trier zu Thörnich in seinen Schutz. Im Jahre 893 berichtet das Güterverzeichnis der Abtei Prüm von 16 Maß Weinrente von hier. Die Grundherrlichkeit lag zuletzt in den Händen der Grafen von Kesselstatt.

Ein Nicolaus von Monzel aus Thörnich stiftete 1722 als Stipendium für Studierende am Gymnasium in Trier 2000 RM für Knaben seiner Familie und Arme aus Thörnich und den benachbarten Orten.

Sehenswert: -Maternuskirche aus dem 18. Jh. als Schenkung des Philippus Graf von Kesselstatt und das wohl älteste Wegekreuz aus dem 16. Jh.

Offene Weinkellertage: 2. WE. im September.

KÖWERICH 324 EW.

liegt auf sanft ansteigender Landzunge im Schutz eines Bogens steil abfallender Weinberge. Der Ort hieß einst Keverche und Keverich. Ohne diesen im 7. Jh. erstmals erwähnten Ort wäre die Musikgeschichte einen guten Teil ärmer. Beethovens Vorfahren stammten nämlich von hier, und seine Mutter trug noch den Namen Koeverich.

Aus der Chronik: Im 13. Jh. erwähnt das Güterverzeichnis der Abtei St. Maximin in Trier 2 Mansen (Bauern) in Köwerich. Im Jahre 1256 dotierte Heinrich von Bruch, Abt zu St. Maximin, das von ihm erbaute Hospital St. Elisabeth (zu seinem Kloster gehörend) mit 3 Weinbergen von Köwerich. Bis zur französischen Revolution war der Ort eine Gemeinde mit Leiwen.

Sehenswert: Kunibertskirche mit zwei Altären aus der „Hoffmannschen Schule" von zwei Köwericher Bürgern während des Dreißigjährigen Krieges gestiftet (1620 u. 1624).

Weinfest: 3. WE. im September.

KLÜSSERATH 1088 EW.

an der Mündung der Salm in die Mosel, ist eine der großen weinbautreibenden Gemeinden. Der Ort liegt lang hingestreckt und zieht sich noch bis ins Salmtal; Der Ortsname stammt vom keltischen Cluturiacum. Etwa 20 Stifte und Abteien besaßen hier einst Weingüter.

Aus der Chronik: Klüsserath, bekannt durch die Redensart: „So lang wie Klüsserath" muß schon zur Zeit der Römer ein bedeutender vicus gewesen sein, da man bei Ausschachtungen häufig römische Ziegel, Scherben von Krügen und Töpfen, Waffen und Münzen aus früher Zeit fand. So grub man noch Anfang unseres Jh. 2 Münzen, eine aus der Zeit des Saloninus (253-260), eine aus der Zeit des Galienus (260- 268) aus. Auch das Klüsserather Relief der Jagdgöttin Diana (Landesmuseum Trier) deutet auf ein hohes Alter des Ortes hin. Zur Zeit der fränkischen Königsherrschaft gab es hier wohl auch königliche Krongüter, auf die Flurnamen wie Königsberg, Königswies'chen, Königsbach, Pfalzbach und Hofborn hindeuten. Die ältesten Urkunden (698), in denen Klüsserath genannt wird, beweisen, daß die Weinberge und Ländereien, die heute bebaut werden, Besitztum adeliger und reicher Klöster und ähnlicher Institute gewesen sind. Am 30. Mai 748 schenkte Chrodegang, Bischof von Metz, im Palast zu Andernach mit Einwilligung des fränkischen Hausmeisters Pipin, des Vaters Karls des Großen, unter anderen Besitzungen auch das Dorf Clüsserath mit hörigen Leuten, Gebäuden, Höfen, Wiesen, Weinbergen, bebauten und unbebauten Ländereien, Wasser und Wasserläufen an das von ihm gegründete Kloster Gorze bei Metz (Metzer Archiv). Anno 826 besaß die Abtei Prüm in Clüsserath einen Hof mit Ländereien und Weinbergen für 9 Fuder Wein.

Im ausgehenden 9. Jh. (893) besaß Prüm zwischen Klüsserath und Trittenheim ein Anwesen von 24 Hufen. Der Schirmvogt hatte gegen Abgaben und Frondienste für jeden Fall, in dem es die Not erforderte, eine Zufluchtsstätte und treue Hilfe bereitzuhalten. Das Prümer Hochgericht übte noch 1497 über die Meierei Clüsserath die Grundgerichtsbarkeit aus. Seit dem Jahre 1193 hatte auch das Kloster St. Thomas an der Kyll hier Besitzungen. Die Herren von Bruch (Salm) verfügten im 13. und 14. Jh. als Besitzer der Burg über Backhaus und Mühle. Mit der Burg, die kurfürstlich und erzbischöflich war, standen die von Esch (1205), Johann von Stahlhoven (1222), Theoderich von Bruch (1270), Dietrich von Daun (1338), Johann Burggraf von Rheineck (1421), Richard von Greiffenklau (1511), Richard von Hagen (1550), Georg von Kesselstatt (1560), Herr von Crichingen (1569), Freiherr von Metternich und Freiherr von Warsberg in Beziehungen. Bis ins 19. Jh. wurden in Clüsserath verschiedene Renten erhoben. Man spricht heute noch von der Warsberger Rente und der Domstiftsrente. An letztere erinnert noch eine Sandsteintafel am Haus Nr. 110 mit der Aufschrift: „Thumbstifts-Präsenthoff 1661". In Klüsserath waren begütert oder hatten Abgaben zu beziehen:

I. Geistliche Korporationen:

Die Abtei Gorze bei Metz, Lorch bei Worms, St. Erve (St. Aspern) bei Toul, die Abtei Prüm, Echternach, die Trierer Abteien: St. Marien, St. Martin und St. Mathias, die Zisterzienserabtei Himmerod, das Kloster St. Thomas an der Kyll, die Kreuzträger vom Helenenberg bei Welschbillig, Eberhards-Clausen, Niederehe bei Daun, Machern, das adelige Frauenkloster Fraulautern, die Trinitarier von Vianden, die Kollegiatstifte Kyllburg und St. Simeon.

II. Von weltlichen Dynastien sind zu nennen: die Reichsherrschaft von Dagstuhl, die Herren von Bruch, von der Leyen, von Manderscheid, von Sötern, von Esch, von Uffingen, von Neumagen, die von der Neuerburg, von Waldorf, von Stahlhoven, von Falkenstein, von Deudesfeld, von Warsberg, von Helfenstein, von Crichingen, von Orlay, von Wittgenstein und von Hunolstein.

Im Jahre 1803 wurden die Burg und sämtliche auf der Gemarkung Clüsserath gelegenen Höfe und Güter geistlicher Institute und des Adels von der französischen Regierung säkularisiert und als Nationaleigentum versteigert. Die Burg mit Mühlen, Weinbergen und Ländereien ging für 720 Taler in den Besitz des Maires Strauß über, wurde aber bald wegen Zahlungsunfähigkeiten von Strauß, von Servatius Gebert erworben.

Von 1612-1660 hatte der „Schwarze Tod", die Pest, einen großen Teil der Bewohner Klüsseraths hingerafft, so daß im folgenden Sommer nur noch 18 Bürger die Gemeindewiese mähten. Nach dem Pfarrarchiv wurde 1660 das bekannte Gelöbnis einer regelmäßigen Mostlieferung gemacht, des sogen. „Ehemostes" oder „Dorf rechtes", wogegen der Pfarrer jeden Montag am Altar des hl. Michael eine Messe zu lesen hatte. Das Chor der hiesigen Kirche, das etwa 200 Jahre älter ist als das Schiff und in dem ein aus der Trierer Hoffmann-Schule hervorgegangener kunsthistorisch wertvoller Renaissance-Hochaltar steht, hat vermutlich Graf Richard von Hagen erbauen lassen. In ihm hat er auch seine letzte Ruhestätte gefunden (1558).

Beim Hochwasser des Jahres 1784 ertranken hier 17 Personen, die neben der Sakristei in einem Massengrab beigesetzt wurden.

Der Ort, der sehr dem Hochwasser ausgesetzt ist, und von dem im Jahre 1925-26 über 150 Häuser im Wasser standen, ist jetzt durch einen Schutzdamm gegen Hochwasser und Eisgang der Mosel gesichert. Über diesen Damm führt heute die Moseluferstraße. Der langgestreckte Ort wird hierdurch fast ganz verdeckt und seiner Aussicht beraubt.

Sehenswert: -Hervorragend gestalteter Weinlehrpfad -Pfarrkirche mit Hochaltar aus dem Jahre 1622 -Grabplatte des 1558 verstorbenen Richard von Hagen aus Sandstein, 1 x 2,25 m.

Wandertips: In das Tal des Salmbaches aufwärts zum Wallfahrtsort Klausen (2 1/2 Std.); an dem Höhenweg nach Trittenheim liegt der sogen. „Eselstrapp", ein großer Stein, worauf ein Hufeisen abgedrückt ist. Die Phantasie des Volkes webt Sagen um diesen seltsamen Stein. Bequem zu erreichen sind auch die Dhrontalsperre und die Mehringer Schweiz jenseits der Mosel.
Weinfest: letztes WE. im August

LEIWEN 1475 EW.

Weinort mit winkligen Dorfgassen an der Römischen Weinstraße. Der Ort liegt mit den Orten Köwerich, Thörnich und Detzem auf der rechten Moselseite. Das unverwechselbare Ortsbild wurde geprägt durch die alten, Fassaden in Harmonie mit modernen Gebäuden.

Aus der Chronik: Der traditionsreiche Weinort Leiwen hat seinen Ursprung in römischer Zeit. Nach der Überlieferung schickte Kaiser Augustus dereinst seine Gattin Livia hierher zur Erholung. Schon in einer Urkunde Karls des Großen vom Jahre 802 wird der Ort genannt. Er war einer der 5 Pflegen des Amtes Pfalzel schon zur Karolingerzeit. Er erscheint zunächst als Livena, Liva, Live und Lyve. Im Jahr 1220 zog der Erzbischof aus Leiwen 5 Fuder Wein. Ein Manse (Bauer) hatte alljährlich dem kurfürstlichen Forstmeister 1 Fuder Wein zu Weihnachten zu liefern. Im Jahre 1226 tauschte Erzbischof Theoderich vom Stift St. Simeon zu Trier den Burgberg von der Ehrenburg bei Brodenbach gegen 1/2 Fuder Weinrente zu Leiwen. Die Abtei St. Martin in Trier besaß Hofgüter in Leiwen schon im 13. Jh.. Seit 1240 bezog das Kloster St. Thomas a.d. Kyll den Leiwener Zehnten. Eine Edelfrau von Leiwen namens Lucretia wird bereits im Jahre 1251 erwähnt. Anno 1592 ordnete Kurfürst Johann von Schönburg eine Judenverfolgung in Leiwen an.
Leiwen ist der Geburtsort des Dichters und Astronomen Johannes de Livana, der im 14. Jh. als Chorherr zu St. Simeon in Trier lebte und ein Buch über die Nichtigkeit der astrologischen Träumerei schrieb, das gegen die damals übliche Sterndeuterei wirken sollte.

Sehenswert: Von der Zummethöhe (Feriendorf Sonnenberg) und dem Leiwener Freibad einer der schönsten Ausblicke auf Trittenheim, Leiwen und Klüsserath mit der Moselschleife. Römische Ausgrabung, freigelegte Grundmauern eines röm. Hofes, Wallfahrtskirche Bildchen, alte Pestkreuze, Kurtrierischer Hof, altes Fachwerkhaus aus dem 16. Jh., Pfarrkirche mit kunstvollem Hochaltar und Kanzel aus der Himmeroder Werkstatt, Laurentiuskapelle, Weinlehrpfad und ein Weinmuseum.

Wandertips: Schöne Spaziergänge führen zum Aussichtspunkt Zummet auf der Moselhöhe mit schöner Aussicht ins Moseltal und zur Dhrontalsperre, zum Kronberg mit Reiterhof Kron (Kreuzerscheinung Kaiser Konstantins JHS „In hoc signo vinces" („In diesem Zeichen siege"), zur Laurentiuskapelle und von dort über Trittenheim zurück. Über den Berg ist die Mehringer Schweiz in 1 Std. erreicht.
Weinfest: 3. WE. im August.
Offene Weinkellertage: 1. WE. im Sept.

TRITTENHEIM 1209 EW.

am linken Moselufer, ein faszinierendes Bild! Wie weit ausgebreitete Arme umschlingt der Flußlauf der Mosel in einem gewaltigen Bogen das weite Rund der Weinberge um Trittenheim.

Der Ort liegt wie Pölich und Minheim auf einer Moselhalbinsel, 2 alte Fährtürme unterhalb der Brücke erinnern noch an den Fährbetrieb. Die Statue des hl. Laurentius mit dem Bratrost in der Kapelle über den Weinbergen besagt, daß an den steilen Hängen des Laurentiusbergs die Traube auf der Glut des Schiefersteins ebenso braten muß, um einen edlen Tropfen zu erzeugen, wie einst der Martyrer auf dem Bratrost.

Aus der Chronik: Schon im Jahre 893 erwähnte das Güterverzeichnis der Abtei Prüm Besitzungen in Trittenheim, wo sie zusammen mit Clüsserath 24 Bauern beschäftigte. Das Patronat der Kirche, sowie der Zehnte und ein Hofhaus standen dem Kloster St. Eucharius in Trier zu, was im Jahre 1147 von Papst Eugen III. bestätigt wurde. Die Waldgerechtsame der Trierer Domkirche fingen 1220 an der Trittenheimer Fähre an, und führte von hier über den Berg und die Cardel nach Dhron. St. Maximin unterhielt hier 2 Bauern und erhob Weinrenten. Im Jahre 1257 testierte (machte sein Testament) Gottfried von Trittenheim zu Gunsten der Abtei Himmerod. Daneben waren hier begütert Eberhards-Clausen, das Kloster Machern, die Jesuiten in Trier, die Abtei St. Matthias, die Herren von Crichingen und von Orley. Die 3 Vogteien des Ortes, nämlich die Gangolf-Fraiß und die trierische Vogtei, waren in Händen der Herren von Crichingen.
Trittenheim ist der Geburtsort des Abtes Trithemius, der ein Großer seiner Zeit war. Am 1. Februar 1462 wurde er als Sohn armer Eltern geboren. Ohne Wissen seines Stiefvaters lernte er schon in der Jugend die Anfangsgründe der klassischen Sprachen, floh nach Trier und Heidelberg, um zu studieren. 1482 übernachtete er auf einer Reise nach Trier im Benediktinerkloster zu Sponheim und trat diesem Orden bei. Schon im folgenden Jahre wurde er im Alter von 22 Jahren zum Abt gewählt. An der Spitze des Klosters stand er bis zum Jahre 1506. Er vermehrte die dürftige, aus nur 48 Bänden bestehende Bibliothek auf 2000 Bände. Neid und Mißgunst unter den Konfratres ließen ihn das Kloster verlassen. Er starb 1516 als Abt des Chottenklosters St. Jakob zu Würzburg. Man versuchte ihn wegen seiner Gelehrsamkeit als Zauberer zu verschreien. 1505-1506 war er Lehrer des Kurfürsten Joachim I. von Brandenburg; selbst Kaiser Maximilian lud ihn nach Köln ein. Markgraf Christoph von Baden und Kurfürst Philipp von der Pfalz ließen sich von ihm beraten. Auf seine Veranlassung erfolgte die Gründung der Universität Frankfurt a. d. Oder. Als Schriftsteller erlangte Tritheminus einen besseren Ruf. Er hatte Besuch von Gelehrten des In- und Auslandes. Die Fürsten hielten ihn auch für einen Alchimisten und für den Retter aus der Geldnot. Er war neben Cusanus einer der größten Söhne des Mosellandes. Die Gemeinde hält sein Andenken durch Errichtung eines lebensgroßen Standbildes auf der Moselbrücke in Ehren.

Sehenswert: Im Ortsteil Dröhnchen (Breitwiese) steht das Geburtshaus des Dichters Stefan Andres mit dem noch erhaltenen Brunnen, der in seiner bekannten Novelle „Der Knabe im Brunnen“ mit dazu beitrug, seinen Kindheits erinnerungen dichterische Gestalt zu geben. - Laurentiuskapelle in den Weinbergen.

Freizeit: -Weinlehrpfad, die aufgestellten Tafeln geben kurze geschichtliche Hinweise über den Ort und einen Einblick in die Arbeit des Winzers. -Wanderwege, -Camping, -Reiten -Schwimmen, -Segelfliegen, -Tennis, -Fahrradverleih.

Hotel Restaurant
Krone
Telefon: 06507/92630 * Fax: 06507/926340
Unser Haus verwöhnt Sie auf liebenswerte Moselaner Art und bietet Ihnen eine zwanglose Atmosphäre, edle Rebensäfte, Moselspezialitäten, kulinarische Genüsse.
54349 Trittenheim * Moselpromenade 9

Weingut - Gästehaus
Maringer
Telefon: 06507/2520 * Fax: 06507/6884
Unsere Spezialität ist der typische Moselriesling, in Steillagen auf Schiefer gewachsen, im Holzfaß gereift, und für seine überdurchschnittliche Qualität bekannt.
54349 Trittenheim * Olkstr. 1

Wandertips: Von Trittenheim aus ist über die Zummeterhöhe die Dhrontalsperre zu erreichen; lohnend ist auch der Weg weiter zum Kromperfelsen bei Papiermühle im Dhrontal mit prächtigem Rundblick auf die Hunsrückberge bis zum Erbeskopf. Die Laurentiuskapelle gegenüber Leiwen erreicht man von Trittenheim aus.
Weinfest: 3.WE. im Mai
Offene Weinkellertage: Letztes WE. im Aug.

NEUMAGEN-DHRON 2380 EW.

ältester Weinort Deutschlands, ist am rechten Moselufer gelegen. Seine landschaftlich reizvolle Umgebung wurde bereits in dem Gedicht „Mosella“ von dem röm. Dichter und Sänger Ausonius sehr eindrucksvoll beschrieben. Fundort bekannter Römerdenkmäler. Das alte „Noviomagus Romanorum“, ursprünglich eine keltische Siedlung, war einst Sommerresidenz des Kaisers Konstantin.

Aus der Chronik Neumagen: Hier stehen wir auf bedeutendem historischem Boden. Um das Jahr 370 n. Chr. besingt der römische Mosel dichter Ausonius Neumagen in der Sommerresidenz Kaiser Konstantins: „An der Belgier Grenz erschaut ich Noviomagus endlich, sie, die gerühmte Burg des göttlichen Konstantin!“

In den Jahren 1877 bis 1884 wurden in Neumagen röm. Mauerfundamente freigelegt und mit weit über 1000 Fundstücken der größte Bilderschatz - ein rheinisches Pergamon - gehoben. Die hier aufgedeckten römischen Grabdenkmäler und Plastiken aus dem 1. und 2. Jh. n. Chr., die als Quaderblöcke bei Anlage der Konstantinsburg im Fundament Verwendung fanden. Diese Neumagener Denkmäler, darunter das weltbekannte „Neumagener Weinschiff“ bilden bis heute eine besondere Abteilung im Trierer Landesmuseum.

Neumagener Weinschiff

Leider wurden diese weltbekannten Denkmäler römischer Kultur dem Ort weder im Original noch im Abguß erhalten. Ein neu eingerichtetes kleines Heimatmuseum vermittelt einige Kopien und Schrifttum. Wer die Neumagener Römerfunde im Original sehen will, muß nach Trier ins Landesmuesum fahren. Nur der Abguß des bekannten Neumagener Weinschiffes, des ältesten Zeichen vom Weinbau an der Mosel, befindet sich an der Peterskapelle im Orte.

Die Martyrerkapelle moselaufwärts erinnert an die Christenverfolgung des römischen Kaisers Maximilian und seines Trierer Präfekten Rictius Varus. Das

Blutbad soll so grausig gewesen sein, daß sich die Mosel von Trier bis Neumagen rot färbte. Zur Erinnerung soll die Kapelle errichtet worden sein.

Auf den Berg Kron bei Neumagen wird die Kreuzerscheinung Kaiser Konstantins verlegt. Hier soll ihm im Kampfe gegen Maxentius die himmlische Inschrift erschienen sein „In hoc signo vinces!" - „In diesem Zeichen siege!" Mit dem Labarum, wie sein Panier sich von nun an nannte, errang Konstantin nach seinem Übertritt zum Christentum den Sieg über das Heidentum.

Zur konstantinschen Zeit war der Ort mit 14 Volltürmen von 8,5-12 m Durchmesser und 3,65 m Mauerstärke befestigt. Noch im Jahre 733 erscheint Neumagen urkundlich als „castrum Noviacum". König Pipin schenkte dann im Jahre 752 der Abtei Prüm die Fischereirechte in der Mosel bei Neumagen (iuxta castrum quod Noviacum dicitur).

Im Jahre 1103 wird Mefrith von Neumagen erwähnt, dessen Nachkommen jahrhundertelang hier eine bedeutsame Rolle spielten und die obere, ältere Helenenburg erbauten zum Unterschied von der Ende des 13. Jh. von Erzbischof Boemund I. erbauten unteren oder Petersburg. Letztere war ein viereckiger Bau mit 4 Eck- und einem aus starken Quadern errichteten Mittelturm. Die zur unteren Burg gehörigen Güter waren als St. Petersvogtei, die zur oberen gehörigen als St. Mauritiusvogtei bekannt. Der Mauritiushof war Tholeyscher Besitz. Der Vogt von Hunolstein war Schirmvogt der Abtei. Die untere Burg wurde von Erzbischof Boemund I. seinem Schwestersohne Joh. Vogt von Hunolstein auf Lebenszeit als Pfand überlassen. 1322 wurde Gerhard von Blankenheim, Gemahl der Witwe Johanns von Hunolstein, auf Lebenszeit mit Turm und Wall belehnt. Später ging die Herrschaft durch Heirat an die Grafen von Isenburg über, (1553 in der Neumagener Kirche beerdigt), dann an die Grafen von Sayn und Wittgenstein und Berleburg bis zum Frieden von Luneville.

Neben dem Adel waren recht früh auch schon Abteien und Klöster hier begütert. Schon 893 wird Neumagen im Güterverzeichnis der Abtei Prüm erwähnt. 1048 hatte das Stift St. Simeon von Trier hier 2 Mansen. 1201 und 1256 machte Meffrith reiche Schenkungen an die Abtei Himmerod und St. Thomas an der Kyll. 1136 werden dem Marienstift von Prüm 3 Weinberge in Neumagen bestätigt. Im 13. Jh. wird der Ort auch im Güterverzeichnis der Abtei St. Maximin genannt. 1538 erwirbt Eberhards-Clausen Weinberge von den Herren von Synsfelt. Besonders die Abtei St. Thomas stand durch reichliche Schenkungen, und besonders als Frau Petrissa im Jahre 1238 den Schleier nahm und in das genannte Kloster eintrat, in engster Beziehung zu den Edelherren von Neumagen.

Von der alten, im Jahre 1190 von Erzbischof Johann I. geweihten Kirche, steht nur noch der Turm. Die jetzige Kirche wurde 1793 erbaut und Anfang unseres Jahrhunderts nach dem Entwurf von Prof. Trümper-Trier von Kunstmaler Hess-Trier in lichten Farben geschmack voll ausgemalt. Sie enthält noch 2 alte gotische Grabdenkmäler der Grafen von Isenburg und Wittgenstein.

Die im 12. Jh. erbaute gotische Peterskapelle wurde 1920 nach Entwürfen des Architekten Brand und Prof. Trümper von Kunstmaler Schmelzer Trier renoviert und zur Kriegergedächtniskapelle umgestaltet.

Der Ort ist auch reich an profaner Kunst, historischem Fachwerk und Hofhäusern. Die wappengezierte alte Schule mit ihren kunstvollen Stuckdecken war ehemals Wittgenstein'sches Gutshaus und das Weckbecker'sche Haus gehörte einst den Rittern von Warsberg.

Neumagen ist der Geburtsort des Petrus Mosellanus oder Peters von Neumagen, eines Karmelitermönchs, der im Jahre 1375 in Köln mit viel Beifall die Hl. Schrift erklärte und verschiedene Werke hinterließ. Die vielen Adels- und Klosterhöfe des Ortes lassen auf ausgedehnten Weinbau schließen.

Neumagen ist Fundort bekannter Römerdenkmäler. Das alte „Noviomagus Romanorum" ursprünglich eine keltische Siedlung, war einst Sommerresidenz des Kaisers Konstantin. In den Jahren 1877 bis 1884 wurden in Neumagen röm. Mauerfundamente freigelegt und mit weit über 1000 Fundstücken der größte Bilderschatz - ein rheinisches Pergamon - gehoben. Diese Neumagener Denkmäler, darunter das weltbekannte „Neumagener Weinschiff" bilden bis heute eine besondere Abteilung im Trierer Landesmuseum.

Sehenswert: Abguß des Römerweinschiffes vor der ebenfalls sehenswerten Peterskapelle, Relief einer Pachtzahlung am Rathaus in der Römerstraße, Denkmal des röm. Dichters und Sängers Ausonius, im Park unterhalb der Peterskapelle, sowie alte Kapellen und Wegekreuze -Heimat-Museum.

Wandertips: Eine rebengeschmückte Umgebung mit herrlichen Aussichtspunkten umschließt den Ort. Durch das Zweibachtal jenseits der Mosel ist Rivenich, Hetzerath (11 km), Klüsserath und Klausen bequem zu erreichen. Der Tempelkopf 270 m und der Ausoniusturm bieten Ausblick ins Moseltal. Durchs Dhrontal führt die Straße über Papiermühle nach Morbach - Thalfang und zum Erbeskopf (818 m), der höchsten Erhebung des Hunsrück. Auf der Römerstraße erreicht man von Piesport aus bequem Tonnkopf, das Römergrab, Kasholz und wieder die Mosel. Die Dhrontalsperre ist in 1 1/2 Std. erreicht; lohnend ist eine Wanderung zum Berg Kron auf der Höhe oberhalb Trittenheim mit herrlichem Rundblick auf die Trittenheimer Moselschleife.
Weinfest: Weinblütenfest 3. WE. im Juni., Offene Weinkellertage: 3. oder 4. WE. im Sept.

Dhron, Ortsteil von Neumagen: Ein 1885 in einem Schifferstollen gefundener Münzschatz aus röm. Zeit und ein im Jahre 1948 entdeckter röm. Leitungskanal beweisen, daß sich auch in Drohn eine bedeutende röm. Siedlung befunden hat.

Aus der Chronik Dhron: Dort, wo der Dhronbach nach seinem Durchbruch durch die Hunsrückberge in die Mosel mündet, liegt der bekannte Weinort Dhron geschützt in einem Talkessel.

Wie Neumagen hat auch Dhron eine interes sante Geschichte. Einst römische Villa, wird später dieser Ort als Droine villa, Droune, Thron und Trohn erwähnt. Im 3. Jh. n.Chr. besingt der römische Dichter Ausonius von der Dhroner Höhe, auf der römischen Heerstraße von Bingen über den Hunsrück kommend, die Reize der Mosel und Dhron. Im 6. Jh. besingt Venantius Fortunatus, Bischof von Poitiers, die Niketiusburg, Fluchtburg und den Marmorpalast des Erzbischofs Niketius von Trier, der mit 30 Türmen versehen war. Der genaue Standort der Burg ist jedoch unklar. Einige versetzen sie auf die Höhe des Hofberges, andere auf den jenseits der Mosel gelegenen Tempelberg, wieder andere glauben in der heute noch üblichen Bezeichnung eines Ortsteils von Dhron „Falz" (paltium, Palast) den Standort gefunden zu haben. Jedenfalls stand der von Marmorsäulen getragene dreistöckige Palast auf einer Bergeshöhe, deren Hang mit weiten Schutzmauern umgeben war, in die sich Volk und Vieh retten konnten.

Der „Reiteler Kardel" soll die Reiterei Kaiser Konstantins den Namen gegeben haben, als sie, über die Römerstraße kommend, den kürzeren Weg über die Kardel nahm. Ob Beziehungen zwischen Dhron und dem Nibelungenlied durch Hagen von Tronje bestehen, ist nicht erwiesen.

Schon im Jahre 752 wird der Dhronbach urkundlich erwähnt, als König Pipin der Kleine der Abtei Prüm die Fischereirechte in dem forellen- und salmreichen Dhronbach verlieh. Im Jahre 1052 bildete der Vertrag zwischen Erzbischof Eberhard von Trier und dem Grafen Walram von Arlon, wonach des Grafen Güter an das Erzstift in Trier kamen, den Ursprung der Petersvogtei in Dhron. Die ihr unterstellten Lehensleute hießen Petersleute, während die der Abtei Tholey unterstellten Einwohner sich St. Mauritzenleute nannten. Diese Abtei hatte hier eine Propstei mit bedeutendem Weinbergsbesitz und geräumigen Hofhaus, das dem Dhroner Hofberg den Namen gab. Bei der Säkularisation verschenkte sie Napoleon an Fürst und Marschall Barthier, der sie 1812 nach der Niederlage Napoleons in Rußland zu gunsten der Staatskasse für Heereszwecke verkaufte. Im Jahr 1220 war auch das Domkapitel in Trier hier begütert, anno 1232 auch die Abtei St. Thomas an der Kyll. Im 13. Jh. besaß die Abtei St. Maximin das Brückenrecht in Dhron. Die alte hügelartige Rundbogenbrücke über die Dhron hat wegen ihres originellen und malerischen Baues manchen Maler und Zeichner angelockt. Heute hat man eine neue Spannbetonbrücke errichtet. Die Stiftungsurkunde des Hospitals Cues von 1458 erwähnt auch Immobilien des Stifters, des Kardinals Cusanus, in Dhron.

Aus Neumagen und Dhron bildete sich mit der Zeit die Herrschaft Neumagen. Dieser Herrschaft, also den Grafen von Hunolstein und dem Erzstift von Trier, war Dhron das ganze Mittelalter hindurch lehenspflichtig. Die der Abtei Tholey gehörige und schon 1226 erwähnte Katharinenkapelle stand einst als gemeinsames Gotteshaus für Neumagen und Dhron am Friedhof zwischen den beiden Orten. 1701 bekam Dhron durch die Stiftung Friedrichs von Dorlar, Obrist-Wachtmeister zu Pferde, eine Kirche an der Dhronbrücke. Als sie baufällig wurde, diente sie als Wohnung. 1803 wurde Dhron Pfarrei. 1909 wurde mit dem Bau der heutigen Kirche begonnen. Dieser neugotische Bau weist künstlerische Fresko-Stationen des Münchener Malers Bantle auf.

Wandertips: Zum Ausoniustempel jenseits der Mosel und zum Tempelkopf (270 m) mit prächtiger Aussicht bis zum Erbeskopf. Das Zweibachtal aufwärts durch Wald zum Wallfahrtsort Klausen mit gotischer Kirche aus dem 15. Jh. und wundervoll geschnitztem Altar niederländicher Arbeit (1 1/2 Std.).

In der Nähe des Römergrabens wurden römische Scherben und Säulenreste gefunden, die vom Bau der Römerstraße sprechen. Die Römerstraße führte bei Piesport zu Tal, bei Ferres über die Mosel und dann weiter nach Hetzerath. Die Dhrontalsperre erreicht man in 1 1/2 Std. Zum Berg Kron, bekannt durch die Kreuzerscheinung Kaiser Konstantins, vom Leyenberg schöne Aussicht ins Moseltal. Durch das wild zerklüftete, romantische Dhrontal aufwärts liegen der Ort Papiermühle und die Burg Dhroneck, ehemals den Wald- und Rheingrafen gehörend, sowie das Schloß Hunolstein, zum Erbeskopf 6,5 km.

Offene Weinkellertage: Mitte August

PIESPORT 2060 EW.

altbekannter Weinort, heute durch die Eingemeindung des Ortes Niederemmel, beiderseits der Mosel an einem der schönsten Moselbogen in dieser uralten Kulturlandschaft gelegen. Frühe Ansiedlung keltischer Treverer wurden von den Römern übernommen und ausgebaut.

Aus der Chronik: Der Ort soll von dem römischen Konsul Pius Portius gegründet worden sein; andere leiten den Namen auf Pisonis portus ab als „Einfalltor und Durchgang" der von Bingen über den Hunsrück führenden römischen Heerstraße. Vielleicht hat auch ein gewisser Piso diese Furt gefunden, die ihn dann zur Gründung des Ortes an dieser verkehrswichtigen Stelle veranlaßte. Nicht vermessen ist es, den Ort als Hafen und Zufluchtsort (portus) der wärmeliebenden Reben zu bezeichnen, weil gerade der Piesporter Berg mit seiner muschelartigen nach Süden geöffneten Form mehr als jede andere Lage den Römern den Ansporn zur Anlage von Weinbergen geben mußte. Hier soll der erste Riesling an der Mosel gepflanzt worden sein.

In späterer Zeit erscheint der Ort als Pizport, Piezport und Pisport. Schon im Jahre 777 wurden Weinberge der Benediktinerabtei Prüm in Piesport erwähnt. Im Jahre 1098 bestätigte Kaiser Heinrich IV. dem Stift St. Simeon in Trier Hof und Weinberge in Piesport, im 13. Jh. war die Abtei St. Maximin und St. Irminen in Trier hier begütert, seit 1239 das Kloster St. Thomas a.d. Kyll, dem seit 1240 der Zehnte zustand; seit 1219 auch die Abtei Mettlach, die auch das Präsentationsrecht in Piesport erstmalig inne hatte. Im Jahre 1246 wird eine Weinrente des Klosters Himmerod in Piesport erwähnt. Eberhards-Clausen hatte hier Besitz, besonders seit der Schenkung derer von Waldeck und von Ingelheim im Jahre 1463. Auch der Konvent von Tholey, das Domkapitel in Trier, die Herren von Neuerburg, die von Brandenburg, die von der Leyen, der Erzbischof Diether von Nassau, die von Kellenbach, von Luxemburg, von Blankenheim, der Ritter von Esch und viele andere teilten sich den Weinbergsbesitz von Piesport. Noch heute sprechen ehrwürdige Hofhäuser, wie der Orleyerhof von ehemals kirchlichem und adeligem Besitz. 1482 verlieh Kurfürst Johann dem Richard von Piesport die Neuerburg bei Neumagen wegen treuer Dienste als Zollschreiber zu Engers. Eine Tochter dieses Geschlechtes starb 1719 als Priorin von St. Agnes in Trier, eine andere 1719 als Meisterin der Abtei Engelport.

Früher war Piesport ein Allod der karolingischen Könige und reichsunmittelbar wie das Cröver Reich als Pfalz der Deutschen Kaiser. Im Mittelalter herrschte hier das domkapitularische Grundgericht. Schon im 9. Jh. war Piesport Pfarrei und bald Sitz eines Dechanten und Landkapitels, das im 18. Jh. mit 44 Pfarreien und 65 Filialen, darunter Bernkastel, Neumagen, Thalfang, Wittlich, Schweich, Erden, Dusemond und von Schweich bis vor die Tore von Traben-Trarbach reichte. 1456 war Johann Chrypffs, Bruder des Kardinals Cusanus, Dechant des Kapitels Piesport.

Sehenswert: 1985 gab es im alten Teil von Piesport einen sensationellen Fund: Die bisher größte römische Kelteranlage nördlich der Alpen wurde freigelegt. Heute ist sie restauriert und kann besichtigt werden. Ferner sind sehenswert: Röm. Meilenstein aus der Zeit Kaiser Caracallas, der Römerbrunnen, gotische Kapelle, Bürgerhäuser des 17. und 18. Jh., Fundstätte des röm. Diatret-Glases um 1950, Original im Landesmuseum Trier. Die erste Kirche stand am Berg, am Weg nach Kesten in den Weinbergen, wo heute noch die Michaelskapelle steht. Die jetzige Kirche mit ihrer wertvollen Deckenmalerei ist 1777 erbaut, der Turm von der Gemeinde, das Schiff von der Abtei Mettlach und das Chor vom Trierer Domkapitel. Neben der Kirche steht die Kriegergedächtniskapelle mit Mosaikbildwerk.

Freizeit: -Wassersport -Tennis -Angeln -Grillhütte.

Römischer Kelter

Wandertips: Durch den Weinberg hinauf zur Waldeshöhe und weiter nach Klausen 1 1/2 Std., Blick von der Weißlay über das Moseltal und die Hunsrückberge, die Römerstraße bis zum Erbeskopf; über die Minheimer Halbinsel nach Kesten, von dieser Höhe sieht man zwei mal die Mosel wie auf der Marienburg bei Bullay; ferner

über Ferres zum Tempelkopf und Ausoniustempel gegenüber Neumagen.
Weinfest: 1. WE. im August. Offene Weinkellertage: Christi Himmelfahrt, Weinhöfefest: 3. WE. im Aug.

MINHEIM 535 EW.

ist ein in einer Moselschleife gelegenes altes Weindorf am linken Moselufer. Schon in keltischer Zeit war dieses reizvolle Stückchen Erde besiedelt; Römer und die später landnehmenden Franken erkannten die Gunst des sich gemächlich nach Süden hinlagernden Gleithanges. Eine Burg, die noch heute einer Weinlage ihren Namen gibt, beherrschte im Mittelalter Handel und Wandel in diesem Bereich des Moseltales.

Aus der Chronik: Im Mittelalter litt die Bevölkerung sehr unter den Renten und Zinsen der adeligen und geistlichen Grundbesitzer des Ortes, die sich besonders dort niederließen, wo ein guter Tropfen winkte. Schon im Jahre 1052 übertrug Erzbischof Eberhard dem Grafen Walram von Arlon eine Villa in Minheim. Im Jahre 1061 erhielt das Trierer Domkapitel, das 980 schon Weinrenten in Minheim bezog, das Patronatsrecht über die Minheimer Kirche und das Zehntrecht. Schon 1098 erntete das Stift St. Simeon in Trier dort 2 Fuder Wein. Ein „Hazo von Speicher" schenkte im Jahre 1136 dem Domkapitel in Minheim 13 Weinberge. Als Weingutsbesitzer von Minheim wird im Jahre 1158 auch die Abtei St. Marien von Trier erwähnt. Im 13. Jh. erhielt die Abtei St. Maximin hier Weingefälle. Im Jahre 1230 wird Heinrich, Graf von Blieskastel, als Trierischer Vogt von Minheim genannt. Im Jahre 1256 genehmigt Heinrich, Graf von Salm (Herr zu Hunolstein), durch ihren Gemahl, Johann Vogt, von Hunolstein lehensherrlich die Dotierung der Christina, mit Lehensgütern zu Minheim. Sie war die Tochter des Ritters Isenbach von Warsberg. Im Jahre 1531 wird Johann von Warsberg hier mit einem Haus belehnt. Auch Eberhards-Clausen war hier begütert, sowie die Abtei St. Matthias und das Kloster der Agneten. Der Minheimer Wein sehr begehrt, weil hier vorwiegend die Rebsorte Riesling angebaut wurde.
Freizeit: Weinlehrpfad

Wandertips: Mehr als 40 km ausgebaute Wanderwege. Steigt man zum Berg Donatus auf, so hat man ein eindrucksvolles Bild der abwechslungsreichen Mosellandschaft. Rechts liegt eng an seinen berühmten Berg geschmiegt Piesport. Über Reinsport hinaus schaut man die Höhen des Hunsrücks. Auch das schmucke Kirchlein von Monzel ist erkennbar. Mosel abwärts gleitet der Blick über Brauneberg nach Mülheim zu der von den Bernkasteler Bergen sich abhebenden Burgruine Landshut.
Weinfest: Letztes WE: im Juni.
Offene Weinkellertage: Ende April

WINTRICH 1075 EW.

das am rechten Ufer einer ausgedehnten Moselschleife unterhalb der Staustufe liegt, ist ein romantischer Weinort. Urkundlich erstmals um 960 n. Chr. erwähnt, zählt dieses pittoresk gelegene Dorf zu den ältesten und bekanntesten Weinorten der Mittelmosel. Kelten, Römer und Franken, weltliche und kirchl. Herren hinterließen hier ihre Spuren. Eindrucksvolle Gassen und Winkel und eine Reihe architektonischer Kostbarkeiten zeugen von großer Tradition und geben dem Ort sein Gepräge.

Aus der Chronik: Wintrich, das alte Vindriacum der Römer, hieß in der Geschichte Wintriche, Wintiriche, Vintriche und Winterich. Im Jahre 1098, wird der Ort zuerst urkundlich erwähnt, als Kaiser Heinrich IV. dem Stift St. Simeon in Trier seinen Besitz in Wintrich bestätigte. Bedeutende Güter besaßen hier auch die Abtei Himmerod (1254), Clausen, die Stifte St. Martin und Tholey und das Domkapitel in Trier (1247). Schon im 10. Jh. zinste Wintrich am Feste des hl. Liutrinus der Abtei Mettlach; seit 1220 erhielt die hohe Domkirche zu Trier jährlich 2 Fuder Wein von Wintrich; auch der Abtei St. Maximin zinste Wintrich. Die Karthause bei Trier hatte seit 1335 das dortige Patronatsrecht der Kirche inne. Ihr fielen 1/3 des Weinzehnten und 1/3 des Fruchtzehnten zu, dem Kurfürsten von Trier 2/3 des Weinzehnten; 1/3 des Fruchtzehnten teilte er mit dem Domkapitel. Die jetzige Kirche erhielt 1701 ein neues Chor, das Schiff wurde 1828 erweitert. Sie beherbergte den alten Sebastianusaltar aus der Zeit der Pest. Um 1319 wurde Ritter von der Neuerburg bei Wittlich Lehnsherr über gewisse Güter zu Wintrich. Dieses Lehen gehörte ursprünglich den Grafen von Esch, die noch 1505 einen Fruchtzehnten zu Wintrich empfingen. Begütert waren hier auch die Grafen von Vianden mit dem alten Erbe des Hauses Ardenne. Ihr Besitz wurde schon 1770 von Nassau-Oranien verkauft. Von den z. Z. der französischen Besetzung noch vorhandenen Klostergütern ging das der Karthäuser nebst Hofgarten und 1781 Weinstöcken für 3825 frs. in den Besitz eines Herrn Hayn in Trier über, der sie 4 Einwohnern von Wintrich überließ. Auch ein Ritter von Wintrich wird zu Anfang des 18. Jh. erwähnt. Von 1581-1600 war Petrus von Wintrich Propst zu Eberhards-Clausen. Neben dem Kurfürsten besaßen auch die Grafen von Salm und die Vögte von Hunolstein Rechte in Wintrich. Das Hochgericht von Wintrich, das die Vögte von Hunolstein von dem Grafen von Blieskastel zu Lehen trugen, bestand aus 14 Schöffen, wozu Wintrich 5, Minheim 4, Kesten 3 und Filzen 2 stellte. Später wurde es trieriches Lehen, und es stand ihm der kurfürstliche Kellner in Bernkastel vor. Es war Hochgerichts brauch, sich sein Maß in Wintrich eichen zu lassen. Die große Zahl der Klöster und adeligen Grundbesitzer des Ortes, die hier Ansprüche hatten, spricht für die Güte des Wintricher Weines.

Wintricher Original

Sehenswert: -Kirche 13. Jh. -Hohes Steinkreuz, Herrschaftshöfe aus kurtrierischer Zeit. Weinlehrpfad.

Wandertips: (1.) Durch das Rondelertal ober halb Wintrich am Ohligsberg aufwärts nach Kasholz im Wald, von dort zur Römerstraße über Piesport ca. 15 km. (2.) Zum Hüttenkopp bei Monzel jenseits der Mosel. (3.) Wanderung nach Minheim an der Geierslay vorbei, wo alle Weinberge durch Strebemauern nach Süden zeigen; steile felsige Waldhänge steigen gegen über der Landzunge von Minheim auf.

Weinfest: 2. WE. im Sept.

Offene Weinkellertage: 3. WE. im Mai

KESTEN 424 EW.

am linken Moselufer- ist ursprünglich aus dem Paulinshof, einem ehem. Stiftshof der Kirche St. Paulin in Trier hervorgegangen.

Aus der Chronik: Der Ort erscheint in der Geschichte als Casteneith, Kestinde, Chestene, Kestene, Chestente, Kestenten, Kestencen. Bereits im Jahre 935 schenkte König Heinrich I. dem Paulinsstifte zu Trier 4 Weinberge zu Casteneith. Im Jahre 1098 wird der Abtei St. Simeon zu Trier von Weinbergen und einem Hofhaus in Kesten der Besitz bestätigt. Anno 1211 bestätigte Erzbischof Joh. von Trier der Abtei die Steuerfreiheit u.a. von ihren Gütern in Kesten gegen die Ansprüche des Grafen von Castel, als Vogt der Mosel. Im Jahre 1125 besaß auch die Hohe Domkirche Weinberge in Kesten, im Jahre 1152 das Kloster Horreum in Trier und die Abtei Himmerod, die neben ihrem großen Weinbergsbesitz in der Gemarkung Kesten mehrere Hofhäuser, den Zehnten und Zinsen besaß. Im Jahre 1235 erwarb Himmerod von Richard, Abt zu St. Marien bei Trier noch 35 Weinberge in Kesten. 1241 erwarb Himmerod ein weiteres Haus zu Kesten, desgleichen anno 1244. Begütert waren hier ferner die Abteien St. Maximin 1220 und Wadgassen, die Klöster Machern und St. Thomas an der Kyll, die Abteien St. Martin und St. Irminen in Trier, ferner die Herren von Kyllburg, die von Wysskirchen, von Gudenberg, von Lichtenberg und von Schwarzenberg, von der Brücke, von Hasenmule, und Felzber. Das Kloster Machern hatte die Kestener Pfarrstelle zu vergeben, nachdem schon 1247 der Apostolische Legat in Rom ihm das Patronat der Pfarrkirche Kesten bestätigt hatte. Das Patronat war dem Kloster anno 1238 von der Familie „von der Brücke" und den Himmeroder Vögten in Kesten geschenkt worden. Eine Kirche in Kesten wurde 1125 erstmals erwähnt. Eine neue Pfarrkirche bekam der Ort 1753, den Turm jedoch erst 1813. Die Kirche stand einst außerhalb des Ortes; neuerdings sorgen Neubauten dafür, „daß die Kirche im Dorf bleibt". Kesten verdankt angeblich seinen Namen einem alten Kastanienwäldchen auf der Höhe des Bergkegels Tref, oberhalb des Ortes. Die Siedlung soll zuerst auf der fruchtbaren Ebene unterhalb des jetzigen Ortes gelegen haben. Durch die Pest hat sich der Standort verlagert. An den ersten Standort erinnert noch ein Kreuz aus dem Jahre 1711 und die Flurbezeichnung „Eulenscheuer". Kostbares Heuwuchs auf dieser Ebene, was einst die Moselhalfen regelmäßig zum Halten veranlaßte, um dann mit gestärkten Pferden das Schiff durch die Stromschnellen der Wintricher Furt zu schleppen. Dabei mußte die Kestener Leute noch „buchten", d.h. sie halfen die Schiffe bis zur Geierslay zu ziehen. Man erhielt zum Dank dafür eine Kartoffel, in die ein Geldstück gedrückt war ans Land geworfen. Erwähnenswert ist das „Heidenloch", eine Felshöhle mit kanzelartigem Aufbau oberhalb der Kestener Kirche. Dort soll früher den heidnischen Bewohnern das Evangelium verkündet worden sein. Der Paulinshof und der Himmeroder Hof bestehen heute noch. Im Hause Görres hat Napoleon I. 1812 auf seinem Rückzug von Rußland logiert und sich am anderen Morgen dem Volk gezeigt.

Sehenswert: -Haus von St. Paulin - Schwalbenhaus (1716) -Himmeroder-Hof - Pfarrkirche St. Georg (936). Wissenswertes: Weinlehrpfad.

Wandertips: Im Dreisbachtal ist heute noch der verfallene Stollen eines alten Kupferbergwerks zu sehen, sowie die Quelle eines Sauerbrunnens. Von hier führt der Moselhöhenweg durch den Wald nach Piesport; auf diesem Wege überblickt man vom Bauerkopf 12 Orte, überschaut die Hunsrückberge mit der Römerstraße Bingen-Neumagen und den sog. „Weinplatz", wo einst die Vorspanne der Weinfuhren von der Mosel zum Hunsrück aufhörte. Vom Dreisbachtal aus, am Sauerbrunnen vorbei, erreicht man auch den Aussichtspunkt „Hüttenkopp". Die Höhe des Braunebergs bietet einen Ausblick über 14 Orte; der vielbesuchte Wallfahrtsort Klausen ist auf Waldwegen zu erreichen. Interessanter Ausflug zum Schloß Veldenz.
Weinfest: 3. WE. im Mai.
Offene Weinkellertage: Mitte August

Filzen, heute nach Brauneberg eingemeindet, scheint keltischen Ursprungs zu sein; einst hieß er Vilcingen, Vilcina und Velse. Im Jahr 1097 erscheint Filzen erstmalig in den Urkunden. Damals bestätigte Erzbischof Egilbert die Schenkung Poppos, des Propstes von St. Simeon in Trier, über sein väterliches Erbe mit Ländereien zu Filzen an genanntes Stift. Filzen gehörte zum Wintricher Hochgericht. Ein altes Gebäude erinnert heute noch an die ehemals gräflich veldenz'sche Zollstelle am Ausgang Richtung Wintrich.

Im Jahre 1455 stiftete hier der Erzbischof Jakob I. von Sierck ein Minoritenfrauenkloster, eine Zweigniederlassung der Grauen Schwestern in Trier. Der alte, heute noch erhaltene romanische Turm aus dem 12. Jh. läßt jedoch auf eine frühere religiöse Niederlassung schließen, um die sich ein kleines Fischerdörfchen gruppierte. In diesem Kloster hat einst die Herzogin von Montmorenca einige Jahre ihres Lebens getrauert, bis sie sich in Frankreich einen ähnlichen Aufenthalt suchte. Sie trauerte um ihren Gemahl, den Marschall Herzog von Montmorency, der am 30. Oktober 1632 im 37. Lebensjahre auf dem Hofe des Rathauses zu Toulouse - auf Betreiben des Kardinals Richelieu - enthauptet worden war. Das Visitationsprotokoll von 1569 verzeichnet 6 Professen und 2 Novizen im Kloster. Wegen der großen Armut hatten sich bereits 2 Nonnen verheiratet, eine nach Bernkastel, eine nach Veldenz, (eine mit, die andere ohne Kind). Eine Kapelle des hl. Andreas wird 1684 erwähnt. Als jedoch in den Jahren 1702- 20 eine ansehnliche Klosterkirche zu Ehren des hl. Joseph erbaut wurde, fand der Gottesdienst dort statt. Beim Neubau soll ein Ochse ohne jede Aufsicht die Steine im Nachen vom Kestener Steinbruch zur Baustelle geschleppt haben. Seit 1803 war Filzen Filiale von Wintrich und wurde 1807 selbständige Pfarrei. Zur Zeit der französischen Revolution wurde das Kloster nebst Kirche und Bering an Privatpersonen veräußert. Es beherbergte danach noch neben der Pfarrkirche das Pfarrhaus, die Schule und 3 Privatwohnungen. Ein Luxemburger übernahm geschlossen den Besitz und veräußerte ihn parzelliert an die Bevölkerung und Pfarrgemeinde. Die letzte Nonne starb mit einer körperlichen Abnormität 1836. Sie soll ein 13 3/4 Zoll langes Horn auf der Stirn gehabt haben, welches das eine Auge ganz bedeckte. Zum Kloster gehörte eine große Anzahl von Wirtschaftsgebäuden und eine Bannmühle. Die Wirtschaftsgebäude erstreckten sich bis zum Mühlenteich, heute noch „Weiher" genannt, und bis zur darunter liegenden Bannmühle. Die Flurnamen „Siebent" und „Zehnt" erinnern noch heute an die klösterlichen Abgaben der 7. und 10. Garbe. Zuweilen findet man noch einen klösterlichen Grenzstein in der Gemarkung. Die Katasterlage „Nonneneck" und die Weinbergslagen „Nonnenberg" und „Klostergarten" erinnern noch heute an den klösterlichen Besitz der Franziskanerinnen von einst.

BRAUNEBERG 1185 EW.

ein bekannter Moselort, der bis Anfang unseres Jahrhunderts noch Dusemond genannt wurde. Dusemont, auch Dusamant, bedeutete in seinem Ursprung nichts anderes als „Berg mit süßen, lieblichen und braungelben Trauben", deshalb Brauneberg. Diese Bezeichnung führt die dem Orte gegenüberliegende Weinbergslage schon immer.

Aus der Chronik: Dorf und Berg Brauneberg hatten schon zur Merowinger Zeit einen guten Klang. Als nämlich der im Jahre 588 verstorbene Bischof Agericus von Verdun seinem königlichen Patenkind Childebert II. (575-595) berichtete, die Bischofskirche Verdun „habe keinen Ort", wo sie Wein sammeln könne, schenkte der König ihm vor allem „Duos aman dos super Moselam", Dusemond am Moselberg. Aus dem königlichen Weingut Brauneberg entwickelte sich die spätere Grafschaft Veldenz.

Im 6. Jh. war schon das Stift Verdun hier begütert, und zwar „des Weines wegen". Anno 1086 bestätigte Kaiser Heinrich IV. diese Schenkung des Ritters Emich über die Kirche und ein Drittel des Zehnten zu Dusemont an Stift und Domkirche von Verdun. Seit 1222 war auch die Abtei Tholey hier mit einem Hofhaus ansässig, das mit dem Namen „Tholeyerhof" noch heute im Orte besteht. Außerdem beherbergt Brauneberg auch noch den Manderscheid'schen Hof und den Breidbach-Bürres heim'schen Hof; der letztere war veldenzsches Lehen. Zur Zeit der Reformation trat die Bevölkerung zum Protestantismus über; nur ein Viertel der Bevölkerung ist katholisch. Seit dem Frieden von Ryswick (1697) wurde auch nach langen Religionskämpfen die Kirche als Simultankirche genutzt. Der jetzige Bau mit dem schiefen Kuppelturm, dem Wahrzeichen des Ortes, wurde 1775 erbaut. Aus der alten Kirche ist noch ein Grabstein erhalten von Joh. Jak. von Eich, Wittgensteinischer Amtmann zu Neumagen vom Jahre 1632.

Wandertips: Ausflüge lohnen zum Wald Plain, nach Burgen mit schöner Fernsicht zum Schloß Veldenz, von dort über Monzelfeld, Olymp, Burg Landshut nach Bernkastel.

Sehenswert: -Im Brauneberger Ortsteil Filzen das ehem. Franziskanerkloster mit dem gotischen Andreasturm und der Zwiebelturm der Simulankirche.

Wandertips: Zum Hüttenkopp bei Monzel; zum Schloß Veldenz, nach Burgen, Hirzlay, oder Kasholz; bequem ist auch Bernkastel zu erreichen.
Weinfest: Vorletztes WE. im Juli.
Offene Weinkellertage: Anfang Juni

MÜLHEIM 888 EW.

ist ein mittelalterlicher Weinort am rechten Moselufer. Die geschichtliche Entwicklung des Weinortes Mülheim ist mit der ehemaligen Grafschaft Veldenz eng verbunden. In dem kleinen Gebiet von Mülheim - Veldenz - Brauneberg mit Andel und Burgen, sowie Gornhausen am Haardtkopf (658 m), haben sich Geschehnisse entwickelt, die auch in die großen Zusammenhänge der deutschen Geschichte hineinspielten. Das Veldenzer Schloß wird in einer Urkunde von Kaiser Friedrich Barbarossa 1156 erstmals erwähnt.

Vor Aufkommen der Eisenbahn war Mülheim als bedeutender Warenumschlagsplatz bekannt. Von Flandern führte damals eine viel befahrene Handelsstraße durch die Eifel und von dort nach Mülheim weiter aufwärts zum Hunsrück nach Frankfurt. Ein wasserreicher Wildbach trieb einst die Mühlen des Ortes, die ihm den Namen gaben. Ehedem hieß der Ort Molins, Molun, Molinem und Mulenheim.

Aus der Chronik: Mülheim war erst eine keltische Herrensiedlung, denn schon früh lockte das fruchtbare Tal samt seiner Wasserkraft zur Niederlassung an. Ähnlich wie beim Reilerhals und der Marienburg stehen wir hier auf einem geologisch hochinteressanten Boden. Die Ablagerungen von Schotter, Kies, Sand und Lehm bezeugen, daß in vorgeschichtlicher Zeit die Mosel hier mit der Lieser einen anderen Lauf genommen hatten. Von Klausen-Monzel her floß sie früher durch das heutige Frohnbachtal und weiter über Burgen-Veldenz und den Bergrücken abwärts das Veldenztal über Mül heim. Sie folgte dann dem heutigen Lauf des Lieserbaches über Maring-Siebenborn, schwenkte um den Bergkegel herum und floß zwischen Pauls- und Maringerberg bei Lieser in das heutige Flußbett.

Urkundlich erwähnt wird der Ort schon im 6. Jh., als der Frankenkönig Childebert II. (575- 596) der Kirche des Hochstifts Verdun des Weines wegen Besitzungen zu Mülheim schenkte. Im Jahre 1086 bestätigte dann Kaiser Heinrich IV. die Schenkung des Ritters Emich über die Kirchen zu Veldenz, Dusemond, Mülheim und Burgen samt Zehnten an das Stift zu Verdun. Diese Güter, welche die Grafen von Veldenz vom Bischof von Verdun als Lehen trugen, werden in dem Güterverzeichnis von 1233 namentlich aufgeführt. Der rege Verkehr über die Flandern- bzw. Kaffeestraße nach Frankfurt wurde schon im Jahre 1356 von Kaiser Karl V. mit einer Abgabe belegt. In der Mitte des 11. Jh. wird auch schon eine Kirche in Mülheim erwähnt. Im Jahre 1734 erbaute man eine neue Kirche. Zur Zeit der Reformation traten die Bewohner Mülheims, samt den anderen Orten der Grafschaft, zur neuen Lehre über. Der 1626 wieder eingesetzte katholische Pfarrer wurde verwiesen.

Da das Bistum Verdun den größten Teil des Weinbergsbesitzes und auch einen großen Teil des Brauneberges in Händen hatte, bestand für den Grunderwerb anderer Abteien und Klöster kaum eine Möglichkeit. Nur die Abteien Springiersbach (1144) und Machern (1245) waren hier begütert.

Sehenswert: -Häuser aus der Barockzeit - Pfarrkirche 13. Jh. mit Gemälden um 1720. Historische Häuser der Handels- und Weinherren sind von besonderem Reiz, ferner die Grafschafter Schweiz mit Schloß Veldenz.

Wandertips: Über Monzelfeld nach Bernkastel: eine Wanderung auf der linken Moselseite über Lieser - Paulskirche -Aussichtsturm, Kloster Machern nach Zeltingen.
Weinfest: 1. Mittwoch und Donnerstag im August mit begleitendem Krammarkt.
Offene Weinkellertage: Christi Himmelfahrt

VELDENZ 918 EW.

ist ein auf der rechten Moselseite abseits im Seitental 2 km von der Mosel gelegener Weinort, das alte Valdentia und Veldencia = Talstädtchen, und liegt verträumt in einem idyllischen von Wald und Weinbergen eingeschlossenen Wiesental. Für den Erholungssuchenden bietet es eine Fülle landschaftlicher Reize und lohnender Ausflüge. Der mittelalterliche Ort bietet dem Besucher einen romantischen Anblick. Einst war Veldenz Hauptort der Grafschaft Veldenz, zu der die Orte Mülheim, Dusemond, Andel, Burgen und Gornhausen gehörten. Der größte Teil der Bevölkerung trat zur Reformationszeit zum Protestantismus über.

Aus der Chronik: Das älteste Zeugnis aus Stein ist die „Heidemauer“, ein Keltenwall aus der Zeit um 400 v. Chr., oberhalb der Burg Veldenz gelegen. Bis 588 war das Veldenzer Land Krongut der Merowinger. König Childebert II. schenkte das Gebiet dem Bistum Verdun „des Weines wegen“, das bislang keinen Besitz in einer Weinbaugegend besaß. Im Jahre 1094 überwies Dietrich, Bischof von Verdun, der dortigen Magdalenenkirche einen Teil des Weines zu Veldenz. Ende des 11. Jh. verlieh das Bistum das Veldenzer Gebiet den Grafen des Nahegaues als Lehen und Vogtei und begnügte sich mit der Weinernte und dem Zehnten. Der erste Inhaber des Lehens war Gerlach I., der das Grafengeschlecht derer von Veldenz begründete und das Schloß auf steil abfallendem Felsen im Waldtal errichtete. Im Jahre 1269 kam die Grafschaft durch Heirat an die Grafen von Veldenz - Gerolseck. Im Jahre 1444, nach Aussterben auch dieses Geschlechts, fiel die Grafschaft an die Linie Pfalz-Zweibrücken-Veldenz. Unter den Grafen von Veldenz entstand die erste reformatorische Bewegung. Bereits im Jahre 1529 ließ Ludwig eine Kirchenordnung ausarbeiten. Durch weitere Erbteilung entstand im Jahre 1543 die Nebenlinie Pfalz-Veldenz. Im Bezug auf die Burg Veldenz und den Hof zu Mülheim blieben die Grafen dem Hochstift von Verdun lehenspflichtig. Graf Gustav (1592-1634) machte sich um den Hütten- und Bergbau dieser Gegend sehr verdient. Kupfer- und Silbererze wurden gegraben. In der Nähe des Veldenzer Bergwerkes gab es ein Schmelz- und Hammerwerk und eine Münze. Der letzte Graf, Leopold, starb 1694, nachdem im Jahre 1681 das Schloß durch Brand zerstört worden war. Während des 30-jährigen und spanischen Erbfolge-Krieges hatte die Grafschaft viel zu leiden: Schweden, Spanier, Franzosen und kurtrierische Truppen hausten abwechselnd in der Grafschaft.

Sehenswert: Nur noch altersgraue Mauerreste erinnern an die vergangene Herrlichkeit des Schlosses. Bemerkenswert ist der Weinlehrpfad.

Wandertips: Wandertafeln im Ort beschreiben Wanderungen in die waldreiche Umgebung zum Hunsrück.
Weinfest: Letztes WE. im Juli.

OSANN-MONZEL 1540 EW.

heute Doppelgemeinde mit Osann, liegt auf der Anhöhe des Braunebergs am linken Moselufer. Das Panorama des Moseltals ist von hier aus bezaubernd.

Aus der Chronik von Monzel: Das alte „montis cella“ der Urkunden erinnert in seinem Namen an das frühe Vorhandensein einer Bergkapelle, die schließlich Mittelpunkt einer dörflichen Ansiedlung wurde. Eine zutreffendere Bezeichnung als „Bergkapelle“ konnte man auch heute nicht wählen, denn gerade das über dem Brauneberg ins Moseltal lugende Kirchlein ist das Wahrzeichen des Ortes. Später hieß der Ort Monzella, dann Moncelle, bis schließlich Monzel entstand. Schon im Jahre 1127 besaß das Kloster Oeren in Trier hier Weinberge, im Jahre 1236 auch Himmerod.

Durch die Schenkung der Odilla (1253), der Wwe. Friedrichs von Monzel setzte sich Kloster Machern mit Weinbergen, Äckern und Wiesen bald hier fest. Eberhards-Clausen kaufte im Jahre 1459 alle Herrlichkeiten und Gefälle Wilhelms von Orley, des Herrn von Linstern in Monzel, und die von Bernhard von Orley und die seines Bruders Johann für 225 rheinische Gulden. Monzel gehörte einst als selbständige Herrschaft zur Gerichtsbarkeit der Grafen von Manderscheid-Blankenheim und war unmittel bar kurtrierisches Lehen. 1780 zog Kurtrier beim Aussterben der Manderscheider Linie das Lehen an sich und ließ es dem kurtrierischen Amte in Bernkastel bis zur französischen Revolution. Ein Drittel der gesamten Traubenernte wurde jährlich als Zins an den Grafen abgeliefert. Auf dem jetzigen Friedhof soll ein unterkellertes Kelterhaus gestanden haben, wo die Trauben abgeliefert und gekeltert wurden. Vielleicht läßt sich daher der alte Ortsname „montis cella“ auch als „Bergkeller“ erklären.

Wandertips: Zu dem Hüttenkopf, an dessen Fuß Monzel liegt und der den Blick weit in die Lande schweifen läßt, (20 Minuten) führen verschiedene Wege. Beim Spaziergang zum Kestener Kreuz oder über die Höhe des Braunebergs kann man die Burg Landshut und das Schloß zu Lieser, aber auch flußaufwärts Wintrich erspähen. Vom Hüttenkopf abwärts gelangt man schnell zum bekannten Sauerbrunnen, der in einem stillen Wiesental liegt. Die Wälder in Richtung Klausen über Siebenborn zum Aussichtsturm Grainkopf und zur Paulskirche (3/4 Stunde), zum Wallfahrtsort Klausen (1 1/4 Std.), bieten erholsame Wanderungen.
Weinfest: Ende Mai

Osann, Weinort am linken Moselufer bietet gleichzeitig einen eindrucksvollen Blick ins Moseltal und auf die Eifelhöhen. Die ruhigen Ortskerne beider Ortsteile spiegeln die Verbindung von Tradition und Fortschritt in ihren alten Winzerhäusern, den sehenswerten Kirchen und Bildstöcken und den gepflegten, Neubauten wieder.

Aus der Chronik von Osann: Ob der Name von dem altdeutschen Asang gleich Sengen, Brennen (Kohlenbrennerei) herrührt, oder ob er stammverwandt ist mit Hausen und außen gleich zu Hause, Heimat, oder ob er das Oriens gleich Osten der Stadt des Kaisers Vitellius (Wittlich) ist, steht nicht genau fest. Wahrscheinlich ist letztere Deutung die richtige, zumal auch die Nachbarorte wie Dusemond (dulcis mons), Monzel, „montis cella“, Noviand gleich „nova antra“ römischen Ursprung verraten. Der nach Süden sich neigende, gegen die rauhen Nordwinde geschützte Höhenzug, an dem sich Osann anschmiegt, wies die Bewohner des Ortes früh auf die Weinkultur hin. Schon in der Zeit vor 1500 finden sich in Osann Wein zinsen als Abgaben an die Lehnsherrn der Gemeinde. Im Jahre 1118 erhielt die Abtei Himmerod Besitz im Osanner Wald durch Erzbischof Arnold von Trier und im Jahre 1236 das Allod Bonifazius des Reichen, Schöffen zu Trier. Auch Kloster Machern hatte Holzberechtigungen im Osanner Wald. Das Kloster Eberhards-Clausen (1466), besaß eine Mühle, dem 1408 Diedrich, Graf zu Manderscheid und Daun, 8 Malter Schaffkorn aus dem Medumland zu Osann für 400 rhein. Florin verkaufte. Letzteres bildete mit Monzel eine kleine Gerichtsbarkeit der Grafen von Manderscheid- Blankenheim. Der Ort selbst war Afterlehen, das die von Manderscheid von dem Grafen von Nassau-Saarbrücken zu empfangen pflegten. Im Jahre 1323 bekannte Graf Johann I. von Saarbrücken, ertrage das Dorf Osann von der trierischen Kirche zum Lehen und verleihe es wieder weiter an Ritter Peter von der Brücken und einige andere. Beim Aussterben der Grafen von Manderscheid im Jahre 1780 zog das fürstliche Haus Nasssau-Weilburg das Lehen Osann ein. Die Manderscheid'sche Erbtochter, Gräfin von Sternberg, rief jedoch den Reichshofrat an, und der Ort verblieb dem Hause der Grafen von Sternberg bis zur französischen Revolution.

Auf dem Friedhof in Osann wurde der „Schwarze Peter", (ein Komplize des Schinderhannes), beerdigt, der als Schreck des Liesertales von einem gewissen Schander aus Osann erschossen wurde. Noch zu Anfang unseres Jahrhunderts versuchte man unartigen Kindern mit dem „schwarzen Peter" Schrecken einzujagen.
Weinfest: Anfang Juli

WITTLICH 15.990 EW.

betriebsame Kreisstadt im weiten fruchtbaren Liesertal zwischen Eifelhöhen und Moselbergen eingebettet, ist anerkannter Fremdenverkehrsort und größter Einkaufsplatz zwischen Koblenz und Trier. Seine reizende Lage inmitten eines wahren Perlenkranzes von Naturschönheiten - es seien nur Bernkastel, Marienburg, Springiersbach, Manderscheid, Daun Himmerod, genannt - seine urgemütlichen Straßen und Gassen, sein historischer Marktplatz, seine herrlichen Waldungen und Spaziergänge, nicht zuletzt seine leistungsfähigen Geschäfte sichern Stadt ihre Bedeutung.

Altes Rathaus

Aus der Chronik: Wittlich, das alte Vitellia cum, ist aus einer keltischen Siedlung hervor gegangen, der später, nachdem Caesar Gallien erobert, irgend ein Römer Vitellius den Namen gegeben hat. Aus keltischer Zeit sind noch die Reste einer Fluchtburg auf dem „Tempelkopp" erhalten. Die Römer haben auch im reizvollen Liesertal Spuren ihrer Kultur hinterlassen, einmal die Weinberge, die mit Saar und Mosel wetteifern, als auch die Bautrümmer einer großangelegten römischen Villa am Fuße des Mundwaldes, die wieder ausgegraben zur Besichtigung einladen. Bis 1065 schweigen die Urkunden über Wittlichs Vergangenheit, was nicht besagt, daß inzwischen nichts geschehen sei. Denn 404 waren die Franken ins Trierer Land eingefallen und hatten die Römer vertrieben. Da die Benediktinerabteien von Echternach und St. Maximin zu Trier schon früh als Grundbesitzer in der Wittlicher Gegend nach zuweisen sind, kommen sie wohl auch als die ersten Verkünder des Christentums für Wittlich in Betracht. Daneben tritt auch der Trierer Erzbischof als bedeutender Grundherr auf. Er ist es, der im Jahre 1065 für einen Gütertausch die erste uns überlieferte Urkunde über Wittlich ausfertigt.

Bereits um 1220 war Wittlich Marktort und Zollstätte, und im Mai 1291 hat Kurfürst Boemund vom König Rudolf von Habsburg die Stadtrechte für Wittlich erwirkt und zugleich die Erlaubnis, den Ort mit Mauern und Türmen zu befestigen. Unter Kurfürst Balduin wurde 1317 der Mauerbau vollendet. Die herrliche Lage des Städtchens, aber auch die Notwendigkeit, in stürmischen Tagen außerhalb Triers einen gesicherten Aufenthalt zu haben, veranlaßte die Kurfürsten Werner von Falkenstein und Otto von Ziegenhain zum Bau einer Burg und Sommerresidenz. Nach dem Kurfürsten Otto (1418-1440) wurde sie Ottenstein benannt. Erzbischof und Kurfürst Richard von Greiffenklau hat in ihr sein tatenreiches Leben beschlossen. 1647 brannten Stadt und Schloß nieder. Die Raubkriege Ludwigs XIV. verheerten aufs neue Landschaft und Stadt. An der Stelle der alten gotischen Burg wurde ein neues Jagdschloß gebaut, das den Namen „Philippsfreude" vom Bauherren Kurfürst Johann Philipp von Waldersdorf erhielt. Dieses prunkvolle Schloß wurde 1763 unter großen Feierlichkeiten seiner Bestimmung übergeben. Doch mitten in den Glanz der Kurfürstenherrlichkeit brach 1789 die französische Revolution ein. Die Landesherren wurden hinweggefegt; das Schloß kam unter den Hammer und wurde niedergerissen. Das Jahr 1848 rief in Wittlich wie allenthalben an Mosel und Rhein eine große Volksbewegung hervor; 1849 wurde von hier aus ein Zug nach Prüm zur Erstürmung des Zeughauses unternommen. Nach den siegreichen Kriegen 1864, 66, 70/71 nahm auch Wittlich regen Anteil am wirtschaftlichen Aufschwung, den der Krieg und seine Folgen aufs stärkste erschüttert hat.

Sehenswert: Reizender historischer Marktplatz mit altem Rathaus (um 1650 erbaut, 1923 erweitert), alte katholische Pfarrkirche St. Markus (erbaut 1709-24 von Baumeister Ravensteyn, 1927 erneuert und ausgemalt von Maler Fritz Quant-Trier); evangelische Kirche, Synagoge, altes Burgtor (Rest der alten Stadtbefestigung), sehenswerte alte Bürgerbauten.

Wandertips: Die Stadt verfügt über ein großes Sportzentrum mit Hallen- und Behindertenfreibad, Kampfbahn Typ A, Mehrkampf- und Übungsfeldern, Reithalle, Minigolf, Tennisplätze, Waldsportpfad.

Alljährlich feiert die Stadt am 3. Wochenende im August die weitüber die Grenzen hinaus bekannte traditionelle Wittlicher Säubrennerkirmes. Besondere Attraktion ist das Rösten von über 100 ganzen Schweinen am Spieß auf dem Marktplatz.

MARING-NOVIAND 1440 EW.

sind alte Weinorte auf der linken Moselseite, in ruhiger reizvoller Lage im Lieserbachtal gelegen. Von 200 - 100 v. Chr. bestatteten die Kelten ihre Toten in Hünengräbern - Urnengräbern; gefunden auf dem Noviander Hüttenkopf. 200 n. Chr. Bau des römischen Kelterhauses mit größerem Ökonomiegebäude. Bis zum Jahre 400 bauten die Römer Heer- und Handelsstraßen (Rheinebene Mainz-Hunsrück- Trier); der RÖMERPFAD entsteht.

Aus der Chronik: Maring ist eine Siedlung keltischen Ursprungs. Seine Geschichte ist mit der von Noviand und Hofgut Siebenborn eng verbunden, mit denen der Ort auch eine kommunale Einheit bildet.

Der Ortsname erscheint in den Urkunden im Jahr 1152, als Maranch und Marane, als Papst Eugen III. Besitzungen der Abtei Himmerod in Maring bestätigte. Im selben Jahr wird auch das Stift St. Simeon in Trier hier als Hof- und Grundbesitzer erwähnt, das den Wein- und den Fruchtzehnten erhob. Später tritt Eberhards-Clausen als Inhaber des Zehnten und als Weinbergs- und Mühlenbesitzer in Maring auf (1157). Seit 1212 war auch die Abtei St. Thomas a.d.Kyll hier begütert. Auch das Kloster Machern besaß hier Land und eine Mühle, die z.Zt. der französischen Revolution für 3475 frs. versteigert wurde. Die Himmeroder Mühle mit 2 Gängen erzielte den Preis von 6300 frs. Auch die Abtei Springiersbach zählte zu den Maringer Grundbesitzern, sowie die kurfürstliche Hofkammer in Trier, nachdem sie den Helfensteiner Hof in Maring erworben hatte.

Lukas von Maring und Vinzenz von Vianden (Kapuzinerpatres) gaben die Anregung zur Gründung des Kapuzinerklosters in Cochem (1622). Die im 12. Jh. bereits erwähnte Remigiuskapelle des Maringer Kirchenpatrons war vormals Filialkapelle von Noviand. Seit 1715 hatte Maring einen Frühmesser. Die heutige Kirche mit ihrer waffeleisen- bzw. lamellen artigen flachen Holzfachdecke stammt aus dem Jahre 1827. Die alte Kanzel mit kunstvoll durchbrochener Steinhauerarbeit vom Jahre 1519 besteht leider nicht mehr; aber die beiden alten Seitenaltäre (15. Jh.) stammen wohl aus der alten Kapelle. Der Kreuzaltar stammt aus der Werkstätte des Trierer Bildhauers Hans Rupprecht Hoffmann, ist aber keins seiner besten Werke.

Aus der Chronik: Noviand: Schon im Jahre 981 schenkte Erzbischof Egbert der Abtei St. Paulin in Trier den ganzen Zehnten in Noviand, das in den Urkunden als „Novigant, Novegandt und Novigentum“ erscheint. Im Jahre 1147 bestätigte König Conrad III. der Abtei Springiersbach bereits Weinberge zu Noviand; dies wiederholte anno 1193 auch Kaiser Heinrich VI. Neben Weinbergen besaß die Abtei Springiersbach hier auch Ackerland, Wiesen, ein Hofhaus und eine Mühle, welche sie anno 1272 dem Deutschen Orden für 350 trierische Pfund und 12 Malter Korn verkaufte. Bis zur französischen Revolution wurde sie benutzt. Seit 1152 ist auch die Abtei Himmerod als Grundbesitzer erwähnt, ebenso die Propstei Siebenborn. Anno 1157 wird ihr der Zehnte zu Noviand und Maring durch Erzbischof Hillin bestätigt. Im Jahre 1250 erwirbt die Abtei einen Weinberg zu *Buverank*, heute heißt der Katasterdistrikt *Buvering*. Hier befand sich in ältester Zeit eine Siedlung und ein Gehöft, wie aus den gefundenen Mauerresten hervorgeht. Seine Bewohner hatten von dem in Feld umgerodeten Wald; die 4. Garbe an die Abtei Himmerod zu liefern. Vom sogenannten *Stuphelnberg* lieferte Noviand seit 1250 an die Abtei Himmerod jährlich 30 Malter Korn und 30 Malter Hafer. Der Ort belieferte auch den Erzbischof von Trier und das Domkapitel. Begütert waren hier ferner die Abtei St. Simeon in Trier mit Hof und Weinbergen (1152), die Ritter von der Brücke und von Urlay (1253), das Kloster St. Thomas an der Kylln, Eberhards-Clausen, das im Jahre 1212 vom Erzbischof Johann Haus und Weinberge in dem heute noch bekannten Distrikt *Heidenstadt* und *Altmetschart* bestätigt bekam. Die heutigen Flurnamen *Gries, Greis, Greves* und *Brix* oder Brücke, sowie *Großer Stein* oder *Wacken* erscheinen bereits 1194 in den Urkunden. Die Pfarrei war seit 1471 dem Stift Pfalzel zugeordnet; zu ihr gehörte auch die Remigiuskapelle in Maring. Der Großhof an der Kirche wurde 1807 für 20000 frs. versteigert, nachdem bereits 1805 der kurfürstliche Hof, später Haus Kesselstatt (mit Wappen), für 2075 frs. in Privathand übergegangen war. Diese alten Hofhäuser stehen heute noch, ebenso hübsche Fachwerkhäuser.

Sehenswert: 1836 fand ein Winzer bei der Anlage eines Weinberges Mauerreste einer römischen Villa im Distrikt Mötschert , ein römisches Mosaik. 1977 wurde im Zuge des Wegebaus im Kirchberg ein RÖMISCHES KELTERHAUS freigelegt 1982 ein keltischer Kornspeicher aus der Zeit um 200 v. Chr. - und eine Holzbausiedlung aus der bandkeramischen Zeit um 4000 v. Chr. -1986 fand die feierliche Eröffnung der RÖMERKELTER mit dem I. Römerkelterfest statt. Im Klosterhof zu Siebenborn existiert ein 800 Jahre alter Kreuzgewölbekeller.

Wandertips: Ausflugswege führen durch das Wiesental der Lieser aufwärts an ehemaligen Mühlen vorbei nach Platten, oder durch den Wald zum Aussichtsturm des Grainkopf mit Rundblick ins Moseltal, 1 3/4 Std.; außerdem: zum Jagdschlößchen im Maringer Wald, 3/4 Std.; zum Hüttenkopp im Noviander Wald, 1/2 Std. und zur Maringer Schweiz, 1/4 Std.

Bernkastel-Kues ist nur 5 km entfernt. 1 1/2 Std. wandert man bequem über Lieser-Mülheim zum Veldenzer Schloß. Das ehemalige Propsteigut Siebenborn liegt in unmittelbarer Nähe. Einen schönen Ausblick hat man von der Höhe des Braunebergs ins Moseltal. Lohnend ist auch eine Wanderung durch den Wald zum Wall fahrtsort Klausen.

Weinfest: Anfang August.

Offene Weinkellertage: 3. WE. im Mai

LIESER 1185 EW.

altes Weindorf mit Schloß des Freiherrn von Schorlemer.

Aus der Chronik: Obwohl der Bach im 3. Jh. vom römischen Moseldichter Ausonius genannt und 794 in den Urkunden erwähnt wird, findet sich der Ort erst 1086 in den Urkunden, als Kaiser Heinrich III. dem Hochstifte Verdun das von Heinrich von Asche (Esch in Luxemburg) geschenkte Gut bei Lesura bestätigte. Im Jahre 1096 war auch das Nonnenkloster Invigny, 1098 des Stift St. Simeon, 1140 Kloster des St. Marien zu Trier, 1157 das Kloster Himmerod und 1172 die Abtei St. Mathias bei Trier im Besitze von Weinbergen zu Lieser. Im Jahre 1210 wurde Heinrich von Esch mit Weinbergen belehnt; begütert waren ferner Eberhards-Clausen, die von Schwarzenborgh und Bettenborgh (1466), die von Enscheringen (1489), das Kollegiatstift Kyllburg (1377) und Münstermaifeld (1330), das Kloster Machern (1282), die Abtei Helenenberg bei Welschbillig hatte 1/3 Rente der ganzen Weinbergskreszenz und 27000 Eigenstöcke. Die Abtei Steinfeld besaß hier 4400 Weinstöcke, die im Jahre 1805 für 1073 Tlr. versteigert wurden.

Nach einer Urkunde vom Jahre 1250 waren alle Güter zu Lieser bis auf drei Höfe, dem Erzbischof dienstpflichtig von denen einer der Abtei St. Hubert (Ardennen), einer dem Thomas von Lesere und der dritte dem Theoderich von Saarburg gehörte. Im 16. Jh. kam das Gut der Abtei St. Hubert für 8000 Tlr. in den Besitz des Erzbischofs von Trier. Um 1319 waren die Ritter von der Neuerburg bei Wittlich als Lehnsherren der „Grafschaft Maring" hier begütert. Lieser ist der Geburtsort berühmter Persönlichkeiten: Johannes von Lysura, Propst zu Mainz, der 1438 zusammen mit Kardinal Cusanus zum Konzil zu Basel geschickt wurde, vertrat die Ansicht, daß die Konzile über dem Papste stünden. Er entwarf auch die Beschlüsse des Kurvereins in Rhense 1466, wonach die Kurfürsten dem Papst Eugen IV. die Anerkennung solange verweigern sollten, bis er die Vormacht der Konzile anerkannt habe. Er wurde jedoch durch klingende Münze des Papstes zur gegenteiligen Ansicht bekehrt, so daß seine Zeitgenossen das Wort prägten: „Cusa, Lysura pervertunt omnia jura", d.h. „Cues und Lieser die zween, das Recht vom Grund verdrehn".

Mathias Glabus war 1631 Abt von Himmerod und legte nach dem 30-jährigen Krieg den Grundstein zu einem neuen Klostergebäude. Die ehemalige Pfarrkirche zu Lieser auf dem Paulsberg war Wallfahrtskirche von 14 Orten, von denen alljährlich an den Festen Kreuzerhöhung und Kreuzauffindung regelmäßig Prozessionen eintrafen. Seit 1569 wird die Paulskirche neben der im Orte Lieser erbauten Pfarrkirche des hl. Petrus nur noch Kapelle genannt, in welcher der Pfarrer 26 mal im Jahre Dienst zu halten hatte. Die jetzige Kirche im Orte wurde im Jahre 1860 gebaut. Schloß Lieser war der Stammsitz der Freiherren von Schorlemer und befindet sich heute im Besitz der Gemeinde Lieser.

Sehenswert: -Pfarrkirche (1781) -Schloß des Freiherrn von Schorlemer -Paulskapelle auf dem Paulsberg (ab dem 8. Jh. Wallfahrtsort).

Wandertips: Lohnende Ausflüge zur Paulskirche-Aussichtsturm auf dem Grainkopf, bergab nach Zeltingen und Kloster Machern oder jenseits der Mosel über Mülheim zum Schloß Veldenz - Monzelfeld - Aussichtspunkt Olymp, Burgruine Landshut - Bernkastel.
Weinfest: an St. Peter und Paul.
Offene Weinkellertage: 2. WE. im Sept.

Andel, Stadtteil von Bernkastel-Kues. Der Ort gehörte politisch einst zur Grafschaft Veldenz und kirchlich zur evangelischen Pfarrkirche Mülheim. Nur wenige urkundliche Belege sprechen von dem Ort Andel; es fehlte eben der Weinbau. Im Jahre 1245 übertrug Beatrix die Witwe des Grafen Gerlach von Veldenz, die von ihrem verstorbenen Gemahl testamentarisch verfügte Stiftung einer Messe zu St. Helenenberg nachträglich zu Gunsten des Klosters Machern mit einem Hofe zu Andel.

Der bei Andel in die Mosel mündende Goldbach hat seinen Namen von dem Goldvorkommen in den Quarzadern des dortigen Schiefergesteines. Kurfürst Karl Theodor von der Pfalz ließ durch Kammerrat Wunderlich von Mülheim im Jahre 1780 begmännisch schürfen und Waschversuche anstellen, die Gold in der Größe einer Siegellackstange im Werte von 50 Gulden erbrachten. Die Ausbeute war also nicht lohnend.

BERNKASTEL-KUES 7106 EW.

(mit den Stadtteilen Wehlen und Andel), Wein- und Kurstadt. Stadt voller Romantik, Ziel aller Moselfahrer und Weinfreunde. Der Bernkasteler Marktplatz mit seinen 400 Jahre alten Fachwerkhäusern, dem Renaissance - Rathaus (1608) (Stadtrechte seit 1291), St. Michaelsbrunnen (1606) und dem viel bewunderten reizvollen „Spitzhäuschen“ (1583) ist ein Spiegelbild der Baukunst des Mittelalters. Das Filigranwerk des Brunnengitters, Ornamente und bunte Balkenzeichnungen im Fachwerk der Bürgerhäuser, die kunstvollen Wetterfahnen an den Dachgiebeln künden vom einstigen Wohlstand der fast 2000-jährigen Weinstadt.

Aus der Chronik: Bernkastel wurde vermutlich im 7. Jh. gegründet und nach seiner Festung „Prim Castellum“ benannt. Urkundlich steht fest, daß Propst Albero von St. Paulin zu Trier ums Jahr 1000 die hier befindliche Burg nebst Kirche in Besitz nahm. Erzbischof Poppo zerstörte die trutzige Feste Alberos im Jahre 1017. Das spätere Schloß, zeitweilig eine beliebte Sommerresidenz der trierischen Erzbischöfe und Kurfürsten, jetzt Ruine Landshut, wurde 1277 von Heinrich von Vingstingen erbaut, 1522 von Franz von Sickingen, 1674 von den Franzosen vergeblich belagert und 1692 durch Feuer zerstört. Im Jahre 1839 erhielt König Friedrich Wilhelm IV. bei seiner Anwesenheit als Kronprinz in Bernkastel die Burg Landshut

Spitzhäuschen

geschenkt, die unter diesem Namen schon im Jahre 1504 bekannt war. Von hier hat man einen herrlichen Ausblick ins Moseltal und in die zerklüftete Gebirgslandschaft der Bernkasteler Schweiz mit Kapelle und Wasserfall. Die Stadt erhielt im Jahre 1291 Stadtrechte durch Kaiser Rudolf von Habsburg. An der Brücke, welche beide Stadtteile verbindet, liegt das St. Nikolaus-Hospital mit spätgotischer Kapelle, deren quadtratischer Innenraum von einer Mittelsäule, wie von einem Baum mit mächtigem Astwerk getragen wird. Wertvolle Schätze birgt auch die Bibliothek, wie Handschriften, Wiegendrucke und die astronomischen Instrumente des berühmten Stifters, Kardinals Nicolaus Cusanus, der im Jahre 1401 geboren wurde. Als Schützling des Grafen von Manderscheid studierte er zu Deventer in Holland, promovierte in Padua zum Dr. der Rechte und Theologie, studierte orientalische Sprachen, Mathematik, Astronomie, Philosophie und Kirchengeschichte. Auf dem Konzil zu Basel (1431) vertrat er als Vorsitzender der Kirchenversammlung die Ansicht, die Konzile ständen über dem Papst. Als Gesandter des Baseler Konzils reiste er nach Konstantinopel, wurde damals einziger Deutscher Kardinal und 1449 Fürstbischof in Brixen. Der Papst schenkte ihm die Kirche St. Peter ad vincula in Rom zur Titularkirche. Cusanus starb im Jahre 1461 in Italien und liegt in Rom beerdigt. Sein Herz wird in einer silbernen Kapsel in der Hospitalskapelle zu Kues aufbewahrt. Selbst protestantische Geschichtsschreiber bezeichnen ihn als das hellste Licht der Wissenschaft im 15. Jh.. In seinen astronomischen Feststellungen ist er ein Vorläufer von Kopernikus; er war auch der Erste, der die Verbesserung des julianischen Kalenders anregte, die erst 100 Jahre später durchgeführt wurde. Sein Geburtshaus mit Wappen ist noch am Kueser Gestade erhalten.

Sehenswert: Bemerkenswerte alte Häuser am Bernkasteler Gestade und die frühgotische St. Michaelskirche (1372) mit künstlerischer Architektur und prachtvoller Orgelfassade. Neben der Kirche steht der alte Turm, einst Wacht- und Festungsturm, am Helmgrund von 8 Erkertürmchen flankiert. Dem Kriegerdenkmal gegenüber steht das wuchtige ehemals kurfürstliche Kellereigebäude. Im Innern der Stadt finden sich Perlen mittelalterlicher Romantik. Der Markt ist voll malerischer Motive: der steingefaßte Renaissancebrunnen, dessen Mittelsäule vom Standbild des Kirchen- und Stadtpatrons St. Michael überragt wird, das barocke Rathaus, in der Frontmitte der von einem Pfeiler getragene wappengezierte Erker, linksseitig der Pranger mit Schließketten und der Inschrift: „hochgerichtliche Straff" und „bürgerliche Züchtigung". Am Eingang in die Karlstraße steht auf schmaler Grundfläche das bekannte Fachwerkspitzhäuschen mit übergebautem Stockwerk. Gleich bemerkenswert sind die alten Fachwerkhäuser aus dem 16. und 17. Jh. mit freigelegten Frontgiebeln um den Marktplatz und in den engen Straßen der Stadt. Das Mosel-Weinmuseum vermittelt einen lebendigen Eindruck von der Geschichte des Weinbaus an der Mosel. Eine Sammlung von ausgestellten Geräten und Werkzeugen der Winzer sowie wertvolle Gläser und Trinkgefäße aus den vergangenen 300 Jahren können bewundert werden.

Wandertips: Ganz reizende Ausflüge mit herrlicher Aussicht führen zur Burg Landshut, zum Waldfrieden, Olymp, zur Bernkasteler Schweiz mit Wasserfall und idyllischer Felskapelle und steinernem und goldenem Kreuz. Auch lohnt eine Wanderung zu den Graacher Schanzen, nach Maria Zyll mit herrlicher Fernsicht, von dort weiter zu Tal nach Bad Wildstein und Traben-Trarbach. Über den Olymp weiter über Monzelfeld führt ein Wanderweg durch das kühle Hinterbachtal nach Schloß Veldenz.
Weinfest: 1. WE. im September.
Offene Weinkellertage: Mitte Mai

Stadtteil Wehlen, knapp 2 km moselabwärts, gehört zu den reizvollen Winzerorten der Mittelmosel. Der Ruhm des Ortes ist auf allen Weinkarten zu lesen. „Wehlener Sonnenuhr".

Aus der Chronik: Einst hieß der Ort Walina, Wellene, Welene. Urkundlich erwähnt wird der Ort zuerst im Jahre 873, als Erzbischof Bertolf von Trier bestimmte, daß das Kunibertstift zu Köln den Zehnten an die Kirche zu entrichten habe mit Ausnahme der den Mönchen zur Besoldung zugeteilten und geschenkten Äcker und

Weinberge. In die Weingemarkung teilten sich schon früh die Klöster St. Martin, Machern, Himmerod, Tholey, St. Maximin, das Stift Pfalzel, der Kurfürst, die Deutschherren, die Grafen von Veldenz und die von Sponheim, der Freiherr von Isebeck, die Freiherrn von Orley und die von Hasenmule. Die Grafen von Sponheim besaßen hier ein bedeutendes Weingut, das 1776 der Minister von Pfalz-Zweibrücken und Oberamtmann zu Trarbach, Freiherr Ludwig von Isebeck, zum Geschenk erhielt. Wilh. von Orley verpfändete sein Weingut 1414 an Adolf von Bassenheim. 1503 belehnte Erzbischof Johann II. Bernhard von Hasenmule, Herr zu Felsberg mit 1 Fuder Wein aus der Wehlener Beede. Den Wehlener Zehnten bezog das Hospital Cues, das auch das Patronat der St. Agathakirche inne hatte. Mehr als die Hälfte der Weinberge war in auswärtigem Besitz. Das Weingut und Hofhaus der Abtei St. Maximin wurde zu Anfang des 19. Jh. für 14200 frs. versteigert. Das Anwesen des Stiftes Pfalzel erbrachte 3600 frs., das imposante kurfürstliche Hofhaus mit dem Wappen des Kurfürsten Joh. Hugo von Orsbeck (1676-1711) wurde mit 2 Keltern für 960 Tlr. versteigert. Vormals gehörte Wehlen kirchlich zu Bernkastel und wurde 1803 Pfarrei; 1869 wurde die neue Kirche erbaut und die alte zu Wohnzwecken umgebaut.

Sehenswert: -gotische Kirche aus dem 15. Jh. mit einem Renaissanceportal -Ikonenzentrum -vom Ortsteil Graach Schäferei herrl. Panoramablick über das Moseltal. Steinbauten der Moselfront hat Wehlen im Innern auch schöne geschnitzte Fachwerkhäuser aufzuweisen. In den Wiesen unterhalb des Ortes - nach Kloster Machern zu - stand einst der durch die Pest des Jahres 1627 ausgestorbene Ort Inkart, an den uns nur noch das „Inkartbrünnchen“ erinnert.

Wandertips: Schöne Wanderungen bieten sich über die Moselbrücke zu den Graacher Schanzen und von dort nach Traben-Trarbach, Bernkastel mit der Burg Landshut, zur Höhe hinter dem Ort, zur Dreifaltigkeit und zum Aussicht sturm auf dem Grainskopf, sowie nach Kloster Machern.

Offene Weinkellertage: immer am WE. Christi Himmelfahrt

GRAACH 794 EW.

unweit von Bernkastel-Kues moselabwärts gelegen, ist ein mehr als 1000-jähriges Wein dorf.

Aus der Chronik: Die heute bekannten Weinbergslagen lassen auf klösterlichen und adeligen Besitz schließen. Schon im Jahre 975 besaß die Abtei St. Maximin in Trier hier ein Kelterhaus und Weinberge. In dem selben Jahre bestätigte Kaiser Otto II. der Abtei St. Martin in Trier ihren Martinshof (Merteshof), dessen Weine nur als Naturweine unter dem Namen „Josephshöfer“ in den Handel kamen. Er liegt außerhalb des Ortes nach Wehlen zu und hat heute seine Bedeutung verloren. Einst bezeichnete man den Ort mit Gracho, Gracha, Graca, Gracka, Grake und Grach. Im Jahr 1091 bestätigte Kaiser Heinrich IV. auch dem Stift St. Simeon in Trier Weinberge in Graach. Im Jahre 1168 wird schon der „Graacher Lilienpfad“ als „legula“ erwähnt. 1168 tauschte Erzbischof Hillin von Trier mit dem Kloster St. Martin einen Teich ein und bestätigte dessen Güter in Graach. Dem Kloster Himmerod wurden im Jahre 1177 ebenfalls Weinberge und ein Haus in Graach bestätigt. Mit der Abtei St. Martin stritten sich Theodor von Saarburg (1177) und der Pfarrer von Bernkastel (1181) um den Zehnten von Graach . Gegen die Ansprüche des Grafen von

Castel, dem Vogt der Mosel, bestätigte Erzbischof Johann im Jahre 1222 dem Stift St. Simeon in Trier die Steuerfreiheit seiner Graacher Güter; auf diese vogteilichen Rechte verzichtete im Jahre 1225 auch Werner von Hunolstein. Laut Güterverzeichnis der Abtei St. Maximin vom 13. Jh. hatten ihr der St. Simeonshof und St. Martinshof in Graach, sowie die dortige Bürgerschaft je einen Solidus zu zinsen. Begütert waren ferner hier der Konvent der Abtei Villers (1229), Eberhards-Clausen, das Kloster Machern und das Kloster Helenenberg bei Welschbillig (1759).

Der Josephshof, einst Martinshof, hat seinen Namen von dem ehemaligen Besitzer Joseph Hain, der ihn z. Zt. der Säkularisation von der französischen Domänenverwaltung kaufte.

Hoch am Berghang beherrscht die Graacher Schäferei, ein kleiner Ortsteil, das Tal. Auf der Höhe, etwa 200 m vor der „eisernen Weinkarte" (Wegweiser) stößt man auf die im Jahre 1795 unter Zuziehung der frondienstleistenden Bevölkerung von dem französischen General Jourdan erbauten Graacher Schanzen, eine Erdbefestigung mit Wall und Graben, die das Moselgebiet zwischen Bernkastel und Traben-Trarbach beherrschte. Zeitweilig waren sie mit 150 Kanonen bestückt.

Sehenswert: -gotische Kirche aus dem 15. Jh. mit einem Renaissanceportal -Ikonenzentrum -vom Ortsteil Graach Schäferei herrl. Panoramablick über das weitgestreckte Moseltal.
Wandertips: 1. Graach - Schäferei - Kaisergar ten - Maria Zill (1 Std.), 2. Graach - Trarbach (1 1/4 Std.), 3. Graach-Graacher Schanzen (knapp 1 Std.), 4. Graach-Wolfer Ruine (2 Std).
Weinfest: 3. WE. im Sept.
Keller- und Straßenfest: Pfingsten und Fronleichnam

ZELTINGEN-RACHTIG 2340 EW.

staatl. anerkannter Erholungsort, mit schattigen Uferanlagen. Im Wettbewerb „Unser Dorf soll schöner werden" mit mehreren Preisen ausgezeichnet: 1984 Kreissieger im Landkreis Bernkastel-Wittlich, Bezirkssieger im Regierungsbezirk Trier, Bronzemedaille im Lande Rheinland Pfalz.

Aus der Chronik: Zeltingen ist ein Königreich für sich. Bis zu Ende des 18. Jh. stand es unter kurkölnischer Herrschaft. Der hl. Kunibert, der im Jahre 623 Erzbischof von Köln wurde, soll sein väterliches Erbgut in Zeltingen und Rachtig der Kölner Kirche geschenkt haben. Diese Herrschaft wurde aber im Laufe der Jahrhunderte vielfach verpfändet und wieder eingelöst, so 1182 an den Erzbischof Arnold I. von Trier. Im 13. Jh. wechselten Graf Eberhard von Sayn und die Grafen von Veldenz die Lehnsherrschaft von Zeltingen. Im Jahre 1293 versprach Adolf von Nassau, der Absichten auf den Kaiserthron hatte, dem Kurfürsten von Köln, ihm wieder zur Herrschaft Zeltingen zu verhelfen, für seine Stimme zur Kaiserwahl. Erst Erzbischof Walram löste die Vogteiburg (1333-49) für Kurköln wieder ein. Bald hatten die Herrschaft wieder die Grafen von Sponheim, dann Erzbischof Cuno von Trier (1366), dann das Hospital in Cues (bis 1528), dann blieb es in kurkölnischer Hand bis Ende des 18. Jh. Es kam nach den Friedenschlüssen von Campo Formio (1797) und Luneville

(1802) nach 1000jähriger kurkölnischer Herrschaft an Frankreich und nach dem Wiener Kongreß (1815) an Preußen. Was heute noch an die Zugehörigkeit zu Köln er innert, sind das alte kurkölnische Amtsgebäude, das jetzige Pfarrhaus, die Reste der Rosenburg, an Kölner Kirchen erinnernde Weinbergslagen und ein Stoß vergilbter Akten auf dem Rathaus.

Auch aus andern Gegenden war eine große Anzahl Klöster und Abteien in Zeltingen begütert. Es waren an die 20 Abteien und etwa 17 Adlige Forensen. Begütert waren hier: der Kölner Erzbischof mit einem Weingut von 30.000 Stock, die Hohe Domkirche in Köln, der Deutzer Konvent, die Severinskirche, die Klöster Lämbgen in Köln, Himmerod, Mauer münster, Oehren, Echternach, St. Thomas, St. Katharinen, St. Simeon, Springiersbach, Steinfeld, Clausen, St. Annen und St. Georg, sowie das Kloster der Grauen Schwestern und das zu Niederehe.

Zeltingen gegenüber liegt am Eingang des Seitentales das im Jahre 1237 gegründete Kloster Machern. Einst Zisterzienser-Nonnenkloster wie Stuben, dann gegen Ende des 18. Jh. adeliges Damenstift, ging es in der französischen Revolution in Privathand über und wechselte des öfteren seinen Besitzer. Der Chor mit seinem wertvollen Altar ist noch als Korneliuskapelle erhalten. Das Hauptgebäude wurde wegen der häufigen Einquatierungen um die Wende des 18. und 19. Jh. abgebrochen. Die über 100 Jahre alten Pappeln sind Zierde und Schutz des Hofes.

Sehenswert: Historischer Teil des Ortes um die Kirche mit seinen reizenden Fachwerkhäusern, Erkern und Spitzgiebeln. Die Kirche mit ihrem schönen Stephansaltar und der Orgel, ein historisch wertvolles Gemälde vom alten Nachtwächter Harri im Rathaus. Ferner das kurkölnische Amtsgebäude, der mittelalterliche Marktplatz, die Rosenburgruine, die Zeltinger Sonnenuhr, die Moselstaustufe mit Kraftwerk, das Klosterhofgut Machern bei Zeltingen, zahlreiche Weingutshöfe und Fachwerkhäuser.

Weinfest: 1. Sonntag nach dem 3. August. Tag der offenen Weinkeller: Pfingsten, Keller- und Straßenweinfest: 2. WE. im September, Operetten-Festspiele Zeltinger-Himmelreich: ab 1995 alle 2 Jahre, letztes WE im Juli.

Rachtig: Die Geschichte von Zeltingen ist zugleich auch die Geschichte von Rachtig, denn beide Orte waren seit dem 7. Jh. als kurkölnische Enklave im Trierischen Land eine politische Gemeinde bis zum heutigen Tage. Von 633-1794 unterstanden die Rachtiger und Zeltinger der kurkölnischen Landeshoheit. Rachtig, das vor den Pestjahren des 17. Jh. höher am Berghange lag, war von 1514 bis zum Jahre 1802 Mutterkirche von Lösnich, Erden und Zeltingen; selbst der Hof Walholz bei Platten gehörte zu der Pfarrgemeinde Rachtig . Ein Altar in den Weinbergen auf dem alten Kirchhof, die Bezeichnung Kirchenpfad und Seelen pfad erinnern heute noch an diese Zeiten. Im Jahre 1725 erbauten die Deutschherren von Rachtig eine neue Kirche etwa dort, wo die heutige Kirche vom Jahre 1908 steht. Nur das hübsche Barockportal samt Turm blieb stehen. Vor Rachtig war Lösnich bis zum Jahre 1514 Mutterkirche. Dieser Ort trat dann jedoch infolge der Pest dieses Vorrecht an das zentral gelegene Rachtig ab. Um das Patronat dieser Kirche stritten sich einst (1237) die Abtei St. Maximin und die Herren von Daun. Im Jahre 1250 kaufte der Graf von Sayn und seine Gemahlin Mechthild das Patronat samt Gütern zu Rachtig von der Abtei Gladbach und schenkten es im Jahre 1252 dem Deutschen Orden in Rachtig. Rachtig, das vor den Pestjahren des 17. Jh. der wirtschaftlich stärkere Ort der kurkölnischen Herrschaft war, zeichnete sich durch ganz vortrefflichen Rotwein aus, der später dem Riesling weichen mußte. Weinbergsbesitz hatten hier schon früh die Abtei Echternach (1161), St. Maximin, das Domstift zu Köln (1214), des Kloster Machern, die Abtei Gladbach, das Stift St. Georg (1250) und St. Kunibert zu Köln (1252), die Deutschherren mit Frucht und Weinzehnten und das Hospital Cues; die Abtei Niederehe bezog 3 Fuder Wein von 9744 Stöcken (1757), die Abtei Steinfeld hatte hier 2327 Weinstöcke. Das Kloster St. Annae „zum Lämmchen" in Köln (1744), das Kloster Mauermünster und St. Nicolay, sowie die Grauen Schwestern zu Trier waren ebenfalls begütert. Vom Adel waren begütert: der Graf von Sayn (1239), die Grafen von Veldenz, Sponheim, und Eberstein, der Markgraf Philipp von Baden und der Vogt von Hunolstein. Der Graf von Sponheim bezog jährlich 6 Fuder Vogt- und Schirm wein aus der Beede (1500). Die Herren von Waldbott zu Königsfeld waren mit 3,5 Fuder Wein belehnt, die früher dem Grafen von Wied zustanden (1659); 4 Fuder Beedwein bezogen auch die Grafen von Blankenheim und Gerolstein sowie die von Manderscheid (1500). Die Grafen von Daun-Falkenstein bezogen nur 2,5 Fuder. Auch die Freiherren von Winneburg und Beilstein waren hier begütert. Der Burggrafenhof zählte bei seiner Veräußerung im Jahre 1806 rund 13500 Weinstöcke. Alte Flur- und Weinbergslagenamen erinnern heute noch an die alten Zustände und Grundherren. Wie in Zeltingen der *Severinsberg* einst der Kirche St. Severin in Köln gehörte, so erinnert in Rachtig die Katasterlage *Deizer* an den Besitz des Konvents von Köln-Deutz, der *Annenberg* an das Kloster St. Anna zu Trier, der *Thomeser* an die Abtei St. Thomas a.d. Kyll und der *Schores* an den Weinbergsbesitz des St. Georgstift zu Köln. An die pfarrgeschichtlichen Zusammenhänge mit der ehemaligen Mutterkirche erinnert die Flurbezeichnung *Lösnicher.*

Sehenswert: Alte Fachwerkhäuser mit weiten Torbögen, historischen Türen, mitunter auch noch gotische Sandsteinfenster. Einen mächtigen viereckigen Hof umschließt der Kolossalbau des Deutschherrenhofes. Lohnend ist auch ein Blick in die dreischiffige Kirche mit alter Orgelfassade und dem Wappen der Deutschherren, den Erbauern des Glockenturmes.

Wandertips: Über die Brücke zum gegenüberliegenden ehemaligen Zisterzienserkloster Machern, zum Greinkopf mit Aussichtsturm (330 m), von dort nach Lieser oder Siebenborn, auch zum schattigen Kaisergarten und Rotenberg. Der Moselhöhenweg bietet tolle Ausblicke ins Moseltal. Moselabwärts kann man über Ürzig, Erden, Lösnich, Kinheim bis zur Ruine des Wolfer Klosters blicken; moselaufwärts grüßen das ehemalige Kloster Machern, Zeltingen, Wehlen, Graach, die Burg Landshut und sogar Monzelfeld erkennt man auf den Höhen der Hunsrückberge. Eine Wanderung über die Graacher Schanzen nach Trarbach ist ebenfalls lohnend.

bei Ihrem Buch- bzw. Fachhänlder erhältlich

Weitere Info's siehe Seite 206

Weinfest: 2. WE. im Juli., Tag der offenen Weinkeller: 2. WE. im Mai, Weinstraßenfest: letztes WE im Aug.,

ÜRZIG 976 EW.

am linken Moselufer in einer malerischen Kulisse gelegen - auch berühmt als Drehort der Fernsehserie „Moselbrück" - ist ein uralter Weinort. Zu einem mächtigen Felsmassiv schwillt der Gebirgszug unterhalb des Ortes an und schafft sonnige Plätzchen für einen vor züglichen Wein, dem Ürzig seinen Weltruf verdankt.

Aus der Chronik: Schon recht früh waren daher Adel und Klöster hier ansässig. Schon der hl. Maternus (gest. 128) soll hier zusammen mit seinen Gefährten Eucharius und Valerius das Evangelium verkündet haben. Jedenfalls wurde er stets als Ortspatron verehrt, und das Ürziger Ortswappen (Gerichts- und Schöffensiegel alter Zeit) zeigt ihn mit drei Kirchen, die seine drei Bischofswürden von Köln, Tongern und Trier darstellen. Im Jahre 690 wird Ürzig zuerst urkundlich erwähnt, als Adela, die Tochter des fränkischen Königs Dagobert, ihr Besitztum im Dorfe Ürzig als Dotationsgut dem ihr unterstellten Kloster Pfalzel schenkte. Im Jahr 873 hatte das Kunibertstift in Köln auf Anordnung des Erzbischofs Bertold den Zehnten von seinen Gütern in Ürzig an die dortige Kirche zu ent richten. Weinberge besaßen ferner hier das St. Georgsstift in Köln, die Abtei St. Maximin, Himmerod, Springiersbach und Echternach, das Kloster St. Luzia im Filzengraben zu Köln (1675), St. Thomas bei Andernach (1742), das Hospital Welschbillig, die Kloster Filzen und Machern, die Abteien Steinfeld (1759), Kerpen (1214) und Chevremont bei Lüttich, das Domkapitel, die Jesuiten, die Herren von Ufflingen, die Freiherren von der Leyen und von Metternich auf Dodenburg, die Grafen von Gerolstein und Sponheim, die Zandte von Lissingen und die von Grimburg.

Der Himmeroderhof, der sog. Mönchhof, existierte schon im Jahre 1317 und erscheint unter dem heutigen Namen im Jahre 1705. Dem Kloster stand seit 1317 vollständige Traubenlesefreiheit zu. Ohne behördliche Genehmigung durfte die Abtei 8 Tage früher lesen als die übrigen Winzer. Im Jahre 1675 erwarben die Freiherren von der Leyen den gräflich Markischen, später Leyenhof zu Ürzig für 2000 Taler. Rechtshistorisch interessant ist hierbei der Eigentumsübergang des Gutes durch das Anfassen des Türringes des Hofhauses durch den Erwerber.

An den Weinbergsbesitz der Kölner Klöster in Ürzig erinnerten einst der Kölnerhof und Kölner Pichter (1742). Nach der Abtei St. Thomas bei Andernach, war der Thomasberg benannt (1742). Das Kloster Chevremont bei Lüttich war begütert in der heutigen nach ihm noch benannten Katasterlage: *Kevermännchen* , die in den Urkunden als *Küffermontgen* erscheint. Der *Ürziger Würzgarten* wird schon 1660, die *Schwarzlay* 1683 als Weinbergslage erwähnt. Die Lage *Urglück* hieß im Jahre 1742 noch *Ohrklink* , gab 1/3 an die Abtei Springiersbach und zinste 3 Sester an Kloster Machern.

Auch der Ortsname selbst machte viele Wandlungen durch. Aus Ursiacus entwikkelte sich Urcechon, Urcicha, Urzecha, Urcich, Urzeche, Urciche, Urzeke, Urceka, Hurcetum, Urceke und schließlich Ürzig.

Ein Rittergeschlecht von Urcecha wird im 11. Jh. erwähnt. Seine Burg hat wahrscheinlich in den Felsen der Urlay gestanden, wo sich unterhalb des Ortes heute eine Sonnenuhr erhebt. Auf den Felsen der Urlay baute im Jahre 1246 Ritter Wirich von Daun eine neue Burg, die auch den Namen Urlay trug, um von hier aus auf die vorbeifahrenden Schiffe seine Beutezüge zu machen. Jedoch schon im folgenden Jahre legte ihm Erzbischof Arnold von Trier sein Raubritterhandwerk und zerstörte die Burg bis auf kümmerliche Reste. Hinter der heutigen Sonnenuhr führt noch ein tiefer Gang in den Berg. Die Burg schien ehedem eine über die heutige Straße in die Mosel gebaute Fels- und Wasserburg gewesen zu sein. Eine neue Burg erstand hier bald wieder, die mit Trierer Burgmannen wie den Rittern von Orley besetzt wurde. Etwa um 1500 scheinen die Ritter das enge Burghaus verlassen zu haben, und es zogen zeitweilig dort Eremiten ein, worauf die Bezeichnung St. Nikolauslay und St. Michaelslay schließen läßt. Von hier wurde einst der Erzbischof Cuno von Trier von den Henkern des Vogtes Theoderich wegen eines Streites um den erzbischöflichen Stuhl in Trier in die Mosel gestürzt. Er wurde zunächst in Lösnich und dann in der Abtei Tholay auf dem Hunsrück begraben.

Im Jahre 1704 mußte die Gemeinde zur Bestreitung der französischen Kriegskontributionen eine Anleihe von 3500 Reichstaler aufnehmen. Durch die Besatzung der Bergfeste Montroyal bei Traben-Trarbach, wurde der Ort oft gebrandschatzt. Manche Ürziger Häuser aus dem 18. Jh. sind aus den Steinen der durch den Ryswyker Frieden geschleiften Feste erbaut.

Sehenswert: Ürzig ist eine reiche Fundgrube für die Kunst des Fachwerkhauses. Ganz reizende und gut erhaltene reich geschnitzte Giebel und Fenstergesimse aus dem 16. und 17. Jh. blieben erhalten. Viele der Häuser stammen aus dem 1790er Jahren, also nach der Zerstörung der Bergfeste Montroyal. Auch Elemente aus dem Barock und der Renaissance zeugen von einstiger bürgerlicher Wohlhabenheit. Die Ruine Urlay, Reste einer keltischen Ringburg, soll nicht unerwähnt bleiben.

Wandertips: Imposant sind auch Ürzigs Aussichtspunkte. In 5 Min. gelangt man in schattige Wälder, den Waldanlagen des *Kamp*, ferner ist *Diedenslust* ein beliebter Aussichtspunkt auf der Höhe. Ausgedehnte Wanderungen nach Kloster Springiersbach und weiter durch den Kondelwald nach Bad Bertrich sind empfehlenswert.

Weinfest: Wechselndes Datum im August.

Keller- und Straßenfest: Anfang Juni

ERDEN 414 EW.

kleines beschauliches altes Weindorf mit weltbekannten Weinbergslagen.

Fachwerkhaus aus dem 18. Jh.

Aus der Chronik: Erden gehörte einst zum Cröver Reich. Urkundlich erwähnt wird der Ort zuerst im Jahre 1177. Bis 1514 war Erden Filiale der Mutterkirche Lösnich und dann von Rachtig, bis es 1802 selbständige Pfarrei wurde. Begütert waren hier die Abteien Himmerod (1177), Echternach (1191), die Klöster Helenenberg (1759) und Machern (1282), St. Simeon, St. Paulin, St. Maximin, das Kloster Oeren in Trier, die Abtei St. Thomas a.d. Kyll und bei Andernach, Springiersbach, Steinfeld (3330 Weinstöcke), die Abtei St. Evre bei Toul, deren Gut Ritter Nikolaus, Vogt von Hunolstein, im Jahre 1267 für 200 Metzer Pfund erstand, das Trierer Domkapitel, die Herren von Waldeck und von Metternich, die Zandte von Merl, die Grafen von der Leyen, Manderscheid, Blankenheim, von Leinigen, Heidesheim und von Sponheim; der Macherner- und Leyenhof waren Freihöfe.

Sehenswert: Die 1720 erbaute Kirche mit den historischen Wappen in den Fenstern und dem von der Abtei Springiersbach geschenkten Barockhochaltar aus dem 17. Jh.

Römische Kelteranlage

Auf der gegenüberliegenden Moselseite wurde 1993 eine römische Kelteranlage freigelegt, deren Mauern teilweise bis über 4 m breit im Original erhalten geblieben sind und heute noch den Grundriss zeigen.

Wandertips: Halbtagswanderungen zum Aussichtspunkt des Burgberg, nach Springiersbach, Ürzig, Zeltingen und Bernkastel, ferner über Lösnich, Wolfer Klosterruine nach Traben- Trarbach.
Weinfest: Ende Juli/Anfang August.
Keller- und Straßenfest 1. WE. im Oktober

LÖSNICH 409 EW.

geschichtsträchtiger Weinort. Von der gegenüberliegenden Weinbergswand bietet sich ein herrlicher Anblick auf den sich an den Fluß schmiegenden Ort. Charakteristisch für dieses moderne Dorf mit alter Tradition erscheint das Haus Kesselstatt, die Pfarrkirche, eine Reihe schöner alter Häuser und Straßenzüge. Weinkönigin Karin I aus dem Hause des Weingutes H. Schömann-Thiel repräsentierte für die Jahre (1992 - 1995) den Weinort für die Belange rund um den Wein.

Aus der Chronik: Lösnich, Loncetum, Lesseniche, Lossenig, Lussenich, Leysseniche, gehörte einst der Abtei Gladbach, dann dem Grafen von Sayn, dessen Witwe das Patronat der Kirche im Jahre 1252 samt den Filialkapellen Erden, Rachtig und Zeltingen den Deutschherren in Rachtig schenkte. Von 1514 ab jedoch wird Rachtig Mutterkirche. Die ehemalige Pfarrkirche (1066) stand auf dem Friedhof, wo nur die Chorapsis mit den reichgezierten spätgotischen Fenstern und seinem Barockportal erhalten ist. Vor dieser Kirche wurde einst Erzbischof Cuno von Lösnicher Bürgern beerdigt, nachdem er von den Henkern des Vogtes Theoderich von den Felsen der Urlay gestürzt worden war und 40 Tage unbeerdigt lag. Der Bischof Theoderich von Verdun ließ den Leichnam jedoch nach dem Kloster Tholey auf dem Hunsrück schaffen. Gegen Anfang des 14. Jh. erwarb ein Rittergeschlecht, welches sich den Ortsnamen zulegte, hier bedeutenden Besitz. Im Jahre 1369 heiratete eine Lisa von Lösnich den Ritter Heinrich Beyer von Boppard, dem so die Besitzungen von Lösnich zufielen. Nach dem Aussterben der männlichen Linie brachte Anna die Herrschaft an ihren Gemahl, den Freiherrn von Crichingen, von dessen Nachkommen sie an die Grafen von Kesselstatt überging, die sie seit Ende des 17. Jh. ausübten. 1674 regierte noch Graf Franz Ernst zu Chrichingen auf dem Lösnicher Schloß, das nach dem Brand von 1689 durch den Herrensitz der Grafen von Kesselstatt ersetzt wurde. Die guten Weinlagen des Ortes lockten Klöster und Adel an. Besitz hatten hier Abtei Stuben (1184), Gladbach, St. Maximin, Himmerod, Eberhardsklausen, Machern, das Kollegiatsstift Kyllburg (1374), die Herren von Helfenstein, Sayn, Crichingen und die von Kesselstatt. An letztere erinnert noch das Wappen auf dem rechten Seitenaltar der Kirche.

Wandertips: Ausgedehnte Wanderungen empfehlen sich zu dem Felsmassiv des *Burbrichskopfes*, an dessen Fuße das weltberühmte *Erdener Treppchen* reift; von dort zum Alfbachtal, nach Springiersbach, ferner durch den Berghang der wildromantischen Kröver Hölle, zur Ruine des Wolfer Klosters; über den Berg nach Zeltingen.
Weinfest- und Herbstfest. Letztes WE. im Sept.. Keller- und Straßenfest: 1. WE. im Juni

KINHEIM 915 EW.

alter Weinort auf der linken Moselseite am Fuße eines Bergsattels mit seinem Ortsteil Kindel ist „staatlich anerkannter Erholungsort". Die stillen Winkel mit ihren alten Fachwerkgiebeln, und enge Gäßchen deuten auf die Tradition nach alter Väter Sitte. Wie ein Altar baut sich die Landschaft hinter Kinheim auf. Der *Rosenberg* - der *Altarstein*, *Löwenberg* - der gegen Himmel aufragende Altaraufbau, das Mittelstück, *Hubertuslay* und *Eulenlay* gleichsam die Altarflügel, davor das Häusermeer der fleißigen Winzer.

Aus der Chronik: Benediktinermönche der im Jahre 698 gegründeten Abtei Echternach waren es, die das Gestrüpp der wilden Heckenrosen an dem sonnigen, hinter dem Orte ansteigenden Bergrücken lichteten und hier die ersten Reben pflanzten. Im Jahre 1161 wurden schon Weinberge des Klosters Echternach in Kinheim vom Papste Viktor IV. namentlich bestätigt. Dann sprechen Pfarrbriefe und Reverse aus den Jahren 1404, 1566 und 1640 von dem Hofhaus und den Weinbergen der Abtei in Kinheim. Im Jahre 1656 kaufte Echternach die Burg, den Sitz der Vögte von Kinheim, und selbst noch im Jahre 1779, also kurz vor der Säkularisation, ging auch das Weingut des Herrn de Maillard de la Martinière in Kinheim in den Besitz dieses Klosters über. Im Jahre 1803 wurde dann das Echternach'sche Weingut mit einem freien Weinbergsbesitz von 5877 Stock für 3525 frs. von der französischen Regierung versteigert.

Auch die Klöster St. Thomas an der Kyll und die Zisterzienser von Himmerod waren hier begütert. Der Himmeroder Hof wurde im Jahre 1804 für 4100 frs. versteigert. Auch das Kollegialstift Kyllburg und die Augustinerabtei Springiersbach besaßen hier ein Hofhaus mit Weinbergen, die sie durch Erblehen und Pachtbriefe zu mehren wußten. Der „Kölsche Hof", der von der französischen Regierung für 6050 frs. versteigert wurde, gehörte einst dem Domkapitel in Köln und ist heute im Besitz der Pfarrgemeinde Kinheim.

Neben den Herren von Daun, den Kaiserlichen Vögten im Cröver Reich, diesem reichsunmittelbaren kaiserlichen Kammergute, zu dem auch Kinheim gehörte, und den Grafen von Hatzfeld und Spee waren auch noch eine weitere Zahl adeliger Forensen in der Kinheimer Weingemarkung begütert.

Sehenswert: Die alte Burg an der Hauptstraße, der Echternacher Hof und die reichgeschnitzten Fachwerkhäuser mit künstlerischen Fensterrosetten, sowie das Kriegerdenkmal.

Wandertips: Ausflugswege führen zum Kinheimer Bildchen, einer Bergkapelle, in 3/4 Std., durch den Kinheimer Wald weiter zum Kloster Springiersbach und nach Bengel (2 Std.). Lohnend ist ein Spaziergang auch zum Wolfer Kloster rechts der Mosel durch den Waldpfad der Kröver Hölle mit ihrem romantisch-alpinen Charakter.

Weinfest: 2. WE. im September.

Offene Weinkellertage: 4. WE. im Aug.

KRÖV 2394 EW.

mit seinem Ortsteil Kövenig und seiner weltberühmten Weinberglage „Kröver Nacktarsch" ist staatl. anerkannter Erholungsort und gehört zum Bereich des Erholungsgebietes Mittelmosel - Kondelwald. Kröv wurde im Jahr 752 n. Chr. erstmals in einer Schenkungsurkunde von Pipin dem Kleinen an das Kloster Echternach urkundlich erwähnt. Zahlreiche Gräberfunde und Reste einer Fliehburg auf dem Kröver Burgberg beweisen jedoch, daß das Gebiet um Kröv bereits in der Zeit um 500 v. Chr. dicht besiedelt war.

Aus der Chronik: Kröv war einst ein Reich für sich mit eigener Gerichtsbarkeit. Mit 6 weiteren Orten und einer Anzahl Höfen war Cröv damals karolingisches Krongut, eine Pfalz mit einem Königshofe, in dem auf der Durchreise der König mit seinem Gefolge abzusteigen pflegte. Später fiel es als Reichsdomäne den Pfalzgrafen von Aachen als Lehen zu und unterstand später den Reichshöfen Boppard und Cochem, sowie schließlich der Vogtei der Grafen von Daun. Noch heute erinnert der alte Doppeladler des Cröver Wappens an die ehemalige Reichsunmittelbarkeit dieses Territoriums. Im Jahre 1274 über trug Kaiser Rudolf das Cröver Reich dem Grafen Heinrich von Sponheim zum Lehen und zwar vorläufig provisorisch, bis er ein anderes Lehen gefunden habe. Kaiser Heinrich VII. jedoch überließ seinem Bruder, dem Erzbischof Balduin von Trier, die Reichsburg Cochem und erlaubt ihm, alles einzulösen, was als Gefälle dieser Burg verpfändet war, also auch das Cröver Reich. Als jedoch Ludwig der Bayer durch Erlaß von 1333 sich für den vorläufigen

Weiterbesitz der Sponheimer einsetzte, suchte der Trierer Erzbischof Boemund II. durch Kauf der Vogtei von Cröv von den Grafen von Daun im Jahre 1355 im „Reiche" Fuß zu fassen. Er wurde tatsächlich auch im Jahre darauf von Kaiser Karl IV. mit der Vogtei Cröv belehnt. Obschon auch diese Vogtei nur für 5 Jahre galt, ähnlich wie die vorläufige Belehnung der Grafen von Sponheim, so regierten doch beide jahrhundertelang nebeneinander im Cröver Reich. Der Kurfürst bezog ein Drittel und die Grafen von Sponheim zwei Drittel der Einkünfte. Die Untertanen des Kurfürsten hießen „Peterlinge", die der Grafen von Sponheim „Bedlinge". Der Kurfürst übertrug seine Vogtei dem Grafen von Kesselstatt, der zugleich auch Vogt von Springiersbach war. Die Sponheimer setzten zur Wahrung ihrer Rechte einen Truchsess nach Cröv, der dem Oberamt Trarbach unter stand. Diese gemeinsame Herrschaft mußte zu Unstimmigkeiten führen, deren Folge ein jahr hundertelanger Prozeß am Reichskammergericht war. Besonders spannend wurde die Situation bei Einführung der Reformation. Als die Grafschaft Sponheim zum Protestantismus übertrat, wurde auch in Cröv ein protestantischer Pfarrer eingesetzt. Jedoch Graf Kesselstatt und Graf von Eltz setzten als Vögte des Kurfürsten unter dem Schutze von 30 Reitern und 20 Hakenschützen den katholischen Pfarrer mit Gewalt wieder ein. Als Vergeltung dafür erhielt Reil, das ebenfalls zum „Reiche" gehörte, einen lutherischen Pfarrer. Dieser Religionskrieg war äußerst unerquicklich für die wirtschaftliche Entwicklung des Territoriums. In dem Frieden wurde der Bevölkerung des Ländchens freigestellt, entweder katholisch zu bleiben oder evangelisch zu werden, und in letzterem Falle wurde ihnen der Kirchgang nach Wolf, Trarbach und Enkirch gestattet unter der Bedingung, daß von Seiten des Reiches dem Pfarrer für den neuen Zuwachs seiner Pfarrei jährlich 4 Fuder Wein gegeben wurden. Die Bevölkerung wurde jedoch nicht evangelisch, sondern trank ihren Wein selbst. Geordnete Verhältnisse traten erst wieder nach dem Vertrag von 1784 ein, als nach dem Erlöschen der Sponheimer Linie die Grafen von Pfalz-Zweibrücken und Baden- Baden Landesherren wurden. Jedoch schon 10 Jahre später hatte mit dem Einzug der Franzosen des Reiches Herrlichkeit ein Ende; im Jahre 1815 kam es an die preußische Rheinprovinz. Für das Studium der alten Rechtsprechung ist das „Cröver Weistum" vom Jahre 1324 hochinteressant. Derb und urwüchsig sind besonders die Bestimmungen der peinlichen Gerichtsbarkeit, bei der die Art der Strafe mit dem Wesen des Vergehens im engsten Kausalzusammenhange stand. Halseisen, Strafgeigen, Daumenschrauben, das Rad, das Vierteilen und Sieden in heißem Öl waren die üblichen Strafvollzugsmittel.

Kirchlich unterstand Cröv der Abtei Echternach, nachdem König Pipin im Jahre 752 ihr die Kirche und Kapellen samt den dazu gehörigen Weinbergen und den ganzen Zehnten geschenkt hatte, der durchschnittlich 15 bis 20 Fuder Wein und 30 Malter Korn erbrachte. Der Abtei stand als Patronat das Besetzen der Pfarrstelle, sowie die Unterhaltung der Kirche zu. Von der Abtei Echternach wurde auch die heute noch bestehende hübsche Barockkirche im Jahre 1725 errichtet. Ihre alten Glocken stammen noch aus der ehemaligen Pfarrkirche, die zugleich auch Pfarrkirche von Kinheim und Bengel war. Hier schien früher überhaupt das Zentrum des Ortes gelegen zu haben, bis die Pestjahre zu Anfang des 17. Jh. den Schwerpunkt immer mehr zur Mosel verlegten.

Im Jahre 874 war das Kunibertstift in Köln hier begütert. Ein Haus mit Weinbergen besaß hier auch das Stift St. Simeon in

Trier (1098). Im Jahre 1128 besaßen hier auch die Herzöge von Zähringen und die Grafen von Namur im Jahre 1171. Das Weingut der Abtei Steinfeld erbrachte durch schnittlich 3 bis 4 Fuder Wein (1187). Besitzungen hatten hier auch das Stift Kerpen, die Karthäuser, die Jesuiten, das Seminar und die Grauen Schwestern zu Trier. Das Hospital Cues verkaufte den Cueser Hof in Cröv samt seinen Weinbergen im Jahre 1564 für 600 Gulden. Auch die Herren von Franchimont (1256) und Ulmen (1296) hatten hier Besitzungen. Im 14. Jh. wurden die Ritter von Cröv erwähnt, die als adelige Reichsschöffen dem Hochgerichtsgeding angehörten.

Sehenswert: Heute ist noch der alte hufeisen förmige Steinbau des Echternacher Hofes samt Wappen erhalten, desgleichen der Stabloerhof. Ein stattliches Beispiel geschmackvoller Fachwerkkunst bietet das Dreigiebelhaus am Moselufer vom Jahre 1658 mit zwei gleichförmig gestalteten Erkerbauten mit steilen Dächern, Butzenscheibchen und kreisförmigen Giebelabschüssen im glücklichen Verhältnis zum wuchtigen Hauptgiebel. Reiches Schnitzwerk ziert auch das Fachwerkhaus am Kriegerdenkmal. Sehenswert ist auch die Grabkapelle der Grafen von Kesselstatt (17. Jh.), der ehemaligen Vögte des „Reiches" - Bergkapelle, Kirche St. Remigius 1725 im Barockstil, -Festung Montroyal,

Wandertips: Ein bewaldeter steiler Berghang von alpinem Charakter umschließt die Weinberge der Hölle in natürlicher Urwüchsigkeit. Wie ein Naturschutzgebiet hat es sich zur Freude aller Wanderer in seiner alten Form erhalten. Eine kurzweilige Wanderung führt über den Bergsattel nach Kövenig, zur Burgfestung Montroyal, durch den schattigen Wald nach Bengel, ins Alfbachtal und zur Abtei Springiersbach; bequem sind auch Traben- Trarbach, Bernkastel und Wittlich zu erreichen.

Freizeit: -Weinlehrpfad, -Flugsport auf Moselflugplatz Montroyal. Weinbrunnenhalle jedes W.E. geöffnet,
Internationales Trachtentreffen: 1. WE. im Juli, Kulinarisches Frühlinglingswochenende und Offene Weinkellertage: Christi Himmelfahrt-Wochenende, Weinkirmes 1. WE. im Okt.

Wolf, Stadtteil von Traben Trarbach. Der Weinort liegt versteckt am rechten Moselufer auf einer fruchtbaren von der Mosel umflossenen Halbinsel, überragt von den Ruinen des Klosters auf der Bergeshöhe.

Aus der Chronik: Das alte Volue oder Wolve soll schon im 9. Jh. eine Pfarrkirche besessen haben. Die erste urkundliche Erwähnung des Ortes liegt jedoch erst im Jahre 1200 vor, als die Abtei Echternach hier Güter erwarb. Im Jahre 1255 gelangte Kloster Machern in den Besitz des Patronats der Wolfer Kirche, wonach es auch die dortige Pfarrstelle zu vergeben hatte. Früher gehörte Wolf als Schultheisserei zum gräflich sponheimschen Oberamt Trarbach. Im Jahre 1263 wurde hier ein Himmerod Hof erwähnt. Auch die Abteien Springiersbach, St. Matthias bei Trier und Ravengiersburg, sowie die Herren von Studernheim, von Schwarzenberg und von Sponheim waren hier ansässig.

Das Kloster auf der Anhöhe des Kockelsberges wurde im Jahr 1478 von den Kogelherren des Klosters Marienthal bei Geisenheim gegründet. Es hatte ein bescheidenes Dasein; die Patres waren arm und beschäftigten sich mit dem Abschreiben von Büchern. Als Wolf mit den übrigen Orten der Grafschaft Sponheim z. Zt. der Reformation zum Protestantismus übertrat, war dem Kloster die Existenzmöglichkeit genommen und es verfiel recht bald nach kurzem Bestehen.

Wolf ist der Geburtsort des Nikolaus Zillesius, eines ausgezeichneten Rechtsgelehrten und Geschichtsforschers. Er wurde nach seinem Übertritt zum Katholizismus Oberamtmann in der Abtei St. Maximin und verfaßte die bekannte Schrift: „Defensio abbatiae imperialis St. Maximini" (1638). In dieser verteidigte er geschickt die Rechte der Abtei gegen den gewalttätigen Kurfürsten Philipp von Sötern und besaß die Kühnheit zu beweisen, daß die kurfürstlichen Urkunden unecht seien. Seines Bruders Enkel, Caspar Zillesius, verfaßte ebenfalls mehrere Schriften und starb im Jahre 1687 als pfalzgräflicher Geheimer Regierungs- und Konsistorialrat zu Trarbach. Der Ort hat noch eine stattliche Zahl hochinteressanter Fachwerk bauten bewahrt.

Wandertips: Zum Wolfer Kloster 20 Minuten, mit herrlicher Aussicht nach Kröv, Kinheim, Lösnich, Erden und Ürzig; der nach dort abfallende Berghang, die Kröver Hölle, trägt wild romantischen Charakter. Bernkastel ist in 2 1/2 Std. über die Graacher Schanzen zu erreichen; auf dem Hochplateau gegenüber Wolf zieht sich die ehemalige Bergfestung Montroyal von der Wolfer Gemarkung bis nach Kövenig quer über die Halbinsel.
Weinfest: Letztes WE. im Juni.
Offene Weinkellertage an Christi Himmefahrt

TRABEN-TRARBACH 6218 EW.

Luftkurort mit den Stadtteilen Bad Wildstein, Wolf und Kautenbach. Stolz ragt von der Höhe des Schloßberges die Grevenburg über das Moseltal hinaus. Links der Mosel am Fuße der im 17. Jh. von Vauban angelegten und nach dem Frieden von Ryswyk (1697) geschleiften Bergfestung Montroyal erstreckt sich der Stadtteil Traben. Eine Brücke verbindet Traben mit dem Stadtteil Trarbach (rechts der Mosel),. 1904 vereinigten sich die beiden Gemeinden Traben und Trarbach zur Doppelstadt. Schon in früheren Zeiten war die Stadt ein bedeutender Weinhandelsplatz.

Aus der Chronik: Trarbach wird urkundlich 1142 erwähnt und erhält bereits 1254 Stadtrechte. Früher war Trarbach mit der im Jahre 1357 zum erstenmal genannten Grevenburg durch Mauer und Graben zu einer Festung verbunden. Das Schicksal der Burg sollte auch das Schicksal der Stadt werden. Spanier, Schweden, Franzosen und Kaiserliche stritten sich Jahrhunderte hindurch um den Besitz der Stadt und Feste. Von 1620-1734 hatte die Stadt sechsmal eine schwere Belagerung durchzumachen. Im Jahre 1734 beschoß Marschall Belle-Isle die Feste mit 2634 Bomben und schleifte sie. Erst nachdem so der Stein des kriegerischen Anstoßes beseitigt und friedlichere Zeiten eingezogen waren, begann Trarbach aufzublühen. Traben hatte viel während der Erbauung der Bergfeste Montroyal unter Ludwig XIV. zu leiden. Zu Frondiensten wurden damals nicht nur die Bewohner der Stadt, sondern auch aus der nahen und weiteren Umgebung herangezogen. Im Jahre 1687 waren über 8000 Mann an dem Bau beschäftigt.

Rechts der Mosel schloß das Moseltal ab die auf dem Montnational im Jahre 1795 von Jourdan errichteten Graacher Schanzen, die zweitweilig mit 150 Kanonen bestückt waren. Tage des Aufstieges traten erst ein, als am 15. Mai 1815 an die 3 Stadttore Preußische Adler angeschlagen wurden.

In diese Zeit fällt auch die Entwicklung Traben-Trarbachs zur Bade- und Fremdenstadt. Die seit Jahrhunderten bekannten warmen Quellen faßte man erst im Jahre 1882 und errichtete im schattigen Kautenbachtale Bad Wildstein. Man leitete einen Teil des Wassers in Röhren weiter talwärts zum Kurhaus Wildbad, das lange Zeit als Erholungsstätte der Angestellten und Beamten der Mannesmann- Röhrenwerke in Düsseldorf diente. Heute hat man in manchen Gebäuden Heilkliniken eingerichtet. Seit Errichtung des Bades haben die radioaktiven warmen Quellen (32 Grad Celsius) Tausenden Erholungssuchenden und Kranken Heilung gebracht.

Unter dem Namen „Trarbacher Felsenquelle“ ging das Quellwasser als köstlich schmeckendes Tafelgetränk und Medizinalwasser in alle Welt. Es ist die einzige Akratotherme Deutschlands, die als Gesundheits- und Tafelwasser ohne jede Veränderung abgefüllt wurde und die von allen bekannten Gesundbrunnen die wenigsten mineralischen Bestandteile enthält und daher die größte Lösungskapazität für Mineralstoffe besitzt.

Die Heilkraft der Trarbacher Felsenquelle erfreute sich lange Jahre eines guten Rufes. Von überraschender Wirksamkeit ist sie bei Gicht und Rheumatismus, bei Magen-, Darm-, Leber- und Nierenleiden, insbesondere bei Gallenstein leiden. Noch größerer Beliebtheit als das Wasser erfreut sich als Heiltrank gegen Nieren-, Blasen- und Gallensteine der Traben-Trarbacher Wein. Beachtenswert in dieser Hinsicht sind die Arbeiten des Trarbacher Arztes Dr. Carl Graff vom Jahre 1821: „Der Moselwein als Getränk und Heilmittel“ und aus dem Jahre 1848: „Der Moselwein gegenüber der pestillenziellen Cholera“.

Brückenschenke

Sehenswert: die Grevenburg (1350), -das Mittelmosel-Museum, -die Brückenschänke, - sehenswerter Möhring-Bau im Jugendstil, 1899 fertiggestellt mit der Moselbrücke, -die Zollburg unterhalb der Starkenburg auf hohem Felsgrat, Aufstieg über 295 Treppenstufen, Bauruine von 1356, -die Stadtmauer mit Grabeneinschnitt um 1240, -das Ikonenzentrum (Stadtteil Kautenbach). Durch die Schleifung der Feste und später durch den Brand des heißen Jahres 1857 hat die Stadt Trarbach ihr altes Stadtbild voll ständig verloren. Nur einzelne alte Bauten stehen noch, wie die Trarbacher Kirche mit Doppelschiff, die allerdings damals auch bis an die Gewölbe niederbrannte. Von hier führt noch ein Stück der alten Stadtmauer zur Schottstraße. Das Schulgebäude neben der Kirche hat schon Johann III. von Sponheim um 1395 als Hospital (Klause) erbaut. Verschont geblieben von dem Brand sind das prächtige und stilgerechte Kayser'sche Rokokohaus und das alte Böcking'sche Haus mit einem herrlichen Barock eingang, beide in der Moselstraße. Es trägt eine Erinnerungstafel an den Aufenthalt Goethes im November 1792.

Das im Jahre 1810 gegründete Trarbacher Casino war eine Schatzkammer bester Weine der Mosel, Saar und Ruwer. Weinfröhliche Menschen wie Julius Wolff, Hans Hoffmann und Johannes Trojan waren gern hier zu Gast. Auch hat Friedrich Wilhelm IV. am 7. Oktober 1836 als Kronprinz hier geweilt. Über Deutschlands Grenzen hinaus bekannt geworden ist die Casinogesellschaft durch ihre beiden Preisausschreiben für das beste Moselweinlied, das im Jahre 1845 einen Schatz von 200 und im Jahre 1898 von 2340 Liedern brachte.

Traben hat neben prächtigen Villen und Kellereigebäuden modernen Stils noch eine Reihe historischer Fachwerkhäuser aufzuweisen, unter denen besonders die reichgeschmückten Fachwerkhäuser von Rißbach aus dem 16. und 17. Jh., besonders anziehen dürften, ebenso die historische Rathschänke vom Jahre 1674. In drei Stockwerken ragt der alte Fachwerkgiebel empor, an ihm geschweifte Brüstungsstreben, die sich kreuzen. Die Fenster mit Schuppen und Flechtverzierung springen über das Erdgeschoß hervor, als Strebenhalte dienen Fratzen; das Trabener Pferdchen und Frau Sonne wurden nicht vergessen.

Spezialitäten - Restaurant
Park-Hotel
Telefon: 06541/5112 * Fax 06541/5299
Ruhige aber zentrale Lage, Moselblick, Lift, Terrasse und Konferenzraum für bis zu 50 Personen, gepflegte Gastronomie.
56841 Traben-Trarbach * Enkircherstr. 1-3

Gästehaus am Kurpark und Weingut
Resi und Alfred Sausen
Telefon: 06541/6231 * Fax 06541/9705
Gästezi. m. DU/WC, Fewo, Frühstücks-Buffet, Weinproben. Gegenüber der Kur- und Freitzeitanlage BAD WILDSTEIN. Thermalbad, Tennisplätze, u. Minigolf.
56841 Traben-Trarbach * Wildbadstr. 214

Wandertips: Empfehlenswert ist eine Wanderung zur Grevenburg mit einem herrlichen Blick ins Moseltal, zur Festung Montroyal und zu den Graacher Schanzen. Hervorgehoben seien nur die Wanderung zur Bismarckhöhe und nach Starkenburg, dem Felsenort auf der Höhe oberhalb Enkirch; von hier über die Mosel nach Kövenig über den Montroyal nach Traben zurück, ferner eine Wanderung zum Wolfer Kloster, der Klosterruine auf dem Wolfer Berg, eine Wanderung über den Berg an den Graacher Schanzen vorbei nach Bernkastel in 1 Stunde, in das Kautenbachtal nach Bad Wildstein und nach Kautenbach, zum Wildstein über den Elfenpfad, zum Dreihäuserblick, zu den Fischteichen und andere.
Weinfest: 2. WE. und letztes WE. im Juli
Offene Weinkellertage: Mitte Mai

STARKENBURG 380 EW.

Auf der rechten Moselseite liegt hoch über der Mosel auf historischem Boden Starkenburg.

Aus der Chronik: Der Ort liegt oberhalb der ehemaligen Starkenburg, des Sitzes der Grafen von Sponheim-Starkenburg, die sie schon seit dem Jahre 1191 als kurtrierisches Lehen besaßen. Bekannt ist die Burg durch die Fehde der Gräfin Lauretta mit dem Trierer Kurfürsten Balduin, einer der mächtigsten Fürsten seiner Zeit. Auf sponheimschen Boden hatte dieser bei Morbach eine Zwingburg errichten und die sponheimschen Lande plündern lassen. Die Gräfin vergalt es ihm jedoch durch seine Gefangennahme bei einer Fahrt nach Koblenz, wobei sie mittels einer unterhalb von Starkenburg durch die Mosel gespannten Kette sein Schiff anhalten und ihn samt Gefolge gefangen nehmen ließ (1327). Erst nach einjähriger Haft ließ sie ihn gegen ein Lösegeld von 11000 Pfund Heller wieder frei, womit sie Schloß Frauenburg bei Oberstein an der Nahe, oder wie andere behaupten, die Grevenburg bei Trarbach erbauen ließ. Nach dem Aussterben des Geschlechtes der Sponheimer (1437) verfiel die Burg immer mehr; nur noch spärliche Mauerreste sind heute zu sehen. Die Burg, die als Starkenberg castrum, Stargkenberg und Starcunburg erwähnt wird, hatte anfänglich einen Burgkaplan. Später versahen die Patres der Abtei Himmerod den Gottesdienst gegen eine Rente von 15 Malter Hafer, 15 Malter Spelz, einen Weinberg zu Enkirch, einer Wiese und etwas Brennöl für die Lampe am Erbbegräbnis der Familie Sponheim in der Klosterkirche von Himmerod. An das Zollregal der Burgherren erinnern noch die unterhalb in den Weinbergen stehenden Reste des Zollturmes, die heute noch der Weinbergslage den Namen „Zollturm“ geben.

Wandertips: Von Starkenburg führen ausgebaute Wanderwege, zur Grevenburg und Bad Wildstein, Traben-Trarbach und nach Enkirch.

Kövenig, Ortsteil von Kröv (gegenüber von Enkirch liegend). Ein idyllisches Weindörfchen am Fuße der ehemaligen Bergfestung Montroyal, aus deren Überresten eine Anzahl seiner Häuser erbaut wurde. Kövenig gehörte einst zum „Cröver Reich“, einem reichsunmittelbarem Territorium, das vom Erzbischof von Trier und den Grafen von Sponheim gemeinschaftlich regiert wurde. Noch heute gehört der Ort zur Gemeinde Kröv, die über den Berg in ca. einer Stunde Fußweg zu erreichen ist.

Sehenswert: Historisch wertvoll ist die Dorfkapelle. Einen schönen Ausblick genießt man auf den terrassenförmig ansteigenden Ort Enkirch, das wegen zahlreicher Fachwerkbauten gern besucht wird.

Wandertips: In nächster Nähe liegt Traben-Trarbach mit Bad Wildstein im wildromantischen Kautenbachtal; auch ist über den Berg die Abtei Springiersbach und Kröv bequem zu erreichen und über den Moselhöhenweg Ürzig mit den übrigen bekannten Weinorten der großen Moselschleife Traben-Trarbach - Bernkastel.

ENKIRCH 1735 EW.

Wein- und Erholungsort, Landessieger und Staatsehrenpreis 1983 des Landes Rheinland- Pfalz und Silbermedaille im Bundesentscheid des Wettbewerbs „Unser Dorf soll schöner werden". Schatzkammer des rheinischen Fachwerkbaues.

Aus der Chronik: Enkirch ist einer der ältesten Orte an der Mosel, wahrscheinlich römischen Ursprungs. Urkundlich erwähnt wurde er erst mals im Jahre 690, als die Tochter Adela des Königs Dagobert ihre hier liegenden Besitzungen dem von ihr gestifteten Kloster Pfalzel schenkte. Einst war der Ort mit Wall und Graben befestigt. Die Schutzwehr wurde durch den Erzbischof Boemund 1. in einer Fehde mit dem Grafen Johann III. von Sponheim-Starkenburg im Jahre 1360 nach längerer Belagerung zerstört.

Haustür, zweiteilig mit Oberlicht

Sehenswert: -Museum „Enkircher Heimatstuben". In diesem Museum ist die interessante Geschichte des Weindorfes, das auf eine über 2500-jährige Vergangenheit zurückblickt und bereits 733 erstmals als ANCHIRIACUM urkundlich erwähnt wird dargestellt. Enkirch ist ein lebendiges Museum für Kenner der Baugeschichte. Viele alte Fachwerkbauten aus dem 16. und 17. Jh. sind noch erhalten, reiches Schnitzwerk ziert die schweren Eichenbalken der Giebel und Fenstergesimse. Es ist eine Fundgrube mittelalterlicher Baukunst, die dem Historiker, Künstler und Moselfreund stets Neues bietet und zur Forschung anreizt. Nicht zu Unrecht wird daher Enkirch als das Schatzkästlein rheinischer

Dorfbaukunst bezeichnet. Wie eine Bergstadt wächst der Ort mit seinen engen steilen Gäßchen terrassenförmig hinan bis zur evgl. Kirche, die das Bild krönt. In der Kirche befinden sich zwei Grabdenkmäler der Herren von Wiltberg und Schmidtburg. Vor der Kirche steht die Lutherlinde mit Kriegerdenkmal des ersten Weltkrieges, in dem sich der Kölner Künstler und Bildhauer Heinz Fritz einen unvergeßlichen Denkstein gesetzt hat. Im Großbachtal überlebte still und einsam die im Jahre 1004 vom Kloster Ravengiersburg gegründete Klause, jetzt Kirche der wenigen katholischen Mitchristen, die Zeit von Jahrhunderten.

Wandertips: Wanderungen in die Seitentäler der Mosel, bald an ausgedehnten Rebhängen vorbei, bald durch rauschende Wälder, vielfach begleitet von kleinen Bächen. Zahlreiche, von Tannenwäldern oder Eichen- und Buchenwäldern gekrönte Höhen bieten dem „Bergsteiger“ weitreichende Blicke in die Gebirge und Land schaften der Eifel und des Hunsrücks. Es lohnt sich ein Spaziergang durch das Großbachtal oder durch das Ahringstal zum Rauschkümpel. Eine Wanderung über Starkenburg nach Traben-Trarbach und Bad Wildstein ist empfehlenswert; von Starkenburg großartiger Ausblick aufs Moseltal. Ein Ausflug vom gegenüberliegenden Kövenig über die Bergfestung Mont Royal nach Traben-Trarbach ist interessant. Schöne Wanderungen auch nach der nicht fernliegenden Marienburg und nach Bad Bertrich.
Weinfest: Pfingsten und 1. WE. im August.
Foto: Kelterbaum aus dem Jahre 1820
Offene Weinkellertage: Ende Juni

BURG 497 EW.

Ehem. römische Siedlung mit über 1000-jähriger Weinkultur. Urkundlich erstmalig 928 erwähnt. Im Mittelalter war das Moseldorf mit Mauern und Toren befestigt.

Aus der Chronik: Schon das alte Burgun erntete „vorzüglichen“ Wein. Bereits im Jahre 1144 besaß die Abtei Springiersbach hier ein Hofhaus mit Weinbergen; begütert waren hier auch die Abteien Himmerod, Mettlach und die Karmeliter von Koblenz. Die letzteren waren wegen dem „Burgerfastentrunk“, dem besten Fuder des Ortes, das der Kurfürst Johann Hugo den Mönchen als Fastentrunk alljährlich von der Bürgerschaft anstelle eines schuldigen Kapitals überweisen ließ an dem Orte besonders interessiert.
Sehenswert: -St. Briktiuskirche (1068 mehr mals umgebaut). Weinlehrpfad.
Wandertips: Über den Reiler-Hals zum Kloster Springiersbach, Prinzenkopf, Marienburg, Alf, Bertrich oder

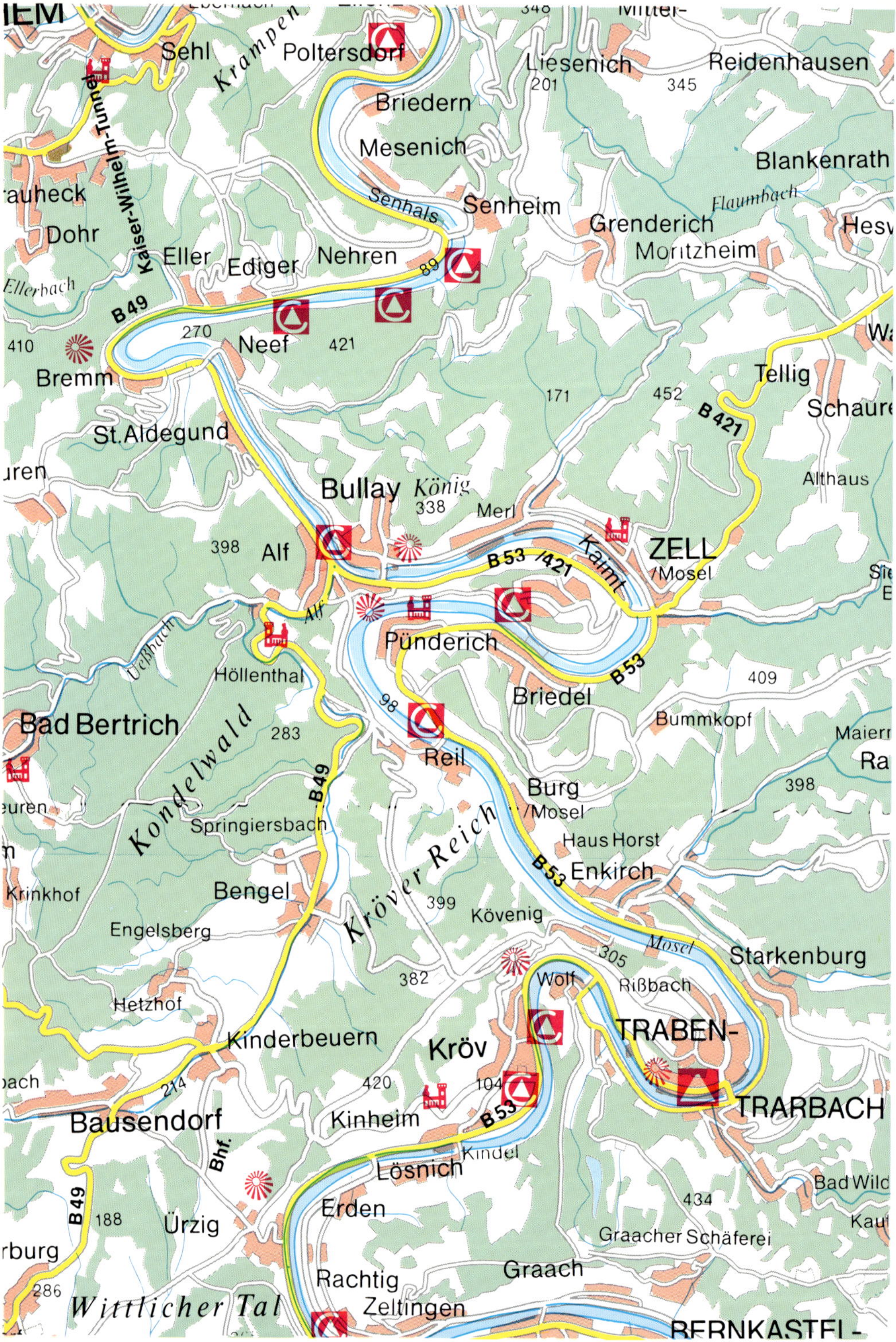

Sehl
Krampen
Poltersdorf
Liesenich
201
Reidenhausen
345
Briedern
Mesenich
Blankenrath
Kaiser-Wilhelm-Tunnel
Dohr
Senhals
Senheim
Flaumbach
Grenderich
Moritzheim
Eller
Ediger
Nehren
89
Ellerbach
B49
270
Neef
421
410
Bremm
Tellig
171
452
B 421
St. Aldegund
Althaus
Bullay
König
338
Merl
398
Alf
ZELL
/Mosel
B 53 /421
Kaimt
Alf
Ueßbach
Pünderich
Höllenthal
B 53
409
Briedel
98
Bad Bertrich
283
Bummkopf
Kondelwald
Reil
B49
Burg
/Mosel
398
Springiersbach
Haus Horst
Kröver Reich
B 53
Enkirch
Krinkhof
Bengel
399
Kövenig
Engelsberg
Mosel
305
Starkenburg
382
Wolf
Rißbach
Hetzhof
TRABEN-
Kinderbeuern
Kröv
420
104
TRARBACH
214
Kinheim
Bausendorf
B 53
Kindel
Bhf.
Lösnich
Bad Wild
434
Erden
B49
188
Ürzig
Graacher Schäferei
286
Rachtig
Graach
Wittlicher Tal
Zeltingen

nach Enkirch, Starkenburg und Traben-Trarbach mit der Grevenburg, ferner über Kövenig zur Bergfestung Mont Royal; über die Höhe ist auch Briedel und der Bummkopf zu erreichen.
Weinfest: 4. WE im Aug. Offene Weinkellerta ge: 4. WE. im Sept.

REIL 1238 EW.

1000 Jahre alter Mosel- und Weinort in unmittelbarer Nähe des Kondelwaldes. Der Reiler Hals - der hinter dem Orte sich erhebende Bergrücken, der Mosel- und Alfbachtal trennt - bietet eine reizende Aussicht sowohl ins Mosel - als auch ins Alfbachtal. Auf der Höhe des Passes steht ein altes Kapellchen, einst Treffpunkt der berüchtigten Moselräuberbanden, die um die Wende vom 18. zum 19. Jh. unter Schinderhannes Straßen und Wege unsicher machten.

Geologisch interessant ist, daß in vorgeschichtlicher Zeit der Alfbach über den Reiler Hals zur Mosel floß, bis er durch eine neue Talbildung gezwungen wurde, seinen Lauf durch das enge Höllental zu lenken, um bei Alf in die Mosel zu münden.

Aus der Chronik: Reil, das alte Rigila und Rile von einst, hat eine lange Geschichte. Schon im Jahre 1051 erhält hier die Abtei Brauweiler Güter von der Polenkönigin Richeza geschenkt. Politisch gehörte Reil mit 7 anderen Orten und einer Anzahl Höfen zum „Cröver Reich", ehemals karolingisches Kammergut, Königspfalz und schließlich Reichsdomäne, um deren Herrschaft sich der Kurfürst von Trier und die Grafen von Sponheim jahrhundertelang stritten. Seit dem 13. Jh. treten schon die Grafen von Sponheim, die im Oberamt Traben-Trarbach ihren Sitz hatten, als Vögte von Reil auf. Im Jahre 1250 tauschte Graf Simon von Sponheim mit dem Domkapitel zu Trier seine Güter und den Anteil am Zehnten, sowie das Patronat der Pfarrkirche zu Reil. Im Jahre 1103 tauschte Kloster Ravengiersburg die Kirche zu Alzey mit dem Propst von St. Stephan in Mainz gegen seine Güter in Reil. Begütert waren hier im Laufe der Jahrhunderte die Abtei Springiersbach, die im Jahre 1136 die Freiheit seiner beiden Höfe in Reil erhielt, wovon einer neben der Kirche, der zweite am andern Ende des Ortes lag. Außerdem hatten hier Besitz die Abteien Echternach (1161), deren Reiler Weinernte vom Jahre 1126 für die Dachdeckung (in Blei) der Abteikirche Verwendung fand, ferner St. Maximin, Himmerod, St. Marien zu Köln (1231), Eberhardsklausen (1474), Graf von Arlo (1052), das Hospital in Prüm, die Ritter von Neuerburg bei Wittlich, die Herren von Urley, Liesteren (1499) und von Kurtscheid (1474). Ein Matthias III. Nisaeus aus Reil war von 1613-1631 Abt in Himmerod.

Der *Sorrentberg* im Alfbachtal wurde in den Jahren 1825-1830 aus Lohheckenbeständen neu angelegt. Früher war er Gemeindeeigentum, mußte aber infolge der durch die Kriegskontributionen der Jahre 1790-1815 entstandenen Verschuldung der Gemeinde an Private versteigert werden, die ihn zu ergiebigen Weinbergen umgestalteten. Historisch bemerkenswert ist die Reiler Weinversteigerung aus dem Jahre 1844, eine der ersten an der Mosel, in einer Zeit schlimmster, wirtschaftlicher Depression.

Sehenswert: -alte Fachwerkhäuser -historische Bauten -Kloster Springiersbach (2 km).

Wandertips: ein Fülle faszinierender Natur landschaften begleiten Sie bei Wanderungen zum Prinzenkopf, zur Marienburg oder in die engen Schluchten des Höllentales zur Burg Arras, dem Kloster Springiersbach oder in den Kondelwald, nach Bad Bertrich, zur Bergfeste Montroyal, nach Bad Wildstein, zur Starkenburg und Gräfenburg bei Traben-Trarbach.
Weinfest: 2. WE. im August,
Offene Weinkellertage: Ende Sept.

PÜNDERICH 948 EW.

ist aus der historischen Tradition eines uralten Weindorfes gewachsen. Historische Fachwerkhäuser am Moselufer

Aus der Chronik: Am Eingang zum „Zeller Hamm", dort wo in vorgeschichtlicher Zeit die Wasser des über den Reiler Hals in die Mosel mündenden Alfbaches zusammen mit der über den Bergsattel der Marienburg

weiterflutenden Mosel fruchtbaren Schwemmboden angespült haben, liegt Pünderich. Nachdem der Fluß das alte Bett verlassen und den neuen Lauf durch den Hamm angetreten hatte, war zuerst nur eine Siedlung auf dem breiten Schwemmland möglich, die als Pondereca = Ackergut oder Hof erstmalig im Jahre 1126 in den Urkunden erwähnt wird. Gräberfunde lassen aber auf ein höheres Alter dieser Siedlung schließen, die schon wegen ihrer seichten Moselfurt recht früh vom Verkehr berührt wurde. Der Name änderte sich im Laufe der Jahrhunderte in Pondreka, Punderacha, Punderiche, Pundirche, Puntereche und Pünderich. Neben der Abtei Springiersbach waren hier das Stift St. Simeon in Trier (1154), die Abtei Mettlach mit zwölf Weinbergen, die Abtei St. Maximin, das Domkapitel in Trier Eberhardsklausen (1460), das auch den Weinzehnten besaß, die Abtei Himmerod (1240), das Kloster Marienburg, die Minoriten zu Merl, die Ritter von Urlay, die von Wolmerath, die Ritter von Mylene und die Grafen von Eltz begütert.

Sehenswert: Ehem. gotisches Rathaus (1563) mit wuchtigem runden Treppenturm. Das alte Rathaus ist bekannt wegen seines Spruches über dem Eingang: „Fred in diehsem Huis, der's nit hält, bliev druis." („Friede in diesem Haus, der's nicht hält, bleibt draußen") Alte Zehnt- und Kelterhäuser sowie originelle Fachwerkbauten - Fährhaus von 1621 verziert mit Schnitzereien und grotesken Masken. Von alten Befestigungswerken (Ringmauer) sind noch Reste vorhanden. Einfache Kirche mit Einzelstücken aus dem Kloster Marienburg. Jenseits der Mosel trägt ein Viadukt mit 98 Bogen die Bundesbahngleise.

Wandertips: 1. Wanderung: Pünderich - Marienburg - Prinzenkopf -Waldfrieden - Pünderich (2 Std.). 2. Wanderung: Pünderich - Burg Arras - Alf - Pünderich (2 1/2 Std.) 3. Wanderung: Pünderich - Bad Bertrich (13 km).- 4. Wanderung: Pünderich - Reiler Hals - Springiersbach (Halbtagswanderung). 5. Wanderung: Pünderich - Barl - Zell (Merl) (2 Std.). 6.

Wanderung: Pünderich - Chlodwigshöhe - Schöne Aussicht. 7. Wanderung: Pünderich - Rittersturz (1/2 Std.).
Weinfest: Das WE. nach dem 15. August.
Offene Weinkellertage: Mitte Mai und Mitte September.

BRIEDEL 1192 EW.

gern besuchter Weinort gegenüber der Südseite der Marienburg. Das Gebiet um Briedel war bereits im 7. Jh. v. Chr. besiedelt.

Aus der Chronik: Briedel, das in früheren Zeiten als Bredallio villa, Bredal, Bridal, Bret hal, Brydail bekannt war, wird urkundlich im Jahre 893 erwähnt, als Bischof Rodbert von Metz den Güterbesitz des Klosters Neumünster durch den 9. Teil seiner Weinberge in „villa bredallio" vermehrte. Demnach dürfte die Entstehung des Ortes erheblich früher liegen. Im Jahre 1005 bestätigte König Heinrich II. unter den Schenkungen des Bischofs Adalbert von Metz an Kloster Neumünster auch ein Haus in Bredal. Im Jahre 1144 werden der Augustinerabtei Springiersbach durch König Conrad III. Weinberge in Bridal bestätigt. Der Zehnte stand dem Kloster St. Trond (Belgien) zu. Der trierische Dompropst Godfried beurkundet im Jahre 1154 die Freiheit des Klosterhofes in Briedel von dem Vogteigericht daselbst und die neu eingeführte Zehntordnung. Diese Vogteifreiheit des trudonischen Klosterhofes wurde 1171 von Erzbischof Arnold von Trier bestätigt. Im Jahre 1193 werden durch Kaiser Heinrich VI. der Abtei Springiersbach ihre Besitzungen u. a. Weinberge in Bridal bestätigt. Die Abtei St. Maximin bei Trier hatte Weinberge in Cramunt in bannode Bridal II. Die Grafen von Esch, sowie Kloster Himmerod waren ebenfalls dort begütert, denn Theoderich, Erzbischof von Trier, beurkundet die Anerkennung eines Legats seines Ministerialen Ode von Esch über Güter zu Briedel zu Gunsten des Klosters Himmerod. In der Zeit von 1257-1270 machte dann Abt Theoderich von Himmerod noch bedeutende Ankäufe von Gütern zu Briedel, die früher dem Kloster St. Trond gehörten. Im Jahre 1264 bekennen Gerard (Herr von Esch) und Theoderich (sein Sohn) dem Kloster Himmerod, 36 Pfd. Denare schuldig zu sein. Deshalb geben sie ihm die Hälfte ihrer Güter zu Briedel. Der Konvent zu Springiersbach verkaufte im Jahre 1272 seinen Hof zu Briedel an den trierischen Archidiakon Heinrich von Bolanden. Seit 1303 stand die Verwaltung der Kirche in Briedel der Abtei Himmerod zu. Im Jahre 1307 vermachte der Stiftsdechant Wilhelm vom Kollegiatstift Prüm seine Güter in Briedel zur Hälfte dem Kloster in Springiersbach. Im 14. Jh. erwirbt Springiersbach noch weitere Güter und Ölzinsen in Briedel. Auch das Kollegiatstift Carden war im 13.-14. Jh. in Briedel begütert. Im Jahre 1365 verkaufte Heinrich Graf zu Salm dem adligen Nonnenkloster Marienburg für 1050 Gulden seinen Anteil an den Weingülden und zwei Wiesen zu Briedel. Im Jahre 1393 erwarb Himmerod von den Gebrüdern Dietrich und Wilhelm, Grafen zu Esch, einen weiteren Weinberg mit Zinsen, die das Kloster bisher zu Lehen trug. Im Flur und Weinbergen Briedels sind die Himmeroder Marken (2 ineinander greifende Ringe) noch heute anzutreffen; auch am Eingang der im Jahre 1772 erbauten Kirche befindet sich das Wahrzeichen dieser so stolzen Abtei. Der große Weinbergsbesitz von Klöstern, Abteien und Adligen in alter Zeit zeugt von der Beliebtheit der Briedeler Weine schon im frühen Mittelalter.

Sehenswert: Gut erhalten ist noch ein alter Turm der ehemaligen Dorfbefestigung. Die Kapelle unterhalb der Kirche erinnert an die Hexenprozesse des Mittelalters. Die barocke St. Martinskirche steht auf einem Boden, der schon mehr als 1000 Jahre als Kirchplatz dient. Erwähnenswert sind die herrlichen Deckenmalereien, der Hochaltar und die Engel.

Wandertips: Wandermöglichkeiten bietet die Briedeler „Schweiz" mit der Hindenburglay, ferner zum Bummkopf und von dort nach Zell oder Enkirch; die jenseits der Mosel auf dem Bergkamm liegende Marienburg mit ihrem Rundblick ins Moseltal ist sehr leicht über die Fähre durch die Weinberge zu erreichen. Halbtagswanderungen führen nach Bullay, Bad Bertrich

und über den Reiler-Hals zur Abtei Springiersbach, einst Briedels größtem Grund besitzer.
Weinfest: 1. WE. im August,
Offene Weinkellertage: 2. WE. im September

ZELL 4577 EW.

Wein- und Erholungsort der „Zeller Schwarzen Katz“ mit den Stadtteilen Kaimt, Merl und Barl. Das historische Stadtbild wird überragt von dem runden Turm, der mit der flachen Barockhaube ein Erinnerungsmal der alten Stadtbefestigung ist.

Aus der Chronik: Zell, das alte Cella in Hammone, verdankt seinen Namen und seine Entstehung den Römern, die nach Gräberfunden, schon im 3. Jh. die von Bitburg über Ürzig - Reiler-Hals - Marienburg - Kaimt - Zell auf den Hunsrück führende Heerstraße benutzten. Zell war damals Rast und Vorspannstation. Flurnamen wie Collis, Plantes und Camp, sowie der Name der Vorstadt Corray = Curia = der Hof, bestätigen ebenfalls den römischen Ursprung. Im Museum in Wiesbaden befindet sich ein noch gut erhaltener römischer Grabstein mit Inschrift aus Zell. In dem gegenüber liegenden Stadtteil Kaimt wurde in einer wertvollen Alabasterschale neben Silber und Kupfermünzen eine kunstvolle Goldmedaille mit dem Bildnis des Kaisers Trajan (98-117) und seiner Gemahlin Plotina gefunden. In den städtischen Mosel anlagen (Brandenburg) „steht“ noch heute ein Römergrab.

In der Zeit von 1220-1229 fällt der Bau der heute noch teilweise sichtbaren Stadtbefestigung, wodurch die Landgemeinde Zell in den Rang einer Stadtgemeinde erhoben wurde. Die dort begüterte Abtei Himmerod baute das Untertor, das sog. Himmeroder Tor, weswegen sie von der Bürgerschaft im Jahre 1229 einen Hofplatz und die Freiheit der Weinlese geschenkt erhielt. Im Anfang des 14. Jh. erbaute Kurfürst Balduin (1342) das Zeller Schloß, das noch heute erhalten ist. Der vordere jüngere Anbau wurde erst im Jahre 1543 durch Kurfürst Johann von Hagen ausgeführt; es war der Sitz des kurtrierischen Oberamtmannes.

Als Franz von Sickingen im Jahr 1520 die trierischen Lande plündernd durchzog, zeichneten sich die Zeller, die mit einem Trupp von 50 Mann als Vorhut Sickingens Sturm auf Trier zurückschlugen, als treue Anhänger des Erzbischofs Richard von Greiffenklau aus. Seither gilt von ihnen das Wort: „He steiht ferm, wie en Zeller us dem Hamm:“

Schwarze Katz Brunnen

Kirchlich gehörte Zell, - wie auch Kaimt, Corray, Merl, Briedel und Pünderich-, als Filiale zur Mutterkirche Marienburg auf dem Petersberg. Im Jahre 1142 übertrug Erzbischof Albero die Peterskirche samt ihren fünf Filialen der Abtei Springiersbach. Im Jahre 1156 wurde die alte Kirche durch eine neue ersetzt. Im Jahre 1212 war Zell unter den Orten des Hamm nicht allein in wirtschaftlicher, sondern auch in kirchlicher Beziehung führend. Dereinst waren hier begütert die Abtei Springiersbach (1123), die Abtei Himmerod (1234), die hier ein Hofhaus samt Weinbergen besaß, die Herren von Braunshorn (1236), die von Hönningen (1243) und die Ritter von Üß (1251). Ein Georgius von Zell war als Abt von Himmerod ein eifriger Förderer von Dichtern und Gelehrten (1571-81).

Sehenswert: sind die alten Giebelhäuser in den engen Straßen und Gäßchen, das turm- und erkerreiche Schloß, der „runde Turm", das Wahrzeichen der Stadt am Bergfriedhof, das mit Zackenfries und Steildach geschmückte Haus Caspary an der Moselfront, das neben der Hausmarke des Besitzers das Wappen des Kurfürsten Johann von Metzenhausen (1531-40) trägt. Sehenswert ist auch in der Kirche der Taufstein vom Jahre 1461, die künstlerisch wertvolle Madonna mit dem Kinde aus dem 15. Jh. und das kostbare Reliquiar aus dem 10. Jh. Weinbaumuseum.

Zell hatte zwei Vorstädte: oberhalb der Stadt die Vorstadt Brandenburg; so genannt wegen des großen Brandes vom Jahre 1857, dem heißen, weingesegneten Jahre, und Corray stromabwärts, aus dem schon im Jahre 1044 von Erzbischof Poppo dem Domkapitel in Trier geschenkten Hofe Curey hervorgegangen, die im Laufe der Jahrhunderte mit der Stadt verwachsen sind.

Doch was die Stadt Zell in aller Welt bekannt macht und unterscheidet von den übrigen Orten des gleichen Namens, wie Zell am See und Zell in der Rheinpfalz, das ist fürwahr die „Schwarze Katz". Zell, die Stadt der „Schwarzen Katz", hat es verstanden, aus ihrem Wein einen führen den und beliebten Markenartikel zu schaffen.

Wandertips: Gut bezeichnete Wanderwege führen zu den schönsten Aussichtspunkten wie zum Felsen Collis hoch über der Stadt, zum Bummkopf zur Briedeler Schweiz, zur Marienburg und zum Prinzenkopf. Größere Wanderungen lohnen sich nach Enkirch, über Marienburg-Reiler-Hals und nach Bad Bertrich.

Freizeit: großzügig angelegtes Erlebnis-Hallen- und Freibad -Segeln -Surfen -Camping -Angeln u.v.m.

Weinfest: Zell: 3. bzw. 4. WE. im Juni.

Stadtteil **Kaimt**, am linken Moselufer, liegt am Scheitelpunkt des „Zeller Hamm", am Fuße des terrassenförmig abdachenden Hochplateaus „Barl", der Fluchtburg des ersten Siedler.

Aus der Chronik: Aus der Eifel führte schon in ältesten Zeiten ein Höhenweg über Ürzig, Cröv, Reiler-Hals, Marienburg und Barl nach Kaimt; hier über die Mosel zum Hunsrück. Diese Straße zogen schon die römischen Legionen und später die Kaufleute aus Flandern. Die kunstvolle Goldmedaille mit der Darstellung Kaiser Trajans (98-117) und seiner Gemahlin Plotina, die dem Kurfürst Franz Ludwig, Pfalzgraf bei Rhein (1715-29), bei seiner Rast hier selbst geschenkt wurde; andere ähnliche Funde bekunden dies ebenfalls. Kaimt, das nichts anderes bedeutet als „an der Krümmung" (des Flusses) gelegen, hieß ehemals Keimeta, Keymethe, Chemetha, Keymeta, Chemita, Kemmeth und Kemete. Schon im Jahre 690 wird der Ort urkundlich erwähnt, als Äbtissin Adela ihrem Kloster Pfalzel, dessen Gründerin sie war, ihren Anteil am Orte Caimitae schenkte. Mit Hofhaus und Weinbergen waren auch begütert das Stift St. Simeon in Trier (1097), die Abtei Himmerod, die im Jahre 1213 die vollständige Weinlesefreiheit wie in Zell erhielt, die Abtei Springiersbach (1144), die Abtei Wadgassen, St. Thomas an der Kyll, die Abtei Mettlach, der Kurfürst, die Abtei St. Maximin, das Stift Kerpen und die Ritter von Üß. Auch Kaimt gehörte einst zu den 5 Filialkirchen der Peters kirche auf der Marienburg. Das St. Clemenskirchlein des Ortes erhielt 1358 eine

Stiftung zur Anstellung eines Geistlichen. Aber erst 1802 wurde die heutige Kirche vom hl. Jakobus, die 1770 neben dem alten Turm erbaut wurde, zur Pfarrkirche von Kaimt erhoben.

Sehenswert: Kaimt beherbergt eins der schön sten Kleinodien moselländischer Fachwerkkunst: das im Jahre 1620 erbaute Herrenhaus der Boos von Waldeck (1620), heute Haus Treis, ein Dreigiebelhaus fast wie in Kröv, aber doch anders. Breit und wuchtig steht der reichgezierte Hauptgiebel in der Moselfront, und zwei Dach giebelchen posieren zur Rechten und zur Linken. Beachtenswert ist auch das mit zwei alten Wappen geschmückte kurfürstliche Hofhaus, einst Anlegestelle und Nachtquartier des Landesherrn auf seiner Fahrt durchs Erzstift.

Weinfest: Letztes WE. im Juli,
Offene Weinkellertage: Ende August

Stadtteil **Merl** ist ein historisch gewachsener alter Weinort am rechten Moselufer.

Aus der Chronik: Der Ort wurde bereits im Jahre 720 als „villa Marle" erwähnt. Später hieß er Meyrla, Meirle, Mairla und Merle. Im Jahre 782 erwarb das Kloster Lorch ein Gut in Meila. König Karl der Einfältige schenkte im Jahre 913 dem Mönche Fallrad einen Domanialhof in Merl, welcher nach dessen Tode dem Kloster Stablo zufallen sollte. Begütert waren außerdem hier die Abtei Brauweiler durch die Schenkung der Königin Richeza vom Jahre 1051, die Abtei Springiersbach (1143), das Stift Münstermaifeld (160), die Abtei St. Thomas an der Kyll mit Hofhaus, Weinbergen und einem Mühlenanteil an der Brule (1212), die Abtei Mettlach (11. Jh.), Himmerod (1234), das Kloster St. Martin bei Trier (1235), die Abtei St. Thomas bei Andernach mit dem Speyerhofe, der im Jahre 1805 mit Haus, Bering, 2 ha Land und 3500 Weinstöcken für 9050 frcs. = 2413 Tlr. versteigert wurde. Besitz hatten hier auch das Stift Carden, die Abtei Prüm, die Herren von Braunshorn, Buch und die Zandt von Merl.

Früher war Merl neben Zell, Corray, Kaimt und Pünderich Filialkirche der auf der Marienburg unter dem Patronat der Abtei Springiersbach stehenden Mutterkirche (1143). Verlassen steht auf dem Friedhof der alte romanische Kirchturm, das Wahrzeichen des Ortes. Die alte, spätgotische Klosterkirche der Minoriten mit achtseitiger Chorapsis und sehenswertem Schnitz-altar aus dem 16. Jh. (eine flandrische Arbeit), finden wir fast am anderen Ende des Ortes. Das Kloster wurde um die Mitte des 13. Jh. gegründet und von Ritter zu Mylena zu Nassau und Leydis von Hatzenport, Meisterin des Franziskanerkonvents in Merl, reich dotiert mit Häusern, Weinbergen und Land. Das Kloster besaß auch ein Haus in Cochem und Weinberge in den umliegenden Orten. Mit dem Kloster war ein Gymnasium verbunden, das bis gegen Ende des 18. Jh. bestand.

Der sogenannte Eisturm deutet noch auf Reste einer ehemaligen Stadtbefestigung hin. Erbvögte von Merl waren seit Jahrhunderten die Zandt von Merl, ein bekanntes und hochangesehenes Geschlecht, deren Mitglieder meist hohe Ämter bekleideten. So war Katharina Zandt von Merl Äbtissin in der Abtei Machern (1574), Johann war Stiftsdechant in Pfalzel (1626) und ein weiterer war schon im Jahre 1350 gefürsteter Abt der Benediktinerabtei Prüm. Der altersgraue Bau des Zandthofes ist noch gut erhalten, sowie eine Anzahl hübscher Fachwerkhäuser. Die Bedeutung des Ortsnamens Merl wird als fetter Boden erklärt. In der Tat steht der Ort auf fruchtbarer Erde; durch die Weinlage *Merler Fettgarten* ist die Bedeutung des Ortsnamens allen Weintrinkern bekannt.

Sehenswert: -der „romanische" Turm, ehem. St. Michaels Kirche (12. Jh.) - Burghaus der erzbischöflichen Vögte (1600).

Wandertips: Zur Marienburg, von dort nach Pünderich, zum König mit dem Vierseen-

blick, nach Senheim-Beilstein, und durch das Merlerbachtal zum Hunsrück.
Weinfest: 2. WE. im August

BULLAY 1412 EW.

Wein- und Erholungsort am rechten Mosel ufer, „das Tor zur Mittelmosel" mehrfacher Sieger im Wettbewerb „Unser Dorf soll schöner werden", D-Zug-Station Koblenz-Trier, Ausgangspunkt einer Ommnibuslinie an der Mosel entlang bis Trier (ehem. Moseltalbahn). Ausgangsort für Ausflüge in Eifel und Hunsrück.

Noch Anfang des 19. Jh. war Bullay ein Winzerdorf mit geringer Einwohnerzahl. Erst der Bau der Eisenbahn Koblenz-Trier, die ihren Hauptknotenpunkt nach Bullay verlegte, gaben den Impuls zum wirtschaftlichen Aufstieg des Ortes. Wegen seiner günstigen Lage ist Bullay auch Ausgangspunkt größerer Wanderungen und Fahrten.

Aus der Chronik: Im 9.-11. Jh. als fränkische Rodung entstanden. Wegen der geringen Bedeutung des Ortes in früherer Zeit ist auch seine Geschichte ohne große Höhepunkte. Man erklärt den Namen aus Boletum = Birkenwaldstück. Im 12. Jh. erwarb Gerhard, Graf von Arras, den Ort Bullay mit allem Zubehör von Erzbischof Johann von Trier. Bullay hatte in der Folgezeit als einziges Dorf in der Umgebung eine eigenständige Gerichtsbarkeit, eigene Gesetze und ein eigenes Steuermaß. Da die Gemeinden rund herum alle zur Herrschaft des Trierer Kurfürsten gehörten, Bullay allein aber der Herrschaft derer von Arras, Zandt oder den Grafen Beisel unter stand, konnten Flüchtlinge hier Unterschlupf finden. Begütert waren hier neben den Grafen von Arras (1150) der Graf von Sponheim (1251), das Kloster Stuben (1251), die Edlen Zant von Merl, der Graf von Beyßel-Gymnich und die Abtei Springiersbach. Auf der Kirchweihe des Jahres 1360 soll der starke Friedrich von Hattstein, Feldhauptmann zu Limburg, ein Ohmfaß Wein hochgehoben und ohne abzusetzen ausgeleert haben. Die beiden Heimburger von Neef und Aldegund durch einen Fremden in ihrer Moselehre gekränkt, machten es ihm nach und retteten so die Ehre des Ortes.

Sehenswert: Von der Marienburg mit Klosterkirche bezaubernder Rundblick ins Moseltal (heute Jugendbildungsstätte) - Burg Arras.

Wandertips: Zum Steinkopftempelchen mit herrlicher Aussicht in das Moseltal, durch den Bullayer Wald zur Höhe 410 des Hunsrücks, zur Marienburg, zum Aussichtspunkt Prinzenkopf, Waldfrieden, Burg Arras, Eulenköpfchen bis Neef, zum König (337 m) mit prächtiger Aussicht (Vierseenblick), zum Leofelsen und Reiler-Hals, über das Hochplateau des Barl oder über die Marienburg nach Pünderich oder Reil. Größere Wanderungen nach Bad Bertrich über Reinhardslust-Kondelwald nach Kloster Springiersbach, Traben-Trarbach, Enkirch, Starkenburg.
Weinfest: 1. WE. im Mai.
Wein- und Herbstfest: 2. WE. im September.

ALF 1095 EW.

alter Weinort am Eingang zum romantischen Alf- und Üßbachtal, überragt von der über 1000-jährigen Burg Arras. Der Sollig, die Marienburg, der Prinzenkopf, Waldfrieden und die Burg Arras legen einen schmucken Kranz um den Ort, jenseits der Mosel grüßt über Bullay der *König* mit prächtigem Rundblick.

Aus der Chronik: Erste urkundliche Erwäh nung einer keltischen Gründung vermutet man um 50. v. Chr.. In der Nähe des Ortes auf der Hochfläche zwischen Alf- und dem Üßbachtal wurden mehere römische Gräber gefunden. Im Alve oder Alflo von einst hatte die Abtei Spingiersbach schon im Jahre 1128 Weinbergsbesitz, später auch die Grafen Grafen von Esch. Zur Sicherung des Landfriedens diente den Erzbischöfen von Trier die Burg Arras schon im 12. Jh.. Die Pfarrei unterstand seit 1473 dem Kollegiatstift in Pfalzel.

Sehenswert: die dreischiffige, gotische Kirche beherbergt die bei dem Fundamentieren aufgefundenen Altertümer. Der Altarraum wurde restauriert nach alten Vorlagen. -Burg Arras

Wandertips: Von Alf über den Prinzenkopf, weiter zur Marienburg und dann durch die Weinberge hinab nach Pünderich über die Fähre und an der Mosel entlang zurück nach Alf. Bad Bertrich ist in zwei Stunden zu erreichen. Die Abtei Springiersbach am Fuß des Kondelwaldes erreicht man in knapp 1 Stunde.
Weinfest: 1. WE. im August.

BAD BERTRICH 1200 EW.

Staatsbad mit der einzigen Glaubersalztherme Deutschlands, 32° C, im Seitental der Mosel, dem Üßbachtal, 9 km von Alf entfernt. Von den Heilquellen des Moseltales und seiner Nebentäler hat seit Römertagen Bertrich stets den größten Ruf genossen. Es ist ein idyllisch, fernab vom Weltverkehr gelegenes, aber doch von Mosel und Eifel bequem zu erreichendes Waldstädtchen. Schon die Kelten und Römer wußten die Heilquelle zu schätzen. Die Auf findung von Mauerresten eines Bades, von Statuen und Münzen römischer Herkunft lassen erkennen, daß die Heilkraft des Wassers schon damals bekannt war. Das Bad wird in einer Urkunde vom Jahre 1097 erstmals genannt. Bereits im Mittelalter (1220) wurde die Therme Berticum gelobt. Mehrfach wandten die Erzbischöfe von Trier große Summen zur Wieder herstellung des Bades auf. Clemens Wenzeslaus, letzter Kurfürst von Trier, Enkel des berühmten August des Starken, ließ 1786/87 das spätbarocke Bertricher

Schlößchen als seine Sommerresidenz erbauen. Das Kurhotel- im klassizistischen Stil gehalten- umrahmt mit den anderen Kurgebäuden den wunderschönen Kurpark. Heute ist Bertrich ein modernes Kurbad mit guten Heilerfolgen und wegen seiner überaus günstigen klimatischen Verhält nisse auch als Luftkurort bekannt. Bad und Ort liegen in einem 250 m tiefen von bewaldeten Hängen umgebenen Bergkessel.

Sehenswert: -Kurfürstliches Schloß Bad-Bertrich -großes Kulturprogramm des Schlößchens (mit Kerzenbeleuchtung). Schöne Kuranlagen und Parks ergänzen harmonisch die natürlichen Reize der Umgebung.

Wandertips: Sehr zu empfehlen sind Wande rungen durch den Kondelwald nach Springiers Traben-Trarbach, Kröv oder Ürzig, oder zur Marienburg an der Mosel, zur Burg Arras im Alfbachtal oder auch zu den Eifelmaaren.

ST. ALDEGUND 719 EW.

alter Weinort am linken Moselufer, trägt den Namen einer alten, romantisch gelegenen Bergkirche „apud Sanctam Aldegundam", die der heiligen Aldegundis aus Maubeuge geweiht ist. Der romanische Turm aus dem 12. Jh. ragt malerisch aus den Weinbergshängen hervor. Kostbarkeiten geschichtlicher Überlieferungen sind die Glasfunde des ältesten frühchristlichen Grabes der unteren Mosel (4. Jh.). In einem Eichensarg fand man u.a. 6 wertvolle Glasgefäße, darunter das einmalige Exemplar eines Glasschiffchens.

Aus der Chronik: Das alte Aldegunda oder Aldegundis von einst wird bereits im Jahre 1097 mit Weinbergsbesitz des Stiftes St. Simeon in Trier erwähnt. Begütert waren hier außer dem die Abtei Springiersbach mit Hofhaus und Weinbergen (1144), Heinrich von Ulmen (1208) mit seinem Allodgen. Smitte-Hof bei Alf, ferner das Kloster Stuben (1208), die Abtei St. Thomas an der Kyll (1212) und das Kollegiat stift Pfalzel, das sich im Jahre 1318 mit der Gemeinde Aldegund wegen des Baues einer Kapelle dortselbst vergleicht. Im Jahre 1473 wird die Pfarrei Aldegund dem Stift durch Erzbischof Johann inkorporiert, worüber Johann von Esch zu Gunsten des Stiftes resigniert.

Wandertips: Zum Kloster Stuben, Eulenköpfchen, Peterskapelle, zur Marienburg bei Bullay, Burg Arras und Bad Bertrich. Weinfest: Letztes WE. im Juli.

NEEF 540 EW.

liegt am rechten Moselufer am Fuße des Petersberges und wird 1045 erstmals urkundlich erwähnt. Neef ist ein aufstrebender, schmucker und gepflegter Fremdenverkehrsort, der dem Gast viel bieten kann, was zur Erholung, Entspannung und zur kulturellen Bereicherung beiträgt. Mit Annette Kröger stellte der Weinort 1989/90 die Weinkönigin für das Weinanbaugebiet „Mosel-Saar-Ruwer".

Aus der Chronik: Einst war Neef als Nevim, Nevin, Neiven, Neven und Neve bekannt. Etwa 400 v. Chr. legten die Kelten auf dem Hochkessel eine Befestigungsanlage in der Form eines Ringwalless an. Auf dem Petersberg hatten sie ihre Kultstätte, wo die Toten ins Jenseits verabschiedet und Naturgötter verehrt wurden. 300 n. Chr. hatte der römische Kaiser Constantin auf dem Petersberg eine Festung angelegt, die sein Sohn, Constantin I., 312 fertigstellte. Im 7. Jh. besaß bereits der merowingische König Dagobert I. Güter in Neef. Um das Jahr 900 wurde das Burghaus gebaut. Das Stift St. Arnulf in Metz verkaufte im Jahre 1145 ein Weingut zu Neef, das es bereits ums Jahr 1000 besaß, an die Abtei Laach, die dort schon vor 1139 ein Allodium hatte. Seit 1142 besaß auch die Abtei Arnstein hier Weinberge und Wald, seit 1334 auch Springiersbach. Über die Mühlen zu Neef liegen Pachtbriefe der Abtei Echternach aus den Jahren 1498 und 1536 vor. Sein mit Gräben umgebenes Haus verkaufte Gerhard von Neef im Jahre 1325 dem Erzbischof Balduin, der es als trierisches Lehen an verschiedene Adels geschlechter der Umgebung vergab. Es handelte sich hierbei wahrscheinlich um das einst mit Wall und Graben umschlossene, heute noch in seiner wuchtigen Form erhaltene Burghaus. In der Besitzregulierungsurkunde Heinrichs, des Herrn von Heinsberg (bei Aachen), vom Jahre 1248 wird Neef als Feste (castrum Neve) wörtlich aufgeführt. Es muß sich also zweifellos um einen befestigten Platz gehandelt haben, zumal Neef in dieser Urkunde in einem Atemzuge mit der Festung Kastellaun und Kirchberg genannt wird, die dem Grafen Simon von Sponheim gegen die Burgen Blankenberg, Hülchrath und Löwenburg überlassen wurde. Der vom Jahre 1414 datierende Schenkungsbrief Friedrichs, des Herren von Scharfeneck, spricht von einem Schloß in Neef. Die Gründung des nahegelegenen Kloster-Stuben, in dem im Mittelalter das größte Kreuzreliquiar der Christenheit aufbewahrt wurde, erfolgte 1137. Anschließend baute man auf dem Petersberg die Peterskapelle. Sie war Friedhofskirche für das Kloster und Neef - vorübergehend auch Pfarrkirche für die Christen der näheren Umgebung. Im Jahre 1339 kam Kloster Stuben in den Besitz des Zehnten von den Gütern des Ritters Richard von Buch in Neef. Mit Simon von Sponheim hatte es gemeinschaftlich Güter und Wälder, die im Jahre 1251 geteilt wurden. Seine Weinberge hatte es in Erbpacht vergeben. Im frühen 14. Jh. gab es schon die Matthias-Kirche im Ort. Ihr stiftete im Jahre 1614 Cornelius van de Waeter die „Kußtafel“, wie sie volkstümlich genannt wird. Sie beinhaltet einen Splitter des heiligen Kreuzes.

Wandertips: Die schönste Wanderung von Neef aus geht durch die Weinberge zum Petersberg. Wenn ein Neefer ihn noch nicht gegangen sein sollte, dann wird er ihn „gehen“, wenn er dereinst hier oben in dem abgeschiedenen Waldfriedhof auf der Höhe zur letzten Ruhe getragen wird. Man möchte die Toten beneiden ob ihres bevorzugten Platzes hoch über dem Hasten der Welt. Vom Aussichtsplatz an der Peterskapelle genießt man einen dreifachen Moselblick. Das Auge genießt, hier die Reize der lieblichen Mosel. Bergab gehts nach Stuben, den grauen Ruinen des einst bedeutenden Klosters, wo Hunderte von adligen Damen versuchten, der Welt zu entsagen. Verlassen steht nur noch altes Gemäuer. Gegenüber liegt der Weinort Bremm zu Füßen des „Calmont“ (heißer Berg).

Sehenswert: Im Ort steht am Ufer noch ein baugeschichtlich interessanter Wehrbau, das einst von Wall und Graben umschlossene „Burghaus“, das Kurfürst Balduin 1325 von einem Sponheimer Grafen übernahm. Es zeigt spätromanisches Fenstermaßwerk, einen spätgotischen Erker und ein Renaissanceportal. Uralter Bergfriedhof auf dem Eulenköpfchen mit herr

lichem Blick auf mehere Moselorte. Außerdem befindet sich in Neef ein Ofen- und Puppenmuseum.
Weinfest: 3. WE. im August,
Offene Weinkellertage: 4. WE. im September

BREMM 950 EW.

Wein- und Ferienort an einer der schönsten Moselschleifen, an den steilsten Weinbergsterrassen Europas (Calmont= heißer Berg, 380 m). Von St. Aldegund kommend, blickt man auf jäh ansteigende Felswände von wuchtigem Ausmaß und alpinem Charakter.

Aus der Chronik: Recht früh wird Bremm genannt als Brembe, Brimben, Brima, Bremba, Breme und Bremme. Schon im Jahre 1025 besaß Pfalzgraf Ehrenfried hier Weinberge und Land. Die Abtei Brauweiler erhielt den Ort im Jahre 1051 von der Polenkönigin Richeza zum Geschenk. Begütert waren ferner hier die Abtei Simeon (1097), Springiersbach (1144), das Stift Arnstein (1160), die Grafen von Sponheim (1251), die Ritter von Buch (1339) und das gegenüberliegende Frauenkloster Stuben.

Bremmer Schleife

Sehenswert: Fachwerkbauten mit stattlichen Giebeln und geschnitzten Rosetten, -Storchenhaus 1686 -Laurentiuspfarrkirche 15. Jh. mit Barockaltar. -Kirchenruine Kloster-Stuben aus dem 12. Jh. -die steilsten Weinbergshänge Europas am Calmont (Calvus mons = kahler oder heißer Berg). -zahlreiche weitere Aussichtspunkte.
Weinfest: 1. WE. im September.

EDIGER-ELLER 1330 EW.

Ortsteil Eller, am Westende des Eisenbahntunnels gelegen, der die 22 km lange Schleife des Cochemer Krampens abschneidet.

Aus der Chronik: Mit Ediger zusammen war Eller einst fränkischer Kronbesitz und kam dann durch Schenkung des Königs Dagobert an das Stift St. German in Speyer, das seinen Hof samt seinen Gütern im Jahre 1227 an den Erzbischof von Trier veräußerte. In alter Zeit hieß der Ort Elra, Elre und Ellre. Münzfunde lassen auf römischen Ursprung schließen. Durch die Schenkungsurkunde der Polenkönigin Richeza kam Eller im Jahre 1051 an die Abtei Brauweiler. Begütert waren ferner das Stift St. Simeon in Trier mit einem Weingut von zehn Mansen (1097), die Abtei Niederehe (1746), das Kloster Reichenstein in den Ardennen (1746) und das Kloster Stuben (1339). Im Jahre 1215 schenkte Eberhard vom Arenberg dem Abt Heinrich vom Kloster Heisterbach seine Weingüter in Eller als Seelgut zur Gründung des Klosters Marienstatt. Auch die Herren von Ehrenburg hatten hier Besitz, den sie 1476 an Trier verkauften. Als Vögte regierten hier die Herren von Arras; im 14. Jhd. wird auch ein Ritter von Eller erwähnt.

Sehenswert: Eller: -ehemaliges Zehnthaus (13. Jh.) 70 Dörfer lieferten ihren „Zehnten“, der dem Domprobst von Trier zukam - ehemaliger Pyrmonter Hof (14. Jh.) Hofhaus der Grafen von Pyrmont - Pfarrkirche St. Hilarius, 12.-18. Jh. mit Marienaltar 1621 und Relief des Theis Kulwer 1566 -gotische St. Rochuskapelle aus dem Jahre 1420, -Fachwerkhäuser aus dem 16. und 17. Jh., -Kaiser-Wilhelm-Tunnel (1877 fertiggestellt), längster Eisenbahntunnel Deutschlands (4250 m).

Wandertips: Über den Berg zur Kreuzkapelle, von dort nach Cochem, ferner gegenüber zur Klosterruine Stuben, und/oder zur Peterskapelle und dem Aussichtspunkt des Eulenköpfchens.
Weinfest: 3. WE im Juli.

Ediger liegt am Beginn des Cochemer Krampens, unterhalb der Eisenbahnbrücke am linken Moselufer. Die beiden Winzerorte Ediger und Eller und etwas unterhalb der kleine Ort Nehren, sind seit frühester Zeit in vielfacher Weise miteinander verbunden; heute bilden Ediger und Eller eine Doppelgemeinde. Ediger hat 1994 im Landeswettbewerb „Unser Dorf soll schöner werden" den 2. Platz belegt und ist schönstes Dorf im Kreis Cochem-Zell.

Ediger: Schon im Jahre 895 bezog die Abtei Echternach hierselbst Weinrenten. Seit 1097 hatte auch das Stift St. Simeon hier ein Hofhaus und war im Besitze des Kirchenpatronats und des Zehnten, das später als Geschenk des Königs Dagobert in die Hände des Stiftes St. German zu Speyer kam. Von diesem erhielt es Erzbischof Theoderich von Trier, dem es Cuno von Schönberg im Jahre 1239 bestritt. Im Jahre 1187 war die Abtei Steinfeld hier begütert. Im Jahre 1352 stiftete Ritter von Ludersdorf sein unbelastetes Weingut zu Ediger dem Antonius altar zu Niederehe. Diese Abtei erwarb im Jahre 1763 vom Seminar in Trier noch über 7000 Weinstökke, nachdem es lt. Güterverzeichnis vom Jahre 1758 bereits 4400 Weinstöcke in Ediger und Eller besaß, die 2 Fuder Wein ergaben. Kloster Stuben war seit dem Jahre 1285 hier begütert. Im 16. Jh. erwarb auch die Abtei Springiersbach hier einen Hof mit eigener Verwaltung. Die Abtei Himmerod erhielt im Jahre 1304 die Güter Ritter Friedrichs, des Vogtes zu Senheim, in Ediger zum Geschenk; Hof und Güter hatten hier auch das Domkapitel und die Abteien St. Paulin und Simeon in Trier (1257). In den Urkunden des Mittelalters finden sich folgende Schreibweisen des Ortsnamens: Edegera, Edigera, Edegrin, Eddingrin, Edegrei, Edegreia, Ethegreia. Edeger. Im Jahre 1252 z. Zt. des Interregnums wurde unter dem Bürger Haubstus das „Ediger Reich" zur Abwehr räuberischer Überfälle in der damals unsicheren Zeit gegründet. Es unterstanden ihm 97 Orte. Dieser Städtebund, der Krieg und Fehde führte, war eine ähnliche Organisation wie die Hanse. Als Rudolf von Habsburg Ruhe und Ordnung im Lande wiederher- gestellt hatte, löste sich im Jahre 1295 der Städtebund auf. Den Ort, dem im Jahre 1363 von Kaiser Karl V. Stadtrechte verliehen worden waren, umgab eine festungsartige Ringmauer u. 16 Türme, die teilweise heute noch erhalten sind. Der Ort war im 12. Jahrhundert der Mittelpunkt des politischen und wirtschaftlichen Lebens an der Mittelmosel.

Schon das Stadtwappen von Ediger mit einem Weinstock im linken Felde spricht von der früheren weinbaulichen Bedeutung des Ortes. Klöster und Adel wetteiferten um den Besitz der Weinberge. Geschichte und Tradition hatten sich bis heute in den Lagenamen gehalten. Um den „Zeppeterkopf", den heutigen *Pfaffenberg*, stritten sich Klöster und Abteien. Das *Osterlämmchen* hat sein Wappen auf dem Hochaltar der Kirche. Der *Feuerberg* reift in der Nähe des Ostturmes. Steil steigen die Terrassen des *Elzogberges* an und treu hütet der Lehmer Turm (an der B 49 zwischen Ediger und Nehren), das letzte Überbleibsel des Lehmer Hofes, den einst herrschaftlichen „Lehmerhofberg".

Im Zuge der Auflösung des römischen Reiches wurden die Franken neue Herren in dieser Gegend. Neben früheren Entdeckungen in Ediger konnte 1982 unterhalb von Eller ein römisch-fränkisches Gräberfeld entdeckt werden. Während des 6. Jh. kam der spätere Alemannenmissionar Fridolin nach Eller und gründete dort ein klösterliches Zentrum zur Bekehrung der noch heidnischen Bewohner und Betreuung der Christen. Die Kirchenpatronate St. Hilarius und St. Martin gehen auf diese Zeit zurück. Ediger und Eller waren fränkisches Königsgut. Der Merowingerherrscher Dagobert (*639) schenkte dem St. Germansstift von Speyer Güter in den beiden Orten. Viele geistliche und weltliche Herren sicherten sich hier Besitztümer. Im Laufe der Jahrhunderte wurde der Erzbischof von Trier auch Landesherr in Ediger und Eller. Seine beiden Hofhäuser ragen noch heute über die anderen schiefergrauen Dächer hinaus. Im Jahre 1363 erhob Kaiser Karl IV Ediger zur Stadt und erlaubte dem Erzbischof und Kurfürsten von Trier Kuno von Falkenstein, den Ort mit turmbewehrten Mauern und Gräben zu umgeben, die Blutgerichtsbarkeit auszuüben und einen Wochenmarkt abzuhalten. Ihre höchste Blüte erlebten Ediger und Eller im 16.Jh. Mit der französischen Revolution endete die Zeit unter dem Krummstab. Die Frucht dieser Arbeit sind die köstlichen Gewächse aus ihren Weinbergen.

Sehenswert: Ediger: -Stationsweg (1762) zur Kreuzkapelle (1488) mit Christus in der Kelter (16. Jhd.) -Peterstor mit Turm (1363) -Fachwerkhaus (16. Jhd.). Kulturhistorisch wertvolle Darstellung von *Christus in der Kelter* in der Kreuzkapelle.

Im Orte selbst, wo Fachwerkbauten von der bürgerlichen Wohlhabenheit des 16. u. 17. Jh. sprechen, besichtigt man die sehenswerte spätgotische Pfarrkirche St. Martin (11.-16.Jhd.) mit ihren leider teilweise übermalten Barockaltären und den von einem Säulenbaum getragenen architektonisch hochinteressanten Netzgewölbe. Die

Außenstreben des Gewölbes ruhen auf Zwergen, Putten und Wappen der Zünfte. Stadtbefestigung mit Türmen und Toren (1363), Lehmer Turm zwischen Ediger und Nehren (13. Jh.).
Weinfest: 1. WE. im August.,
Offene Weinkellertage: 2. WE. im Sept.

NEHREN 77 EW.

kleiner Weinort am linken Moselufer im Cochemer Krampen.

Bereits in einer Urkunde des Jahres 634 wird er als „villa Nogaria“ (Nußdorf) genannt, einer der ältesten Orte in Rheinland Pfalz. In einer Urkunde des Propstes Heinrich von Bolanden in Carden vom Jahre 1265 wird er eine Römersiedlung genannt. Auf eine römische Ansiedlung läßt in der Tat die Nähe zur alten Römer straße über Senheim-Senhals und das unweit des Ortes liegende Römergrab, der sog. „Heidenkeller“ schließen. (Doppelanlage einer römischen Begräbnisstätte des 4. Jh. n. Chr.) Die 1975/76 rekonstruierten tempelartigen Aufbauten erinnern, weit sichtbar, an die reiche Vergangenheit des Moseltales.

Römischer Grabkammern

Im alten „Nogera“ oder „Noren“, wie es früher hieß, hatte die Abtei Springiersbach schon im Jahre 1144 Weinbergsbesitz, desgleichen der Kurfürst und später auch das Seminar in Trier, das seine 1656 Weinstöcke im Jahre 1763 zusammen mit den 7070 Stöcken aus Ediger für 75 Schildpi stolen oder 566 Tlr.= 36 Petermännchen kölnischer Münze der Abtei Niederehe verkaufte. Die Kirche ist spätgotisch. Unweit an der Straße nach Ediger, direkt an der Bundesstraße, steht ein renovierter viereckiger Turm, der Rest des Lehmer Hofes, des Sitzes der Ritter von Lehmen, die im 17. Jh. ausstarben.
Römischer Heidenkeller (Grabstätten)
Sehenswert: romanisch-gotische Kirche St. Agatha, zwei röm. Grabstätten.

Wandertips: Zu den röm. Grabkammern in den Weinbergen oberhalb von Nehren, weiter über den Berg nach Cochem, ferner der Mosel entlang nach Beilstein.
Weinfest: 1. WE. im August

SENHEIM / SENHALS 615 EW.

Doppelort hüben und drüben der Mosel. Senheim, Weinort am rechten Moselufer, liegt inmitten einer herrlichen Weinbergslandschaft und bietet dem Besucher viele Reize. - Mannigfaltige Abwechslung bietet das Dorf in seiner Substanz; ein Grund der häufig guten Platzierung im Wettbewerb „Unser Dorf soll schöner werden“. Urkundlich bereits um 1140 in Moselchroniken verzeichnet, gehörte Senheim zur Herrschaft von Kur-Trier, Sponheim und Metternich. Steile aber breite Straßen führen zum Kirchplatz hinauf. System liegt im Bauplan des Ortes, denn nach dem schrecklichen Brande des Jahres 1839, dem 106 Wohnhäuser, 7 Scheunen und 22 Kelterhäuser zum Opfer fielen, wurde auf Vorschlag des Landrats Moritz von Zell die gesamte Brandstätte von der Gemeinde übernommen und fast gleichförmig aufgeteilt. 30 „abgebrannte“ Familien wurden in der nach Landrat Moritz genannten Kolonie „Moritzheim“ bei Grenderich angesiedelt. So erklärt sich das neuzeitliche Gepräge des Ortes.

Aus der Chronik: Der Name Senheim in seiner jetzigen Schreibweise kommt im Jahre 1497 erst vor; früher hieß er Siegenheim und Sygenheim. Urkundlich erwähnt wird der Ort zuerst im Jahre 1182, als Erzbischof Philipp von Köln seinen Hof zu Senheim dem Erzbischof Arnold zu Trier verpfändete. Im Jahre 1188 verkaufte dann das Domkapitel in Köln für 500 Mk. Weinberge des Erzbischofs in Senheim. Im Jahre 1204 vergleicht Erzbischof Johann von Trier das Kloster Himmerod mit den Erben Alberos von Senheim über das Gut zu Senheim, das dieser vor seiner Reise nach Jerusalem dem Kloster schenkte. Auch Heinrich, Herr von Ehrenburg, vergleicht sich mit Simon, dem Grafen von Sponheim, wegen der väterlichen vom verstorbenen Grafen Heinrich von Sayn getragenen Lehen zu Senheim. Im Jahre 1268 erhielt Kloster Engelport hier ein Weingut von Gerhard, Graf von Wildenburg. Frank von Senheim dotiert im Jahre 1322 die Abtei Himmerod mit Gütern im Peterswald, deren Zehnten im folgenden Jahre ihr von Johann von Braunshorn, Herr von Beilstein erlassen wurde. Auch Kloster Stuben erwarb schon im Jahre 1339 und besonders im 16. Jh. Weinberge in Senheim, das schon früher durch seinen guten Weinbergslagen bekannt war.

Sehenswert: Direkt an der Mosel befindet sich heute ein großer Jachthafen mit Camingplatz. In der alten Vogtei des Dorfes befindet sich heute eine Kunstgalerie mit wechselnden Ausstellungen. Pfarrkirche mit Barockaltar (1075). Außer dem lädt ein Weinbaumuseum zur Besichtigung alter Weinbautradition ein.

Wandertips: Gut gekennzeichnete Wanderwe ge führen zu herrlichen Aussichtspunkten: Lohnende Wanderwege nach Beilstein, auf die Höhen des Hunsrücks mit seinem weiten Rundblick, dann nach Bullay, Alf, Bad Bertrich, Marienburg, Burg Arras und Zell, oder über die Höhe hinauf auf den Hochkessel mit seinem alten Steinring aus der Keltenzeit; von Senhals die Welch-Kehr hinauf nach Sehl, oder weiter nach Cochem ist ebenfalls eine interessante Wanderung.
Weinfest: 1. WE. im Juli.

Senhals kleiner Weinort auf der linken Moselseite, vereint mit Senheim. Schon der Ortsname Senhals ist von der früheren Hochgemeinde Senheim abgeleitet und bezieht sich auf die örtliche Beschaffenheit des Lage. Die Bezeichnung *hals* kommt nur bei charakteristischen Landzungen vor, die sich von der Höhe langsam zu Tal senken. So auch z. B.: der „Reiler Hals“. Senhals kommt schon unter der Bezeichnung „Singenels“ vor, hat also wie Senheim dieselbe Wurzel „Sigen“.

Aus der Chronik: Daß Senhals schon zur Römerzeit existierte, davon zeugen heute noch die hier gemachten Münz-, Ziegel- und Gräberfunde; ein römisches Grabmal dreier Offiziere, der sog. „Heidenkeller“, liegt unweit des Ortes; die Münzen stammen aus der Zeit des Kaisers Augustus. Während Senheim urkundlich erstmals im Jahre 1140 genannt wird, machte Senhals schon 100 Jahre früher geschichtlich Kunde. Diese erste Urkunde weist nach Köln, denn nach den Mittelrh. Regesten 1, Nr. 1408, besaß im Jahre 1067 die Kölner Kirche bereits Güter in Senhals. Da Senhals stets unbefestigt war, mußte es schutzlos allen Kriegsstürmen ausgesetzt sein, so daß von seiner mittelalterlichen Größe und Wohlhabenheit, welche es seinem fruchtbaren Gelände verdankte, nur wenig übrig geblieben ist. In alten Aufzeichnungen wird der Ort Treffpunkt von Pfalzgraf Ruprecht mit den Herzögen Wilhelm von Jülich und Gerhard Berg im Jahre 1350 genannt. 1395 ist eine schwere Überschwemmung mit gefährlichem Eisgang aufgezeichnet.

Hinter dem Orte führte schon zur Römerzeit eine Heerstraße zu Tal und über die Mosel und von Senheim das Bergtal hinauf über den Hunsrück nach Bingen. Im Mittelalter war diese Straße als Handelsstraße ein bequemer Verbindungsweg zwischen Flandern und der Frankfurter Messe und wurde von den Malmedier Kaufleuten und

Weinfuhren häufig benutzt. Auch im Mittelalter hat sie den Charakter als Heerstraße nicht verloren. Im Jahre 1654 wurde hier für den Truppentransport eine hölzerne Brücke geschlagen; auch Napoleon ließ hier die durch den Fluß geteilte Heerstraße (1794) durch zwei Brücken verbinden.

Die beiden Orte bilden den ältesten Besitz Preußens an der Mosel. Erst nach dem Wiener Kongreß (1815) kam Kurtrier an Preußen. Diese beiden Orte mit ihrem sponheimischen Drittel als uraltes Lehen der Herzöge von Cleve kamen aber schon im Jahre 1618 an Brandenburg und damit auch an Preußen. Erst 1783 hat Friedrich der Große seine Rechte auf die beiden Orte freiwillig aufgegeben und sich dafür Rechte auf drei andere sponheimische Dörfer übertragen lassen. Neben den Grafen von Sponheim teilten sich in den dreiherrlichen Besitz des Ortes die Grafen von Metternich - Winneburg - Beilstein und der Kurfürst von Trier. Seit dem Jahre 1780 unterstanden die beiden Orte allein noch der kurtrierischen Herrschaft, nachdem der Kurfürst für die Orte Senheim, Senhals und Grenderich die Orte Buch, Mörz und Beltheim an die Grafen von Sponheim ausgetauscht hatte. Infolge der verschiedenen Besitzverhältnisse hatte der Ort besonders zur Reformationszeit viel zu leiden.

Sehenswert: Magdalenen Kapelle (1400). Die römischen Grabkammern in den Weinbergen sind über die Straße in 30 Geh-Minuten (2 km) zu erreichen.
Wandertips wie Senheim
Weinfest: 1. WE. im Juli.

MESENICH 355 EW.

altes Weindorf am rechten Moselufer in der Cochemer Moselschleife. Moselromantik liegt über dem Ort. Enge winkelige Straßen, Gäßchen und historische Fachwerkbauten zeugen noch von mittelalterlichem Flair. Es wurde als keltische Siedlung 400 v. Chr. gegründet. Steinzeitliche Funde und Gräber aus der mero wingischen Epoche deuten auf das Alter des Ortes. Die Franken nahmen das Moseltal um Mesenich 350 n. Chr. in Besitz.

Die Geschichte hat sich auch in den Namen von Fluren und Gassen erhalten. In der Riemengasse, wo vor noch nicht langer Zeit die Türen statt durch Schlösser durch Riemen gehalten wurden, trat Metall an die Stelle des Leders. Imposant wirkt in dem Wirrwarr der Häuser und Häuschen das wuchtige Bauwerk der Brauweiler Abtei, und dem Wappen mit Pelikan, Stab und Schwert. Brav krönt das Kirchlein mit seinem uralten, romanischen Turm den Ort. Ein Stück Geschichte, schon 1088 als Kirche St. Nicolai von Erzbischof Egilbert geweiht und dotiert.

Urkundlich erwähnt wurde der Ort schon in der Schenkungsurkunde vom Jahre 1050. Nach dem Tode ihres Gatten (1050) - König von Polen - war die adelige Richeza in ihre rheinische Heimat zurückgekehrt; aus dem reichen Erbe ihrer Eltern, des rheinischen Pfalzgrafen Ezzo und seiner Gemahlin Mathilde - Tochter Kaiser Ottos II. und der byzantinischen Prinzessin Theophano - überließ Richeza der Benedektinerabtei Brauweiler bei Köln neben vielen anderen Gaben eine große Anzahl von Weinbergen in Mesenich. Für die dazugehörigen Lehnsleute im Dorf hatte die fromme Königswitwe - ihre Grabstätte ist in Kölner Dom - einen großzügig bemessenen Anteil am Ernteertrag festgesetzt.

1051 bestätigte Kaiser Heinrich III. die Schenkung Richezas; er selbst fügt noch das Privileg der Zollfreiheit auf Rhein und Mosel für die Abtei und ihre Mesenicher Winzer hinzu. Später kaufte das Zisterzienserkloster Machern diese Besitzungen. Mesinihc und Misinicho ist seine alte Bezeichnung.

Im Jahre 1088 weiht der Erzbischof von Trier auf Bitten des - später seliggesprochenen - Abtes Wolfhelm die auf Brauweiler Anwesen errichtete - 1773 erneuerte - Kirche. Sie wird unter das Patronat von St. Nikolaus gestellt, der auch Schutzheiliger des fernen Klosters war. Auch die Abtei St. Paulin bei Trier hatte durch Probst Arnold Beziehungen zu Mesenich. Er verpflichtete sich im Jahre 1276 als Pensionär zu Mesenich, dem Stift jährlich 9 Fuder Wein und das wöchentliche Brotkorn zu liefern. Desgleichen war die Abtei Echternach in Mesenich begütert. Im Jahre 1492 schenkte Ludolf von Enschringen seine Güter in

Mesenich dem Kloster Helenenberg bei Welschbillig. Die Weinernte des Jahres 1390 soll in Mesenich so reichlich gewesen sein, daß man für ein leeres Fass 1 1/2 Faß Wein tauschte, um den Vorrat unterzubringen. Das Interesse des Adels und der Kirche an Mesenicher Obst und Wein war also nicht gering.

Bis 1794, als nach dem Einzug der französischen Revolutionstruppen das Lehnswesen in den linksrheinischen Gebieten aufgehoben wurde, dauerten die Beziehungen zwischen Mesenich und Brauweiler. Zeugnis dieser jahrhundertelangen, die Ortsgeschichte prägenden Verbindung ist der mächtige spätbarock-klassizistische Zehnthof mit dem Abteiwappen als Zierde. In früheren Zeiten des Mittelalters erlangte der Holzschiffsbau eine große Blüte und war ein wichtiger Erwerbszweig. Eine Erinnerung hieran ist der Anker im Nikolauswappen der Gemeinde.
Sehenswert: -Nikolauskirche.

Wandertips: Herrliche Spaziergänge durch Wald und Weinberge.
Weinfest: 1.. WE. im August.,
Offene Weinkellertage: 2. WE. im Sept.

BRIEDERN 357 EW.

Weinort im Cochemer Krampen am rechten Moselufer, 2 km von dem berühmten Beilstein entfernt.

Aus der Chronik: Früher hatten hier die Abtei Himmerod (1250), das Stift in Carden, die Abtei Rosenthal, die Ritter von Starkenburg und von Esch, sowie die hohe Domkirche in Trier, nach welcher der Rübenberger Domherrenberg benannt ist, (Hofhaus) und Weinberge. Den Weinzehnten erhob seit 1187 die Abtei Steinfeld. In den Urkunden wird Briedern als Predin, Predyn und Briddue erwähnt.

Sehenswert: Neben der Schule steht der Servatiusbrunnen. Seine Quelle ist unversiegbar und seinem Wasser wird seit jeher Heilkraft zugeschrieben.

Wandertips: Briedern, so recht ein Dörfchen zum Ausruhen, hat auch hübsche und bequeme Wanderwege. Prachtvoll ist die Aussicht von der Waldeslust, dem ehemaligen Galgen. Einen schönen Fernblick zum Hunsrück gestattet die *Hohe Lay*. Stromabwärts liegt das romantische Beilstein, die Perle der Mosel, und stromaufwärts der Weinort Mesenich. Über den Berg ist es nach Senheim nicht weit, wie auch jenseits der Mosel über den Rüberberg nach Kloster Ebernach.
Weinfest: 3. WE im August.

BEILSTEIN 150 EW.

das „Dornröschen der Mosel" am rechten Moselufer, am Ausgangspunkt eines engen Bachtales zwischen Weinbergen und Mosel, liegt an einer der beeindruckendsten Moselschleifen. Es hat nur wenige Bewohner, ist aber reich an landschaftlichen und baulichen Reizen und verträumten Winkeln; es ist ein zünftiges Moseldörfchen voll mittelalterlicher Reize und 1993 zum schönsten Ort im nördlichen Rheinland Pfalz gekürt. Für Maler, Dichter und Architekten ist Beilstein eine Fundgrube wert voller Anregungen.

Aus der Chronik: Fränkische Gräberfunde belegen Beilsteins Besiedlung um 800. Seit 1068 ist der Ort Lehensbesitz der Herren von Braunshorn. 1250 ist es im Besitz des Erzstiftes Trier, nachdem es vorher (1200)

Reichsburg war. Trier belehnte damit die Herren von Braunsborn, Winneburg und Metternich. Unter Ritter Johann (1299-1346) erhält der Ort Stadtprivilegien, wird befestigt, 1309 eine jüdische Gemeinde gegründet und 1310 die ehem. Pfarrkirche gestiftet. Nach dem Aussterben des Geschlechtes von Braunshorn geht das Lehen 1360 an die von Winnburg über. 1471 wird ein Cuno von Winneburg und Beilstein erwähnt. Nachdem Kurtrier 1488 Beilstein in Besitz genommen hat, belehnt es 1652 die Reichsgrafen von Metternich mit Herrschaft und Ort.

Im Jahre 1637 berief Graf Emmerich von Metternich-Winneburg und Beilstein Mönche vom Berge Carmel nach dem sog. Lammerberge zu Beilstein und ließ Kloster und Kirche bauen. Die 12 Mönche des Ordens hatten den Gottesdienst in der Schloßkapelle und auf der Winneburg bei Cochem, sowie den Pfarrdienst in Beilstein zu versehen. Die Kirche wurde im Rokoko-Stil erbaut. Außer dem Karmeliterkloster soll auch ein Kapuzinerkloster hier bestanden haben. Im Jahre 1689 wurden von den Soldaten Ludwigs XIV. die Verteidigungswerke von Ort und Burg niedergerissen und alle bewegliche Habe auf die Bergfestung Mont Royal bei Traben-Trarbach gebracht. Einige Monate später wurden auch Schloß und Ort niedergebrannt. Den Weinzehnten erhob hier die Abtei Steinfeld. 1691 erfolgt die Grundsteinlegung der Klosterkirche, die 1738 vollendet wird. Im 17. und 18. Jh. entstand das Ortsbild, welches bis heute weitgehend erhalten geblieben ist.

Sehenswert: Malerischer, ganz in den Felsen gehauener Marktplatz. Burg Metternich, Wehrbau, als Ruine stimmungsvoll in herrlicher Landschaft, aus dem 13. - 15. Jh., kam 1652 als trierisches Lehen an die Freiherren von Metternich und wurde 1689 zerstört. -Das Burghaus, -das Zehnthaus mit Kellerei und -das Karmeliterkloster,

Wandertips: Durch das Hinterbachtal führt eine Straße auf die Hunsrückhöhen zum Moselhöhenweg, der links nach Treis und rechts nach Zell führt.
Weinfest: 1. WE. im Sept.

ELLENZ / POLTERSDORF 881 EW.

(am linken Moselufer), liegt gegenüber von Beilstein im Moselkrampen. Die Chroniken besagen, daß die heute eine kommunale Doppelgemeinde bildenden Dörfer Ellenz und Poltersdorf zu verschiedenen Zeiten entstanden sind.

Ellenz mit Burgruine Metternich

Aus der Chronik: Schon im Jahre 920 wurde Ellenz erwähnt, als Sibodo von Hochstaden der von ihm gegründeten Abtei Steinfeld Weingüter in Ellenz zuwandte; auch die Grafen von Eltz schenkten ihr im Jahre 1255 zur Unterhaltung der ewigen Lampe 2 Weinberge. Die Abtei besaß hier und in Poltersdorf ein Hofhaus mit Immunität, Asylrecht und ein Geding mit 15 Geschworenen. Zum Gute gehörten 4850 Weinstöcke, sowie der Weinzehnte zu Ellenz, Poltersdorf, Beilstein und Briedern. Das Gut wurde im Jahre 1803 für 6250 frs. = 1666 Tlr. versteigert. Den anderen Zehnten in Ellenz besaß seit 1100 das

Castorstift in Karden. Naturalrenten bezog das Stift in Kyllburg, und auch das Kloster Stuben erwarb hier Weinrenten im Jahre 1339. Ein Johann von Ellenz wird im Jahre 1348 erwähnt. Die mittelalterliche Bezeichnung des Ortes war Elenze, Elenzec und Elence.

Weingut - Pension-Garni
Basten
Telefon: 02673/1508 u. 1555
Mod. Gästezimmer mit DU/WC/Bad und Balkon, Sauna u. Solarium, Aufenthaltsraum, Weinproben bis zu 50 Pers. fachliche Beratung vom Winzermeister.
56821 Ellenz * Auf Mertsborn 13 - 14

Weinfest: 1. WE. im August.
Offene Weinkellertage: 4. WE. im September

Poltersdorf hingegen wurde erstmals in einem päpstlichen Schutzbrief vom 30. März 1178 erwähnt.

Aus der Chronik: Bis zum Jahre 1363 war der Ort mit Ellenz zusammen reichsunmittelbar; sie kamen dann beide an Winneburg-Beilstein. Der größte Grundbesitzer von Poltersdorf war in alter Zeit die Abtei Steinfeld, die hier (1187) ein Hofhaus mit Weinbergen und Ländereien, sowie den Zehnten in den umliegenden Ortschaften besaß. Zu dem Steinfelder Geding in Poltersdorf gehörten 15 Geschworene. Begütert waren hier ferner das Karmeliterkloster Beilstein, die Klause in Cochem (1318), das Kloster Stuben (1285), die Ritter von Eller (1325), Monreal (1318) und Winand, sowie die Herren von Beilstein-Winneburg.

Auch die Domherren von Trier und die Freiherren von Gimmenich (Niederrhein) besaßen Güter in Poltersdorf; nach ersteren ist der heutige Rüberberger Domherrenberg benannt.

Sehenswert: Das Hofhaus des Gimmenichen Gutes ist bis heute noch in seiner historischen Art vorhanden; es steht direkt neben der durch Ritter Karl von Monreal erbauten Kirche (1318). Architektonisch interessant ist die Straße durch den Glokkenturm der alten Kirche, welche im Jahre 1318 durch Ritter Karl von Monreal erbaut wurde; auch verschiedene alte Fachwerkhäuser sind noch zu finden. -Panoramablick auf die Burgruine Metternich - romantische Dorfwinkel.

Weingut
Willi und Annetrud Fett
Tel. 02673/1465 * Fax 02673/1398
1994 neu erbautes Haus mit FeW. für 2 - 6 Pers., Preise auf Anfrage. Schöne Gästezim., Grillplatz, rustikale Terrasse, Weinproben, Filmvorführungen.
56821 Poltersdorf * Goldbäumchenstr. 26

Hotel - Restaurant
Weinhaus Fuhrmann
Telefon: 02673/1562 * Fax: 02673/1564
Komfortzimmer mit Du/WC, Loggia, TV, Radio, Minibar, Selbstwählertelefon, Sauna, Solarium, Fitneßraum, vorzügliche Küche, Terrasse, Tanzbar.
56821 Ellenz - Poltersdorf * Moselweinstr. 21

Weinstube - Weingut
Alfred Hausmann
Telefon: 02673/1710 * Fax 02673/1596
Auf Ihrer Moseltour besuchen Sie uns in unserem Weingut! Nehmen Sie Platz in unserer Weinstube. Treffpunkt für Leute mit Geschmack. Wir verwöhnen Sie mit eigenen Weinen u. herzhaften Speisen. Weinprobe im hist. Gewölbekeller. Spezialitäten und unser Versandservice werden Sie begeistern.
56821 Ellenz-Poltersdorf * Neustraße 7

Gasthaus und Gästehaus - Erholung
Könen
Telefon: 02673/1883 * Fax: 02673/1334
Inh. Kath. Fuhrmann. Erholen Sie sich in familiärer Atmosphäre. In unserem Restaurant bieten wir Ihnen gepflegte Weine und ausgesuchte Speisen an.
56821 Ellenz - Poltersdorf * Moselstr. 8

Wandertips: Schöne Wanderwege über den Berg nach Cochem und nach Beilstein.
Weinfest: Letztes WE. im Juli.
Offene Weinkellertage: 1. WE. im Okt.

Kleine Anekdote. In der sog. Ritterburg, in der die alte Annekäth bis Ende der 1890er Jahre die Wirtschaft betrieb und das Essen an der „Aal" kochte; konnte man den „Rüberberger" nur literweise haben. Aber wehe dem, der seinen Liter wie sein Proster geleert hatte. Daher werden heute noch viele alten Leute in Poltersdorf über 90 Jahre alt. Wer echten Rüberberger frisch vom Faß trinken und sich von der Gastfreundschaft des alten Stammes überzeugen will, der muß in Poltersdorf ein Winzerfest mitmachen. Wer aber lange leben will, der lasse sich in Poltersdorf erzählen, nach welchem Modus die Ältesten des Dorfes gelebt haben, die es bis zu beinah' 100 Jahren brachten.

BRUTTIG / FANKEL 1100 EW.

Fankel am rechten Moselufer im Cochemer Krampen hat die mittelalterlische Bauweise noch weitgehend bewahrt; Unter dem Rathause führt altes durch Gewölbe die Straße hindurch. Türmchen und Spitzgiebel sind buntgemischt mit altehrwürdigem Holzschnitzwerk.

Aus der Chronik: Im Jahre 1100 besaß das Castorstift in Karden hier Weinberge und Land. Früher hieß der Ort „Vankela, Vankele, Vancle". Begütert waren neben den Klöstern Ravengiersburg (1135), Engelport (1308) und Rosenthal, die Minoriten in Merl und die Abtei Steinfeld, die hier im Jahre 1259 von Hermann von Eltz zwei Weinberge für die Ewige Lampe in der Abtei geschenkt erhielten.

Wandertips: Nach dem nahegelegenen historischen Beilstein, oder über Bruttig der Straße nach auf die Höhe zum Valwiger Berg. Von hier durch die kleine Ortschaft Valwiger Berg nach Valwig und zurück nach Bruttig-Fankel. Als Alternative kann man vom „Valwigerberg" weiter nach Treis-Karden wandern und dann mit dem Schiff zurück nach Bruttig-Fankel.
Weinfest: 2. WE. im Juli

Bruttig am rechten Moselufer gelegen, bildet heute mit Fankel eine kommunale Einheit. Bruttig ist ein alter und kunsthistorisch interessanter Weinort. Wegen seiner Lage im Krampen hat er noch viele seiner alten Eigenheiten erhalten.

Aus der Chronik: Bruttig, einst Proithge, Proteche, Prodecha, Proderich genannt, wird im Jahre 1145 erstmalig erwähnt. Hier stand bis zum Jahre 1378 die Mutterkirche von Valwig und Ernst und unterstand als solche dem Castorstifte in Karden. Erheblich war der Besitz von Adel und Kirche in der Bruttiger Gemarkung. Begütert waren hier die Abtei Springiersbach (1145), die Benediktiner-Abtei Ruppertsberg bei Bingen (1200), das Stift St. Cunibert in Köln, die Abtei Himmerod (1252), die Klause in Cochem, die Klöster Rosenthal und Pfalzel, die Abtei Siegburg, St. Katharinen, die Grafen von Sponheim, die von Winneburg, der Pfalzgraf, die Beissel von Gymnich, die von Lombeck, von der Leyen, die Walpod von Bassenheim, die Zante von Lissingen, die Grafen Metternich, von Eltz und die Freiherren von Wildberg.

In der Nikolaus-Kirche zu Leipzig befindet sich das Grabmal eines Bruttiger Bürgers und Gelehrten, der als Rektor der Leipziger Universität im Jahre 1524 starb. Peter Schade, auch Petrus Mosellanus genannt, wurde im Jahre 1493 als 14. Kind armer Eltern in Bruttig geboren. Sein Vater war Winzer, Krämer und Barbier zugleich. Sein Onkel in Beilstein ließ den kränklichen Jungen in Luxemburg studieren, von wo er später nach Limburg, Trier, Köln, Erfurt und Leipzig ging und sich den alten Sprachen widmete. Im Alter von 23 Jahren wurde er schon Rektor des Gymnasiums zu Freiburg in Sachsen und im folgenden Jahre (1515) auf Empfehlung des Gelehrten Erasmus von Rotterdam Lehrer an der Universität in Leipzig, wo er großen Zulauf hatte. Im Jahre 1519 wurde er ordentlicher Professor und bald Rektor der Universität. Er wohnte damals auch der bekannten 19-tägigen „Leipziger Disputation" Luthers mit Carlstadt und Johannes Eck bei und hielt selbst eine Rede zur Versöhnung. Der Bischof von Naumburg, sein Schüler, errichtete ihm in der Nikolauskirche in Leipzig ein Denkmal.

Sehenswert: Ein Prachtstück bürgerlichen Barockstils ist das wuchtige Schunk'sche Haus vom Jahre 1659, das sich in der Moselfront des Ortes hervorhebt; die reichgeschnitzte Wendeltreppe aus der Renaissance ist ein Meisterwerk der Holzschnitzkunst. Ein mächtiger Ofen aus gebranntem Ton mit Wappen und Heiligenbil dern, sowie hölzernes Schnitzwerk und Täfelung geben dem Innern ein vornehmes Gepräge.

Wandertips: Wie Fankel, oder über die Höhe durch den Valwiger Wald nach Klotten, oder über Kloster Engelport durchs Flaumbachtal nach Treis.
Weinfest: 2. WE im Aug.,
Offene Weinkellertage: 3. WE. im Sept.,

ERNST 642 EW.

ist ein aufstrebender Weinort am linken Moselufer im „Cochemer Krampen".

Aus der Chronik: In dem goldenen Buch der Abtei Echternach wird in einer Urkunde des Jahres 780 ein Ort namens „Amenche" erwähnt. Der Lage nach wird angenommen, daß Ernst aus diesem Namen entstanden ist. Im Jahre 1120 wird in einer urkundlichen Erwähnung der Ort eindeutig als „Ernesce" bezeichnet. Im Jahre 1341 wurde ein Ritter von Treis von Erzbischof Balduin mit Hochgericht und Vogtei in Ernst belehnt. Im letzten Drittel des Dreißigjährigen Krieges ging nach Aussage der Steuerlisten die Zahl der Familien auf die Hälfte zurück. Durch die Hergabe von 7 Ohm (1100 Liter) Wein konnte sich der Ort vor der Einäscherung durch die Schweden im Jahre 1636 retten.

Alter Dorfbrunnen

Ursprünglich waren Ernst und Valwig Pfarrfilialen der Mutterkirche Bruttig, die wieder dem Castorstift in Karden incorporiert war (1471). Das bezog in seinem Hofhaus in Ernst auch den Zehnten. Da aber Eis und Hochwasser den Kirchgang nach Bruttig oft unmöglich machten, erhob Erzbischof Cuno von Falkenstein im Jahre 1378 Ernst zu einer selbständigen Pfarrei mit reicher Dotierung.

Der kirchliche Grundbesitz in der Ernster Gemarkung belief sich im Jahre 1719 auf 17½ %, der adlige auf 5 %, der herrschaftliche Besitz also zusammen auf 22½ % der Gesamtfläche. Wie überall an der Mosel waren hier Ländereien und Weinberge für 1/3 des Betrages in Erbpacht an die Bürger vergeben. Es waren hier die Abtei Springiersbach schon im Jahre 1120, St. Simeon in Trier (1150), die Abtei Echternach (1161), das Stift in Karden, das Hospital in Cochem, das Kloster Stuben, die Minoriten in Merl, die Herren von Bettingen begütert und manche andere.

Hotel - Pension - Weingut
Weinhaus Heinrich Andre
Telefon: 02671/4688 * Fax 5859
Idyllische Mosellage, Terrasse und großer Parkplatz, Persönliche Atmosphäre, Ruhe - viele Wanderwege erwarten Sie! Bitte Hausprospekt anfordern.
56814 Ernst * Moselstr.1

Hotel - Restaurant
Weinhaus Traube
Tel. 02671/ 7120 * Fax 02671/5825

WIE WÄRE ES, WENN SIE UNS EINFACH BESUCHEN!

56814 Ernst * Moselstr. 33

Wandertips: Durch den Ernster Wald auf die Höhen der Eifel, oder eine Rundwanderung von dort nach Ediger-Eller und dann zu den übrigen Orten des Krampens zurück nach Ernst.
Weinfest: 3. WE. im August.

VALWIG 314 EW.

ist ein Weinort am rechten Moselufer mit tausendjähriger Tradition, schönen Fachwerkhäusern, alten Weinkellern, winkligen Gassen und erste urkundliche Erwähnung im Jahre 866.

Aus der Chronik: Freigelegte römische Ziegel- und Badeanlagen lassen auf römischen Ursprung schließen. Ehedem war der Ort als „Falvoia, Falaveia, Valefeye, Valevei, Valevey, Valvei, Valeve, Valve“ bekannt. Manche erklären den Ortsnamen mit Wallweg, weil einst viele Wallfahrer hierüber zur Wallfahrtskapelle zum Valwigerberg zogen. Urkundlich wird der Ort zuerst im Jahre 866 erwähnt in der Precarie der Abtei Prüm mit der edlen Frau Hiedilda, die bereits vier Mansen mit Land und Weinbergen in Valwig erwähnte. Der Weinbergsbesitz dieser Benediktiner Abtei wurde dann in den Jahren 886 und 893 urkundlich bestätigt. Durch die Stiftung der Propstei Ebernach bei Cochem durch den Ritter von Ebernach erhielt die Abtei Maria Laach ein Allodium in Valwig mit Gebäuden, Wiesen, Weiden, Weinbergen und

Schönes Fachwerkhaus, auch zum Einkehren!

einer Mühle. Seit 1227 war auch das Kollegiatstift Münstermaifeld hier mit einem Hofe begütert. Im folgenden Jahre stiftete Propst Ingebrand für sich und seinen Bruder Heinrich von Daun mit Gütern zu Valwig Memorien in der Pfarrkirche zu Münstermaifeld und der Kapelle auf dem Bischofstein. Dieser erwarb für das Stift im Jahre 1231 auch das Gut der Abtei Maria Laach in Valwig. Im Jahre 1253 verkaufte das Kloster Stuben Baldewin, dem Enkel Karls von Cochem, seinen Weinberg in Valwig für 15 Mark kölnischer Denare. Die Klausnerinnen in Cochem bezogen Weingülten in Valwig, wo auch die gegenüberliegende Benediktiner-Abtei Ebernach begütert war. Mit Ernst gehörte Valwig bis zum Jahre 1337 zur Pfarrei Bruttig. Im Jahre 1471 wurde die Kirche in Bruttig mit den Filialen Ernst und Valwig dem Castorstift in Carden einverleibt und Elisabeth von Brohl prä-

sentierte von jetzt ab die Pfarrer. Dieses Recht ging an ihre Erben, die Herren von Winneburg und später an die Grafen von Metternich über.
Sehenswert: -Wallfahrtskapelle 12 Jh. - weite Rundblicke vom Valwigerberg.

Wandertips: Von Valwig führt eine schmale Straße zu dem ehemaligen Wallfahrtsort Valwigerberg, von wo man einen herrlichen Ausblick ins Moseltal bis Beilstein und Cochem hat. Dieser Ort gehört heute zu Valwig und hat nur wenige Einwohner. Früher strömten Prozessionen zur altehrwürdigen gotischen Liebfrauenkapelle auf dem Valwigerberg, die schon im 15. Jh. von Ritter Johann von Winneburg reich dotiert und viel besucht war. Bis zur napoleonischen Zeit hatte sie zwei Geistliche; seitdem ist sie mit der Pfarrkirche Valwig vereint. Von hier aus führt ein Weg nach Cochem-Cond.
Weinfest: 3. WE im Juli,
Offene Weinkellertage: 4. WE. im Sept.

COCHEM 5681 EW.

wird das „Venedig des Nordens" genannt und liegt an beiden Moselufern. Überragt wird die Stadt von der märchenhaft anmutenden Reichsburg römischen Ursprungs. Sie wurde im Jahre 1868 als Ruine von Kommerzienrat Louis Ravené aus Berlin gekauft. Er ließ sie in ihrer früheren Gestalt wieder aufbauen.

Aus der Chronik: Die vielerorts ausgegrabenen Särge, Waffen und Münzen lassen auf römischen Ursprung schließen. Urkundlich wird die Stadt in der Preacarie des Abtes von Prüm mit der Edelfrau Hiedilda als „villa cuchuma" im Jahre 866. erwähnt und 893 als „Cucheme", später als „castrum Chuochome", „Chuycomo" und 1183 als „Cuchema", schließlich 1144 als „Castellum Cochum". Die Pfalzgrafen bei Rhein hatten Stadt und Burg seit dem 10. Jahrhundert als Reichslehen inne. Ein Sproß dieser Pfalzgrafen war Richeza, die Gemahlin des Königs Miczyslav II. von Polen, welche nach dessen Tod von den deutschfeindlichen Polen vertrieben wurde. In ihrer Heimat verschenkte sie ihre ererbten Besitzungen meist an Klöster. Die Cochemer Güter schenkte sie an die Abtei Brauweiler und im Jahre 1056 die Stadt dem Pfalzgrafen Heinrich. Von diesem kam die Stadt 1294 an Kur-Trier, dem sie bis 1801 verblieb. Einige Jahre vorher allerdings (1282) hatte Kaiser Rudolf von Habsburg den allzu selbständigen kaiserlichen Burggrafen abgesetzt und den Erzbischof Boemund von Trier und seine Nachfolger zu erblichen Reichsburggrafen des Schlosses Cochem ernannt. Im Jahre 1512 besuchte sie Kaiser Maximilian auf seiner Reise zur Synode in Trier. Stadt und Burg hatten sehr unter den Raubzügen Ludwig XIV. zu leiden. Im Jahre 1673 wurde die Burg im Kriege mit Holland von der Lescherlinde aus beschossen. Im Jahre 1688, als die Bergfeste Mont-Royal bei Traben-Trarbach fertig gestellt war, ging man systematisch an den Abbruch der Schlösser und Burgen im Moseltal. Auch die Burg Cochem und die Winneburg wurden durch Kommandant Marquis de la Trouze gesprengt und Graf von Boufflers rückte nach viermaligem Sturm endlich mit 15.000 Mann in die Stadt ein. Ein heftiger Kampf zwischen den kaiserlichen Brandenburgern und den Franzosen ent spann sich im Kapuzinerkloster. Die Verluste der Franzosen betrugen 2500 Mann, darunter 6 Oberste, 10 Hauptleute und 24 Leutnants. Kurfürst Hugo von Osbeack ließ das zerstörte Kloster wieder aufbauen. Wie in Pfalzel bei Trier und in Koblenz gab es auch in Cochem stets einen Schiffszoll, den Pfalzgraf Wilhelm und seine Gemahlin Adelheid 1130 dem hl. Eucharius schenkten. Die Chorherren der Abtei Springiersbach waren von diesem Zoll seit 1136 befreit. Dieser Moselzoll wurde jedoch oft zu Lande umgangen, vornehmlich durch die Eifel über Faid. Kaiser Friedrich erlaubte daher dem Trierer Erzbischof Johann von Baden (1456- 1503) von jedem Fuder Wein neben dem Schiffszoll zu Cochem auch Wehrzölle zu Lande, und zwar in Wittlich, Hontheim und Faid zu erheben, der den Schiffszoll um einen rheinischen Gulden übersteigen sollte. In Cochem waren die Abteien Prüm, Brauweiler, die Benediktiner von Pfalzel, die Zisterzienser von Rosenthal, die Abtei Springiersbach, die Minoriten zu Merl begütert. Außerdem hatte im Jahr 1130 Johann, Ritter von Evernach, seine dortigen Güter und die in Valwig als Propstei Ebernach der Benediktinerabtei in Maria Laach verschenkt. Cochem hatte seit dem Jahre 1623 ein Kapuzinerkloster, eine Klause wird hier schon 1297 erwähnt. Ferner bestand hier noch ein Hospital.

Cochems Chronik, graphisch dargestellt

Sehenswert: -Barockrathaus -Kapuzinerkloster (1623) -Reste der mittelalterlichen Stadtbefestigung (Enderttor, von 1332, -Balduintor, eines der drei noch erhaltenen, bewehrten Stadttore mit Torwächterwohnung, Stadtgefängnis und Wohnhaus mit Ausspann, der heutigen „Alten Thorschenke“ -Blick auf die Einfahrt des 4,25 km langen Kaiser-Wilhelm-Tunnels -Pinnerkreuz -Sesselbahn -Märchenwald und Wildpark. -Reichsburg Cochem (Aufstieg 15 Min.), -Ruine Winneburg herrlich auf einem spitzen Felskegel im Enderttal gelegen.

Moselromantik - Hotel
Keßler - Meyer GmbH
Telefon: 02671/4600 * Fax: 02671/3858
Urlaub an der Mosel ist Erholung und Erlebnis, wir verwöhnen Sie und bringen Ihnen unsere schöne Landschaft nahe. Wochenprogramme u. Erlebnisw..
56812 Cochem * Am Reilsbach

Gast sein im behaglichen Ambiente! Inh. M. Cohn.
Union Hotel-Restaurant Tel: 02671/244-5*Fax7427
56812 Cochem * Moselpromenade 16
Hotel-Restaurant „Zum Guten Onkel“
56814 Bruttig * Bergstr. 6, Tel: 02671/7141* Fax 3345
Hotel-Restaurant „Sternburg"
56332 Löf * Moselufer 73 * Tel: 02605/631 * Fax 1211

Moselromantik - Hotel - Restaurant
Weißmühle
Telefon: 02671/8955 * Fax: 02671/8207
Zimmer m. Du/WC, Selbstwahltelefon, TV, Minibar, Lift, Kaminzimmer, Tagungsraum, Kegelbahn, Restaurants, Frei-Terrasse, Forellenteiche, Parkplatz.
56812 Cochem * Enderttal

Wandertips: Nach Beilstein, in das wildromantische Enderttal mit der Winneburg, die im Jahre 1689 dem Freiherrn von Metternich durch die Franzosen gesprengt und zerstört wurde, in den Stadtwald mit seinen Aussichtspunkten. Cochem ist auch der gegebene Ausgangspunkt für halbe und ganze Tagesausflüge zur Burg Eltz, zur Marienburg bei Bullay, nach Bad Bertrich, zu den zahlreichen Burgen der Mosel und zu den Maaren der vulkanischen Eifel.
Weinfest: letztes WE. im August.

KLOTTEN 1580 EW.

liegt am linken Moselufer, und hieß früher „Clodena, Clotena, Clothena, Cloteno, Clotteno, Clotenen“. Es wird überragt von den Ruinen der Burg Coraidelstein (Conradstein) und hat zahlreiche Fachwerkbauten aufweisen, die in den steil ansteigenden Straßen und Gäßchen den Kenner interessieren.

Aus der Chronik: Das Weindorf ist eine der ältesten Ansiedlungen dieser Gegend und blickt auf eine mehr als 1000-jährige Vergangenheit zurück. Klotten ist wahrscheinlich keltischen Ursprungs. Dies ist

aus seinem Namen zu erklären: Cleto donum (keltisch dunum = Festung), also Festung des Caleto = des tapferen Streiters. Es war aber Römersiedlung, was sich aus römischen Grabfunden annehmen läßt. Erstmalig wird das Reichsdorf Clodena in einer Urkunde Ludwigs des Frommen vom Jahre 814 erwähnt, worin er der Abtei Malmedy-Stablo unter anderen von seinen Vorfahren gemachten Schenkungen auch die Kapelle und den Zehnten in Clodina bestätigt. 1040 - 1047 weilte hier die Polenkönigin Richeza, eine Enkelin Kaiser Ott II., auf ihren Besitzungen. 1332 erhielt Klotten von Kaiser Ludwig die Stadtrechte. Als kurtrierische Amtsstadt wurde der Ort 1337 mit Mauern und Türmen befestigt. Zeugen der Vergangenheit sind viele alte Fachwerkhäuser und die Burgruine Coraidelstein.

Pension Hermann Nehren
Original-Klosterkeller
Telefon 02671/1262
Tanzkeller für 120 Personen, Zimmer teilweise mit Du/WC, reichhaltiges Frühstück, 2 Gästeräume, 35 Radstellplätze, große Sonnenterrasse.
56818 Klotten * Hauptstr. 81

Sehenswert: -Burgruine Coraidelstein, ehem. Residenz der Königin Richeza, aus dem 10. Jh. und Sitz der Pfalzgrafen, war bis 1830 bewohnt und wurde dann abgebrochen. Die Ruine ist teilweise wieder aufgebaut und beinhaltet heute eine Ausstellung keramischer Erzeugnisse, die vor Ort hergestellt und nach Voranmeldung

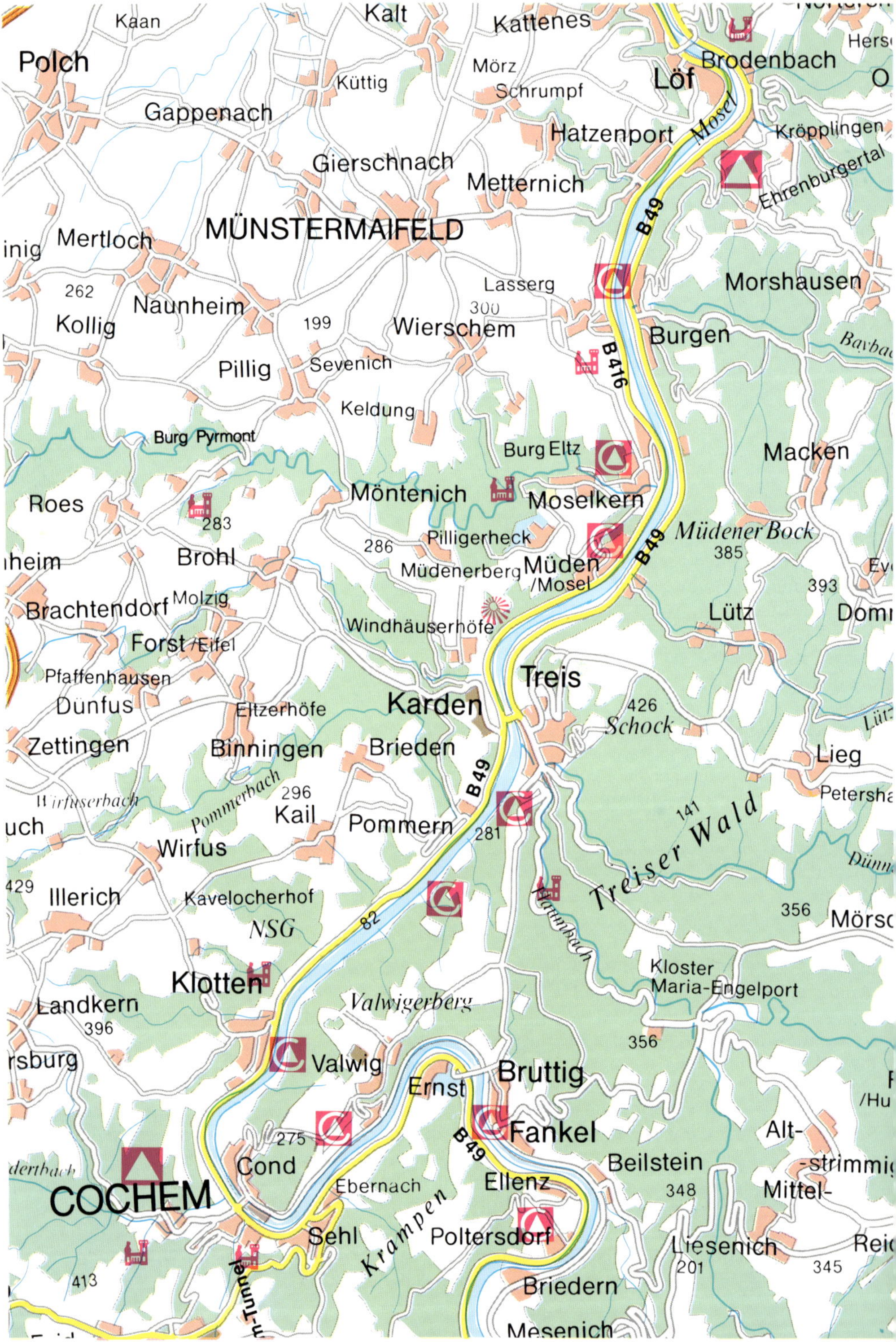
Kaan
Kalt
Kattenes
Polch
Mörz
Küttig
Schrumpf
Brodenbach
Löf
Gappenach
Hatzenport
Mosel
Kröpplingen
Gierschnach
Metternich
Ehrenburgertal
MÜNSTERMAIFELD
B49
Mertloch
Lasserg
Morshausen
262
Naunheim
300
Kollig
199
Wierschem
Burgen
B416
Pillig
Sevenich
Keldung
Burg Pyrmont
Burg Eltz
Macken
Roes
Möntenich
Moselkern
283
Müdener Bock
286
Pilligerheck
385
Brohl
Müdenerberg
Müden
/Mosel
B49
Molzig
393
Brachtendorf
Lütz
Windhäuserhöfe
Forst /Eifel
Pfaffenhausen
Treis
Dünfus
Karden
426
Eltzerhöfe
Schock
Zettingen
Binningen
Brieden
Lieg
B49
296
Wirfuserbach
Pommerbach
Kail
Petersha
Pommern
141
281
Treiser Wald
Wirfus
429
Illerich
Kavelocherhof
82
356
NSG
Klotten
Kloster
Maria-Engelport
Landkern
Valwigerberg
396
356
Valwig
Bruttig
Ernst
Fankel
275
Alt-
B49
-strimmig
Cond
Beilstein
348
Mittel-
COCHEM
Ebernach
Ellenz
Krampen
Poltersdorf
Sehl
Liesenich
201
345
413
Briedern
Mesenich

besichtigt und gekauft werden können.
Freizeit: Auf der Höhe befindet sich ein Wildpark- und Märchenpark.

Wandertips: Für den Naturliebhaber bietet moselabwärts das Dortebachtal als imposantes Naturschutzgebiet (erreichbar in 20 Minuten) ein alpin anmutendes Erosionstal mit verschiedenartigen, seltenen Tier- und Pflanzengesellschaften auf den Trockenrasenhängen pontischer Herkunft zum Wandern und Beobachten an. Schöner Blick vom Schellberg und Burgberg ins Moseltal, und der Vierseenplatz.
Weinfest: 1. WE im August,
Weinerntefest: 1. WE. im Okt.

POMMERN 565 EW.

am linken Moselufer, ist mit seinem Natur schutzgebiet Pommerbachtal ein gern besuchter Wein- und Erholungsort. Wie Funde beweisen, reicht die Besiedlung des Ortes bis in die Steinzeit zurück. Die Pommerner Gemarkung beherbergt auf dem Marktberg ein bedeutendes keltisches Oppidum mit einer großen Tempelanlage sowie Reste mehrerer röm. Villen. Das ehemalige Hochgericht war auf dem Galgenberg.

Aus der Chronik: Pommern ist in seinem jetzigen Erscheinungsbild römischen Ursprungs, wie die meisten Moselorte. Sie sind aus dem Landsitz, der „villa" eines römischen Grundherrn hervorgegangen. Als „Pomaria" wird der Ort schon im Jahre 750 erwähnt, jedoch soll eine noch ältere Siedlung aus der La-Tène-Zeit nebst einem befestigten Tempel des keltischen Gottes Mars-Lenus auf dem Martberge gestanden haben. Bei kürzlichen Ausgrabungen entdeckte eine archäologische Exkursion auf dem Martberg und in Wierchem Siedlungsreste eines 2000 Jahre alten Dorfes, indem etwa 500 Menschen gelebt haben sollen. Das keltische Oppidum (Oberzentrum) sucht weit und breit seinesgleichen. Schutzmaßnahmen verhindern eine Besichtigung, die Siedlungsreste wurden wieder mit Erdreich zugeschüttet. Im Mittelalter wird der Ort als Pumera und Pumere erwähnt. Begütert in dem damals bedeutenden Weinbau des Ortes waren das

Kapelle am Südhang

Stift Carden (1100), die Abtei Laach (1139), Stift St. Cunibert in Köln (1252), die Klöster Martenthal und Rosenthal, die Abtei Springiersbach, Brauweiler; die Abtei St. Trond bei Lüttich, die Kirche St. Stephan in Metz und Abtei Himmerod; ferner die Edelherren von Montclair (1227), von Braunshorn, von Franchimont (1256), von Pyrmont, von Runkel, von Done und von Bolanden, ferner die Boos von Waldeck, die Zante von Merl, die von Bürresheim, Wildberg und Gymnich. Die Abtei Himmerod, der im Jahre 1316 durch Erzbischof Balduin die Pfarrei Pommern zugeordnet wurde, machte besonders im 13. Jh. bedeutende Erwerbungen in Pommern an Land und Weinbergen durch Käufe, Schenkungen, Stiftungen und Testate. Im Jahre 1252 erwarb sie auch die Güter des St. Cunibertstiftes in Köln.

Unter den Pfalzgrafen, wurde Pommern mit Clotten und Cochem im Jahre 1292 von Kaiser Adolf als Reichslehen an Kurtrier verpfändet, dem es bis zum Untergang des Reiches verblieb. Als Vögte des Reiches und von Kurtrier residierten auf der Burg bis 1300 die Herren von Pommern, die Walpoden nach ihnen bis 1414, die von Nickenich bis 1579, später die Grafen von Eltz und von der Leyen.

Das Pommerbachtal umschließt die romantischen Ruinen des ehedem bedeutenden Zisterzienser-Nonnenklosters Rosenthal, das Ritter Dietrich zu Weselim im Jahr 1170 gestiftet haben soll. Nach der „Metropolis“ soll jedoch ein Graf von Virneburg das Kloster gegründet haben. Seit 1304 unterstand es der Abtei Himmerod. Die Nonnen beschäftigten sich mit der Krankenpflege. Die Äbtissinnen waren Töchter aus vornehmen Adelshäusern, wie die von Virneburg, von Metternich, von Schöneburg, von Scharfenstein, sowie Jutta von Pyrmont, die Braut Friedrichs von Baden, der mit dem letzten Hohenstaufen, dem 16-jährigen Konradin, in Neapel hingerichtet wurde. Jutta nahm vor Gram den Schleier, um den Freuden der Welt zu entsagen.

In einem neuen Buch des Octavia Verlages mit dem Titel: „Petrus - Papst in Rom am Rhein“ wird die kühne These aufgestellt - die als Tatsache formuliert ist - daß weder das Grab, noch Gebeine, noch eine zeitgenössische Quelle für die Mission, das Martyrium und Tod des Apostels Petrus in Rom zeuge. Die beiden Autoren - darunter ein kath. Priester i.R. - vertreten sogar die Ansicht, daß der Apostel Petrus nie in Rom gewesen sei und der Ort der Kreuzigung Petri - man lese und staune - über Pommern an der Mosel am Goldberg oder Martberg gewesen sein könnte. In dem Abschnitt „Petrus an Rhein und Mosel“ wollen die Autoren Spuren der Missionstätigkeit des Petrus auf dem Petersbergerhof zwischen Lahr und Zilshausen, aber auch in der Nähe der Mosel mündung in den Rhein gefunden haben.

Auf dem Martberg hat erst kürzlich eine archäologische Exkursion stattgefunden. Hier wurde ein keltisches Oppidum (Oberzentrum) freigelegt, welches weit und breit seinesgleichen sucht. Es sollen hier vor über 2000 Jahren mindestens 500 Menschen gelebt haben. Bei Ausgrabungen in Wierschem wurden ähnliche Funde gemacht. Besichtigen kann man diese Ausgrabungen nicht; man hat sie wieder mit Erde aufgefüllt.

Sehenswert: -Pommerner Sonnenuhr - Kapelle am Südhang. -Ältestes Pfarrhaus des Bistums Trier (restauriert.)

Wandertips: Durch den Wald im Pommerbachtal aufwärts nach 45 Minuten rechts nach Karden, oder weiter zur Abtei Rosenthal und den Orten auf der Moselhöhe. Sehr schnell ist auch die Kreisstadt Cochem zu erreichen.

Weinfest: WE. nach dem 3. August, Offene Weinkellertage: 3. WE. Sept.

TREIS / KARDEN 2419 EW.

Treis liegt am rechten Moselufer, wo das von sechs bewaldeten Bergkuppen umgrenzte Flaumbachtal in die Mosel mündet. Die unterhalb von Treis von einem Berggrat grüßende Zilskapelle, einst eine Einsiedelei, trägt den Namen des Stifters.

Aus der Chronik: Funde und Münzen, Gefäße, Ziegel und Mauerreste lassen auf einen römischen Stützpunkt schließen, dessen Aufgabe es war, den Moselübergang und die Anmarsch straße zum Hunsrück zu überwachen.

Moselaufwärts dürften am Ufer Mauerreste auf eine römische Brücke schließen lassen. Als „Tris Villa" waren der Ort und als „Trys" oder „Treis castrum" die Burg bekannt. Schon im Jahre 1051 schenkte die Polenkönigin Richeza dem Kloster Brauweiler Güter in Treis. Im Jahre 1100 ist das Stift Carden mit Äckern, Weinbergen und dem ganzen Zehnten in Treis erwähnt (in tris locum qui vocatur houestata). Durch Burgherr und Bürgerschaft von Treis wurden ihm seine Holzgerechtsame im Treiser Walde oftmals bestritten.

Zu den ältesten Weinbergsbesitzern gehörten neben dem Stift Carden in Treis die Abtei Brauweiler, St. Stephan in Mainz, das Kloster Ravengiersburg (1103), die Abtei Laach (1163), die Abtei St. Simeon in Trier, das Kloster Engelport, die Grafen von Wied (1229), die Herren von Braunshorn (1234) und von Brach tendorf (1250), die Domkirche in Trier, die Ritter von Pyrmont, von Wildenburg und Treis, sowie die Abtei Himmerod mit Weinbergen und einem Hof auf dem Treiser Berge (1254).

Daß Treis als militärischer Stütz- und Ver kehrs-Knotenpunkt stets eine bedeutende Rolle spielte, beweist die Existenz der beiden Burgen am Eingang zum Hunsrück. Auf je einem bewaldeten Bergkegel erhebt sich im Vordergrunde die Burg Treis mit gewaltigem Bergfried, und weiter zurückliegend die Wildenburg. Die Burg Treis ist die ältere der beiden und war um 1100 im Besitze des Grafen Bertholf von Treis. Als mit ihm 1122 die Grafen von Treis ausgestorben waren, baute der Erbe Otto von Reineck die Wildenburg auf den anderen Bergkegel. Kaiser Heinrich V. jedoch zog gegen ihn zu Felde und nahm ihm Burg Treis als Reichslehen wieder ab. Als der kaiserliche Pfalzgraf Hermann von Stahleck Treis besetzt hielt und die Burg belagerte, übertrug Graf Otto die Burg (1149) an den Trierer Erzbischof Albero von Monsterol. Er sollte versuchen, die Burg in seine Gewalt zu bringen. Der in trierischen Diensten stehende Graf von Namur soll dann die Feste eingenommen haben. Die Burgen waren fortan als kurtrierisches Lehen an den Adel der Nachbarschaft vergeben. Im Jahr 1547 kamen sie in den Besitz der Grafen von Eltz. Papst Eugen III. (1152) und Kaiser Friedrich I. (1157) bestätigten dem Erzbischof Hillin den Besitz der Burg Treis (castrum Tris appelatum) mit allem Zubehör.

Im Flaumbachtal stößt man auf die Ruinen des adeligen Prämonstratenser-Nonnen-klosters Engelport. Ein Ritter von Monreal hatte auf der Jagd an dieser Stelle, wo jetzt die Klosterruinen stehen, eine Erscheinung von Engeln und hielt dies für eine Mahnung des Himmels, hier ein Kloster zu bauen. Dies geschah im Jahre 1220 mit Unterstützung des Zisterzienserklosters Chumb bei Simmern. Der Ritter von Monreal beschenkte das Kloster reich durch Güter am Flaumbach und in Fankel. Als jedoch das Stift zerfiel, nahm Philipp von Wildenburg sich seiner an, vornehmlich im Interesse seiner drei Töchter. Im Jahre 1272 wurde die neue Kirche der Abtei vom Erzbischof Heinrich von Trier eingesegnet. Die Zahl der Nonnen betrug 20: die dritte Priorin, eine Margaretha Kratz zu Scharfenstein, bekleitete ihr Amt 82 Jahre lang und starb im Alter von über 100 Jahren. Die Kirche, von der heute nur noch spärliche Reste vorhanden sind, war eine einschiffige, romanische Basilika, deren fünfseitige Chorapsis spätgotisch gewesen zu sein scheint. Im Jahre 1819 wurde das Kloster mit seinen 140 Morgen Land für 5-6000 Taler an ein Konsortium verkauft. Die Gebäude wurden abgebrochen und die Steine zum Bau von Häusern in Treis und der „Sonntagsmühle" in

Carden verwandt. Weil das Kloster beim Adel in hohem Ansehen stand, wurden in der Stiftskirche mehrere Mitglieder erster Familien beerdigt, wie die Grafen von Manderscheid, der Grafen von Sponheim und die Markgrafen von Baden.

Wildburg bei Treis, wohl vor 1123 auf dem gleichen Felsmasiv errichtet wie Burg Treis, wurde 1957 ausgebaut. Der romanische Palas zeigt ausgewogene Bauverhältnisse.

Wandertips: Zur Burg Treis und Wildburg durchs Flaumbachtal nach Kloster Engelport über den Berg nach Beilstein oder Bruttig, von dort nach Cochem mit Reichsburg und Winneburg; ferner zur Zilskapelle, zu Burg Eltz und nach Pyrmont (1 1/2 bis 2 Stunden). Der Moselhöhenweg führt über den Honhäuserhof - Lütz -Donnershausen-Waldeck -Beulich und durch das Ehrbachtal nach Brodenbach.
Weinfest: 2. WE. im Sept.

Karden ist Brückenort am linken Moselufer zwischen Eifel und Hunsrück. Bedeutende Funde deuten auf eine vorchristliche Besiedlung hin. Im 5. Jh. wird es erstmals als römisches Straßendorf urkundlich erwähnt. Eng schmiegt sich der Ort an die steilen Weinbergshänge. Mit dem gegenüber liegenden Treis ist es durch eine Brücke verbunden und durch die Verwaltungsreform (1969) vereinigt.

Aus der Chronik: In der zweiten Hälfte des letzten Jahrhunderts vor Christus wurde Karden als VICUS CARDENA von den Römern gegründet. Die früheste schriftliche Erwähnung des Ortes findet sich bereits beim Geographen von Ravenna in der zweiten Hälfte des 5. Jahrhunderts. Die Kelten gaben ihm den Namen „Caradunum", das heißt Steinwall. Auf dem steil abfallenden Martberg hatten sie ein stark befestigtes Heiligtum. Die Römer bauten es noch mehr aus, und schützten so ihre Straßen, die von Carden aus nach den großen Heerstraßen des Hunsrücks zur Eifel und nach Koblenz führten. Ein Rest der römischen Straße zur Eifel ist heute noch am Berghange der Straße, die von Carden in die Eifel führt, zu sehen. Zur Zeit der Römer war Cardona ein Vicus. Man fand hier römische Inschriften, keltische und römische Münzen, keramische und andere Funde. Nicht weniger als sechs römische Töpfereien wurden freigelegt. Ein Töpferofen ist im Kellerraume des Bahnhofes zu sehen. Nach diesem bedeutenden Orte römischer Kultur sandte der heilige Maximinus, Bischof von Trier, in der Mitte des 4. Jahrhunderts seine beiden Schüler Castor und Lubentius. Sie sollten Carden und der Umgegend das Evangelium bringen. Während Lubentius in die Gegend von Cobern zog, blieb Castor in Carden. Nach langem Mühen baute er die erste christliche Kirche der Umgegend. Schließlich zog sich der Heilige in eine etwa 400 m unterhalb Cardens auf halber Höhe in steiler Felswand gelegenen Höhle zurück, die jetzt durch ein weithin sicht bares Kreuz gezeichnet ist. Die Gebeine des Heiligen wurden in der von ihm erbauten Kirche beigesetzt. Reiche Schenkungen und Stiftungen folgten, die bald zur Gründung des Kollegiat-Stiftes „St. Castoris in Cardona" führten. Im Jahre 836 wurden die Gebeine des heiligen Castor durch den Erzbischof Hatti von Trier nach der von diesem zu Ehren des Mosel apostels erbauten St. Castorkirche in Koblenz gebracht, wo sie noch ruhen. Ein kleiner Teil der Reliquien ist noch in Karden.

Das Kollegiat-Stift „St. Castoris in Cardona" erfreute sich infolge der zahlreichen Wallfahrten bald eines großen Ansehens und gelangte durch reiche Schenkungen in den Besitz umfangreicher Güter.

Ausschließlich die Adeligen der Umgegend, so die von Eltz, Pyrmont, Winneburg und Waldeck stellten die Stiftsherren. Den Propst ernannte das Domkapitel zu Trier. Anfangs gehörten sechs, später elf geistliche Herren (Kanoniker) dem Stift an. Der älteste von ihnen war zugleich Pfarrer von Karden, der jüngste war Lehrer der Stiftsschule. Als Entschädigung erhielten diese die Einnahmen aus dem Rothard-Gut, das dem Stift im 10. Jahrhundert geschenkt worden war. Der Reichtum des Stiftes war weithin bekannt, denn viele Pfarrei en mußten ihm den Zehnten entrichten. Bereits im 12. Jahrhundert besaß es Güter in Treis, Pommern, Brohl, Pillig, Müden, Burgen,

Fankel und anderen Dörfern. Der Besitz an Waldungen in Treis hatte einen solchen Umfang, daß ihm ein eigener Oberförster vorstand. Auch wurde dem Stift ein eigenes Forstrecht vom Papst (1301) bestätigt.

Der Propst von Carden war zugleich Archidiakon des gleichnamigen Archidiakonates. Sein Kuratorium und Zehnthaus mit einem Kustus an der Spitze lag in Carden. Während er selbst, wenn er sich nicht in Trier aufhielt, auf der Burg Bischofstein wohnte.

Das Castorstift mit seinen Gebäuden, seinen Kurien und seinem freien Platze, den eine alte Linde zierte, bildete eine kleine Stadt und war von einer Mauer umschlossen. Außerhalb dieser Immunität gab es zwei Frauenklöster, die obere und die untere Klause. Zwei Junggesellen, die Brüder Heinrich und Kuno (vom Ufer), waren die Gründer der unteren Klause. Die Stiftsurkunde von 1318 bestimmte die Klause zunächst für sechs Nonnen. Schon 1412 sah sich der Erzbischof Werner von Falkenstein genötigt, die Klause aufzuheben und ihre Güter dem Klosterstift einzuverleiben, denn nur noch eine Nonne, Katherina von Clotten, weilte in dem Stift. Die Kapelle zerfiel. König Friedrich Wilhelm IV. ließ sie wieder in Stand setzen und schenkte sie den Protestanten des Kreises.

Die obere Klause hatte eine längere Lebensdauer. 1282 durch Heinrich v. Bulanden gegründet und Tertiarier-Nonnen übergeben, ging sie 1477 durch den Archidiakon Johann v. Vinstingen in die Hände der Franziskanerinnen aus Besselich über. In der franz. Revolution wurden die Nonnen vertrieben und ihre Güter im Jahre 1804 für 2141 Taler versteigert. In dem Klostergebäude befindet sich jetzt ein von Vinzentinerinnen geleitetes Waisenhaus.

St. Castor Dom. Zwischen Stift und Klause stand ein Hospital mit einer Kirche, die dem hl. Maximinus geweiht ist. Daran erinnert heute das Maximin- Gäßchen. Im 12. Jahrhundert stand noch die Pfarrkirche „Unserer Lieben Frauen", deren Pfarrer der älteste Kanoniker des Stifts war, der sich aber durch einen Rektor, einen ebenfalls vom Castorstift angestellten Geistlichen, an

St. Maximin vertreten ließ. Der noch erhaltene wuchtige romanische Glockenturm auf dem Friedhof verrät uns die Stelle, auf der die Pfarrkirche gestanden hat.

Unter den Drangsalen des 30-jährigen Krieges und den Raubkriegen Ludwig XIV. hatten Ort und Stift viel zu leiden. Das reiche Stift mit seinen gefüllten Speichern und guten Weinkellern zog Freund und Feind an, die sich abwechselnd hier festsetzten. Dreimal mußten die Bewohner des Stiftes von der Klause flüchten. Der Freibeuter Oliver plünderte und brandschatzte von hier aus die ganze Umgegend, bis ihm die wehrhaften Clottener ein Ende bereiteten. Das Stift wurde so arm, daß es den Zehnten verpfänden mußte, um seine Geldverlegenheit zu beheben; doch es erholte sich bald wieder. Im Jahre 1699 konnte der von den Schweden verbrannte Hauptturm der Castorkirche wieder aufgebaut und mit einem neuen einfachen Baroackhelm versehen werden.

Zu Anfang des vorigen Jahrhunderts wurde das Stift durch die Franzosen aufgehoben. In Carden kamen damals 23 Häuser zur Versteigerung. Ein Weinberg mit 4296 Stöcken ging für nur 240 Taler weg. Die aus dem 9. Jahrhundert stammende Stiftskirche war schon 1183 baufällig und für das begüterte Stift zu unansehnlich geworden. Da errichtete man die jetzt noch stehende dreitürmige Kirche. Das spätromanische Chor mit den zwei Flankentürmen und der hübschen Zwerggalerie wurde zuerst gebaut. Im Jahre 1247 wurde das frühgotische dreischiffige Langhaus eingeweiht. Das Innere birgt sehenswerte Kunstwerke. 11 Altäre dienten den Kanonikern zum Gottesdienst. Der Hochaltar mit seinem schlecht nachgemachten Aufsatz von 1846 hat wertvolle Terrakotten, in der Mitte die Gottesmutter mit dem Kinde, rechts die anbetenden hl. Dreikönige, links die Figuren der Heiligen Castor, Petrus und Paulus (14. Jahrhundert). Das auf der Evangeliumsseite eingemauerte Sakramentshäuschen von 1634 zeigt im Relief die Einsetzung des Allerheiligsten Altarssakramentes mit alttestamentlichen Priesterfiguren als Schmuck. Die Madonna aus dem 14. Jahrhundert und der Pelikan als Evangelienpult im Empirestil sind wertvolle Holzschnitzereien. Die prächtige Orgel in Monstranzenform trägt den Psalmensänger David, die Harfe spielend, von Engeln begleitet.

Die Eheleute Simon und Katharina Broy, deren Söhne als Kanoniker in das Stift eintraten, stifteten im Jahre 1591 das Altarbild im Querschiff, die Auferstehung Christi darstellend, ein Meisterwerk der Kölner Schule. Die beiden Seitenaltäre aus der ersten Hälfte des 17. Jahrhunderts sind von dankbaren Kaufleuten der Kirche gestiftet worden. Den romanischen Taufstein (13. Jh.) haben tatkräftige Cardener Bürger in der Franzosenzeit aus der früheren baufälligen Pfarrkirche in die zum Abbruch bestimmte Stiftskirche geschleppt. Diese haben sie dann dem franz. Kommissar gegenüber zur Pfarrkirche erklärt und sie so vor der Zerstörung bewahrt. Eigenartig, aber nicht von besonders großem kunsthistorischem Wert, ist die Gruppe der Beweinung Jesu im linken Seitenschiff. Johann v. Vinstingen ließ sie nach seiner Rückkehr von Jerusalem im Jahre 1495 anfertigen. In der Sakristei liegt hinter starken Türen, an denen die Siegel der franz. Kommissare noch sichtbar sind, ein Teil des Stiftschatzes geborgen. Darunter befinden sich wertvolle Handschriften, Meßbücher aus dem 14. Jh. mit wundervollen Initialen - Lebenswerke schreib kundiger Stiftsherren. Ein streng romanischer und ein frühgotischer Christus gehören ihm an. Der spätgotische Reliquienschrein birgt in einer silbernen Monstranz einen Teil der Gebeine des hl. Castor. Wertvolle Meßgewände - Geschenke adliger Damen - ruhen in den Truhen.

Viele Grabplatten mit Wappen und Sinnsprüchen, unter denen sich besonders das Grabdenkmal derer von Pyrmont hervorhebt, sind an den Wänden der Kirche und des Kreuzganges aufgestellt. Eine Treppe führt von letzterem aus in den Kapitelsaal, der noch einen Teil der alten Stiftsbibliothek - in Schweinsleder gebundene Bücher - enthält. Der Kreuzgang verband die Kirche mit dem Zehnthaus. Dieses wuchtige Gebäude mit seinen mit Kleeblattblenden gezierten Fenstern läßt uns den Reichtum des Stiftes ahnen.

Bemerkenswert ist noch das am Ende des Dorfes stehende, aus dem Jahre 1526 stammen de Bürgerhaus der Familie Broy, deren Wappen in dem Türsturz zu sehen ist. Zwei Schlangen umwinden einen Hammer, ähnlich dem Aeskulapstab der alten Griechen. Das Haus ist im Renaissancestil erbaut und mit Wachtürmchen und Giebelspitzen verziert.

Hotel
Rebstock
Telefon: 02672/1398 * Fax 2169
Herzlich Willkommen! Hineingehen und sich wohlfühlen. Das Haus der behaglichen Atmosphäre und der gepflegten Gastlichkeit.
56253 Treis-Karden * St. Castorstr. 49 - 43

Hotel - Weinhaus
Stiftstor
Telefon: 02672/1363 * Fax: 02672/8849
Lassen Sie sich verwöhnen mit einer ausge zeichneten Küche und erlesen Weinen aus eigenem Anbau, mod. Zimmer mit Du/WC, Konferenzräume, Kegelbahn.
56253 Treis - Karden * St. Castorstr. 17

Gasthaus
Zur Linde
Telefon: 02672/1360 * Fax: 02672/2041
Gepflegte Gastlichkeit in privater Atmosphäre, moderne Gästezimmer, eigener Qualitätswein bau, Weinproben n. Vereinb., Kellerbesichtig, Parkplatz.
56253 Treis - Karden * St. Castorstr. 10

Sehenswert: -Historische Bauwerke aus dem 11. bis 13. Jh. -St. Castor-Dom (ehemalige Stiftskirche) mit seinem berühmten Terrakottaaltar, und Stiftmuseum in Karden.

Wandertips: Zur Burg Eltz 1 1/4 Stunde, Burg Pyrmont bei Roes, 2 Stunden, zu dem Wasserfall im Kardener Bachtal 3/4 Stunden. Nach Treis mit seinen 2 Burgen und vielen Speziergängen, nur über die Moselbrücke, ferner nach den andern Nachbarorten u.a. Klotten mit Burg Coraidelstein, sowie nach Cochem mit seinem schöner Burg und der Winneburg.
Weinfest: 2. WE. im September und darauf folgendes WE.

MÜDEN 748 EW.

ist eine der ältesten Siedlungen keltischröm. Ursprungs am linken Ufer der Mosel mit malerischer Kirche, deren Turm aus römischer Zeit stammt und als Wachtturm diente. Bei der im Jahre 1923 nötig gewordenen Erweiterung blieb der Turm in der alten Form erhalten.

Aus der Chronik: Müden wird urkundlich im Jahr 1100 erstmals erwähnt. Das Kollegiat-Stift Carden durfte den Zehnten fordern. Die Schreibweise des Ortes änderte sich im Verlaufe der Jahrhunderte; man nannte ihn Modena, Mudhena, Muthena, Mutina und Mudena. Im Jahre 1139 bestätigte Papst Innozenz II. der Benediktinerabtei Laach Weinberge in Müden. Anfang des 13. Jahrhunderts war auch die Abtei Maximin dort begütert und seit 1251 auch Himmerod. Meist war es der Müdener Wein, der die Klöster anzog.

Gasthaus - Pension
Balthasar
Telefon: 02672/2998 * Fax 02672/8825
Wir bieten eine gutbürgl. Küche! Gesellschaftsräume, Familienfeiern, Veranstaltungen. Gästezimmer alle mit DU/WC, Parkplatz und Garagen in der Nähe.
56254 Müden * Hauptstraße

Weingut
Sonneneck
Telefon: 02672/2542 * Fax: 02672/2542
Elternhaus der Gebietsweinkönigin 93/94. Weinproben bis zu 50 Personen im gemütlichen Felsenkeller. Gepflegte Rieslingweine aus besten Steillagen und
Ferienhaus Lohmühle, im alten Stil eingerichtet.
56254 Müden * Bachstr. 14

Müden besitzt einige hübsche Fachwerkhäuser im Baustil der Renaissance, von denen einige Musterbeispiele für die zweckmäßige und schöne Ausnutzung einer Straßenkrümmung und schmalen Baufläche zu Wohnzwecken sind. Ahnen berühmter Männer wohnten in Müden, so der Vater des großen Naturforschers Johannes Müller, ebenfalls der des großen Gelehrten und politischen Schriftstellers Joseph Görres, der in der napoleonischen Zeit weltberühmt wurde.

Sehenswert: -alte Fachwerkhäuser, darunter das Halfenhaus.

Wandertips: Burg Eltz ist von hier aus in 3/4 Stunde Fußweg und in 10 Minuten Fahrweg über den Müdenerberg zu erreichen, ferner Burg Pyrmont in gut 2 Stunden Fußweg. Eine schöne Aussicht moselauf- und abwärts und auf den Hunsrück bietet das in ca. 20 Minuten zu erreichende Krabinsköpfchen. Als weiterer lohnender Ausflug ist der Besuch der St. Castorhöhle zu empfehlen, die ebenfalls in etwa 20 Minuten zu erreichen ist. Der Weg führt an der sagenumwobenen Sonntagsmühle vorbei, die aus den Trümmern der Klöster Engelport und Rosenthal erbaut wurde. Gegenüber von Müden gelangt man in das romantische Lützbachtal.

Weinfest: Letztes WE. im August.

MOSELKERN 695 EW.

ein Weinort am linken Moselufer - gegenüber dem Druidenstein - liegt auf ebenem Vorland. Heute noch werden Funde aus der Römerzeit geborgen.

Aus der Chronik: Als „Kern" wird der Ort bereits im Jahre 1100 erwähnt. Er war Umschlagsort zum Maifeld, das durch das Eltztal leicht zu erreichen ist. Die Koblenzer Zollrolle des Stiftes St. Simeon in Trier vom Jahre 1209 sieht daher schon die Elzmündung als Etappe für die Zollberechnung vor. Güter und Zehntrecht besaß hier das Stift Karden. Auch bezog das Stift Münstermaifeld (1280) bedeutende Wein- und Getreidezehnten, sowie namhafte Weinrenten. Die Zollabgaben durchs Elztal wurden von Kaiser Karl V. derartig festgesetzt, daß sie sich mit jedem vorgespannten Pferde erhöhten. Im 30-jährigen Kriege litt der Ort sehr unter Einquartierung. So lagen im Jahre 1650 in dieser Gegend 20 lothringische Regimenter Infanterie und Kavallerie mit 10.000 Lastpfer den und 2 Regimenter schwedische Reiter im Winterquartier. Es wurde gebrandschatzt und geraubt, unerschwingliche Lieferungen an Naturalien und Geld drückten die Winzer.

Von Ostern bis Christi Himmelfahrt 1650 hatten sich die Bewohner von Moselkern in

die Mauern der Burg Eltz geflüchtet, von wo aus sie ihre Weinberge und Äcker bebauten. Der damalige Pfarrer Loosen beklagt in der Kirchenchronik das Elend und schließt mit den Worten: „Glücklich sind unsere Kerner Frauen zu preisen, da in diesem Jahre nur ein Kind zur Taufe kam, welche kinderlos bleiben ich nicht wie bisher als einen Fluch, sondern in diesen Zeiten der Not als einen Segen halte." Das oberhalb des Ortes mündende Elztal wurde im Jahre 943 als Alca, später auch als Eilza, Elza, Elssa, Hellza und Hellze in einer Grenzbeschreibung der Pfarrei Welcherath erwähnt. Bereits im 4. Jh. n.Chr. beschrieb der römische Moseldichter Ausonius das glückselige und fruchtbare Tal der „Alisontia".

Wandertips: Nach einer einstündigen Wanderung talaufwärts (schöner Fußweg) steht man erstaunt vor der Burg Eltz. Von Münstermaifeld fährt man bis zu einem Parkplatz, der oberhalb liegt. Von dort führt ein Fußweg bis zur Burg Eltz.

Sehenswert: Altes Rathaus: das alte Rathaus wurde im Jahre 1535 erbaut. Viele

Jahre diente es, besonders der angebaute Gemeindesaal, der Dorfgemeinschaft, zuletzt als Haus Nazareth, durch Ordensschwestern geführt.
-Das Merowinger Kreuz entstand um das Jahr 700 und wurde zwischen 1800 - 1820 ausgegraben. Eine Abbildung ist in die Kirchenmauer an der Fundstelle eingelassen.
-Die Valerius-Kirche liegt mit ihrem aus dem 12.Jh. stammenden romanischem Turm am Einfahrtsweg zum Elztal. Der mächtige fünfgeschossige Turm wird von einem 1789 gebauten Kirchenschiff umschlossen.
-Halfenhaus: Erst mit Beginn der Schifffahrt auf der Mosel entwickelten sich andere Berufszweige, so z.B., die Halfen, die mit ihren Pferden die Schiffe moselaufwärts zogen. Ihre Unterkunft und Wechselstelle für frische Pferde war das Halfenhaus. -Alte Bauten mit Fachwerkhäusern und alten Weinhöfen.
Weinfest: 1. WE. im Sept., Offene Weinkellertage: Mitte Juli

BURGEN 800 EW.

liegt am rechten Moselufer, und gegenüber die Burg Bischofstein am Ausgang des reizvollen Baybachtales.

Aus der Chronik: Frankengräber deuten auf eine frühe Besiedlung hin. Im Jahre 928 wurde Burgen, das alte Burgia, Burgena, Burgene, dem Erzbischof Rütger von Trier von Herzog Gyselbert geschenkt. In seine Mark teilten sich s.Zt. das Stift in Carden (1100), St. Simeon in Trier mit einem Hof (1154), und die Abtei St. Maximin (1195), Eberhardsklausen, die Herren von Ulmen mit einem Hofhaus (1471), die von Waldeck, die Abtei Laach (1391), das Stift Münstermaifeld, dessen Weinbergsbesitz sich im 14. Jh. durch Geschenke, Käufe und Testate stark mehrte. Im 14. Jahrhundert erwarb auch die Abtei Springiersbach Weinberge in Burgen. Wegen eines schuldigen Pachtzinses dortselbst einigte sich Ritter Boz von Waldeck im Jahre 1274 mit dem Stift Münstermaifeld, daß er diesem eine jährliche Pension von 6 Fuder Wein so lange liefern mußte, bis der ganze Rückstand von 36 Fuder Wein und 12 köln. Mark getilgt war. Als kaiserliche Vögte herrschten hier die Herren auf Schöneck, denen die Fischerei- und Jagdrechte zustanden.

Wandertips: 1.) Im Baybachtal erreicht man bergwärts in ca. 3 Stunden Schloß Waldeck. 2.) Im Tal links ab durch das Ehrbachtal nach Brodenbach, rechts nach Donnershausen - Lütz - Treis. 3.) Links der Mosel über Ruine Bischofstein nach Lasserg, von dort nach Hatzenport, Moselkern oder nach Burg Eltz.
Weinfest: Schützen- u. Heimatfest 1. WE. im August.

BRODENBACH 646 EW.

ist ein beliebter Erholungsort am rechten Moselufer; er wird von zwei Wildbächen, dem Ehrbach und Brodenbach eingeschlossen. Er ist der Ausgangspunkt in das romantische Ehrbachtal mit der Ehrbach-Klamm, einer Naturschön heit von alpinem Charakter.

Aus der Chronik: Um 1100 werden die Herren von Brodenbach urkundlich erwähnt. Gegen Ende des 12. Jahrhunderts kam der Ort durch Heirat der Katharina von Brodenbach an Heinrich von Ehrenberg. An einem Haus am Dorfeingang befindet sich heut noch ein eingemauertes Kreuz mit dem Ehrenberg-Pyrmonter Wappen und der Jahreszahl 1444. Über dem Gekreuzigten öffnet ein Pelikan seine Brust, um mit seinem Herzblut seine Jungen zu nähren; darunter kniet ein betender Ritter. Glocke und Monstranz der zerstörten Burgkapelle sind in Löf. Die Kirche in Brodenbach jedoch besitzt einen kunstvollen Kelch mit dem Ehrenberger Wappen. Im Ehrbachtal weiter oberhalb der Ehrenburg grüßt von einem schroffen Felsgrat die Ruine Rauschenburg; unterhalb liegt Schloß Schöneck.

Wandertips: Kombinierte Schiffs- und Wandertour zur Burg Eltz. Mit dem Schiff von Brodenbach nach Moselkern. Waldwanderung über die Ringelsteinermühle durch das Elzbachtal zur Burg Eltz mit möglicher Besichtigung. Dann entweder die gleiche Wegstrecke zurück, oder aber über den Moselhöhenweg zum Ort Lasserg wandern. Von dort weiter über Hatzenport, Löf über die Moselbrücke zurück nach Brodenbach. Außerdem zahlreiche Wanderwege. -Schutzhütten -Waldlehrpfad -Waldsportpfad. Wein- und Heimetfest: 2. WE. im Sept.

HATZENPORT 750 EW.

Weinort am linken Moselufer, mit erster urkundlicher Erwähnung im Jahre 1135: Zurückerwerb von Gütern „in Hattenporcia" durch die Äbtissin Gepa des Ursulinenklosters Köln. Die alte, aus dem 13. Jh. stammende Johanniskirche, das Wahrzeichen des Ortes, ragt inmitten der Weinberge auf einer Kanzel hoch über dem Ort zum Himmel.

Aus der Chronik: Münzfunde lassen auf römischen Ursprung schließen. Als Hattonis, Hacinporze, Hacinport, Hacelport, Hattenportz, portus tritt uns sein Name in den Urkunden des Mittelalters entgegen. Der Ortsname wird vielfach abgeleitet von Erzbischof Hatto als „Hatti portus" = Einfalltor Hattos, der in den Jahren 814 - 847 durch die Felsen des bis an den Fluß reichenden Gebirges einen Durchgang schaffen ließ. Andere deuten den Namen nach Furt oder Fähre über die Mosel, wieder andere als Einfallstor zum fruchtbaren Maifeld. Friedrich von Pyrmont-Ehrenberg besaß als pfälzisches Lehen einst die alten Fährgerechtsame, dann die Grafen von Eltz und schließlich durch Erbschaft Johann Friedrich Quad und Gisbert von Clodt, dessen Söhne im Jahre 1666 mit der Fähre über den Moselstrom zu „Hatzenpfordt" belehnt wurden. Erzbischof Rotbert, der von Kaiser Otto I. nach Italien geschickt wurde, soll im Jahre 952 die Gebeine des heiligen Severus unter wunderbarer Erscheinung auf einem Schiffe nach Hatzenport gebracht haben, von wo sie vom Klerus der Abtei Münstermaifeld in feierlicher Prozession nach der dortigen Basilika überführt wurden.

Begütert waren in Hatzenport die Michaelis-Kirche in Münstermaifeld und das dortige Stift (1216), das Kloster Marienrodt, die Abtei St. Maximin und das Marienkloster „in bona via" bei Luxemburg (1317). Im Jahre 1321 schenkte Aleydis von Hatzenport, Meisterin des Franziskanerkonvents zu Merl, dem Minoriten-Kloster zu Merl dortselbst Häuser und Gärten unter Vorbehalt einer lebenslänglichen Rente.

Die Beulenpest (1630-1632) veranlaßte den Send- und Gerichtsschöffen Pantaleon Goebel zum Bau einer Kapelle zu Ehren des heiligen Rochus; nach der Weihe durch den Trierer Weihbischof soll die Pest zum Stillstand gekommen sein. Am 24.4.1741; von den 59 Häusern werden 50 durch ein großes Feuer total zerstört. 1863 Bau des Fährturms, des zweiten Wahrzeichens von Hatzenport.

Wandertips: Von Hatzenport durch das Schrumpftal über Münstermaifeld zur Burg Eltz, von dort zurück nach Moselkern. Auf der anderen Moselseite liegt Brodenbach mit der romantischen Klamm und der Ruine Ehrenburg, sowie Alken mit der Burg Thurandt. Moselaufwärts grüßt die Ruine Bischofstein. Zum Aussichtspunkt Kreuzlay 1/2 Stunde, nach Münstermaifeld 4,8 km, nach Polch 12 km, nach Mayen 12,5 km.

Sehenswert: -St. Johanniskirche.

Weinfest: WE. des letzten Sonntags im Juli.

ALKEN 675 EW.

ist ein romantisch gelegener Weinort am rechten Moselufer mit großer Vergangenheit, war im Besitz der Stadtrechte und die Residenz des Kaisers Otto IV. Auf der Höhe liegt die doppeltürmige Burg Thurant (1192).

Aus der Chronik: Eine alte Römerstraße soll, wie Münzfunde und Ausgrabungen belegen, von Andernach über das Maifeld nach Lehmen durch die „Furt" über die Mosel bei Alken hoch über den Hunsrück geführt haben. Im Jahre 950

wurde die Abtei Echternach von der Herzogin Godilda mit Gütern in Alken beschenkt. Die Abtei Maximin bezog hier Weinrenten. Im Jahr 1010 schenkte Erzbischof Megingand dem Hl. Martin zu Münster im Maifeld Güter zu Alken. Im Jahre 1052 die Precarie des Erzbischofs Eberhard mit Graf Walram von Arlo ebenfalls Güter zu Alcana. Der Abtei Laach stiftete im Jahre 1093 Heinrich, Pfalzgraf bei Rhein, ebenfalls Güter in Alken. Im Jahre 1216 wurde die Michaelisbruderschaft in Münstermaifeld mit Weinbergen in Alken belehnt. Das Testament des Trierer Domherrn Elias von Eltz bestimmte im Jahre 1253 alle seine Weinberge in Alcene für das Kloster Münstermaifeld, desgl. das Testament des Heinrich von Mertloch vom Jahre 1257. Außerdem waren hier begütert die Augustinerabtei St. Thomas bei Andernach, sowie Kloster Machern und Marienrodt. Im Jahre 1294 verkaufte Ritter Wirich von Lutzinc dem Kloster Namedy einen Wald, Brombeer- und Dornstäucher oberhalb Alkorne in Steynechtindale, wahrscheinlich zur Anlage von Weinbergen. Zu Anfang des 17. Jahrhunderts erwarb die Abtei Rosenthal Weinberge auf dem Pleidenberge und Schwarzenberg bei Alken.

Im Jahre 1924 mußte der Totengräber von Alken wegen Arbeitslosigkeit sein Amt aufgeben und sich einem anderen Berufe zuwenden, weil in den letzten 18 Monaten niemand gestorben war.

Sehenswert: Die Wiltburg (im Ort) ist mit ihrem imposanten Barockportal und mächtigen Wappen, bereits 1436 erwähnt; ferner die zerfallene Stadtbefestigung, von der das Südtor (14. Jh.) trutzig die Oberstraße überbrückt. Interessant sind auch der Rundturm an der Mosel, die hübschen Fachwerkbauten, der Laacher Hof, das Maltheserhaus, die romanische Kirche St. Michael (12. Jh.) mit dem Kreuzweg-Aufgang, das Beinhaus mit hunderten von Totenschädeln und der alte Friedhof mit seinen barocken Grabkreuzen aus Niedermendiger Basalt.

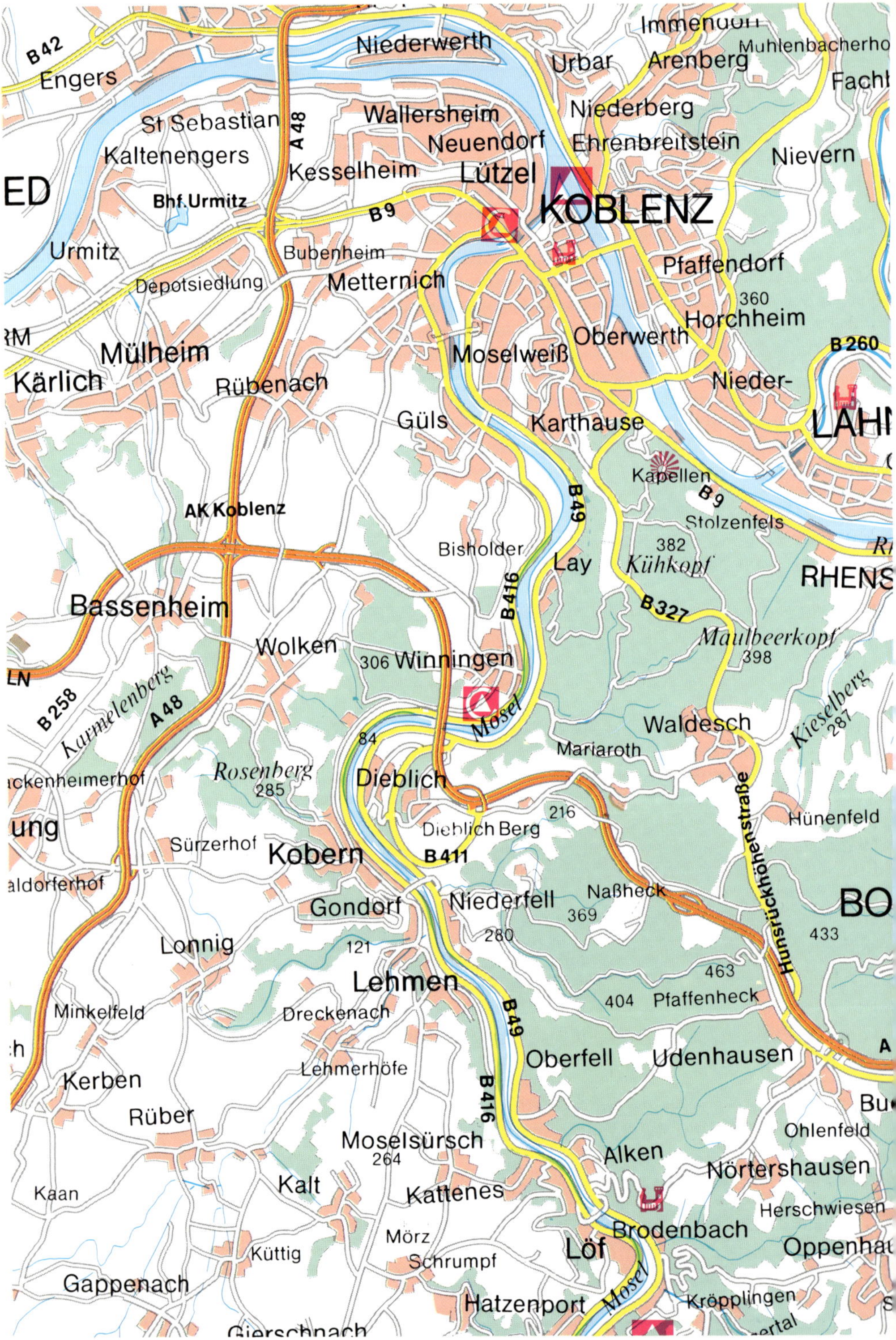

B42
Engers
Niederwerth
Urbar
Arenberg
Muhlenbacherhof
St Sebastian
A 48
Wallersheim
Niederberg
Kaltenengers
Neuendorf
Ehrenbreitstein
Nievern
Kesselheim
Lützel
KOBLENZ
Bhf.Urmitz
B 9
Urmitz
Bubenheim
Pfaffendorf
Depotsiedlung
Metternich
360
Horchheim
Oberwerth
B 260
Mülheim
Moselweiß
Kärlich
Rübenach
Nieder-
Güls
Karthause
Kapellen
B 9
Stolzenfels
AK Koblenz
B 49
382
Bisholder
Lay
Kühkopf
RHENS
B 416
B 327
Bassenheim
Maulbeerkopf
398
Wolken
306
Winningen
B 258
Karmelenberg
A 48
Mosel
Waldesch
Kieselberg
287
84
Mariaroth
Rosenberg
285
Dieblich
216
Hünenfeld
Diebllch Berg
Hunsrückhöhenstraße
Sürzerhof
Kobern
B 411
Naßheck
Gondorf
Niederfell
369
280
433
Lonnig
121
Lehmen
463
404
Pfaffenheck
Minkelfeld
Dreckenach
B 49
Oberfell
Udenhausen
Lehmerhöfe
Kerben
B 416
Rüber
Ohlenfeld
Moselsürsch
264
Alken
Nörtershausen
Kaan
Kalt
Kattenes
Herschwiesen
Brodenbach
Mörz
Löf
Küttig
Schrumpf
Gappenach
Mosel
Kröpplingen
Hatzenport

Wandertips: Wanderungen zum Pleidenberg mit frühgotischer von Erzbischof Arnold errichtete Kapelle aus dem Jahre 1248; von dort in 10 Minuten zur Teufels-Lay mit schöner Aussicht. Auf der linken Moselseite sind Kobern-Gondorf, Lehmen, Kattenes, der Ausoniusstein und das Mühlental bequem zu erreichen. Rechts der Mosel lohnt sich eine Wanderung zum Schasberg mit schöner Fernsicht in die Eifel, ferner durch das Bachtal zu den Felspartien des Eltzer Loches (Alkener Klamm) über den Junkerwald nach Pfaffenheck. Von Alken über den Hunsrück nach Boppard 17 km etwa 4 Stunden). Schnell ist auch das Ehrbachtal mit der Brodenbacher Klamm und der Ruine Ehrenburg zu erreichen, sowie jenseits der Mosel die Burgen Bischofstein, Eltz, die Ruine Pyrmont im oberen Elztal und Monreal, sowie der Laacher See.
Weinfest 3. WE im August.

OBERFELL 1074 EW.

Weinort am rechten Moselufer.

Aus der Chronik: Urkundlich belegt ist der Wiederaufbau der alten Wallfahrtskirche auf dem Bleidenberg durch Erzbischof Arnold II. von Trier in den Jahren 1246 - 1248. Um 1250 lebte hier Jutta von Pyrmont, genannt von Oberfell. Sie war die Verlobte Friedrichs von Baden, des besten Freundes von Konradin, dem letzten Hohenstaufen. Der Ort war 1278 der Edelsitz der sogar von deutschen Königen umworbenen Jutta von Pyrmont, welche sich ins Zisterzienser-Nonnenkloster Rosenthal bei Forst am Pommerbach zurückzog und diesem ihre Güter vermachte.

Bemerkenswert ist die neue spätgotische Kirche mit altem Turm aus der fränkischen Periode, mehrere gute Barockaltäre, einer mit einer Madonna von Peter van Osten d. Jahres 1571.

Wandertips: Wanderungen zur Ruine Bleidenberg, eine alte Wallfahrtskirche auf dem Bleidenberg, zur 1248 erbauten gotischen Pfarrkirche, weiter nach dem Oberfellerbachtal. Vom Dickeberg aus großartige Aussicht in die vulkanische Eifel und das Laacher-See Gebiet. Ein wenig bekannter, aber sehr lohnender Höhenweg über Schiebicheich und Pfaffenheck nach Boppard (2 1/2 Stunden).
Weinfest: 1. WE. im September.

NIEDERFELL 1046 EW.

liegt am rechten Moselufer und wurde mehrfach im Wettbewerb „Unser Dorf soll schöner werden." ausgezeichnet.

Aus der Chronik: Der Ort wird erstmals in der Zeit von 900 bis 950 als „Villa Vellin", urkundlich erwähnt. Damals schenkte Godilda wegen ihres Gemahls, dem Herzog Giselbert und ihrem eigenen Seelenheil, der Abtei Echternach verschiedene Güter im Mainfelder Gau mit Vorbehalt einer lebenslänglichen Präbende u.a. in „Villa" „Vellin". Später erscheint der Ort als „Vallis" „Velle" und „Felle" Im Jahr 1030 bestätigt Erzbischof Poppo der Abtei St. Marien bei Trier Weinberge in Felle; außerdem waren dort begütert die Abtei Maximin, Eberhards-Clausen, Kloster Marienrodt und die Herren von Waldeck.

Einige Minuten stromaufwärts liegt Kühr, einst Besitzung des Archidiakons Adalbero, von dem sie im Jahre 1025 Erzbischof Poppo erwarb und der Geistlichkeit des Domes schenkte. Bis zum Jahre 1800 gehörte sie dem Domstift. Der Weinertrag des Gutes betrug zuweilen 60 Faß Wein. Heute befindet sich in seinen Mauern eine Anstalt für geistig behinderte Menschen.

Wandertips: 1.) Von Niederfell über Schwalberhof - Hohebuche - Marienrodt - Waldesch und zurück; 2.) durch die Weinberge über Schiebigeicherhof-Pfaffenheck-Moselhöhenweg - Brodenbach; 3.) an der Brückenauffahrt besteht ein Parkplatz, von dort existieren 2 Rundwanderwege. a: Lenschengraben - Feliciablick - Dieblicher Bergweg 4 km (1 Stunde). b: Dieblicher Bergweg - Kührerhof - Teufelsloch - Aspelbach 10 km (2,5 Stunden)
Weinfest: 3. WE. im Juli.

LÖF / KATTENES 2080 EW.

ein Weinort am linken Moselufer besitzt eine hübsche alte Kirche über dem Ort. Die bereits im Jahre 1250 erwähnte, später modernisierte Sternenburg, wegen ihrer Spitzbogenfenster auch Tempelhof genannt, die Kirchenfenstern sehr ähneln. Im

Jahr 1390 herrschte hier Ritter Brömser von Rüdesheim, der sein Schloß an der Mosel nach seiner Sternburg am Rhein bei Boppard benannte.

Aus der Chronik: Löf, das im Mittelalter als „Loauia, Loabia, Liouena, Louia, Luouun, Louuin, Lovena, Lovene, Löue und Love" erscheint, wird erstmalig im Jahre 634 urkundlich erwähnt, als König Dagobert der Abtei St. Maximin ihre Besitzungen u.a. auch in Loauia bestätigte. In der Folgezeit wiederholte sich die Bestätigung bei König Arnulf, Zwentebold, Karl III., Otto I., Heinrich II., Konrad II., Heinrich III., IV., V., Friedrich I., Papst Leo IX. und Innozenz II. Die Abtei hatte in Löf über 30 Mansen. Der Besitz der Abtei schwoll mit der Zeit so mächtig an, daß ihm der nötige Schutz fehlte. Kaiser Heinrich II. empfing daher im Jahre 1023 von der Abtei 6.656 Hufen Land u.a. auch in Löf und belehnte damit den Herzog Heinrich von Bayern, den Pfalzgrafen Ezzo und den Grafen Otto, damit sie für den Abt von St. Maximin Kriegsdienste leisteten. Neben Maximin war in Löf auch das Zisterzienserkloster Machern begütert, dem seit dem Jahre 1243 auch das einträglich Patronat der Kirche zustand, das deshalb mehrfach zu Streitigkeiten Anlaß gab. Im 15. Jahrhundert erwarb Machern weitere Dotationen für den Altar St. Crucis in Löf und verpachtete dortselbst auch Ländereien; begütert war dort auch Kloster Marienrodt mit Weinbergen und der Konvent des Marienklosters „in bona via" bei Luxemburg, das im Jahre 1317 seine dortigen Güter an das Kollegiatstift Münstermaifeld verpachtete. Im 13. Jahrhundert wird das Rittergeschlecht von Love mehrfach erwähnt.

Wandertips: Ein schöner Aussichtspunkt ist der eifelwärts liegende Hof (15 Minuten). Die nahe steile Felsenhöhe der Hatzenporter Ley, (in 20 Minuten von der Sternburg zu erreichen) mit Blick auf die Mosel und das nahe Hatzenport. Nördlich von Löf der hohe Gipfel des *Kanaul* mit der Aussicht auf die Mosel und 3 andere Moseldörfer. Bequeme Wanderung durch das romantische Kehrbachtal am Nordende von Löf. Ein Weg führt zur Brodenbacher Klamm mit der Ehrenburg, nach Alken mit Burg Thurant, nach Hatzenport, Ruine Bischofstein und Burg Eltz.

Weinfest: 2. WE. im Juli

Kattenes idyllisches Winzerdörfchen am linken Moselufer mit Löf vereint.

Aus der Chronik: Aus einer Urkunde des Trierer Erzbischofs Popo (1016-1047) aus dem Jahre 1030 geht hervor, daß sich Kattenes aus einem Gutshof entwickelt hat. Der Ursprung des Ortsnamens wird vom lateinischen „catena" = Kette abgeleitet; eine von der Alkener Lay nach Kattenes durch die Mosel gespannte Kette soll die vorbeifahrenden Schiffe zur Entrichtung des Alkener Zolles angehalten haben. Die Ausgrabungen eines Steinsarges und Fußbodens aus der Römerzeit lassen auf eine römische Siedlung schließen. Die beim Bahnbau im Jahre 1878 gemachten römischen Münzfunde bestätigten das. In einem Tontopfe fand man nicht weniger als 14.000 römische Kupfermünzen aus dem 3. Jahrhundert, vornehmlich Prägungen der Kaiser Victorius, Tetricus, Claudius und Aureli an. Im Mittelalter verlor jedoch der Ort an Bedeutung, zumal er einst nur ein fiskalischer Stützpunkt gewesen war. Im Jahre 1391 waren hier die Herren von Waldeck mit Weinbergen begütert, später auch die Herren von Nürburg, die Abtei Laach und Marienrodt.

Sehenswert: -schlichte kleine spätbarocke Kirche mit Kleinod sakraler Kunst - Steinaltar aus Tuffstein (1667) -Anna-Selbdritt-Altar (einer der drei letzten Exemplare).

Wandertips: Durch das Mühlental aufwärts bis Moselsürch (1 Stunde), (früher das Tal der 13 Mühlen, die mit Wasserkraft betrieben wurden) auch ist der Besuch der gegenüberliegenden Burg Thurandt, von Alken und Brodenbach mit der Ehrenburg

und der wildromantischen Klamm eine empfehlenswerte Alternative.
Weinfest: 1. WE. im Juli.

LEHMEN 1282 EW.

am linken Moselufer, ist ein Weindorf mit uralter Geschichte. Funde aus alten Steinsärgen, wie Streitäxte, Schwerter und Lanzen lassen auf eine römische Siedlung schließen. Schon im Jahre 865 wird Lehmen in der Schenkung König Ludwigs II. an die Abtei Prüm urkundlich erwähnt. Im Jahre 973 schenkte Kaiser Otto I. Weinberge dortselbst der Abtei Echternach. Begütert waren ferner die Abtei St. Marien in Trier (1030), der Graf von Arlo (1052), der Erzbischof, das Stift Münstermaifeld (1058), die Abtei St. Simeon (1052), das Stift in Carden (1100), das Domkapitel in Trier (1115), Abtei St. Maximin (1116), die Michaelis-Bruderschaft in Münstermaifeld (1216), die Abtei Romersdorf (1218), der Burggraf zu Isenburg, die Abtei Laach (1300), die Ritter von Dieblich (1231), der Ort St. Martin im Rheingau, das Kloster Niederehe und Rosenthal, sowie das Seminar in Trier.

Der große Weinbergsbesitz von Adel und Kirche in alter Zeit läßt auf vortrefflichen Weinbau in Lehmen schließen. Der Zehnte und das Patronat der Kirche standen dem Stift Karden zu. Im 13. Jh. wird ein Rittergeschlecht von Lehmen mehrmals erwähnt, das zwei Äbte in Laach stellte; Theoderich von Lehmen war dort 39 Jahre (1256 bis 1295) Abt. Seit 1115 hatten die Erbpächter des Hofes St. Simeon dem Stift jährlich zu liefern: 5 tadellose Schweine, 1 junges Schweinchen, 2 Ferkelchen, 20 Hühner, 20 Pfd. Käse, 1 Pfd. Pfeffer, Bierhefen, Honig und sonstige leckere Sachen. Diese Naturallieferungen wurden im Jahre 1134 in eine jährliche Geldrente umgewandelt.

Wandertips: Ausflüge zu den vier Lehmer Höfen, (2 km) wovon der *Gailshof* schon im Jahre 1258 urkundlich erwähnt wird. Ein schöner Weg führt auch über Münstermaifeld zur Burg Eltz, oder über Moselsürsch nach Kattenes und über den Ausoniusweg zum Aussichtspunkt Ausoniusstein.
Weinfest: Letztes WE. im Juni
Genießer-Winzerfest: 4. WE. im Sept.

DIEBLICH 2270 EW.

am rechten Moselufer, liegt hoch auf einer den Flußlauf verengenden Landzunge inmitten einer fruchtbaren Flur. Oberhalb des Ortes ziehen sich die Weinberge hin bis Brodenbach.

Autobahnbrücke, 136 m hoch

Aus der Chronik: Dieblich, ehemals Dievelich, ist arm an urkundlichen Belegen über die Geschichte seines Ortes. Anfang des 13. Jahrhunderts wird ein Rittergeschlecht von Dieblich erwähnt, das Erzbischof Theoderich von Trier im Jahre 1231 mit dem Kloster Marienrodt vergleicht wegen der Vogtei und mit den umliegenden Gemeinden wegen des Holz- und Weiderechts. Arnold von Dieblich verzichtete dabei auf die Vogtei über das Kloster und erhielt dafür Weide- und Holzrechte in der Gemeinde Dieblich. Neben der Abtei Marienrodt war auch Eberhards-Clausen und das Augustinerkloster St. Thomas bei Andernach in Dieblich begütert; neben einem Hofhaus besaß letzteres im Jahre 1803 noch 11 ha Land und 1 ha Wiesen, die von der französischen Domänenverwaltung für 4425 frs. versteigert wurden.

Dieblich ist auch durch seine Hexenprozesse im späten Mittelalter bekannt. Der hinter dem Ort sich erhebende Berg, die Blaufüßerlay, war im abergläubischen Mittelalter der Haupttummelplatz und zugleich auch die Richtstätte der Hexen und Hexenmeister. Ende des 16. Jahrhunderts wurden hier noch 25 Personen verbrannt. Das letzte Opfer dieses schrecklichen Aberglaubens war eine Frau aus Gondorf, eine Mutter von sechs kleinen Kindern. Sie soll nach dem Urteil der Schöffen von Münstermaifeld ein Gewitter heraufbeschworen, die Feldfrüchte verdorben und den Bach angeschwellt haben, so daß ein Teil der Burg Leyen weggerissen wurde.

Bei Dieblich überspannt eine imposante Brücke der A 61 in 136 m Höhe die Mosel. Gegenüber von Dieblich ragen die sagenumwobenen Bergfriede der Koberner Burgen auf, und der Koberner Uhlen mit seinem beschwerlichen Terrassenbau schmiegt sich samt dem Fluß um die Dieblicher Landzunge.

Wandertips: Schöne Wanderwege verlaufen durchs Kondertal in den Koblenzer Stadtwald und zu den Ruinen des im Jahre 1120 gegründeten und 1794 von den Nachbargemeinden zerstörten Klosters Marienrodt, ferner nach Brodenbach mit der herrlichen Klamm und Ehrenburg, sowie nach Alken mit der Burg Thurant.
Weinfest: 2. bzw. 3. WE. im August

KOBERN / GONDORF 3300 EW.

Gondorf wird im Jahre 865 erstmalig erwähnt. Die adeligen und geistlichen Grundherren Gondorfs waren die Abtei Prüm (865), das Marienkloster zu Trier (980), das Kloster Marienrodt (1231), die Ritter von Dieblich und viele andere. Neben dem genannten Adelsgeschlecht tritt die Dynastie der Herrscherfamilie der Fürsten von der Leyen besonders hervor. Es waren die Felsenritter, Männer mit Herz und Kopf, leutselig und mildtätig. Nach den Drangsalen des Dreißigjährigen Krieges (1760) hielt der Kurfürst, umgeben von den Gesandten des Reiches, Frankreichs und der Niederlande, im Stammschloß des ruhmreichen Geschlechtes der Fürsten von der Leyen Hof ab. Immer mehr wuchsen Macht und Besitz. Im Jahe 1512 erwarben die Gebrüder von der Leyen das Land Saffig als kölnisches Lehen, wurden für Kurköln Vögte und Mitvögte für den Pfalzgrafen von Simmern. Zwei des mächtigen Geschlechts wurden Kurfürsten von Trier, ein anderer Kurfürst von Mainz. Selten war ein Aufstieg höher, tiefer ein Fall. Prunksucht und Verschwendung zerstückelten die Reichtümer, bis zum völligen Verfall.

Durch den Wiener Kongreß (1815) wurden die Fürsten von der Leyen in Armut entrechtet. Der letzte des Geschlechts, Fürst Philipp, starb ganz verarmt im Jahre 1829. Seine Grabstätte liegt an der Pfarrkirche Gondorf. Die Stammburg deren von der Leyen, - die einzige Wasserburg an der Mosel - die 1906-1907 von der rheinischen Denkmalpflege und der Eisenbahnverwaltung renoviert wurde, zeugt heute noch davon, daß ehedem hier ein feudales Geschlecht herrschte. Die Stammburg steht auf Felsen und wird von der Mosel, vom Nothebach umflossen. Das stolze Schloß stammt aus dem 12. Jahrhundert und zeigt an den 4 Ecken gekragte Türme. Am Schloßhofe ist eine seltsame Holzgalerie mit Schnitzwerk und eine Sammlung von Überresten eines Götteraltares mit griechischen Inschriften zu sehen. Der andere Schloßteil wurde 1657 erbaut und besitzt einen alten Römerturm, der durch eine Wendeltreppe besteigbar ist und Aussicht auf Mosel und Umgegend gewährt. Hingewiesen sei auch auf den Verteidigungs turm mit den vielen Schießlöchern, der seit 1887 Glockenturm ist. Das bedeutsame Schloß wurde 1820 an die Gemeinde verkauft.

Außer diesem Schloß sei auch die Niederburg oder der Tempelhof genannt. Diese gehörte dem Baron von Liebig, weshalb es auch Schloß von Liebig heißt. Das Schloß birgt heute wertvolle Antiquitäten aus dem Barock bis hin zum Biedermeier. Festliche Anlässe im Glanz vergangener Zeiten, Trauungen, Ausstellungen und Konferenzen für Menschen mit Empfindungen für das Besondere, finden hier ihren Niederschlag.

Oberburg bzw. Wasserburg

Wandertips: Die Karlshöhe, ein senkrecht über der Mosel ragender Fels, bietet einen herrlichen Blick auf die schöne Umgebung Gondorfs. Die Keberbachklamm ist zu erreichen über Mayen oder von Gondorf aus.

Kobern, am linken Moselufer - Kobern und Gondorf bilden heute eine kommunale Doppelgemeinde - ist eine der nachweisbar ältesten Siedlungen des Moseltales.

Aus der Chronik: Seine Funde aus der vor geschichtlichen Zeit enthält das Schloßmuseum in Koblenz. Aus römischer Zeit wurde eine Menge von Denkmälern, wie Gräberfelder, Estrichböden, Wasserleitungs- und Badeanlagen, Töpferöfen mit Terranigrawaren, Wurfschild und Pfeile, Säbel und Winzermesser, Steinsärge, mit Holzstöpseln und Harz verpichte Glasgefäße mit römischem Wein, der zu einer dunkelgelben Flüssigkeit geworden war, bei Ausgrabungen und Bahnbau freigelegt. Kobern war dem nach ein römisches Kastell.

Von der Bedeutung Koberns zur Mero-winger zeit zeugen die zahlreichen fränkischen Grabfunde. Die Sammlung von Dr. Arnoldi in Winningen enthält prächtige Fundstücke aus römischer und fränkischer Zeit. In der ersten Hälfte des 4. Jahrhunderts wurde der hl. Lubentius vom Trierer Bischof Maximin II. als Missionar nach Kobern gesandt, um hier das Evangelium zu verkünden. Urkundlich zuerst erwähnt wird der Ort jedoch erst im Jahre 980 n. Chr., als Erzbischof Egbert dem Marienkloster zu Trier Güter zu Kobern und die Kirche zu Gondorf schenkte. Es wurden ihm im Jahre 1030 zwei Weinberge in der Lage „plantationes" bestätigt. Begütert waren hier ferner die Abtei St. Maximin (1035), Malmedy (1040), Kloster Himmerod (1138), Kloster St. Marien bei Andernach (1152), dessen 8660 Weinstökke im Jahre 1809 von der französischen Domänenverwaltung für 3325 frs. versteigert wurden, ferner Kloster Romersdorf und Steinfeld, Schönstatt bei Vallendar, Stift St. Castor in Koblenz, der Dom zu Trier (Presenzhof) und der Kurfürst.

Das alte Kobern hatte auch ein Rittergeschlecht gleichen Namens, das gegen Ende des 12. Jahrhunderts ausstarb. Gerlach I. von Isenburg vermählte sich mit der Erbtochter und baute 1195 neben der bereits bestehenden Oberburg die Niederburg, wodurch er mit dem Erzbischof von Trier in Streit geriet. Im Jahre 1195 wurde er gefangengenommen und mußte die Burgen als erzbischöfliches Lehen anerkennen. Die Söhne Gerlachs nannten sich danach Herren der Neuenburg. Im Jahre 1301 starb auch dieses Geschlecht aus. Die Gatten der 3 sagenhaft schönen Töchter, des schönen Kleeblatts von Kobern, verkauften ihren Anteil an der Burg und den Ländereien dem Erzstift Trier, so daß dieses im Jahre 1379 in den Besitz der Burgen kam. In den kommenden Jahrhunderten herrschten auf der Burg triersche Burgmannen aus der Umgegend, wie die Ritter von Leyen, von Waldeck, von Pyrmont und von Eltz. Sie waren Burg- und Amtmann zugleich. Im Jahre 1347 verlieh Erzbischof Balduin Kobern Siegel und Siegelrecht. Im Jahre 1393 wurde der Ort von Kaiser Adolph an den Erzbischof von Trier verpfändet zur Deckung seiner Wahlschulden. Der letzte Ritter von Kobern war Vogt von Waldesch und wurde wegen Straßenangriffs durch das Schöffengericht zu Koblenz zum Tode verurteilt und im Jahre 1536 enthauptet. Der Ort teilte die Geschicke seiner Burgen. Sie wurden im Jahre 1689 zerstört und kamen zur französischen Revolutionszeit in Privathand; heute sind sie wieder in Staatsbesitz.

Sehenswert: -mittelalterlicher Marktplatz, - historische Fachwerkhäuser mit Weinbrunnen, - Wasserschloß v.d. Leyen, - Schloß Liebig -Ober- und Niederburg mit spätromanischer Matthiaskapelle. Am Südvorsprung des Lennigberges steht heute noch der alte romanische Glockenturm, der zu der im Jahre 1376 der Trierer Karthause St. Alban von Erzbischof Cuno von Falkenstein einverleibten Pfarrkirche gehörte. Im Jahre 1533 erhielt das Kastorstift in Koblenz das Patronat der Lubentiuskirche. Die alte Pfarrkirche wurde vor etwa 240 Jahren abgerissen. Die jetzige Kirche wurde im Jahre 1826 vom Koblenzer Baumeister de Lassaulx erbaut. Auf dem alten Friedhof im Mühlental stehen nicht weniger als 160 Steinkreuze aus Basalt aus dem 16. bis 18. Jahrhundert. Das älteste stammt vom Jahre 1500. Man erhält hier Anschauungsunterricht über die Entwicklung der Grabsteinkunst in den letzten 400 Jahren. Sehenswert ist auch die aus dem 15. Jahrhun dert stammende gotische Dreikönigs-Kapelle auf dem Friedhof.

Matthias-Kapelle mit Oberburg

Architektonisch und historisch interessant ist die auf der Bergeshöhe in der ersten Hälfte des 13. Jahrhunderts erbaute Matthiaskapelle, die einst das Haupt des Apostels Matthias enthielt. Sie ist ein sechseckiger Bau, dessen Mittelschiff auf Pfeilern ruht und in Spitzbogen ausläuft, während der übrige Bau nur Rund- und Kleeblattbogen aufweist. Sie ist eine Perle der romanischen Baukunst und ein Abbild der Grabeskirche zu Jerusalem. Von der Matthiaskapelle aus lohnt sich ein Besuch zu der ehemaligen Klosterkirche Lonnig, deren älterer Teil bereits 1142 als ein dem Aachener Münster ähnlicher Rundbau mit Umgang und Galerie erbaut wurde.

Wandertips: Herrliche Ausflüge führen von Kobern zur Niederburg, -Oberburg, - Matthiaskapelle, -Sauerbrunnen, -Belltal; auf die Eifelhöhen nach Wolken, -eiserne Hand, -Ochtendung, -Niedermendig, - Laacher See. Wegezeichen führen zu den schönsten Aussichtspunkten.

Weinfest: 1. WE. im Juli.

WINNINGEN 2600 EW.

liegt am linken Moselufer und errang 1985 die Goldmedaille im Bundeswettbewerb „Unser Dorf soll schöner" werden. Von alten Kulturen zeugen die durchgeführten Ausgrabungen und Funde. Bekannt ist Winningen durch sein Winzerfest, das aus dem alten klösterlichen „Baugeding" hervorgegangen ist. Ein gastliches Völkchen heißt hier den Gast willkommen.

Aus der Chronik: Das alte „Windiga" scheint keltischen Ursprungs zu sein; Bestimmte Anhaltspunkte für die Existenz des Ortes liegen aus der Römerzeit vor; das frührömische Gräberfeld in der Wilhelm- und Schulstr. mit Münzen der Kaiser Nero und Vespasian und die im Jahr 1901 auf dem Bingstel freigelegte römische Villa mit Mosaikböden, Heizanlage unter den Böden, Wasserleitung und Bädern, sowie einer Menge Hausrat wie Töpfe, Krüge, Amphoren, Becher, Weinsieb und Münzen, was auf eine weinbauliche Siedelung der Römer schließen läßt. Auch die Winninger Gräber der Merowingerzeit brachten reiche Funde. Urkundlich zuerst erwähnt wird Winningen im Jahr 871, als Kaiser Ludwig II. der Abtei Prüm Schenkungen des Edelmannes Otbert und dessen Gemahlin Hildegardis u.a. auch Weinberge in Winningen bestätigte. Im Jahre 888 schenkte König Arnulf II. der Abtei Maximin in Trier die Fischerei in der Gemarkung Winningen. Begütert waren hier ferner die Abtei Malmedy-Stavelot, das Bamberger Domstift, das Domstift zu Aachen, das auch das Patronat der Kirche und den

Malerischer Winkel

Zehnten besaß, die Abtei St. Martin in Köln, das Viktorstift zu Xanten, Abtei Laach, Marienrodt, Romersdorf und Steinfeld, das Marienstift zu Aachen. Es ist dies ein Beweis für den hohen Wert des Winninger Weinbaues schon in ältester Zeit; auch die Landesherren wußten jährlich eine Weinbede von 40 Fudern aus der Germarkung zu ziehen. Als kleine geschlossene Herrschaft wurde Winningen öfters bei Geldmangel der Landesherren verpfändet und wieder eingelöst. Es unterstand anfänglich der Herrschaft des Pfalzgrafen vom Rhein, der die Grafen von Sayn damit belehnte.

Durch Erbschaft kam die Herrschaft später an die Grafen von Sponheim, an die von Veldenz, an Pfalz-Simmern, Pfalz-Zweibrücken und Pfalz-Birkenfeld und nach langjähriger gemeinschaftlicher Herrschaft schließlich endgültig 1776 an Baden. Im Jahre 1557 wurde unter den Gemeinsherren Pfalzgraf Friedrich III. und Philibert von Baden die Reformation eingeführt. Winningen hat auch ein eigenes freies Rittergeschlecht aufzuweisen, das schon 1248 erwähnt wird. Unter dem Namen „Winningen" erscheint der Ort schon im Jahre 1140. Wegen der Lieferung von Basaltsteinen von der Winninger Höhe zur Moselbrücke des Kurfürsten Balduin bei Koblenz genossen die Winninger Zollfreiheit auf der Brücke. An diese Zeit erinnert heute noch die Weinbergslage Brückstück. Durch die Verpflichtung zur Zahlung einer zwölfjährigen außerordentlichen Steuer kauften sich die Winninger im Jahre 1579 von der Leibeigenschaft los. Die Pest des Jahres 1597 und 1598 forderte in Winningen 206 und die des Jahres 1611 etwa 130 Menschenleben, so daß der Ort im Jahre 1612 nur noch 250 Einwohner zählte. Das Pestjahr 1623 forderte dann wieder 143 Opfer. Eine böse Nebenerscheinung dieser traurigen Zeit waren die Hexenprozesse und Verbrennungen, weil man in diesen harmlosen Personen die Ursache allen Übels suchte. Diese Auswüchse eines religiösen Aberglaubens forderten in Winningen mehr als 20 unschuldige Opfer. Ab 1794 war Winningen von den Franzosen besetzt und gelangte schließlich 1815 unter preußische Verwaltung.

Sehenswert: -Mittelalterlicher Ortskern mit Fachwerkhäusern -ev. Kirche -Hexen-Gedenkstein auf der Heide -Geburtshaus Dr. A. Horch. -Ausgezeichnet wurde aber auch die gesamte Gemeinde Winningen, die neben vielen Erfolgen auf Kreis-, Bezirks- und Landesebene 1985 auch im Bundeswettbewerb „Unser Dorf soll schöner werden“ eine Goldmedaille erringen konnte. Heimatmuseum.

Wandertips: Auf der rechten Moselseite be kommt man durch das schattige Kondertal Anschluß an das Wegenetz des Koblenzer Stadtwaldes. Auf der halben Strecke aufwärts nach Waldesch liegt rechts seitwärts das im Jahr 1120 gegründete Kloster Marienrodt als Ruine. Bequemer Waldweg nach Forsthaus Remstecken auf der Carolahöhe im Stadtwald. Links der Mosel schöne Aussicht vom Haideberg (Hexenhügel), Gedenkstein mit den Namen der verbrannten Hexen. In 20 Minuten erreicht man den Aussichtspunkt Distelbergerhof, von dort über die Blumsley und Rote Ley in 1½ Stunden nach Kobern. Oberhalb Winningen liegt der Sauerbrunnen „Belltalsprudel“, dessen Wasser als Heil- und Tafelwasser einst zum Versand kam.
Weinfest: 10 Tage vom letzten WE August bis erstes WE. Sept.

GÜLS 5000 EW.

(Stadtteil von Koblenz) liegt am linken Moselufer nur 2 km oberhalb Koblenz und scheint - nach den Ausgrabungen von Urnen und Münzen zu schließen - ein römisches Lager gewesen zu sein. Im Jahre 928 kam Güls durch die Schenkung des Herzogs Gyselbert von Lothringen zu Kur-Trier. Das Patronat der Kirche hatte das St. Servatius-Stift in Mastricht, das auch hier sehr begütert war, neben der Benediktinerpropstei Apollinarisberg, der Abtei Himmerod, dem Stift Carden, Münstermaifeld, Romersdorf, Sayn und Siegburg. Im Jahre 1189 übertrug die Abtei Siegburg den Zehnten und all ihre Besitzungen in Güls der Abtei Mastricht gegen eine jährliche Rente von 5 Fudern Wein. Auch das Domkapitel von Trier bezog eine Weinrente von 2 Fudern. Den Wald zwischen Güls und Metternich vermachte die Gräfin Agnes von Sayn im Jahre 1257 der Abtei Sayn gegen einen jährlichen Zins von 5 Schilling, den sie später dem Kloster Himmerod zukommen ließ.

Eigentümlich sind die beiden nadelförmig spitzen und schlanken Türme der heutigen Kirche, die im Jahre 1830-36 von dem Koblenzer Baumeister de Lassaulx erbaut wurde.

Wandertips: Wanderweg übers *Rad* nach Metternich und zum Hayerberg mit Aussicht aufs Rheintal, sowie die Wanderung durchs Mühltal.
Wein- und Blütenfest: WE. um den 1. Mai.

LAY 1950 EW.

alter Weinort, heute Stadtteil von Koblenz, liegt rechts der Mosel ca. 2 km oberhalb von Koblenz. Die Carolahöhe überragt den Ort und herrliche Wanderwege führen zum Koblenzer Stadtwald, zum Forsthaus Kühkopf und über die *Eiserne Hand* den Moselhöhenweg entlang nach Brodenbach.

Aus der Chronik: Heute erinnert noch der alte „Kaufunger Hof“ an das bereits 1095 dort begüterte Kloster Kaufungen in Hessen, das im Jahre 1241 mit der Abtei Siegburg um das Patronat und den Zehnten der Pfarrkirche stritt. Im Jahre 1218 noch erhob die Liebfrauenkirche in Koblenz den Weinzehnten in Lay und im Jahr 1440 übertrug dann Papst Eugen IV. das Patronat der Pfarrkirche in Lay dem Stift Münstermaifeld. Heute noch zeugt der romanische Turm der Kirche von ihrem hohen Alter; (12. Jahrhundert). Lay hatte einst große Besitztümer von Adel und Kirche aufzuweisen. Schon im Jahre 1110 besaß die Stiftskirche St. Florin in Koblenz Weinberge in Lay; im Jahre 1139 die Abtei Laach, 1189 die Abtei St. Euchar in Trier; 1216 die Abtei Romersdorf und Himmerod, sowie die Abtei Marienrodt. Im Jahr 1256 verkaufte die Abtei Laach den abteilichen Hof für 415 köln. Mark an den erzbischöflichen Kämmerer Werner zu Trier. Im Jahre 1258 verkaufte Werner, Propst von

St. Castor in Koblenz, seinen von der Abtei Laach erworbenen Hof zu Lay ebenfalls und zwar an den Schöffen Heinrich Schönwetter in Koblenz; es war die Zeit des aufsteigenden Bürgertums im 13. Jahrhundert. In dieser Zeit wird auch ein Rittergeschlecht von Lay erwähnt, das der Abtei Romersdorf Weinberge bei Lay schenkte.
Weinfest: Letztes WE. im September.

KOBLENZ 113.000 EW.

eine Großstadt und Sitz der Bezirksregierung, präsentiert sich als eine Stadt mit einer 2000-jährigen Geschichte. Zeugen dieser wechselvollen Vergangenheit sind zahlreiche Burgen, Befestigungen, Türme, Denkmäler, kunst- und baugeschichtliche Gotteshäuser. Wie im Wein verbindet sich auch in der Koblenzer Landschaft die Allgewalt und Kraft des Rheins mit den Reizen der Mosel. Koblenz, die Stadt am deutschen Eck, vereinigt beides in sich, denn sie ist Rheinstadt und Moselstadt zugleich. Die mittelalterliche Romantik des Moseltales fließt hier zusammen mit der gewaltigen Pulsader des wirtschaftlichen Lebens am Rhein.

Plan

Am Schnittpunkt des Flußkreuzes von Rhein, Mosel und Lahn, wo das rheinische Schiefergebirge in seine 4 natürlichen Bestandteile: Eifel, Westerwald, Taunus und Hunsrück geteilt wird, breitet Koblenz sein Stadtbild aus.

Kurfürstliche Schloß

Die Geschichte der Stadt, die zu den schönst gelegenen am Rheine zählt, ist sehr bewegt. Auch Koblenz führt seinen Ursprung auf die Römerzeit zurück. Schon um die Mitte des ersten Jahrhunderts v. Chr. war die Umgebung Schauplatz zahlreicher kriegerischer Auseinandersetzungen zwischen Germanen und Römern. Im Jahre 9 v. Chr. gründeten die Römer am Zusammenfluß von Rhein und Mosel dann eines der vielen befestigten Kriegslager. An fangs war es vermutlich nur eine Befestigung bzw. Post- und Zollstation der römischen Heerstraße, dürfte dann aber, wohl zum Schutze einer römischen Pfahlbrücke - die durch Drusus angelegt wurde - zu einem Castell erweitert worden sein. „Castellum apud Confluentes“ nannten darum die Römer jene erste Siedlung, woraus die jetzige Form des Namens sich entwickelte.

Im Stadtbild erkennt man noch die Form des alten „Confluentes“. Es ist der Straßenzug, der von der Kornpforte über den Entenpfuhl, Plan- und Altengraben ringsum den alten römischen Festungshügel wieder zurück zur Mosel führt. Später lag hier ein Königshof, in dem sich die fränkischen Könige öfters aufhielten. Im Jahre 860 schlossen die Könige Ludwig, Karl und Lothar im Kastordom Frieden. Im Jahre 1012 kam die Stadt zu Kur-Trier. Um die Mitte des 14. Jh. erbaute Erzbischof

Koblenz im Dämmerschein

Balduin eine massive Brücke über die Mosel, die heute noch besteht.

Der heutige Stadtteil Lützel war im Mittelalter bekannt durch sein Pilgerhospiz, wo sich die Pilgerzüge nach Köln, Aachen und Trier zusammenfanden. Auf der rechten Rheinseite ist Ehrenbreitstein, ein zur Burgfeste ausgebautes Felsmassiv, das öfters belagert wurde. Heute werden Teile als Archiv resp. Ausstellungsräume genutzt, während die Hauptbefestigungswerke laut Versailler Vertrag geschleift wurden. Rheinaufwärts schließen sich die Stadtteile Pfaffendorf und Horchheim an.

Sehenswert: Koblenz ist reich an Sehenswürdigkeiten: das Denkmal Kaiser Wilhelms I. am Deutschen Eck, das Standbild in Bronzeguß, 14,5 m hoch und 53 Tonnen schwer, kehrte am 2. Sept. 1993 wieder zurück an seinen angestammten Platz als Geschenk eines Koblenzer Bürgers an die Stadt, der 836 erbaute romanische Kastordom - der Kastorbrunnen, das Deutschordenshaus mit Staatsarchiv, die alte Florins- und Liebfrauenkirche, das alte Kaufhaus und Schöffenhaus, die kurfürstliche Burg an der Moselbrücke, das Schloß, das Schloßmuseum und Rheinmuseum, das Stadttheater und prächtige Bürgerhäuser.

Wandertips: Der große Stadtwald mit Kühkopf und Rittersturz bietet Gelegenheit ausgedehnter Wanderungen. Schon früh bestand hier eine römisch-keltische Siedlung, „vicus Ambitarrius supra Confluentes“ genannt, mit einem Merkurtempel, der zwischen Pastorspfad und *Eiserne Hand* ausgegraben wurde. Schattig sind die Wege durch den Stadtwald über den *Kühkopf* - *Eiserne Hand* - Waldesch nach Brodenbach, oder *Kühkopf* - Lay, *Kühkopf* - Forsthaus *Rhemstecken* - *Kondertal* - Winningen. Auch beginnt hier auf der Hunsrückerseite der Moselhöhen-Wanderweg, der bis Trier und weiter führt.

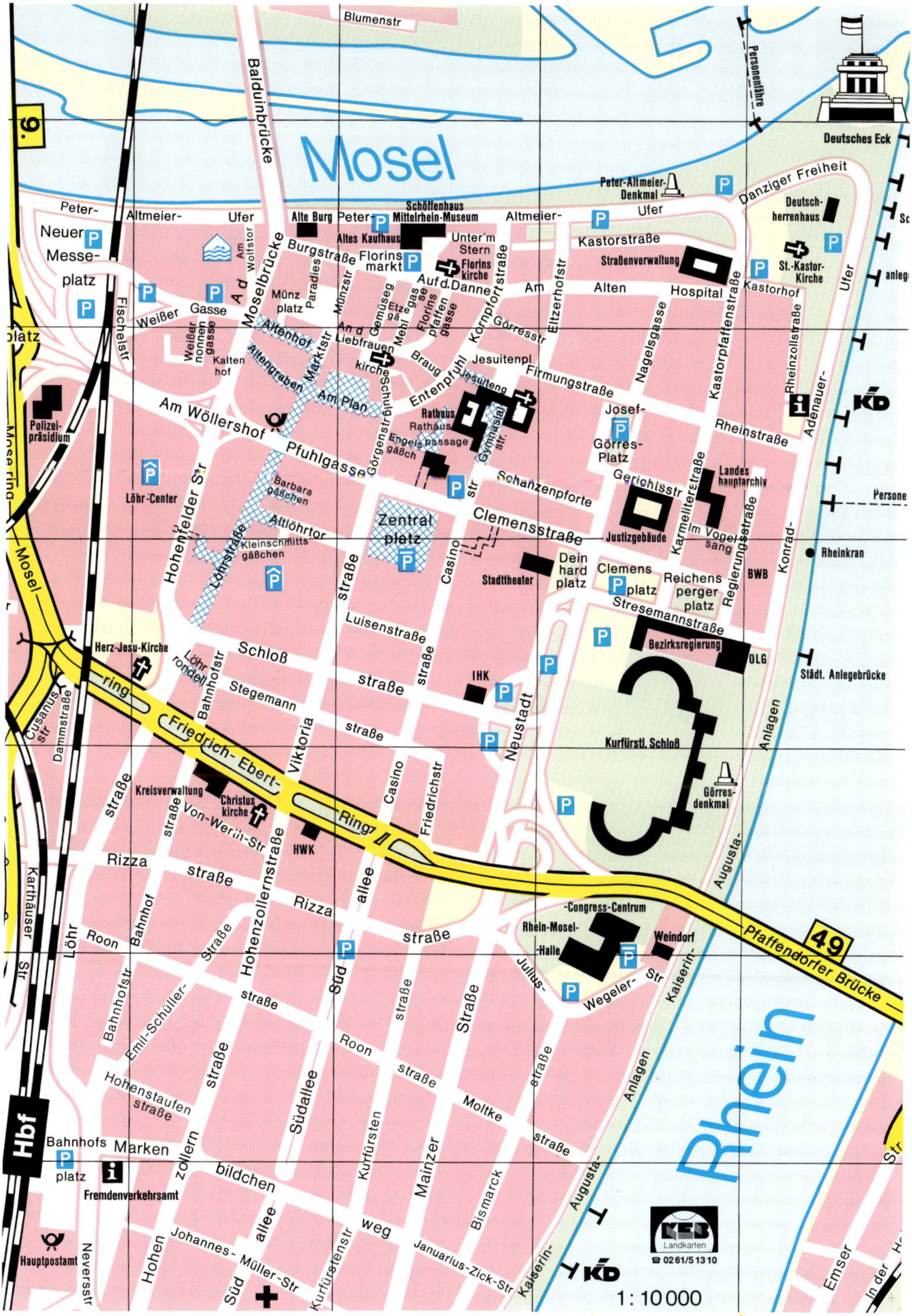

Mosel
Rhein
Blumenstr
Baldüinbrücke
Personenfähre
Deutsches Eck
Peter-Altmeier-Denkmal
Danziger Freiheit
Deutschherrenhaus
Peter- Altmeier- Ufer
Neuer Messeplatz
Alte Burg
Schöffenhaus
Mittelrhein-Museum
Altes Kaufhaus
Unter'm Stern
Florins markt
Florins kirche
Burgstraße
Kastorstraße
Straßenverwaltung
St.-Kastor-Kirche
Kastorhof
Am Alten Hospital
Aufd.Dannes
Kornpfortstraße
Eltzerhofstr
Görresstr
Nagelsgasse
Kastorpfaffenstraße
Rheinzollstraße
Adenauer- Ufer
Weißer Gasse
Weißer nonnen gasse
Kalten hof
Fischelstr
Münz platz
Paradies
Münzstr
Moselbrücke
Am Wolfstor
Altenhof
Altengraben
Marktstr
Am Plan
Liebfrauen kirche
Gemüseg
Braug
Entenpfuhl
Jesuitenpl
Jesuiteng
Firmungstraße
Josef-Görres-Platz
Rheinstraße
Rathaus
Rathaus passage
Engels gäßch
Gymnasial str.
Am Wöllershof
Pfuhlgasse
Schanzenpforte
Gerichtsstr
Landes hauptarchiv
Polizei-präsidium
Löhr-Center
Hohenfelder Str
Barbara gäßchen
Altlöhrtor
Kleinschmitts gäßchen
Löhrstraße
Zentral platz
Clemensstraße
Casino straße
Justizgebäude
Karmeliterstraße
Im Vogel sang
Regierungsstraße
Konrad-
Rheinkran
Stadttheater
Dein hard platz
Clemens platz
Reichens perger platz
BWB
Stresemannstraße
Bezirksregierung
OLG
Städt. Anlegebrücke
Luisenstraße
Schloß straße
IHK
Neustadt
Herz-Jesu-Kirche
Löhr rondell
Bahnhofstr
Stegemann straße
Viktoria straße
Friedrich- Ebert- Ring
Moselring
Kurfürstl. Schloß
Görres-denkmal
Rhein-Anlagen
Augusta-Anlagen
Cusanus str
Dammstraße
Kreisverwaltung
Christus kirche
Von-Werth-Str
HWK
Friedrichstr
Casino
Rizza straße
Hohenzollernstraße
Süd allee
Congress-Centrum
Rhein-Mosel-Halle
Weindorf
Pfaffendorfer Brücke
49
Julius-Wegeler-Str
Kaiserin-Augusta-Anlagen
Karthäuser Str
Löhr
Roon straße
Bahnhof straße
Emil-Schüller-Straße
Bahnhofstr
Hohenstaufen straße
Moltke straße
Mainzer Straße
Bismarck straße
Kurfürsten straße
Südallee
Hbf
Bahnhofs platz
Marken bildchen weg
Hohenzollern straße
Fremdenverkehrsamt
Hauptpostamt
Neverstr
Johannes-Müller-Str
Januarius-Zick-Str
Kurfürstenstr
Hohenzollern
Süd allee
Emser
In der
KD
KEB Landkarten
☎ 02 61/5 13 10
1: 10 000

IV. Kapitel
Reiseroute durchs Moseltal zu 120 Burgen, Schlössern und Baudenkmälern

Die Romantik der heutigen Burgen ist weit von dem entfernt, wozu die „Anlagen" in früherer Zeit geschaffen wurden. Schon in vorgeschichtlicher Zeit zogen sich die Menschen in Fliehburgen zurück, dann waren die Römer Lehrmeister einer wohldurchdachten Befestigungskunst. Der Burgenbau des Mittelalters war für das gesamte Land und die Bevölkerung von großer Bedeutung: Die Wehranlagen gewährleisteten die Beherrschung des Gebiets und die Sicherheit der Einwohner ebenso wie die Abwehr äußerer Feinde. In Verwaltungsmittelpunkten dienten die Burgen als Amtssitze und Residenzen der Landesherren, an Flüssen und Straßen dem Schutz der Reisenden. Die hierfür erhobene Gebühr, der Zoll, hatte manche Streitigkeiten zur Folge; städtische Kaufleute wandten sich gegen die „Raubritter". Der praktische Zweck der Burgen verhinderte nicht, daß viele zu Stätten der Kultur wurden. Bereits beim Bau legte man Wert auf künstlerische Gestaltung: Konsolsteine, Tür- und Fenstergewände wurden sorgfältig ausgemeißelt, die Innenräume schmückte man mit Malereien: Türen, Truhen und Wandschränke erhielten kunstvolle Beschläge. Auch im geistigen Leben nahm manche Burgherrin und mancher Burgherr einen führenden Platz ein.

Ganz Deutschland ist reich an Burgen und Schlössern, und die Mosel nimmt hier eine besondere Stellung ein. Im Kerngebiet des mittelalterlichen deutschen Reiches gelegen, hat dieses Land eine Fülle historisch bedeutsamer Wehrbauten bewahrt. Durch Krieg, Zerstörung, Brand und Vernachlässigung sind freilich die meisten der Burgen zu Ruinen geworden. Nur wenige sind unversehrt seit dem Mittelalter erhalten geblieben: an der Mosel die Burg Eltz, in der Eifel Schloß Bürresheim und am Rhein die Marksburg. Die Verbesserung der Feuerwaffen seit dem 16. Jahrhundert erforderte eine immer weitergehende Verstärkung der Verteidigungsanlagen. Bald verloren die Burgen als militärische Anlagen völlig ihre Bedeutung.

Nur wenige wurden zu Festungen ausgebaut wie Ehrenbreitstein und Rheinfels. Der Adel zog auf wohnliche Schlösser. Auch für diese oft prächtig gestalteten Bauwerke gibt es in Rheinland-Pfalz zahlreiche Beispiele, da hier bedeutende geistliche und weltliche Fürsten beheimatet waren, wie die Kurfürsten von Mainz, Trier und der Pfalz. Darüber hinaus bezeugen kleine und kleinste Residenzen mit einer Fülle kultureller Zentren die Vielfalt des alten deutschen Reiches; Davon künden noch Schlösser aus der damaligen Zeit, wie das in Hachenburg und in Neuwied, welches noch jetzt Residenz der Fürsten zu Wied ist.

In Rheinland-Pfalz wird der Reisende besondere Freude an Burgen und Schlössern haben, da diese in eine der schönsten Landschaften Deutschlands eingefügt sind. Alte Städtchen, ehrwürdige Dome und Kirchen mit Grabdenkmälern und Plastiken von Rittern, schmucke Dörfer und sonnige Weinberge gestalten zu sammen mit Burgen und Schlössern das herrliche Land. Hotels und Gaststätten, oft auf den Burgen selbst, laden zum Verweilen. Viele bedeutende Burgen und Schlösser der Mosel sind hier beschrieben, um zu „Entdeckungsfahrten" anzuregen.

Unsere Burgen haben heute ihre eigentliche Funktion verloren. Sagenumwoben halten sie die Erinnerung an frühere Zeiten wach. Der Wanderer und der Reisende möchte sie nicht missen, sie gehören zum Land, zur Heimat. a

Die Burg und das ritterliche Leben

Die Burg diente der Wehr und dieser Aufgabe mußte sich alles andere unterordnen. Die Bauform war vielgestaltig; aber zusammenfassend ist hervorzuheben: Die ganze Anlage war von einer Ringmauer umgeben, Zinnen oder Schießscharten schützten die Verteidiger. An der besonders gefährdeten Seite finden wir manchmal eine besonders starke Schildmauer.

Die Burgen waren verputzt und bemalt, nur die plastischen Buckelquader blieben steinsichtig. Das Tor befindet sich meist in einem

Turm oder daneben, oft waren mehrere Tore zu überwinden. Die Zugbrücke sicherte den Eingang, ebenso der Gußerker über dem Tor. Der Bergfried, das höchste und stärkste Bauwerk, war die letzte Zuflucht. Der hochgelegene Eingang war durch eine Leiter oder Holzbrücke zu betreten, die leicht zu entfernen waren. Das untere Geschoß konnte nur durch ein Loch in der Decke erreicht werden. Der Bergfried war zugleich Wachturm, Schwerpunkt der gesamten Burganlage und Statussymbol. Der Palas, der Hauptwohnbau, bot keinen angenehmen Aufenthalt. Die Fenster verschloß man mit Holzläden, Glas war im 15. Jh. noch nicht überall im Gebrauch. „Abtritte" - Toiletten - waren meist an den Außenwänden angebracht; es waren unten offene Häuschen. Die Kapelle liegt oft im Torbau oder in einem wichtigen Turm (Gegenwart Gottes!), manchmal finden wir Kapellenerker oder Altarnischen. Zur Wasserversorgung dienten Zisternen und aufwendige Brunnen. Für Kräuter und Blumen sorgte der Garten. In der Vorburg standen Neben- und Wirtschaftsgebäude; hier hielt man Haustiere. Es sah aus wie auf einem Gutshof. Die Burgen wurden durch „Bauhütten" errichtet. Die Umwohner konnten nur Lieferungen ausführen und Hilfsdienste leisten; sie arbeiteten ihre Steuern ab. Da die Burg in erster Linie Wehrbau war, mußte sich auch das Leben darin diesem Zweck unterordnen. Die Räume waren unwohnlich und düster, die Fenster klein und zugig, die Mauern dick. Die Beleuchtung durch Kienspäne, Öllampen und Fackeln war wenig hell und erzeugte Qualm, der Kamin gab keine gleichmäßige ausreichende Wärme, Pelze waren erforderlich. Fazit: Selbst ein schlichtes kleines Haus aus heutiger Zeit hat mehr Komfort, als damals die beste Burg. a

Nachfolgende Burgen und Schlösser an der Lothringischen und Luxemburgischen Mosel

Schloß Stadtbredimus, ein beachtlicher Bau, geht auf eine Burg zurück, die im 14. Jh. Besitz der Herren von Burscheid war und 1478 durch Heirat an die Herren von Wiltz kam. 1671 kaufte W. H. von Metternich-Burscheid den Ort, der seit 1672 eine eigene Herrschaft bildete. 1708 erwarb der Gerichtsvollzieher Stoultgen (1735 geadelt) die Burg, brach sie 1724 großenteils ab und errichtete das neue Schloß. 1792 schlug die preußische Armee für zwei Wochen im Ort ihr Lager auf, ebenso ein Emigrantenheer. Der Graf von Provence, später König Ludwig XVIII., und der Graf von Artois, später König Karl X., stiegen im Schloß ab. 1802 erwarb es der Ratsherr Theodor Ignaz de la Fontaine. Der luxemburgische Dichter Ed mond de la Fontaine (Pseudonym: de Dicks) starb hier 1891. Heute finden im Schloß Weinproben statt. a

Schloß Schengen, ein klassizistischer Bau, den Ort beherrschend, geht auf eine Burg aus dem 12. oder 13. Jh. zurück. 1347 gehörte sie den Herren von Fels. 1581 wurde sie zwischen den Herren von Fels und von Eltz aufgeteilt und dann von Francesco de Verdugo und dessen Schwiegersohn erworben. Francesco soll sie umgebaut haben. Später war sie Besitz der Familie Collart. 1812 ließ Johann-Nicolas Collart die Burg abbrechen und das jetzige Schloß errichten (nur ein starker Eckturm wurde dabei wieder verwendet). Seine Nachkommen verkauften das Anwesen 1939 an die Elisabetherinnen aus Luxemburg. Sie nutzen den Bau als Erholungsheim. 1871 weilte hier Victor Hugo. Er überreichte Madame Collart ein Bild des Schlosses mit Widmung. a

Burg Sierck (Sierck-les-Bains) verdeutlicht mit ihren Geschütztürmen die Umgestaltung einer mittelalterlichen Burg in eine Festung des 18. Jh. Schon 1065 hatten die Herzöge von Lothringen den Ort in Besitz. Die Burg war vorübergehend auch deren Residenz. 1661 trat Herzog Karl IV. Sierck an Frankreich ab. Vauban verstärkte den Bering und fügte 1670 den Schallturm hinzu. 1673 wurde das Schloß zerstört, 1705 wiederaufgebaut; es diente in diesem Jahr dem Marschall Villars als Stützpunkt gegen den Herzog von Marlborough. Nach dem Utrechter Frieden wurde die Festung 1714 geschleift, dann 1733 neu instandgesetzt. Seit Anfang des 19. Jh. verfiel die Anlage. - Die Herren von Sierck, 1442 in den Reichs grafenstand erhoben, nannten sich nach dem Ort; aus diesem Haus stammt der Trierer Erzbischof Jacob von Sierck (+ 1456).

Die eindrucksvollen Geschütztürme beherrschen das Moseltal. Durch Tore, Zwinger und einen Artillerieturm erreicht man das Plateau, umgeben durch doppelte Umfassungsmauern und zahlreiche Türme mit Schlupfgängen. Auf dem Plateau steht ein gotischer Wohnbau („Rittersaal", 12.-13. Jh.). Eine Kaserne stammt von 1733. Als äußere Geschützbatterie diente der Schallturm („Amphitheater"). - Von der *Stadtbefestigung* sind Türme erhalten, so der Hexenturm und ein Torturm. Dieser enthält ein kleines Museum mit Ausgrabungsfunden. a

Schloß Berg gehörte der Abtei Echternach. Es entstand um 1775 im Stil des Paul Mungenast und besitzt zwei Frontpavillons und einen Taubenschlag. a

Schloß Kattenhofen (Cattenom) Ritter von Ketenheim (Kattenhofen) werden schon vor dem 12. Jh. erwähnt. Burg Kattenhofen war 1431 zur Hälfte im Besitz des Deutschordens, Kommende Metz. Das Schloß wurde 1831 abgebrochen. Die Kapelle des Ordens war auch Schloßkapelle. Sie entstand im 11. Jh. Ihr wehrhafter Turm ist erhalten (Schiff 1831). Die Umgebung der Kirche zeigt burgartiges Gepräge. Ein Torbogen stammt aus dem 17. Jh., an seinen Seiten stehen zwei starke Türme. a

Schloß Scheuern (Lagrange) bei Monhofen (Manom), ein eindrucksvolles Werk des Barock, birgt eine kostbare Ausstattung. Die Herrschaft Scheuern (1532 „die Schurre") war ursprünglich Lehen der Herrschaft Meilberg, und seit 1467 unmittelbares luxemburgisches Lehen. 1453 war die Burg ein Vorwerk von Diedenhofen. Lehensträger waren im 12. (?) und 14. Jh. die Herren von Scheuern (de Scura), denen 1467 (?) die Herren von Soleuvre (Zollwer) folgten. Durch Heirat kam die Herrschaft 1461 an die de Chinery (Chivery) und 1476 an deren Erben, die Freiherren von Brandenburg, die nach 1592 im Besitz waren. Ihre Erben waren die Grafen d'Argenteau (von Erkentiel), die 1635 und noch 1691 das Lehen trugen. 1701 wurde die Herrschaft durch die de Mercy an die Gomé des Hazards verkauft. Diese errichteten ab 1731 auf den Grundmauern der Wasserburg das heutige Schloß, nach einem Entwurf von Robert de Cotte. 1752 erfolgte ein Zwangsverkauf; Erwerber waren die Grafen de Fouquet. Dieser Familie folgte durch Heirat zu Anfang des 19. Jh. die der Bertier de Séquigny. Noch jetzt ist das Schloß Besitz von deren Nachkommen, den Comtes de Selancy.

Das Schloß, von gemauerten Wassergräben umgeben, zeigt reiche Architekturformen. Prachtvoll ist das Innere: Das Untergeschoß enthält die Küche mit großem Kamin, das Erdgeschoß den halbkreisförmigen Speisesaal mit Kachelofen um 1780 aus der eigenen Fayencerie (seit etwa 1750 in den Nebengebäuden) und Bildnisse von 1776. Der Rote Salon zeigt gemalte Stofftapeten des 18. Jh. sowie Möbel aus Régence und Rokoko. Das Treppenhaus aus dem 18. Jh. stammt aus dem Hôtel Bertier de Savigny in Paris (1937 abgebrochen). Die Räume bergen wertvolle Möbel des 17. und 18. Jh. und Gemälde sowie eine Sammlung von chinesischem und koreanischem Seladonporzellan und Karten von Korsika aus dem 16.-18. Jh. - Dem Schloß vorgelagert sind ein Ehrenhof und eine Terrasse; 3 Tore führen in die Höfe. Ein Rundturm wurde im 18. Jh. als Taubenhaus errichtet (im 19. Jh. verändert). Der englische Park war einst in französischem Stil gestaltet. a

Schloß Diedenhofen (Thionville): Ein ehrwürdiges Zeugnis der Geschichte ist der wuchtige Turm („Flohturm") des Schlosses Diedenhofen. Ein königliches Hofgut Theodonis Villa wird 753 erwähnt. Karlmann, Sohn Pippins, nannte 770 Diedenhofen sein Palatium. Mehrfach residierte Karl der Große hier; in der Pfalz starb 783 seine 2. Gemahlin Hildegard nach der Geburt ihres 9. Kindes; sie wurde in St. Arnulf in Metz begraben. Auch Ludwig der Fromme weilte oft in Diedenhofen und hielt hier Reichsversammlungen ab. Die Pfalz kam 842 an Ludwig den Deutschen, 843 durch den Vertrag von Verdun an Lothar und war zeitweise Residenz der Könige von Lothringen. 925 fiel sie an Deutschland. Im Aufstand der Lothringer gegen König Otto den Großen 939 ließ Bischof Adalbero von Metz die Kapelle zerstören, damit sie nicht befestigt als Stützpunkt gegen ihn dienen könne. 1003 hielt Kaiser Heinrich II. in Diedenhofen einen Gerichtstag mit den Oberlothringern ab. Der Ort kam an Lothringen, dann Luxemburg. 1643 eroberte der Prinz de Condé die inzwischen zur starken Festung ausgebaute Stadt, die 1659 an Frankreich fiel.

Der Schloßbezirk umfaßt heute kleine Straßen, Plätze, Höfe, Palais und Häuser. Ältester Teil des Schlosses ist der mächtige Flohturm (wohl „Fluchtturm"), vierzehneckig, mit Quadermauerwerk; der Zinnenkranz ist neu. Man vermutet, der Baugehe auf die frühere Pfalzkapelle Ludwigs des Frommen zurück; ebenfalls er sei römischen Ursprungs (Mauerstruktur ähnlich wie an der Kirche zu Mackweiler). Ein eingemauertes Ornamentstück könnte ebenfalls römisch sein. Im 11. und 12. Jh. wurde der Bau zu einem starken Wohnturm gestaltet, seit 1905 dient er als stadtgeschichtliches Museum. Das Museum verdeutlicht die Stadtgeschichte, zeigt Grabdenkmäler aus dem Spätmittelalter und der Renaissance, Skulpturen, Ofenplatten, Diedenhofener Keramik, Geräte und Bodenfunde. - Aus gotischer Zeit stammt das Klarissentor (Porte des Clarisses), im 16. und 17. Jh. und 1711 (Fenster) verändert, mit eingemauertem Wappenstein von der Festung (1539). Es besitzt zwei Rundtürme und bildet gemeinsam mit turmgeschmückten Häusern in der Klarissenstraße einen malerischen Zugang zur Schloßanlage.

Am Schloßhof (Cour du Château) stehen das Palais von Kriechingen (17.-18. Jh.), ein spätgotisches Haus (Ende des 15. Jh.) mit Turm, das Palais de Raville-Merlbourg (15. Jh.) mit turmartigen Flügeln, das Palais de Justice (19.-20. Jh.) mit Teilen des Amtshauses der Herren von Eltz (Renaissance, vor 1551, mit Tordurchfahrt, schöner Hoffront und Turm in einem weiteren Hof.

Diedenhofen war vom 13.-15. Jh. luxemburgische Festung, 1555-58 durch Jean de Heu, ab 1570 durch Jean de Wiltz und Sohn sowie besonders durch Vauban verstärkt, 1705 und 1711 erweitert. Erhalten sind zwei große Bastionen an der Mosel. a

Im nahen Gentringen (Guentrange) steht **Schloß Donnerscheuer**, einst Besitz der Herren von Eltz, ein festes Haus aus dem 16.-17. Jh., mit Turm, Nebengebäuden und Taubenschlag. a

Schloß Le Hoff der Herren de la Touraille entstand 1765, ein schöner Bau mit Pavillons und Gitterportalen. a

Schloß Pépinville in Reichersberg (Riche mont) ist ein schlichter Barockbau. Der Ort wird 1303 als Pinpeuville erwähnt, 1314 als Pypesdorf, 1587 als Puppeltorf. Das Schloß, einst eine Wasserburg, wurde 1346 mit der Herrschaft Reichersberg vereinigt. 1727 war es Hauptquartier des Marschalls Belleisle, Statthalter von Metz, 1735 und 1755 des Marquis de Chevert. 1776 entstand ein Neubau zwischen zwei alten Rundtürmen (an der Stelle des einen jetzt eine Kirche von 1938-48). Heute dient das Schloß als Kinderheim. a

Schloß Blettingen (Blettange), eine hübsche Barockanlage, geht auf eine 1357 erwähnte Burg zurück, die 1552 zerstört wurde. Erst 1755-58 ließ H. C. de Verpy den jetzigen Bau errichten; zwei Türme stammen noch von der Burg; der dritte (von ursprünglich 4) dient als Taubenschlag. Die zwei Kopfpavillons der Nebengebäude waren Backhaus und Kapelle. a

Schloß Ennery: Von Schloß Ennery sind sehenswerte Teile erhalten. Der Ort wird 898 als Huneriaca villa erwähnt, 1065 als Anerei, 1067 als Unreich. Bischof Friedrich von Metz (1171-79) erwarb eine Burg in Ennery für das Bistum. 1325 wird als Vorläufer des jetzigen Schlosses eine Wasserburg genannt. Um 1380 zerstörte sie Herzog Wenzel von Luxemburg, 1390 baute sie Nikolaus de Heu wieder auf. Von der Vorburg sind zwei Rundtürme, das Torhaus und zwei Brücken sichtbar, vom Schloß des 18. Jh. Reste. Von der *Ortsbefestigung* stehen noch zwei Türme. a

Wehrhafte Kirche in Malroy: Die Kirche in Malroy wurde um 1165 gegründet. Nach 1200 erhielt die Turmhalle ein Rippengewölbe. Später fügte man dem Gotteshaus ein Wehrgeschoß zu. a

Schloß Woippy („Schloß mit den vier Türmen") Eindrucksvoll sind die Wehrbauten von Woippy. Der Ort war 1128 Besitz des Metzer Domkapitels. Die Paraiges, die privilegierten Geschlechterverbände der Freien Reichsstadt Metz, erwarben hier Grundbesitz. Im 15. und 16. Jh. zwangen die Wirren zur Befestigung der Gutshöfe: Schloß Woippy entstand im 13. Jh. als Wasserburg, wurde im 14.-16. Jh. ausgebaut und gehörte dem Domkapitel. Ein mächtiger Donjon ist von einer quadratischen Ringmauer und Wallgraben umgeben. - Das „Hohe Haus" („Haute Maison"), auch Hexenhaus genannt, stammt aus dem 14.-15. Jh., ein starker Donjon mit Zwillingsfenstern um 1400, Eckstrebe und Zinnenkranz. a

Ladonchamps bei Woippy, 1222 als Hofgut erwähnt, wurde zu Anfang des 15. Jh. als Wasserburg ausgebaut. Seither oft zerstört und verändert, wurde das Schloß 1944 endgültig vernichtet. Erhalten sind zwei Steinbrücken und die Kapelle, 1729 gestiftet, 1777 bezeichnet. Sie birgt eine gute Madonna um 1425. a

Deutsches Tor in Metz (Torburg) Das Deutsche Tor in Metz, eine mächtige Torburg, eines der eindrucksvollsten Stadttore in Mitteleuropa, ist um 1230 entstanden. Damals umgab man die östlichen Vorstädte mit einem neuen Mauerring. Das innere Tor besteht aus einem Torbogen zwischen zwei schlanken Rundtürmen. Um 1445 errichtete der Stadtbaumeister Heinrich von Busdorf, Sire der Rancoval (Inschrift), die spitzbogige Brücke, die eine gekrümmte Zufahrt bildet, durch Mauern geschützt (Laubengang um 1480). Das dreieckige Bollwerk jenseits der Seille mit zwei starken Geschütztürmen und Tordurchfahrt fügte 1526-29 Philippe d'Esch hinzu. - Ein weiterer Teil der Stadtbefestigung ist der *Kamuffelturm* (1457), benannt nach dem Geschützgießer Jacob von Kastel genannt Kamuffel. a

Adelshäuser in Metz (Stadtburgen): Metz bewahrt einige Stadtburgen des Paraigen-Adels. Die bedeutendste ist das *Hôtel St. Livier*; es besitzt einen eindrucksvollen Turm mit wehrhaftem Gepräge. Es liegt an der höchsten Stelle der Stadt. Der Legende nach ist hier der heilige Livarius geboren, der 451 auf Befehl Attilas durch die Hunnen enthauptet wurde. Die Fenster mit Säulchen am Turm und an der Rückseite stammen vom Ende des 12. Jh., der Turmaufsatz, die gotischen Fenster und die Zinnen aus der 1. Hälfte des 13. Jh., die Renaissancefenster aus dem 16. Jh., weitere Teile entstanden im 16.-17. Jh. Im Haus weilte 1541 der deutsche Kaiser Karl V. bei der Witwe de Raigecourt und ihrer Tochter, als er die Freie Reichsstadt besuchte. 1563 erwarb das Geschlecht de'Gournay das Haus. Das Hauptportal von 1620 zeigt deren Wappen und das der Hillière. Jetzt dient der Bau als Konservatori um. - Das *Hôtel de la Bulette* (Maternité, Heiligkreuzplatz) ist ein festes Stadthaus mit quadratischem Grundriß und vier Ecktürmchen (Ende des 14. Jh.). - Ähnliche städtische Patriziertürme finden wir in Regensburg sowie in San Gimignano und Bologna. a

Wehrkirche in Chazelles (Scy-Chazelles): Die Wehrkirche in Chazelles, ein eindrucksvoller burgartiger Bau, gehört zu einer Kette derartiger Anlagen, die eine Verteidigungslinie um Metz und das Metzer Gebiet (Pays Messin) bildeten. Das Gotteshaus, um 1120 gestiftet, im 12. Jh. mit Chorabschlußturm errichtet, wurde 1409 zur Wehrkirche gestaltet. Das Innere mit schönen Gewölben birgt die Grabplatte des großen Europäers Robert Schuman (1886-1963). a

Schloß Moulins bei Metz, eine frühere Wasserburg mit vier runden Ecktürmen, enstand zum Schutz einer Moselbrücke vor Metz, die 1227 erwähnt wird. Auf ihr empfing die Freie Reichsstadt Metz 1498 Kaiser Maximilian. 1614 verlegte die Mosel ihr Bett. 1444 wurde die Burg erneuert, ebenso 1476. 1580 kaufte sie Abraham Fabert, Schöffenmeister von Metz, von der Metzer Patrizierfamilie Baudoche. Das Geschlecht Fabert baute sie im 17. Jh. um. 1789 wurde das „Château Fabert" verkauft. Im 19. Jh. brannte der Nordflügel ab. Das Schloß, ein von vier Rundtürmen flankierter Rechteckbau, stammt im wesentlichen von 1476. Es ist jetzt im Besitz mehrerer Familien. a

Das nahegelegene **Schloß Grignan**, ein an sprechender Bau, war eine Wasserburg, 1404 erwähnt, eine Rechteckanlage mit zwei Rund türmen, noch jetzt von Wasser umgeben. Es dient seit 1923 als Ordensheim. a

Befestigungen in Vaux: Vaux war ein fester Ort: Im Mittelpunkt steht die wehrhafte Kirche mit starkem Westturm; sie bildet mit dem Kirchhof, den Häusern und Toren ein geschlossenes Bild. Die kleine Feste wurde oft angegriffen und zerstört. So verteidigte sie sich 1448 zunächst erfolgreich gegen 1200 Angreifer, mußte sich aber schließlich gegen freien Abzug der kleinen Besatzung ergeben. 1444 besetzten französische Truppen die Feste wie viele andere der Gegend als Stützpunkt bei der Belagerung von Metz. a

Schloß Jouy-aux-Arches, ein quadratischer Wohnturm, besitzt an zwei diagonalen Ecken einen runden und einen ovalen Eckturm. Es verdeutlicht so einen einfachen, aber wirkungsvollen Befestigungstyp. Seine älteren Schießscharten weisen auf das 13. Jh. Der Bau wurde im 15.-16. Jh. verändert. 1444 besetzten französische Truppen das Schloß, wie viele andere der Gegend, um es als Stützpunkt bei der Belagerung von Metz zu nutzen. Die Kapelle birgt einen steinernen gotischen Altarunterbau. a

Wehrkirche in Arry: Die Kirche in Arry wurde im 13. und 14. Jh. als Wehrkirche errichtet. Ein Erker gehört zum Wehrgeschoß über dem Langhaus. Der wuchtige Chorturm, ein Wohnturm, zeigt Schießscharten, Luken und Reste von zwei romanischen Kaminen. a

Burg Prény, jetzt eine der schönsten und größten Ruinen in Lothringen, errichtete um 1000 der Herzog von Lothringen gegen die Burg Mousson der Grafen von Bar. 1139 belagerte der Metzer Bischof Stephan von Bar Prény. 1268 kämpften vor der Burg die Lothringer gegen den Bischof von Metz, die Kampfrufe waren „Prény" und „Mousson". Prény wurde der Schlachtruf der Lothringer im Mittelalter. 1573 baute Claude de Villon aus Nancy die Burg aus. 1636 wurde sie zerstört. - Die Burg liegt am Rand einer Hochfläche. Tore und Gräben trennen Zwinger, Vorburg und Hauptburg. Diese schützten der gewaltige siebeneckige Donjon (Tour Mandeguerre) mit 3-5 m starken Mauern, wohl um 1135, und 4 Rundtürme (12. Jh.). Die Vorburg (13. Jh.) bewahrt ein Tor und ein gotisches Gebäude mit Laube (Corps de garde). Auch der Ort gehörte zur Umwehrung. a

Burg Mousson über Pont à Mousson. Von Burg Mousson ist die Umfassungsmauer erhalten. Auf dem Berg stand ein römisches Kastell, dann eine Wehranlage der austrasischen fränkischen Könige. Eine Burg gab es im 11. Jh. 1038 heiratete Ludwig von Mousson-Montbéli ard Sophie von Bar und gründete damit die jüngere Linie der Grafen von Bar. Burg Mous son wurde deren Hauptresidenz. Nach ihrem Erlöschen 1419 fiel sie an Lothringen. Vor 1636 wurde sie zerstört; Kardinal Richelieu weilte 1632 hier. Die Burgkapelle, 1944 vernichtet, wurde modern wieder aufgebaut. a

Schloß Dieulouard erhebt sich eindrucksvoll mit einer über 100 m langen, teilweise mehr als 20 m hohen Mauer über dem Moseltal. Den Ort soll Bischof Haimon von Verdun (988-1024) gesegnet haben mit den Worten: „Dieu le garde!" („Gott behüte ihn!"); durch ihn entstand wahrscheinlich die Burg. Sie wurde ein wichtiger Stützpunkt des Bistums Verdun, war im 30jährigen Krieg hart umkämpft und kam 1648 endgültig an Frankreich. Um 1685 ließ sie Marschall Créqui entfestigen. In der französischen Revolution versteigerte man die erhaltenen Wohnbauten. Das Schloß ist trapezförmig. Teile der früheren Burggebäude sind in der jetzigen Bebauung erhalten. Ein Museum zeigt gallorömische Funde (Maison Scarponnais; das römische Scarpona auf der rechten Moselseite war der Vorläufer von Dieulouard). a

Burg Condé über Custines ist jetzt eine malerische Ruine. Der Metzer Bischof Philipp von Flörchingen errichtete den Wehrbau 1261- 63. Aus finanziellen Gründen kam die Burg allmählich an die Grafen von Bar. Bei der Vereinigung der Herzogtümer Lothringen-Bar 1431 verlor sie ihren militärischen Wert und diente auch als Staatsgefängnis. 1439 war hier Bischof Konrad von Metz gefangen. 1552 weilte hier König Heinrich II. von Frankreich vor seinem Einzug in Metz. Auch Maria Stuart wohnte hier. Herzog Heinrich II. richtete im Schloß Werkstätten für Alchimisten ein. 1634 wurde die Feste geschleift. Nur wenige Reste sind erhalten. 1719 erhob Herzog Leopold Condé zum Marquisat für die Herren von Custines. Seitdem heißt der Ort Custines. - Das Schloß im Ort ist ein festes Haus des 15.-16. Jh. a

Herzogspalast (Palais Ducal) in Nancy. Der Herzogspalast (Palais Ducal) in Nancy zeigt mit der Eingangshalle seiner Fassade ein Meisterwerk der späten Gotik und beginnenden Renaissance und birgt die Schätze des Lothringischen historischen Museums. 1073 wird ein castrum erwähnt. Herzog Friedrich III. von Lothringen (1251-1303) baute eine Burg an der jetzigen Stelle. Sie wurde in den Burgunderkriegen (1476-77) beschädigt. Herzog René begann 1501 einen Neubau (Südflügel). 1508-22 errichtete Jacques de Vaucouleurs für Herzog Anton den Torbau (Porterie) und weitere Teile. Karl III. setzte 1570 die Arbeiten fort. Der Bau überstand das 17. Jh., jedoch hatte sich der Lebensstil gewandelt. Als Herzog Leopold 1698 zurückkehrte, ließ er Teile des Palasts abbrechen. Zwar begann er 1717 dort einen Neubau, der aber 1720 liegenblieb. Prunkstück des erhaltenen Teils ist die Eingangshalle (Porterie) von 1511-12 nach dem Vorbild von Schloß Blois. Der Aufbau ist spätgotisch, der Dekor in Renaissance gestaltet. In einer Nische steht das Reiterstandbild Herzog Antons (ursprünglich 1511 von Mansuy Gauvin, 1792 zerstört; jetzt 1851 von Giorné Viard). - Zum Obergeschoß führt der Uhrturm; hier ein bedeutender Saal (Galerie der Hirsche, Galerie des cerfs). Das Lothringische historische Museum (Musée historique Lorrain), seit 1851 eingerichtet, verdeutlicht alle geschichtlichen Epochen und Kunstrichtungen Lothringens. - Unweit steht die mächtige *Porte de la Craffe*, ein mittelalterliches Stadttor von 1436 mit Außentor von 1615. In der Barockzeit kamen zwei Häuser und Trophäenpfeiler im Halbkreis hinzu. a

Place Stanislas in Nancy, eine der großartigsten Platzanlagen in Europa, ist eine der besten städtebaulichen und künstlerischen Schöpfungen des 18. Jh. Herzog Stanislaus von Lothringen, König von Polen, ließ sie 1752-55 durch Emmanuel Héré anlegen, den Claude-Thomas Gentillâtre neben anderen wie dem Kunstschmied Jean Lamour unterstützte. Monumenta le Bauten umrahmen den Platz, Gitter, Laternen, Brunnen und Plastiken beleben die Architektur und rufen einen festlichen Eindruck hervor. An der Südseite steht das Rathaus (Hôtel de Ville), ein schloßartiger Bau, im Osten und Westen liegen vier palaisartige Pavillons in ähnlicher Architektur. Im Norden fassen Bogengitter die unbebauten Ecken ein; etwas vom Platz entfernt bildet der Triumphbogen den Abschluß und zugleich den Übergang zur Place de la Carrière, die die Platzfolge fortsetzt; Die Place hémicycle bildet den Abschluß. a

Schloß La Malgrange in Jarville-la-Malgrange: Von Schloß La Malgrange sind Nebengebäude erhalten. Hier stand im 16. Jh. ein Lusthaus der Herzöge von Lothringen. Herzog Stanislaus ließ 1739-40 durch Emmanuel Héré ein Schloß errichten, das nach 1766 unterging. Verblieben ist der Wohnbau der Nebengebäude, später verändert, jetzt eine Höhere Schule. a

Schloß Fléville, ein vorzüglich erhaltener Renaissancebau, birgt eine kostbare Ausstattung. Die Herrschaft bestand seit dem 12. Jh. Um 1533 begann Nikolaus von Lützelburg den Bau der jetzigen Renaissance-Anlage. 1563 kam das Schloß an das Geschlecht de Beauvau, 1727 an die Grafen des Armoises. Madame d Armoises, Hofdame der Königin von Polen, hielt hier einen literarischen Salon. Seit 1811 ist das Anwesen Besitz der Familie de Lambel und noch bewohnt, aber zugänglich. - Das malerische Schloß erreicht man durch eine Torfahrt (1564), den Wirtschaftshof mit Bauten von 1751 und über eine Brücke. Die Rampe vor dem Ehrenhof schmücken schöne Rokokovasen. Der Donjon des 12 Jh. ist in den Bau einbezogen, der reichen Renaissanceschmuck zeigt. Im Innern finden wir gute Holzvertäfelungen im Billardsaal und in der Kapelle sowie wertvolle Möbel, Bilder (Ludwig XV und Maria Lezczynska), Gobelins und eine Büste der Marie-Antoinette. Ein gepflegter Park schließt sich an. a

Burg Liverdun: Liverdun, ein malerisch auf einem Hügel in einer Moselschleife gelegenes Städtchen, bewahrt als Rest seiner Burg ihr Tor. Der Touler Bischof Peter von Brixey errichtete sie neu, etwas entfernt von ihrer ursprünglichen Stelle. 1182 war sie gemeinsam mit der Stadtmauer vollendet. Oft weilten die Bischöfe hier. Bischof Anton von Neufchâtel (1460-95) über gab Liverdun den Burgundern. Daher belagerten es die Lothringer 1467 und eroberten es nach sechswöchiger tapferer Gegenwehr. Stadt und Burg wurden niedergebrannt. Die Burg lag an der Nordspitze der Oberstadt. Erhalten ist das Burg- und Stadttor (meist 15. Jh.) mit zwei Türmen. a

Bischofspalais in Toul, ein stattlicher Bau, wurde 1736-43 durch Nicolas Pierson und Jean Antoine errichtet. Zwei niedrige Flügel kamen um 1754-73 hinzu. Seit 1789 dient der Bau als Rathaus mit einem kleinen Museum. Kolossale Pilaster schmücken die Fassade. Zum Palais führen zwei schöne Tore. An einem Torbau weist eine Inschrift auf die Jungfrau von Orleans hin.

Toul war seit dem 4. Jh. Bischofssitz, kam 925 zum Deutschen Reich und wurde im 13. Jh. Freie Reichsstadt. 1648 fiel es endgültig an Frankreich. Seine *Befestigung* baute Vauban im 17. Jh. aus. 9 Bastionen sowie Wallgräben, Schanzen und 4 Tore umgeben die Stadt, die noch heute teilweise wasserumflossen ist. a

Schloß Tonney: Von Schloß Tonney sind Teile erhalten. Es stammt aus dem 14.-15. Jh.: Donjon und vier Flügel mit Ecktürmen; Türme der Wehrmauern, Kamine, Renaissancefenster. a

Schloß Lunéville, ein bedeutender Barockbau, enthält sehenswerte Museen. Im 10. Jh. war der Ort Sitz einer Grafschaft. Herzog Matthias II. (1220-51) gewann sie für Lothringen. Heinrich II. ersetzte 1612-15 die Burg durch ein Schloß in U-Form, das im 17. Jh. beschädigt wurde. 1702 zog sich Herzog Leopold aus Protest gegen die Besetzung von Nancy durch Frankreich nach Lunéville zurück. Ab 1703 fertigte Germain Boffrand Pläne für ein Residenzschloß. Bis 1706 entstand der Mittelbau, 1706- 17 der rechte Flügel, 1720-23 die Kapelle, 1723 war die Innendekoration fertig. Nach dem Thronverzicht des Herzogs Franz Stephan, des späteren deutschen Kaisers, residierte hier 1737-66 Herzog Stanislaus, König von Polen, der Schloß und Park nach seinen Bedürfnissen herrichten ließ und zu einem Zentrum des geistigen und kulturellen Lebens machte. Bedeutende Persönlichkeiten weilten hier wie Voltaire 1748-49. Er schrieb: „Man glaubt nicht den Ort gewechselt zu haben, wenn man von Versailles nach Lunéville geht.“ Nach dem Tod des Herzogs Stanislaus 1766 fiel Lothringen vom deutschen Reich an Frankreich, Schloß Lunéville verlor seine Ausstattung und Bedeutung. - Die großartige Drei-Flügel-Anlage ist, abgesehen von der Kapelle, symmetrisch gestaltet; mit drei sich verkleinernden Höfen, zuletzt dem Ehrenhof. Die Mitte des Corps de Logis bildet ein Pavillon mit drei Durchgangsbögen und Säulenvorbau. Die Kapelle erinnert an Versailles. Einzelne Räume zeigen noch ihre Kamine, Türen und Stukkaturen. Das Städtische Museum enthält Gemälde wie Bildnisse lothringischer Herrscher, Plastiken und Gegenstände des Kunsthandwerks wie Erzeugnisse der Lunéviller Fayencerie; das

Militärmuseum (1963 eröffnet) bietet militärische Stücke vom 18. Jh. an. - Der Park wurde 1711-18 durch Yves de Hours angelegt um 1725 durch Louis-Ferdinand de Lesle erweitert, der später in Schönbrunn arbeitete. Nach Vernachlässigung und Verwüstungen wurde 1946-47 der alte Zustand wiederhergestellt. a

Schloß Neuviller-sur-Moselle: Von Schloß Neuviller sind beachtenswerte Teile erhalten. 1096 wird ein „castrum“ erwähnt. Den Herren von Neuviller folgten als Besitzer 1371 die Herren von Ogéviller. Deren Erbin Beatrix heiratete Johann VII., den letzten Herren von Finstingen. Über deren Nachkommen kam das Anwesen durch Heirat 1495 an die Rheingrafen. Rheingraf Friedrich ließ seit 1553 die Burg in ein Renaissanceschloß umgestalten. 1749 verkaufte der Fürst von Salm die Herrschaft an König Stanislaus, der sie 1751 seinem Kanzler Antoine de Chaumont de la Galaizière übergab und zur Grafschaft erhob. Dieser ließ das Schloß abbrechen und 1756-59 ein Rokokogebäude in Hufeisenform errichten, das 1764-65 erweitert wurde. 1898 wurden das Corps de Logis und der Nordflügel abgebrochen, da dem Besitzer die Unterhaltskosten zu hoch waren. Erhalten sind der Südflügel, ein Teil des Corps de Logis, die Nebengebäude und das Gittertor. Im Tal liegt der alte Gutshof mit zwei Türmen. a

Schloß Haroué zeigt die meisterhafte Umgestaltung eines mittelalterlichen Wehrbaus zu einer prächtigen Barockanlage. Die Burg kam im 16. Jh. von dem Geschlecht de Harouel durch Heirat an die Herren de Bassompierre. Hier wurde François de Bassompierre (1579- 1646) geboren, Marschall von Frankreich. 1631-43 wurde er durch Richelieu in der Bastille festgesetzt, wo er seine berühmten „Mémoires“ schrieb, eine Fundgrube der Kulturgeschichte. 1720 erhielt Marc de Beauvau- Craon die Herrschaft von Herzog Leopold von Lothringen, der dessen Gemahlin Marguerite als Favoritin hatte. Germain Boffrand erhielt den Auftrag, die Ruine der Burg wieder aufzubauen. Jean Lamour gestaltete Gitter und Geländer, Barthélemy Guibal die Gartenfiguren. Noch heute ist das Schloß Besitz der Fürsten von Beauvau-Craon, ist bewohnt, kann aber besichtigt werden. - Das eindrucksvolle Schloß hat die gemauerten Wassergräben, den quadratischen Grundriß und die vier runden Ecktürme beibe halten. Ein Gitterportal und zwei Brücken führen zum Vorhof. Der vornehme Ehrenhof zeigt vorgelegte malerische Kolonnaden. Das Innere birgt kostbare Möbel, Teppiche, Gobelins, Gemälde und Kunstwerke. - Ein Park mit reichem Figurenschmuck schließt sich an. a

Schloß Bayon, 1874 errichtet, ist ein beachtenswertes Werk des Historismus. a

Schloß Châtel-sur-Moselle entstand im 11. Jh. und später und wurde 1670 zerstört. Ein kleines Museum zeigt Funde. a

Burg Épinal: Wenige Bauteile zeugen von Burg Épinal. Bischof Dietrich von Metz (964- 84), Vetter Kaiser Ottos des Großen, soll sie gegründet haben. Der Metzer Bischof Jakob von Lothringen (1239-60) erweiterte den Wehrbereich durch die von der Burg ausgehen den Stadtmauern. Die Bischöfe gerieten vielfach in Streit mit den Vögten und der aufstrebenden Bürgerschaft. 1476 fiel Épinal endgültig an Lothringen. Nach 1670 wurde die Burg geschleift und ist seitdem Ruine. Erhalten sind Pfeiler der Brücke, die zum Vorwerksturm Lespinou führte, Reste des Donjons, der Kapelle und des Verlieses. a

Äbtissinnenpalais in Remiremont des reichsunmittelbaren Damenstifts Remiremont, ein Meisterwerk des Spätbarock, wurde 1752 durch Jean-Nicolas Jennesson errichtet. Auftraggeberin war Äbtissin Anna-Charlotte von Lothringen, Schwester des Herzogs Franz Stephan, des späteren deutschen Kaisers. Der Bau dient jetzt neben anderem als Rathaus und Bibliothek. Er hat einen Ehrenhof, einen skulptierten Giebel und birgt gute Treppenhäuser sowie den Empfangssaal. An der Rückseite schließt sich ein französischer Garten an. a

Beim nahen **Saint-Étienne-les-Remiremont** befindet sich ein römischer Steinwall, 7 m hoch (Pont des Fées). a

Burgen und Schlösser auf deutschem Boden von Perl bis Koblenz.

Schloß Berg in Nennig: Berg ist eine mittelalterliche Gründung, vermutlich von Ministerialen im Dienste des Erzbischofs von Trier. Zum ersten Mal treten Herren von Berg in einer Urkunde des Jahres 1180 auf. Es ist anzunehmen, daß die Burg zu diesem Zeitpunkt bereits existierte.

Die Burg bestand aus Ober- und Unterburg, war von Wasser umgeben, also eine sogenannte Wasserburg. Hinter dem Wassergraben umschloß eine Ringmauer den Burgteich. Teile der Mauer sind noch erhalten. Die Oberburg ist ein viergeschossiges Gebäude, die Türme haben 5 Geschosse und sind 12 m tief. Das Haupthaus hat eine Ausdehnung von 35 x 12 m. Die Burg in der heutigen Gestalt ist vermutlich im 14. Jh. erbaut worden. Sie ist später häufiger verändert worden, wurde im 2. Weltkrieg stark zerstört und in den Jahren 1956/57 wieder aufgebaut und bis 1984 als Schullandheim genutzt. Sie ist heute im Besitz der saarländischen Totogesellschaft und wird als Spielbank und Hotel genutzt.

Sehenswert ist das Doppelportal auf der Hofseite aus dem Jahre 1705. Über einen gemeinsamen Treppenpodest wurde im Winkel beim Treppenturm des älteren Burgteils eine sehr reizvolle Architektur von 4 Portalen für Erdgeschoß und Obergeschoß gefunden, in Verbindung mit einer Balkonlösung; eine Zusammenstellung von Formen deutscher Renaissance, die sonst am Bau nicht verwendet wurden. Im Hof findet man ein Brunnenbecken, wohl vom Anfang des 18. Jh.

Von der Unterburg, die man durch ein Mauertor aus dem Jahre 1682 erreicht, steht nach der Zerstörung des 2. Weltkrieges nur noch der Burgturm, vermutlich aus dem 16. Jh. Das Haupthaus der Burg wurde zerstört und ist noch Ruine. Seit dem 1. Oktober 1990 ist Schloß Berg ein Hotel - Restaurant und Spielcasino.

Schloß Bübingen: Kurz nach dem Ortseingang von Nennig sehen wir etwa 100 m rechts von der Straße die im Privatbesitz befindliche Ruine des ehemaligen Schlosses Bübingen. Das Schloß wurde wahrscheinlich 1340 erbaut. Die mittelalterliche Wasserburg wurde 1668 von französischen Truppen zerstört und wurde in der 2. Hälfte des 18. Jh. neu errichtet. Es handelte sich um einen dreigeschossigen neunachsigen Bau mit zwei Ecktürmen mit barocker Haube; Frontlänge 35 m. Auch dieses Schloß wurde im 2. Weltkrieg bei den Kämpfen um den sogenannten Orscholzriegel Ende 1944/Anfang 1945 zerstört, jedoch nicht wieder aufgebaut.

Burg Thorn, ein stattlicher Bau an der B 419 zwischen Nennig und Palzem, liegt auf einer Anhöhe über der Mosel. Bei einer Teilung 1456 erhielt Cuno von Bübingen Thorn. Die Burg gehörte als Lehen „derer von Rollingen" den Herren von Bübingen (bis 1534-36). Der neue Besitzer Dr. Johann Keck, baute sie 1549 wieder auf. In der 2. Hälfte des 16. Jh. kam sie an die Familie von Musiel (bis 1892). 1945 wurde sie beschädigt. Der heutige Torturm im Osten war ehemals Wohnturm. Ein zweiter mittelalterlicher Bau, der Rundtrum in der Südostecke, wurde 1945 zerstört. Westlich schließt sich an diesen ein Wohnhaus der 2. Hälfte des 16. Jh. (an der Hofseite Treppenturm von 1616), im Südwesten ein Herrschaftshaus von 1800. a

Burg Wincheringen, die ehemalige mittelalterliche Burg mit dem Rundturm - das Wahrzeichen des Ortes Wincheringen - wurde vor 1000 Jahren durch das Geschlecht der Winchera erbaut. Danach ging sie als Lehen über in den Besitz „derer von Warsburg" Heute ist sie im Besitz der Gemeinde und restauriert.

Ein Geschlecht von Wincheringen wird im Güterverzeichnis der Abtei Mettlach aus dem 10. - 12. Jh. genannt. 1557 empfing Samson von Warsberg Burg Wincheringen als trierisches Lehen, wie es seine Vorfahren erhalten hatten. Die Familie besaß sie bis ins 19. Jh. Im Jahre 1673 besetzten französische Truppen die Festung, um einen Übergang der Spanier über die Mosel zu verhindern. Um 1850 wurde sie umgebaut. - Ein Rundturm der früheren Wasserburg, die aus dem 15. Jh. stammt, dient seit Anfang des 19. Jh. als Glockenturm (Schallfenster). Das Herrschaftshaus ist stark verändert; in altem Zustand ist der Treppenturm von 1565 mit schönem Renaissanceportal und Steintreppe. An einem Nebengebäude ist eine Tür mit spätgotischen und Renaissanceformen erhaten. a

Burg Saarburg, 964 genannt, eine der älte sten Höhenburgen Deutschlands, war im 14. Jh. bevorzugte Residenz der Erzbischöfe von Trier und wurde 1705 von den Franzosen gesprengt. Beachtenswert ist die mächtige Ruine des romanischen Turmhauses mit später eingebautem Turm. a

Burghaus Igel; ein einfacher, kleiner Bau aus dem Anfang des 18. Jh. mit Ecktürmchen, war das Wohnhaus der Familie von Kahn, die spätestens seit der Mitte des 18. Jh. vom Herzogtum Luxemburg mit Igel belehnt war. Der Eingang an der Straße entstand erst im 19. Jh. Im Innern finden wir Tonnengewölbe und einfache Stuckdecken. Das Burghaus ist heute Gastwirtschaft „Zum Löwen". a

Das Volkskunde- und Freilichtmuseum Roscheider Hof in Konz.

Der Verein „Freilichtmuseum Roscheider Hof e.V". hat es sich zur Aufgabe gemacht, Hausrat, Arbeitsgerät, Möbel und Zimmereinrichtungen und sogar ganze Häuser zu sammeln und der Öffentlichkeit in einer volkskundlichen Ausstellung zugänglich zu machen. Hierbei liegt der Schwerpunkt auf der bäuerlich-handwerklichen Sachkultur der die Mosel umgeben den Landschaften Eifel, Hunsrück, Hochwald und Saargau. Seit 1976 werden die Baulichkeiten des früher zur Trierer Abtei St. Mathias gehörenden Roscheider Hofes als Ausstellungsräume eines Volkskunde- und Freilichtmuseums genutzt. Dabei geht es um weit mehr, als auf einer romantischen Nostalgiewelle mitzuschwimmen. Wenn man erlebt, wie ein Handwebstuhl funktioniert, wie ein Spinnrad arbeitet, wie im Steinbackofen Brote gebacken werden, oder wenn man eine Schrotmühle in Betrieb sieht, dann entsteht eine Vorstellung davon, wie das Alltagsleben unserer Vorfahren ausgesehen hat. All dies und noch einiges mehr zu zeigen, gehört zu den Zielen des Freilichtmuseums Roscheider Hof, das oberhalb von Konz landschaftlich schön gelegen ist und herrliche Ausblicke auf die Saarmündung und das Moseltal bietet. Der erstmals 1330 erwähnte Roscheider Hof bildet die Kernanlage des Museums. Im Freigelände ist in den letzten Jahren ein ländlicher Weiler aus dem Hunsrück aufgebaut worden. Sämtliche historischen Gebäude konnten an ihrem urspünglichen Standort nicht erhalten werden, deshalb wurden sie in ihre Einzelteile zerlegt und auf dem Museumsgelände wiedererrichtet. Wohngebäude, Stallungen und die kleine Schmiede sind eingerichtet und können besichtigt werden. Selbstverständlich sind die Bauarbeiten im Freiland nicht abgeschlossen, und der Aufbau einer 2. Baugruppe hat schon begonnen. Auch die Hausgärten und das Flachsfeld sind entsprechend der Jahreszeiten einem ständigen Wechsel unterworfen. Siehe Foto zu Konz.

Wartturm Trier-Zewen, im 15. Jh. an der damaligen Grenze zwischen Kurtrier und Luxemburg errichtet, wurde mehrfach verändert und im 19. Jh. zu Wohnzwecken ausgebaut. Das Turmhaus, ehemals freistehend, war durch einen Graben gesichert. Der Eingang lag im Norden im 2. Geschoß.- Ein ähnlicher Turm, jetzt verbaut, steht in Oberkirch. a

Schloß Monaise, ein schlichter, graziöser Bau aus der Zeit zwischen Rokoko und dem härteren Klassizismus des Empire, wurde 1779-83 für einen Trierer Domherrn von dem französischen Baumeister Mangin errichtet. a

Kurfürstliches Schloß Trier; bedeutsam durch seine prächtige Gartenfassade, birgt ein meisterhaftes Rokokotreppenhaus. Die „Basilika“ , nächst dem Pantheon in Rom der größte und eindrucksvollste Innenraum, der aus der Antike erhalten ist, erhebt sich im Schloßbereich.

Hier stand ein römischer Kaiserpalast, um 300 für Konstantin den Großen errichtet. Im merowingischer Zeit wurde der Bau zur Königspfalz umgestaltet und war seit Johann I. (1190-1212) Residenz der Erzbischöfe, zugleich Burg mit Wehrgang, Türmen und Zinnen. Unter Kurfürst Lothar enstand ab 1615 eine Renaissance- Vierflügelanlage, wohl durch Georg Ridinger (der Ostflügel 1620 bezogen). Das Schloß wurde unter Kurfürst Philipp (1623-52) voll endet, der das „Niederschloß“ im Norden begann („Roter Turm 1645-47 durch Matthias Staudt); unter Karl Kaspar (1652-76)“ war es dann fertig. Für Kurfürst Johann Wilhelm schuf Johannes Seiz 1756 den Plan für einen Rokoko- Gartenflügel, 1757 begann der Bau, 1762 war er vollendet. Die Bildhauerarbeiten gestaltete Ferdinand Tietz. - Der Thronsaal des römischen Kaiserpalastes (aula palatina), die „Basilika“, wurde 1846-56 auf Veranlassung Friedrich Wilhelms IV. als Kirche erneuert (Ost - und Südwand wiederaufgebaut). Angrenzend an einen Park erhebt sich das Schloß. Der Südflügel mit prächtiger Gartenfassade und reichem Mittelpavillon birgt ein wundervolles Treppenhaus, von Seiz entworfen, von Tietz und seiner Werkstatt ausgeführt, eines der besten Werke des Rokoko im Überschwang einer sprudelnden Formphantasie; die Wangen und Brüstungen sind in der Wildheit ihrer Verschlingungen von Band- und Rankenwerk das Äußerste, was das Rokoko gewagt hat (Dehio). In die Ornamente sind Wappen, Tiergestalten, Pflanzenwerk, Früchte, Jagdgerät, von Felsen herabhängend, die von Burgen gekrönt werden, und die 4 Elemente eingeflochten. - Vom Renaissance schloß stammen Ost- und Nordflügel mit Treppenturm in der Ecke. Der „Rote Turm“, von Staudt als Kanzlei- und Archivbau errichtet (um 1830 um ein Geschoß erhöht), 1968 wiederhergestellt, folgt Vorbildern der italienischen Renaissance (Bramante, Raffael, Palla dio). a

Porta Nigra: Die Porta Nigra, die größte und mächtigste unter allen erhaltenen römischen

Torburgen, durch ihre palastartige Gestalt ausgezeichnet, entstand im letzten Viertel des 2. Jh. als Tor der Stadtbefestigung.

Nach dem Tod des heiligen Simeon 1034, der als Einsiedler im Nordturm gelebt hatte, wurde sie zu einer Stiftskirche umgestaltet. 1803 ordnete Napoleon die Freilegung der römischen Mauern an. - „Die Monumentalität römischer Baukunst und der Behauptungswille gegen die anstürmenden Germanen schufen einen der großartigsten Wehrbauten der Geschichte“ (Reclam). Das eindrucksvolle Werk besteht aus Sandsteinquadern. Sie sind ohne Mörtel gefügt, einst durch Eisenklammern miteinander verbunden, die in Blei eingelassen waren. Zwei starke Türme sind durch einen doppeltorigen Mittelbau (mit Innenhof) verbunden. Von der Stiftskirche St. Simeon ist insbesondere der Chor erhalten (12. Jh.), der auch Wehraufgaben zu erfüllen hatte. Die Gebäude des Stiftes (um 1060 vollendet, teilweise erneuert und ergänzt) sind ein bedeutendes Zeugnis der deutschen Klosterarchitektur im frühen Mittelalter. Eindrucksvoll ist der große Hof mit doppelgeschossiger Arkadenumgang. Das Dormitorium im Norden birgt das Städtische Museum. a

Palais Kesselstatt: Ein reizvoller Stadtwohnsitz ist das Palais Kesselstatt, 1740-46 durch Valentin Thomann für Karl Friedrich Melchior Graf Kesselstatt errichtet. Die Bildhauereien schuf Jakob Fischer. - Der vornehme Bau an einem Knick der Straße zeigt eine geistvoll gestaltete Fassade. Innen sehen wir eine hallenartige Durchfahrt auf Doppelsäulen. a

Frankenturm: Die Dienstmannen der Trierer Erzbischöfe wohnten im 11. und 12. Jh. in befestigten, turmartigen Burghäusern, wie dem um 1100 errichteten Frankenturm. Im 14. Jh. lebte hier Franco von Senheim, nachdem der Bau benannt ist. - Der Turm (1938 ergänzt) besteht aus kleinen Kalksteinen mit Ziegeldurchschuß (entsprechend dem Westbau des Trierer Domes) und ist am Sockel und an den Ecken gequadert. Zwei niedrige Untergeschosse hatten ehemals nur Schlitzöffnungen (Tor 19.Jh.). Das Hauptstockwerk zeigt eine wirkungsvolle Fenstergruppe. a

Dreikönigenhaus: Das Dreikönigenhaus enstand um 1230. Die mächtige, palastartige Straßenfront hatte in den Untergeschossen nur kleine Öffnungen (ähnlich dem Frankenturm); im 3. Stock sehen wir das Rundbogenportal und gekuppelte Fenster (1938 erneuert), darüber eine weitere Fensterreihe, im obersten Geschoß eine Drei-Fenster-Gruppe. a

Ehemaliger römischer kaiserliche Palast Trier, die Residenz römischer Kaiser birgt Reste eines prächtigen Palastes auf dem Gebiet von Dom und Liebfrauenkirche. Die später heiliggesprochene Kaiserin Helena (+ um 326), Mutter Konstantins des Großen, schenkte ihren Palast Bischof Agritius von Trier. Dieser errichtete dort zwischen 326 und 348 eine monumentale Doppelkirchenanlage (jetzt Dom und Liebfrauenkirche). Unter der Vierung des Doms fanden sich Reste eines großen ausgemalten Prunksaals. Die vorzüglichen Deckenbilder (im bischöflichen Museum wieder zusammengesetzt) zeigen in 15 Feldern Bildnisse von Mitgliedern der kaiserlichen Familie und Erotenpaare. 326 oder bald danach wurde der Saal zerstört und unmittelbar darauf die Kirchenanlage gegründet, an deren Stelle jetzt Dom und Liebfrauenkirche stehen. Der Dom zeigt im Osten des Langhauses noch 3 im Kern römische Joche. Der ursprüngliche Raumgeist der römischen Anlage ist auch jetzt beherrschend. a

Römischer Palas in Pfalzel: Das Palatiolum (kleines Palatium, im Gegensatz zum Trierer Kaiserpalast) hat wahrscheinlich Kaiser Julian nach der Befriedung des Trierer Landes 355-60 errichtet. Es war ein schloßartiger Landsitz, rechteckig um einen Binnenhof, mit Vorsprüngen an den Ecken und in der Mitte jeder Seite. Anfang des 5. Jh. zerstörten die Franken die Anlage, von der umfangreiche Teile in der Stiftskirche und in angrenzenden Bauten erhalten sind. Reste der Bodenbeläge findet man im Raum westlich der Stiftskirche, dem früheren Mittelraum des Nordflügels. - Um 700 schenkte Pippin der

Mittlere die Ruine des Palatiolums seiner Schwägerin Adela, die hier ein Benediktinerinnenkloster gründete. Bonifatius besuchte sie 722. Erzbischof Albero (1131-52) errichtete über der Südhälfte des Palatiolums eine Burg. Sie diente wiederholt den Erzbischöfen als Resindenz und bei Zerwürfnissen mit der Trierer Bürgerschft als Zuflucht. Sie war eine rechteckige Anlage, die Reste sind in Wohnhäusern verbaut. Die Ortsbefestigung, 1539 fertig gestellt, entsprach mit Rondellen und Bastionen den Erfordernissen der Zeit. Bedeutende Teile sind erhalten geblieben. a

Schloß Quint, als Wohn- und Verwaltungsbau der Eisenhütte um 1760 errichtet, ist ein stattliches Barockschloß mit reich geschmückter Gartenseite, und ein Beispiel für den Lebensstil der wirtschaftlich führenden Schichten des 18. Jh. a

Burg Ramstein, ein künstlerisch und technisch meisterhafter Bau steht hoch auf einer Sandsteinplatte. Wohl an der Stelle der heutigen Ruine errichtete Erzbischof Ratbold von Trier (884-916) ein Gebäude. Erzbischof Rotger (915-930) gab es seinem Vasallen Volmarus in Prekarie, damit er dort eine kleine Burg anlege. Den Bau einer neuen Burg Ramstein begann Erzbischof Diether (1300-1307). 1310 übertrug Erzbischof Balduin das unfertige Haus, das teilweise wieder einzustürzen drohte, an Johann von Bruaco. 1447 besetzte Bernhard von Orley die Burg. Der Erzbischof von Trier eroberte sie jedoch und nahm die Knechte Berhards gefangen. Im gleichen Jahr wurden Schiedsleute ernannt; Ramstein blieb daraufhin dem Erzbischof. 1448 übertrug dieser die Burg an Dietrich von Stein, der sie bis 1490 wiederherstellte. Französische Truppen eroberten sie 1674 durch eine Kriegslist. Nach dem Brand des Hofhauses 1675 zündeten sie 1689 die Burg an. Nach Wiederherstellungen war die Burg noch im 18. Jh. bewohnt. 1945 wurde die Ruine beschädigt und 1978-83 gesichert. Die Untermauerung des Felsens bewirkt eine massige Wirkung, die den Ausdruck der Burg noch steigert.

Zur Besichtigung betreten wir zuerst die Kleine Burg (Vorburg), durch einen Halsgraben von der Hauptburg getrennt, in der ein eindrucksvoller Wohnturm steht. Er wurde um 1325 nach einheitlichem Plan vollendet und zweckmäßig wohnlich ausgestattet. Wir sehen Kamine, ein (von 2) Treppentürmchen und Fenster mit Dreipaßverzierung in Trierer Gotik und Sitznischen. Die Hohlräume des Felsens wurden wirtschaftlich genutzt (eine Tür 1771); hunderte von Tauben-Nistlöchern sind in dem Mauerwerk ausgespart. Erzbischof Richard ließ 1522 eine Wasserleitung aus Tonrohren legen. - Unterhalb finden wir ein Hotel. Arbeiten um 1400 Jh. Die Nebengebäude stammen aus dem 18. Jh., darunter die frühere Zehntscheune von 1766. Sie wurde 1834 durch Anfügung eines Chorschlusses zur Kirche umgebaut . a

Alte Burg Longuich, ein früheres Burghaus

der Platt von Longuich (1382 erwähnt), ist ein großer Giebelbau mit vorspringendem Treppenturm und Dreipaßverzierungen an den Fenstern.

Geschichte der Alten Burg: Das Weingut zum Burgkeller (Bes. Helmut Mertes) liegt inmitten des Weinortes Longuich. Der Sitz des Weingutes befindet sich auf historischem Boden. Die „Alte Burg“ mit Burgturm, die etwa aus dem 12. Jh. stammt, gehört zum größten Teil zum Weingut. Erbaut wurde sie von den Rittern Platt von Longuich, die erstmals 1382 urkundlich erwähnt wurden. 1496 erlaubte der Erzbischof von Trier dem Junker Gerhard Platt von Longuich, die baufällige Burg wieder aufzubauen bzw. zu renovieren. Der spätgotische Stil konnte bis in unsere Tage erhalten werden. Im Laufe der Jahrhunderte hatte sie ein wechselhaftes Schicksal. Nach Gerhards Tod kam die Burg an die von Benzerath und von diesen durch Heirat an die von Geispitzheim. Auch die von Murel sowie Laudorf von Bitburg werden als Besitzer genannt. Durch das jahrlange Nebeneinander in der Alten Burg war es zu Streitigkeiten gekommen, die sogar das Gesinde erfaßte und erst vor einem Rittergericht beendet werden konnten. So kam es am 9. März 1666 zur Teilung der Alten Burg zu Longuich. Um das Jahr 1790 ließ die Reichsabtei St. Maximin in Trier, welche die Burg nach Aussterben der Rittergeschlechter kurzzeitig besaß, die vier aus Stein gebauten Wachtürme sowie das dritte Geschoß abreißen. Nach der Säkularisation im Jahre 1812 erwarben die Ahnen des jetzigen Besitzers die Burg. Heute befindet sich die Weinschänke „Zum Burgkeller", in der Alten Burg, die noch bis zum Jahre 1959 als Faßkeller diente. Die in eigener Regie wiederhergestellte Ritterstube sowie der Rittersaal im Burgturm lassen die Gäste die Vergangenheit neu erleben. An das Rittergeschlecht der Platt von Longuich erinnert heute noch ein Grabstein am Turm der Pfarrkirche und ein alter Kelterstein am Burgplatz, besonders aber das Wappen der Platt von Longuich, das der Burgherr auf der Weinkarte führt. Damit ist die Weinbautradition weitergeführt, denn schon zu Zeiten der Platt von Longuich lagerten hier Longuicher Weine.

Das Rittermahl wird zelebriert nach Vorlagen aus dem 15. Jahrhundert und findet für angemeldete Gruppen ab 40 Personen in der Regel freitags oder samstags um 20.00 Uhr statt. Einzelpersonen können der Gruppe zugesellt werden. Auskünfte über freie Plätze erteilt die Burg. Es erwartet Sie ein geselliges Gelage mit allerlei Kurzweil und Schabernack, mit „gut Speis und fürtrefflichem Humpen Wein". (Dauer: ca. 4,5 Std.) Burgtroubadour, Burgherr, Knappen und Mägde, Trommler und Fanfarenspieler sorgen für einen geselligen Spaß für jedermann, bei dem im historischen Rittersaal mit mittelalterlicher Deftigkeit aufgetischt wird.

Burghaus Longuich, nahe der Kirche, ein stattlicher Bau aus der 2. Hälfte des 18. Jh., entstand vielleicht an Stelle des Stammsitzes der Herren von Longuich (1272 genannt). Zu Ende des 14. Jh. kam das Anwesen an die Colin von der Neuerburg. Im 17. Jh. war es Besitz der Kratz von Scharfenstein. a

Schloß Föhren ist eine vielgestaltige Baugruppe. Die Herren von Föhren werden 1203 genannt. Zu Anfang des 14. Jh. erwarben die Herren von Kesselstatt (seit 1776 Grafen) die Burg, die sie noch jetzt besitzen. 4 Flügel liegen um einen Hof, der südliche mittelalterlich, 1713 erneuert, die anderen von 1663. Wirtschaftsgebäude sind um mehrere Höfe gelagert; ein prächtiger Torbau entstand zu Anfang des 17. Jh. Der Park ist ein gutes Beispiel für die Gartenkunst des beginnenden 18. Jh. a

Schloß Bekond, ein schlichter, gut gegliederter Herrensitz, 1710 nach Entwurf von Ravensteyn für Kaspar Freiherrn von Kesselstatt errichtet, ist ein Beispiel ländlichen Schloßbaus seiner Zeit. An das im Kernmittel alterliche Haupthaus sind kurze Seitenflügel mit Hauben gefügt. Der Park wurde im 19. Jh. zu einem Landschaftsgarten umgestaltet. a

Burg Klüsserath, ein einfacher Rechteckbau, wohl im 18. Jh. nach einem Brand verändert, von einst wassergefüllten Gräben umgeben, war trierisches Lehen. a

Schloß Veldenz, einsam auf steilem beherrschendem Felsrücken gelegen, ist von reizvoller landschaftlicher Schönheit. Nach der Überlieferung schenkte König Childebert II. von Austrasien dem Bischof Agericus von Verdun (+591) Gebiete im Moselland, darunter Brauneberg (Dusemond), zu dem damals die heutige Gemarkung Veldenz gehörte, weil die Kirche von Verdun keinen Ort besessen habe, an dem sie Wein anbauen könne. 1107 wird Burg Veldenz als Lehen des Hochstifts Verdun genannt. Schon 1085 war Ritter Emicho, wohl aus dem Geschlecht der Nahegrafen, mit dem Kralzner belehnt.

Seine Nachkommen, die Emichonen, bezeichneten sich seit 1115 auch als Grafen von Veldenz. Nach deren Erlöschen 1259 fiel die Grafschaft an Heinrich von Geroldseck, dessen Nachfahren sich ebenfalls Grafen von

Veldenz nannten. Sie verschafften sich bald eine weitgehende Landeshoheit. Der Stamm erloch 1444 mit Graf Friedrich III., der kurz zuvor die Grafschaft Sponheim geerbt hatte. Ihm folgte in Veldenz sein Enkel Ludwig der Schwarze von der Pfalz. Seitdem blieb die Herrschaft bei Pfalz-Zweibrücken, seit 1543 in einer besonderen Linie. Die Bedeutung dieser Familie wird dadurch deutlich, daß Graf Georg Johannes I. (1543-1592) eine Tochter des Schwedenkönigs Gustav Wasa heiratete. 1680 ließ Ludwig XIV. von Frankreich die Burg belagern, da der Graf von Veldenz sich geweigert hatte, bei ihm als Vertreter der Rechte des Bichofs von Verdun um Belehnung nachzusuchen. Die Besatzung von Veldenz bestand nur aus einem Kommandanten und drei Reisigen, die artilleristische Armierung aus fünf Einpfündern und sieben Hakenbüchsen nebst einiger Munition und 50 Pfund Pulver. Die Burg wurde erobert. Bei ihrem Abzug 1681 verbrannten die Franzosen sie. Seit 1807 ist die Ruine Besitz der Familie Richter, die sie sicherte und teilweise ausbaute. Die Burg, teilweise in den Fels gehauen, nutzt ihre Lage gut für die Verteidigung; die starken Tore, Auslugplätze und Warttürme sind äußerst sorgfältig angelegt. Einzelheiten und Lage erinnern an die Burg Arras (12. Jh.), die Palas bauten an die Burgen Erzbischof Balduins von Trier (1. Hälfte des 14. Jh.). - Ein doppeltes Rundbogentor führt in den Vorhof. Hier sehen wir einen tiefen in den Fels gehauenen Schacht, von dem 2 unterirdische Gänge ins Tal führen. Die umfangreiche, trümmerhafte Anlage ist teilweise als Jugenderholungsheim ausgebaut. Im Marstall (1815 wieder aufgebaut; Empireka min) lädt die Schenke zum Verweilen ein.

Zur Besichtigung besuchen wir zunächst eine etwas höher gelegene gesonderte Burganlage, die Hinterburg (erkennbar ein Mauerring und ein Turm in der Südostecke). Dann betreten wir das untere Haupttor, das eine sorgfältig gestaltete Zwingeranlage umfaßt; äußerer Torbogen, Zwingerraum, Torbau mit Tonnengewölbe. Einen weiteren Zugang zur Burg vermittelt das obere Haupttor, das aus 2 Rundbogentoren mit Falz für das dazwischenliegende Fallgatter besteht; das äußere Tor ist durch 2 halbrunde Vorbauten mit Auslugfenstern und einen weiteren Aussichtsplatz an der Westseite ein nach dem Tal und dem unteren Hofe gesichert. Über dem Tor befindet sich ein Wartturm. - Den Burghof begrenzt im Nordosten Fels (darin 2 Keller, = Verliese), der eine zinnenbewerte Plattform trägt. Hier erhob sich anschließend an den oberen Palas der Bergfried (heute auf alten Grundmauern ein Wohnbau). - Der nördliche Palas ist durch eine starke Mauer zweigeteilt. Balkenlöscher für die Holzdecken und Kamine sowie Innenverputz mit farbiger Umrahmung der Öffnungen sind erhalten. Im Nordwestteil befand sich wohl die Kapelle. Von einem Bau südwestlich des Hofes ist der Keller mit Tonnengewölbe erhalten (wohl 2. Häfte 15. Jh.), runde Fenster, vielleicht 17. Jh., Zugang 1847, darüber „Rittersaal" 1896 nach Plänen von Lieber über dem erhaltenen Keller errichtet. Zum nördlichen Palas hin finden wir weitere Baureste, so zum Tal einen Vorbau (Auslug?), sowie einen Brunnen. a

Schloß Lieser: Das prächtige Schloß ist ein eindrucksvolles Beispiel für den späten Schloßbau. Um 1880 errichtete es Freiherrn Clemens von Schorlemer (1856-1922) zu Wohn- und Repräsentationszwecken. Er hatte 1880 Maria Puricelli geheiratet, die in Lieser Weingüter

besaß. Kurz nach 1900 ließ er den Bau erweitern. Nach Beendigung dieser Arbeiten weilte hier Kaiser Wilhelm II. zu Besuch.

Clemens Freiherr von Schorlemer-Lieser wirkte 1910-17 als Minister für Landwirtschaft, Domänen und Forsten in der Ostmarkenpolitik erfolgreich, hatte jedoch einen schweren Stand gegenüber seinen politischen Gegnern. Schloß Lieser ist heute im Besitz der Gemeinde. a

Burgruine Landshut; oberhalb vom Zentrum gelegen, (Aufstieg 20 Min., Fahrstr. 5 Min.), (1277), ehem. Sommerresidenz der Trierer Erzbischöfe, ist 1692 abgebrannt. Erhalten geblieben sind der Bergfried und Teile anderer Bauten. Heute befindet sich hier eine Gaststätte.

Geschichte: In der Zeit von 1260-1286 regierte im Erzstift Trier der Erzbischof Heinrich von Vinstingen. Dieser erbaute 1277 auf dem Schloßberg bei Bernkastel eine herrliche Burg. Schloß und Stadt ließ Heinrich von Vinstingen mit starken und hohen Mauern umgeben. Die Befestigungen waren so angelegt, daß sie zur damaligen Zeit für uneinnehmbar galten.

Da die Vogtei Bernkastel und somit auch die Burg im Besitz des Grafen von Salm war, wollte der Erzbischof Heinrich von Vinstingen Bernkastel für sich haben. Als die Grafen von Salm, letzte Besitzer der Vogtei Bernkastel in große Geldnot kamen, verkaufte Heinrich V. von Salm alle seine Güter und Rechte zu Bernkastel und Monzelfeld für 300 Pfund Trierische Pfennige und noch eine besondere Entschädigung von 250 Pfund. Von dieser Zeit an gehörte Bernkastel und seine Burg über 500 Jahre bis zur Auflösung im Jahre 1802 zum Erzstift Trier.

Als Nachfolger Heinrich von Vinstingen regierte Boemund II. von 1286-1299. Aus dem freiherrlichen Geschlecht derer von Warsberg stammend, hegte er eine besondere Vorliebe für Bernkastel und seine Regierung und brachte viel Segen über den Ort. Er stellte große Geldmittel bereit, um das Schloß mit prächtigen Säulen, vielen Kammern, festen Mauern, imposanten Türmen und starken Brustwehren zu versehen. Diesem guten Fürst verdankt Bernkastel sein eigentliches Emporkommen. Er wollte dem Ort zu höherem Ansehen verhelfen, indem er beim damaligen deutschen Kaiser Rudolf von Habsburg (1291) die Stadtrechte für Bernkastel erwirkte. Aus der Regierungszeit des Kurfürsten Boemund II. stammt auch die Sage, wie der weltbekannte Doktorwein zu seinem Namen kam.

Zur gemeinsamen Bekämpfung der letzten Raubritter in den Städten des Erzstiftes Trier schlossen die Grafen, Herren und Ritter ein Bündnis, zu dem auch Bernkastel im Jahre 1456 beitrat. Im Jahre 1512 wurde die Stadt vom damaligen Kaiser Maximilian besucht. Er war auch Gast in der Burg, übernachtete aber im kurfürstlichen Amtskellereigebäude, das links neben der Kirche lag. 1627 brach in Bernkastel die Pest aus, der ein großer Teil der Bewohner von Bernkastel zum Opfer fiel. Im Jahre 1632 wurden Bernkastel und Kues von den Schweden mit der Zerstörung bedroht. 1635 wurde dem Bürger Osovius aus Bernkastel die Bewachung der Burg übertragen. Im Jahre 1648 kam es zum Abschluß des westfälischen Friedens und somit zum Ende des 30jährigen Krieges. Er hatte viel Leid und Not über die Stadt Bernkastel und oft

Kämpfe um die Burg gebracht. Beim Ausbruch des Reichskrieges mit Frankreich 1674 wurde Bernkastel von einem 2000 Mann starken französischen Heer mehrmals ohne Erfolg angegriffen. Großes Unglück aber sollte auch die Burg treffen.

Nachdem sie alle Kriegsstürme überdauert hatte, wurde sie am 8. Januar 1692 durch eine Feuersbrunst völlig zerstört. Über diesen Brand berichtet ein Chronist wie folgt: „Anno 1692 ereignete sich im dortigen Burgschlosse eine unverhoffte und entsetzliche Feuersbrunst, wodurch dasselbe ganz abbrannte und S. Kurfürstlichen Durchlaucht, dem Erzbischof Johann Hugo von Orsbeck zu Trier an Seltenheiten schönen Schilderein und anderen Kostbarkeiten über 70.000 Taler Wert Schaden geschah".

Nach diesem Brand blieb das Schloß Ruine bis zum heutigen Tag und erhielt den Namen Burg Landshut. Durch den Frieden von Paris kamen 1814 die kurtrierischen Lande wieder zu Deutschland. Die Schloßruine wurde dann, nachdem die zum Schloß gehörenden Besitzungen zur Zeit der letzten französischen Invasion veräußert waren, Eigentum der Stadt Bernkastel-Kues. Am 27. und 28. Mai 1839 wurde Bernkastel vom damaligen König Friedrich Wilhelm IV. besucht. Bei dieser Gelegenheit schenkte der Magistrat von Bernkastel dem Kronprinzen die Burg Landshut in der Hoffnung, daß er die Ruine, wie Stolzenfels und die Hohenzollernburg, wieder aufbauen würde. Es wurde sogar eine Schenkungsurkunde verfaßt. Aber daraus wurde leider nichts.

Burg Zeltingen (Rosenburg), in deren Ruine jetzt der Wein gedeiht, war nach der Legende Besitz oder Geburtsort des Heiligen Kunibert (1. Hälfte des 7.Jh.), der sie Kurköln geschenkt haben soll. 1182 wurde sie an Trier verpfändet. 1276 nahm sie Graf Heinrich von Veldenz auf Grund eines Pfandrechts gewaltsam ein. Die Könige Adolf von Nassau und Heinrich VII. versicherten, sie Köln wieder zu beschaffen, doch behielten sie bis zu einem Vergleich 1310 die Veldenzer; schließlich wurde sie weiter an Veldenz verpfändet. 1807 erwarb Karl Hubert Merrem die Ruine; später trug man einen Teil ab und schüttete den inneren Raum als Weinberge auf. Eine Freilegung ist geplant und wünschenswert. - Die Anlage aus dem 12. oder 13. Jh. zeigt nach der Mosel hin 3 rundbogige Fenster und 1 Nische, nach dem Dorf zu eine spitzbogige Einfahrt mit Hausteingewände aus grauen und roten Quadern. Südlich erstreckt sich eine Vorburg mit halbrundem Rondell. a

Kloster Machern bei Zeltingen: Die Geschichte des Klosters läßt sich bis in spätromanische Zeit zurückverfolgen. 1084 werden erstmals Sanctimoniales in Machern erwähnt, so daß man eine klösterliche Niederlassung annehmen kann. 1238, also vor mehr als 750 Jahren, wurde Kloster Machern dann auf Bitten Papst Gregor IX als Frauenkloster in den Ordensverband der Zisterzienser aufgenommen und der Abtei Himmerod unterstellt. Im 13. und 14. Jahrhundert stand das Kloster in hohem Ansehen und wurde mit zahlreichen Güterschenkungen bedacht. So schenkten Tilman von Wehlen und seine Frau 1251 ihr Wehlener Haus mit mehreren Weinbergen dem Kloster. Graf Johann von Sponheim übereignete ihm 1244 seine Güter zu Trarbach. Von einheimischen Bürgern erhielt das Kloster Besitz in Wehlen, Rachtig und Zeltingen. Überdies erhielt die Abtei den Zehnten zu Rachtig, Kaderich und Wehlen, das Patronatsrecht zu Loef, Höfe in Mühlheim und Andel usw., so daß sie über einen reichen Besitz in den besten Weinbaugebieten der oberen und mittleren Mosel sowie über viele Güter und Einkünfte verfügen konnte. 1395 erhält das Kloster überdies durch den Bischof von Trier das Recht zugesprochen, während der Jahrmärkte zu Machern den Weinausschank und die Gerichtsbarkeit auszuüben. Der Blüte des Klosters im 13. und 14. Jahrhundert folgte zur Zeit der Religionskriege im 16. Jh. ein langsamer Niedergang, der unter der Äbtissin Maria von Metternich Anfang des 17. Jahrhunderts noch einmal aufgehalten werden konnte. Maria von Metternich und ihre Nachfolgerinnen begannen mit dem Neubau der Gebäude in der heute noch bestehenden Form, die Anfang des 18. Jahrhunderts vollendet wurde. Zum Ende des 18. Jahrhunderts verfielen die klösterlichen Traditionen vollends. 1793 bestand der Convent noch aus sechs Klosterfrauen und einer unfähigen Äbtissin. Der Säkularisationsgeist war in das Kloster eingezogen. 1802 wurde das Kloster im Zuge der napoleonischen Säkularisierung schließlich aufgehoben; Hofgut, Gebäude und Besitzungen wurden veräußert.

Die Familie Ellinckhuysen-Graach erwarb Kloster Machern 1803 zur landwirtschaftlichen Nutzung. Die Klosterkirche diente als Scheune, die Fenster wurden vermauert, Wände und Decken auf Dauer schwer beschädigt. Es begann der architektonische Niedergang, der fast 200 Jahre dauerte und dem gesamten Gebäudeensemble schwere Schäden zufügte. Die betroffene Bausubstanz stammt im wesentlichen aus der Periode des Wiederaufbaus nach dem 30-jährigen Krieg, d.h. aus der Zeit des ausgehenden 17. und des beginnenden 18. Jh., als vor allem unter der Äbtissin Maria Ursula von Metternich (1680-1727) bedeutende Neubauten im Kloster durchgeführt wurden. Der dramatische Prozeß architektonischen Verfalls wurde erst 1969 aufgehalten, als der Weingutsbesitzer Franz Schneider (Zell-Merl) Kloster Machern zusammen mit den angrenzenden Weinbergen erwarb. Aus einem „Bild trauriger Verwüstung“ (Abt. Dr. Ambrosius Schneider) wurde in zwanzigjähriger, mühevoller Restaurierungsarbeit ein Glanzstück moselländischer Sakralarchitektur, welches sich heute zugleich als bedeutendes Weingut präsentiert. So ist Kloster Machern nicht nur ein herausragendes Glanzstück moselländischer Architektur und Geschichte, sondern vor allem ein Weingut, dessen Gewächse sich in eine Reihe mit den besten Weißweinen Europas stellen. Über die Tatsache hinaus, daß es gelungen ist, das Kloster nach einer fast 200-jährigen Periode des Verfalls vor dem endgültigen Ruin zu retten und so durch private Initiative der Nachwelt ein bedeutendes Gesamtwerk sakraler Architektur zu erhalten, hat die Winzerfamilie Schneider Kloster Machern einer neuen - und alten kulturellen Bestimmung zugeführt. Obwohl private Besitzung, ist Kloster Machern heute ein Glanzpunkt moselländischer - oder mehr noch abendländischer Kultur.

Im sorgfältig restaurierten Barocksaal der Klosterkirche, der noch heute das Wappen der Maria Ursula von Metternich, Äbtissin um die Wende vom 17. zum 18. Jhd. trägt, finden bedeutende klassische und moderne kulturelle Veranstaltungen statt, zu denen Besucher aus allen Teilen der Bundesrepublik und des nahen Auslandes zusammenkommen. Die Feiern zum 750-jährigen Bestehen von Kloster Machern wurden neben einer mittelalterlichen Kirmes u.a. gekrönt durch ein Konzert von Solisten der Berliner Philharmoniker, das allen Anwesenden unvergeßlich bleiben wird. In den Gewölbekellern oder dem Barocksaal von Kloster Machern finden Feste und Veranstaltungen mit bis zu 800 Personen statt, die bei Bedarf durch „Die Abtei“ beköstigt werden. So kann heute jedermann seine privaten oder geschäftlichen Feiern in den stilvollen Räumen einer historischen Abtei veranstalten, wo ihm neben Kultur und Architektur die hervorragenden Weine von Kloster Machern und die Küche der Abtei einen würdigen Rahmen schaffen.

Deutschherrenhof Rachtig: Der Deutschherrenhof (Landkomturei genannt), eine malerische Anlage, ist eines der besten Beispiele des spätgotischen Profanbaus im Moselland. Die Rachtiger Besitzungen des Deutschordens gehen zurück auf den 1116 bezeugten Besitz der Abtei Mönchen-Gladbach, den Graf Heinrich von Sayn und seine Gemahlin 1247 dem Orden schenkten. Damals oder zu Ende des 15. Jh. entstand der jetzige Hof, der 1737-38 barock verändert wurde (Nordflügel 1945 zerstört). Der Südtrakt (wohl 14. Jh.) zeigt interessante Fenster (Sturz mit Dreipässen), einen Turmbau nach der Mosel zu und eine Außentür von 1738. Auch der Westflügel ist spätgotisch (Fensterstürze mit Kielbögen); er zeigt eine Tür von 1737 und an der Durchfahrt die Jahreszahl 1683. In den Fenstern sind alte Bleiverglasungen, innen Stuckleistendecken (18. Jh.), Kamine, und im Turm ein Erkerausbau mit Fensternischen erhalten. Der Ostflügel besitzt ein Giebelportal (Anfang 18. Jh.). a

Burg zur Leyen: Ürzig war Sitz eines Geschlechts von der Leyen, das 1193 genannt wird. Erhalten ist ein Wachturm am Hang, der 2 in den Fels getrieben Wohnräume übereinander zeigt, darüber Reste eines 3.

Geschosses. Die Tür an der östlichen Schmalseite ist durch eine Leiter erreichbar; darüber befindet sich eine Schießscharte und ein vom 3. Stock zu bedienender Gußerker. Die Sonnenuhr stammt wohl aus dem 18. Jh. Die eigentliche Burg lag oberhalb. a

Schloß Lösnich, ein gefälliger Barockbau, dient jetzt als Pfarrhaus. Die Herren von Lösnich werden 1230 genannt. Die Burg wurde 1659 zerstört. 1673 erwarb Wolf Heinrich von Metternich die Herrschaft und baute das Kelterhaus östlich der Burg (1683-84) zum Schloß aus. a

Burghaus Kinheim, einst Sitz der Herren von Kinheim, die in der 2. Hälfte des 13. Jh. genannt werden, war seit 1656 Hof der Abtei Echternach. An die Oberburg schließt sich die 1559 erwähnte Unterburg an. Der „Freiturm" hat im 3. Geschoß ein Gewölbe mit Einstiegloch vom Dach aus. a

Festung Montroyal: Nur wenige Reste zeugen noch von der gewaltigen Festung Montroyal, einst von Freund und Feind bewundert und als Vorbild betrachtet. Sie wurde 1682 auf Vorschlag des französischen Kriegsministers Louvois geplant. Sie sollte eine ganze Stadt umschließen und die Versorgung der französischen Rheinarmee sichern sowie als vorgeschobener Posten des französischen Festungssystems der Beherrschung des Moselgebiets dienen. Auf Befehl König Ludwigs XIV. begann Sebastian le Preste de Vauban 1687 den Bau nach einem Plan, den Louvois nach örtlicher Besichtigung gebilligt hatte. Das Gelände war von der französischen Krone gekauft worden. Schon 1682 hatte Vauban eine Verstärkung der Grevenburg (gegenüber) ausgearbeitet. Für Montroyal waren 15 Blöcke mit rechtwinklig sich schneidenden Straßen, ein Marktplatz mit Brunnen, an einer Seite eine Kirche zwischen Rathaus und Hauptquartier, dann Schlacht- und Backhäuser und Unterkünfte für die Truppen vorgesehen. Fertig gestellt wurden nur ein Teil der Kasernen, das Zeughaus, die Wasserleitung und die Festungswerke selbst. Die Bewohner der umliegenden Orte hatten Baumaterial und Möbel (teilweise von zerstörten Schlössern, Befestigungen und Häusern) zu liefern und Dienste zu leisten. Der Grundstein von 1687 trug die Inschrift: REG NANTE LUDOVICO MAGNO MDCLXXXVII . Im Pfälzischen Erbfolgekrieg 1688-1697 war die Festung ein wertvoller französischer Stützpunkt (1690 lagen hier 14 Regimenter mit 8450 Mann), jedoch bestimmte der Frieden von Rijswijk 1697, daß die Franzosen die Festung schleifen mußten und diese dann von keiner Seite mehr wieder aufgebaut werden dürfe. 1698 begann die Niederlegung. Es blieben nur Keller und Fundamente übrig, die 1929-1937 teilweise durch Ernst Spies freigelegt wurden. Die Besichtigung der Festung geschieht am besten nach einem Besuch des Mittelmoselmuseums in Traben-Trarbach, wo genaue Pläne einen Gesamtüberblick und Einzelorientierung bieten.

Die gewaltige Festung, ein Meisterwerk Vaubans, lag auf dem Höhenrücken bei Traben, den die große Moselschleife umfließt. Freigelegt sind Teile der Bastionen (besonders die Südwestbastion) und Keller, Fundamente des Zeughauses und Brunnen. Die 5seitige Feste (Zitadelle) war von 5 Bastionen (die 2 nördlichen durch eine Caponniere verbunden), tiefen Gräben sowie Kasematten umgeben und besaß 2 Tore, 2 Türme zum Flankenschutz, im Süden ein großes vorgelagertes Hornwerk und im Norden 3 kleinere Hornwerke. Vor dem nördlichen Hornwerk lagen Schanzen und 3 in den Fels gehauene Gräben mit Palisaden. An beiden Seiten schlossen sich Schanzen an. Die Böschungsmauern trugen schwere Sandsteingesimse. Die Architektur trug Züge des französischem Spätbarock kräftig durchgebildet. a

Grevenburg; steil über Trarbach am Moselstau gelegen (Aufstieg 20 Min.), wurde um 1350 von Graf Johann III, Sohn der Gräfin Lauretta von Sponheim, gebaut. Um 1357 wurde sie das erste Mal urkundlich erwähnt. Im Jahre 1437 erlosch das Grafengeschlecht der Sponheimer. So kam die Burg an zwei Besitzer: Markgraf Jakob von Baden und Graf Friederich von Veldenz-Gerolzek. Im 30-jährigen Krieg (1618-1648) wurde die Burg unter Marguis Spinola 1620 von den Spaniern belagert. Aber die Spanier waren ihrer Sache nicht lange sicher, denn im Jahre 1632 kamen die Schweden als Befreier. Das älteste Bild befindet sich in Merians Topographia Ein zweites Modell und Pläne hat das Mittelmosel-Museum. Sie wurden von Dr. Spies (Historiker) gesammelt

Im Jahre 1687 kam der berühmte Festungsbaumeister Vauban nach Traben-Trarbach. Er hat die Burg ausgebaut und die Festung Mont- Royal auf dem Trabener Berg gebaut. Aber im Jahre 1697 wurde der Friede von Ryswik beschlossen. Burg und Festung wurden geschleift. Im Spanischen Erbfolgekrieg 1701- 1714 hat die Burg mehrmals den Besitzer gewechselt. Unter General Graf von Talbard besetzten 1702 die Franzosen die Burg. 1704 wurde die Grevenburg belagert und vom hessischen Erbprinz und späteren Schwedenkönig sowie dem berühmten englischen Feldherrn Churschill Marlborough erobert. 1714 besetzten Holländer die arg demolierte Burg, überließen sie aber im gleichen Jahr Kur-Trier. Sie wurde dann im Jahre 1730 von Kur-Trier repariert, um Koblenz und Trier abzusichern. 1734 begann dann der Polnische Erbfolgekrieg, und so wurde die Grevenburg zum letztenmal belagert, denn der spätere Kriegsminister Belleisle hatte riesige Geschütze auffahren lassen (560 Pfünder). Eine dieser großen Kugeln liegt heute noch am Trarbacher Rathaus. (Ein Bruchstück befindet sich im Mittelmosel-Museum). Als letzte Moselburg wurde sie 1734 gesprengt. Die Burg hat dreizehnmal ihre Herren gewechselt.
Die Burgschenke ist von März bis Oktober geöffnet.

Starkenburg bei Traben-Trarbach: Die Starkenburg, auf einer Höhe bei Traben-Trarbach, ist 1190/91 im Besitz des Grafen Gottfried II. von Sponheim bezeugt. Bei der Teilung des Grafenhauses 1234 wurde sie Hauptsitz der älteren Linie unter Johann II. und damit Residenz der „Hinteren“ Grafschaft Sponheim. Die Witwe des Grafen Heinrich II., Loretta von Sponheim, nahm während ihrer Vormundschaft für ihren Sohn Johann III. im Kampf um das Erbe ihrer Söhne 1327 Erzbischof Balduin von Trier, den Bruder des deutschen Königs Heinrich VII., bei seiner Fahrt nach Koblenz auf der Mosel bei Starkenburg gefangen und hielt ihn dort in Haft. Trotz Bann des Papstes, blieb er dort bis zum Abschluß eines Sühnevertrages 1328. - Nach dem Bau der Grevenburg bei Traben-Trarbach um 1360 und besonders nach dem Erlöschen des Grafenhauses Sponheim verödete die Burg. 1567 war sie ein „altes verfallenes Haus“. - Die Ruine liegt nördlich des Dorfes; vielleicht gab es auch Befestigungen auf den beiden vorgelagerten Höhen. Fundamente und einzelne Mauerstükke sind erhalten, sowie der Grabeneinschnitt an der Nordseite. a

Abtei Springiersbach: Von Reil etwa 4 km nordwestlich über den „Reiler-Hals“ liegt am Fuße des Kondelwaldes in einem geschützten Talkessel die Abtei Springiersbach. Wald, Wiesen, Wasser und Ruhe sind hier anzutreffen.

Aus der Geschichte: Die Abtei wurde bereits im Jahre 1107 von Benigna von Daun als Augustinerabtei gegründet. Bald folgten reiche Dotierungen. Im Jahre 1136 schenkte ihr Pfalzgraf Wilhelm einen ihm gehörenden Teil des Kondelwaldes und befreite ihre drei Klosterhöfe zu Cröv und Reil von aller Jurisdiktion und erließ ferner den Chorherren den Schiffszoll in Cochem. Der Oberleitung der mächtigen Abtei unterstanden eine Reihe anderer Klöster des Rheinlandes. Die Vögte des Cröver Reiches waren zugleich auch die Schutzherren von Springiersbach. In mehr als 50 Orten hatten die Chorherren Höfe und Grundbesitz und nicht weniger als 84000 Weinstöcke in 21 Orten. Die jährlichen Einkünfte betrugen durchschnittlich 40000 Mark. Im Jahre 1791 versteigerte der Stiftskeller 200 Fuder Wein aus den Jahren 1783-1790. Nach 12-jährigem Durchschnitt ergab sich eine jährliche Weinernte von etwa 106 Fudern Wein. Infolge der gelockerten Klosterzucht gegen Ende des 18. Jhd. wurde die Abtei im Jahre 1791 in ein adliges Ritterstift umgewandelt. Die Stiftsherren waren des gemeinschaftlichen Zusammenlebens entbunden. Außer Wohnung mit Garten erhielt jeder noch 7 Klafter Holz und 1100 Taler. Während der französischen Revolution wurde das Stift säkularisiert und versteigert. Die prachtvolle Barockkirche (1769) wurde der Nachwelt erhalten. Die hübschen Deckengemälde, die an St. Paulin in Trier erinnern, sind die Arbeiten des Malers Freund von Berncastel aus dem Jahe 1773. Neben dem hl. Augustinus, Mariä Himmelfahrt und der hl. Dreifaltigkeit ist auch das alte Springiersbacher Stifts-Wappen mit dem springenden Geier, geschlossenen Visier, 5zackigen Krone, Mitra und Inful dargestellt. Die Kanzel stammt aus dem Kloster Machern bei Zeltingen; das Chorgestühl ist ebenfalls barock. Leider fielen die Orgel und die wertvollen Glocken von 1433 dem durch Blitzschlag entzündeten Brande von 1893 zum Opfer. Als die Gemeinde Bengel, die früher nach Springiersbach zur Kirche ging, eine neue Kirche im Orte erbaute, stand die Stiftskirche verlassen da und wurde nur noch selten als Wallfahrtskirche benutzt. Die alte Abtei feierte jedoch ihre Auferstehung, als nach dem 1. Weltkrieg im Jahre 1922 Karmelitermönche einzogen und hier - nach der Aufhebung im Jahre 1800 - das erste Kloster des Ordens auf rheinischem Boden gründeten.

Schloß Zell ist eine bedeutende Anlage und verdeutlicht den Übergang von der Spätgotik zur Frührenaissance. Im Jahre 1535 wird das Schloß erstmals genannt, 1542 wurde es vollendet. Die Kurfürsten wohnten hier öfter, das Anwesen war zugleich Sitz des Amtmannes und des Kellners. 1847 weilte König Friedrich Wilhelm IV. hier als Gast.

Schloß Zell ist eine schöne Schöpfung der Jahre 1530-43, vielleicht von Friedrich Kauffmann. Die Spätgotik beherrscht Anlage und Aufbau, die Frührenaissance beeinflußt Einzelheiten des Vorderflügels und den Ausbau. 2 Flügel stoßen rechtwinklig aneinander. Der östliche geht wohl auf gotische Zeit zurück. An der Nordwestecke steht ein starker Turm, an der Nordostecke ein schlankerer Turm, an der Westseite ein Treppenturm (Tür von 1542; dem Nordwestturm entsprechend und mit diesem durch Laufgang verbunden), daneben ein Portal vom Anfang des 18. Jh. Im Nordwestturm finden wir 2 Geschosse mit Sterngewölben; sonstige Decken, Stuckleisten und Türen mit Beschlägen entstammen dem 17. und 18. Jh. - Der Westflügel hat Frührenaissance-Fenster (am mittleren schmiedeeisernes Fenstergitter); am nordwestlichen Eckturm sehen wir eine Wappentafel (1543). Beide Flügel verbindet ein Zwischenbau (18. Jh.; Aufgang zum Saal mit schmiedeeisernem Gitter; Saal mit Stuckdecke und reichgeschmückten Fensterwänden). Das Schloß birgt Ofenplatten (15. und 16. Jh.), Waffen, Küfergerät, Zinn, Gemälde, Glasmalereien, Gobelins und Plastiken. Die Einfriedigung von Hof und Garten besitzt Pfeiler des 18. Jh. und Figuren des Rokoko (um 1760). a

Herrenhaus der Boos von Waldeck in Kaimt am Moselufer ist ein beachtenswertes Gebäude von 1551. Es zeigt gotische Fachwerkkonstruktion mit regelmäßiger Felderteilung, ein Seitenportal von 1620 mit geschnitzter Rokokotür und Pavillonbauten des 18. Jh. a

Burghaus Merl in Zell-Merl. Ein wohnturmartiger Bau aus der 1. Hälfte des 13. Jh. besitzt zugesetzte Rundbogenfenster dieser Zeit und Treppengiebel. Die Fenster gehen auf den Anfang des 18. Jh. zurück. - Ein weiteres Burghaus „*Klapperburg*“, (Zandtstr. 79) stammt im Kern aus dem 14. Jh. die Südfront aus der 2. Hälfte des 16. Jh. mit Rundbogenfries, Treppenturm und Erkertürmchen. a

Marienburg bei Bullay. Der landschaftlich schönste Teil der Mosel ist unstreitig die Umgebung der Marienburg, die hoch auf schmalem Bergrücken steht, beidseitig von der Mosel umschlossen. Um den nur 500 m breiten Bergsattel der Marienburg macht die

Mosel eine 12 km lange Scheife, von der schon der römische Dichter Ausonius im 3. Jh. n. Chr. sang: „Oftmals bewunderst du selbst im Stromlauf die eigene Rückkehr".
Wir stehen hier auf geologisch wie historisch hochinteressantem Boden. Das Werden dieser sonderbaren Landschaft im Laufe der Jahrtausende erklärt sich am besten aus den Gesteinsschichten und Ablagerungen von Schotter, Kies und Geschiebe auf dem Urgestein der beiden Bergrücken Marienburg

und Reiler-Hals. Entweder eine Senkung des Flußbettes oder eine vulkanische Erhebung der Berge hat die ehemalige Talbildung des Moselgebietes zur Eiszeit umgestaltet, an die noch die in Alf (1445) gefundenen Elefanten und Mammutzähne erinnern. Die Bodenproben beweisen, daß ehedem die Alfmündung unterhalb des Reiler-Halses lag und die Mosel über den Bergsattel der Marienburg floß. Nur so erklärt sich das Schwemmland, auf dem jetzt Pünderich und Bullay stehen, und der weite, sackartige Mosel bogen des Hamm. Die Umgestaltung der Bodenstruktur hat die Mosel bei Pünderich scharf nach rechts gelenkt, um in weitem Bogen an Zell vorbei bis Alf sich mit dem Alfbach zu vereinen, der in entgegengesetzter Richtung zum Mosellauf in engen Windungen durch die Schluchten des Höllentals und um den Bergkessel der Burg Arras sich ein neues Bett suchen mußte.

So schaut man von der Marienburg sowohl rechts als auch links auf die Mosel hinab. Nur 400 m beträgt etwa die Entfernung von Mosel zu Mosel an der engsten Stelle. Das Hochplateau des Barl fällt terrassenförmig ab und galt einst als Fluchtburg für die Bewohner des Hamm. Schon die „Metropolis" nennt die Mosel hier ein „fluvius in se recurrens". Auch in der früheren Zeit hatte diese Gegend eine erhebliche Bedeutung, denn schon früh soll der Berg rücken durch eine Burg befestigt gewesen sein, deren Mauern bei der Klostergründung halb eingerissen waren. Sie gab dem Kloster den Namen. Im Jahre 1127 wurde das Gotteshaus Marienburg vom Pfalzgrafen von Baden und Birkenfeld fundiert. Diese Peterskirche, die Mutterkirche von Zell, Correy, Kaimt, Briedel, Pünderich, Merl und Bullay war, wurde 1143 vom Erzbischof Albero der damals bedeutendsten Augustinerabtei Springiersbach geschenkt.

Im Jahre 1156 wurde ein Kloster für adelige Jungfrauen eingerichtet, das im Jahre 1515 infolge des zerrütteten Vermögensbestandes und der gelockerten Disziplin von Erzbischof Richard von Greiffenklau aufgehoben wurde, während die Nonnen größtenteils ins Kloster Stuben übersiedelten.

Wegen seiner günstigen strategischen Lage für den Fall eines Krieges ließ Erzbischof Heinrich II. schon gegen Ende des 13. Jh. das Kloster stark befestigen, erreichte aber dadurch nur, daß dieser militärische Stützpunkt auch für den Feind viel begehrenswerter wurde. Bei der Aufhebung des Klosters im Jahr 1515 genehmigte Papst Leo V., daß zur Verteidigung neue Befestigungen angelegt wurden. Als im Jahre 1679 die Franzosen sengend und brennend durchs Moselland zogen und dabei alle Burgen zerstörten, beabsichtigten sie, die Marienburg noch stärker zu befestigen. Dann gaben sie den Plan auf und errichteten die Bergfestung Montroyal bei Traben-Trarbach. Zur Zeit der Säkularisation ging die Marienburg in Privathand über.

Von der alten Kirche ist der spätgotische Chor erhalten. Heute steht hier eine kleine kath. Kirche, die im Jahre 1992 restauriert wurde und in altem Glanz erstrahlt. Die Nebenbauten dienen als Jugendschulungsheim des Bistums Trier. *Sehenswert*: Von der Marienburg führt ein Weg zum Aussichtsturm Prinzenkopf, von dort hat man fantastische Ausblicke auf 6 Moselorte rund um die Marienburg.

Burg Arras liegt auf dem Bergkegel bei Alf, wo Ueßbach und Alfbach zusammenfließen. Schon die Römer hatten auf dem Arrasberg eine Warte und Siedlung, denn zahlreiche Funde von römischen Münzen, Waffen und Steindenkmälern mit Inschriften lassen darauf schließen. Zwischen 860 - 890 wurde die Burg gegen räuberische Normannen durch die Familie der Ezzonen ausgebaut, die in Aachen residierte und an der Mittelmosel begütert war. Aus dem Wappen der Ritter von Arras mit ihren länglichrunden Ungarnschilden, schließt man auf eine Entstehung der Festung zur Zeit der Ungarneinfälle im 9. und 10. Jhd.. Als damals Ungarn und Normannen das Moselland verwüsteten und die Reichshilfe versagte, soll ein Köhler, der da wohnte, wo heute die Burg Arras steht, mit seinen 12 starken Söhnen sich an die Spitze der waffenfähigen Talbewohner gestellt und die Feinde vertrieben haben. Zum Lohn dafür soll er samt seinen 12 Söhnen vom Pfalzgraf bei Rhein zum Ritter geschlagen und vom Erzbischof mit der für ihn auf dem Arrasberg neu erbauten Burg beschenkt worden sein.

Urkundlich erwähnt wird die Burg im Jahre 1120, gelegentlich der Einweihung der Schloßkapelle. Es war auch das Ende der pfalzgräfischen Herrschaft und Übergang der Burg zu gleichen Teilen an den deutschen Kaiser und den Kurfürst von Trier. Diese Regelung währte bis 1794. Seit dem 12. Jh. hatte die Festung manchen Kampf zu bestehen. Die Ritter befanden sich im 12. bis 14. Jhd. in angesehenen Beamtenstellen in der Zentralverwaltung am bischöflichen Hofe, andere waren Vögte, Patronats- und Zehntherren mit guten Einkünften und übten vielerorts die Hochgerichtsbarkeit aus. 1179 war Hermann von Arras Vogt von Eller.

Der trierische Kurfürst Johann von Baden lud 1500 alle Ritter und Landstände für 3 Wochen auf die Burg Arras zu Turnierspielen und Jagden ein, wahrscheinlich zur Regelung der Nachfolge. Die Burgherrschaft von Arras empfing am 7.3.1512 Kaiser Maximilian L, der zum Reichstag nach Trier reiste. Der Burgherr Ritter Johann von Metzenhausen auf Arras nahm an den Beratungen teil. Nach dem Ableben der alten Ritter von Arras kamen zu Anfang des 14. Jh. benachbarte Geschlechter in den Besitz der Burg, wie die Herren von Wildberg, von Metzenhausen und die Zandte von Merl.

Infolge des pfälzischen Erbfolgekrieges im Oktober 1689 wurde durch die Franzosen der weitaus größte Teil der Burg Arras zerstört. Der jetzt noch bewohnte Teil mit Bergfried blieb erhalten. Mit großem Kostenaufwand nahm nach 1900 Bergwerksdirektor Dyckerhoff, als Besitzer umfangreiche Ausgrabungsarbeiten vor, wobei zahlreiche Münzen und Waffen gefunden und die Fundamente der Burg freigelegt wurden. Der Bergfried wurde wiederhergestellt und ein herrschaftliches Wohnhaus errichtet. Der Keller faßt 35 Fuder Wein, die Mauern sind 4 m dick. Wir finden beachtenswerte Innenräume, Besichtigung: 15.3.-15.11., Burgmuseum, Gaststätte.

Schlößchen Bad Bertrich (ehemals kurfürstliches Badegebäude): Das Schlößchen in Bad Bertrich ist ein ansprechender klassizistischer Bau. Die dortige Glaubersalzquelle benutzten schon die Römer. Sie war auch im Mittelalter geschätzt. 1331 wird ein „suburbium castri" genannt. 1391 und 1392 verkauften Hermann von Arras und Heinrich d. Ä. von Pirmont ihre Rechte an Erzbischof Werner von Trier. 1481 ließ der Trierer Erzbischof die Quelle neu fassen und Badekammern sowie Hallen erbauen. 1768 entwarf Johannes Seiz ein Badehaus. Nach weiteren Plänen von L. Leblanc, Michael d'Ixnard und Georg Heinrich Kirn führte schließlich Andreas Gaertner 1787 den Bau nach seinem Entwurf von 1786 aus.

Das Schlößchen (Badehaus) besitzt in der Mitte eine Durchfahrt; daneben befanden sich

Badezellen. Das schmiedeeiserne Balkongitter zeigt die kurfürstlichen Insigniern und die Buchstaben C(lemens) W(enzeslaus) E(lector). Das Holzgeländer im Treppenhaus ist nach dem Vorbild des alten erneuert. Der Hauptraum ist der Festsaal (Decke mit Stuckgesims); 4 Flügeltüren führen in Gesellschaftszimmer, ehemals Wohnräume des Erzbischofs. Heute dient der Bau dem Kurgast (Aufenthaltsräume, Lesesaal, Damenzimmer). 2 Spätrokoko-Spiegel des 18. Jh. sind hervorzuheben, ebenso ein Lüster (um 1855); diese stammen aus dem Koblenzer Schloß. Ein gutes Bild des Erzbischofs Clemens Wenzeslaus schuf Heinrich Foelix um 1775. Das Gegenstück, Clemens Wenzeslaus Schwester Marie Cunigunde von Sachsen Fürstäbtissin von Essen, ist eine Kopie nach Foelix.

Burghaus Neef an der Mosel gelegen, das Ortbild wirksam mitgestaltend, kam 1246 an Simon von Sponheim. Die romanischen Fenster zeigen Kleeblattrahmen. Um 1545 entstanden der Erkervorbau und das Dach in spätgotischem Stil. a

Kloster Stuben: Moselabwärts liegt auf weitem, halbinselförmigem Schwemmland fast gegenüber Bremm die dachlose Ruine Stuben mit den hohlen Augen, der gotischen Fenster. Nur noch die Umfassungsmauern der im Jahre 1687 erbauten Kirche stehen.

Wegen der Nähe des Flusses war die im Jahre 1137 erbaute Klosterkapelle dem heiligen Nikolaus, dem Schutzpatron der Schiffer, geweiht. Der Gründer Egelolf, ein reicher und frommer Mann, stiftete das Kloster im Jahre 1137 für seine Tochter; andere Jungfrauen und Witwen und dotierte es reichlich. Die Zahl der Jungfrauen durfte 110 nicht übersteigen. Im Jahre 1208 machte Kreuzfahrer und Ritter Heinrich von Ulmen das berühmte Sanktuarium, das Siegeskreuz der byzantinischen Kaiser aus der Mitte des 10. Jhd., ein Meisterwerk byzantinischer Emaillier- und Goldschmiedekunst, dem Kloster zum Geschenk. Es stellte ein aus dem Holz des heiligen Kreuzes gefertigtes mit Gold und Edelsteinen verschwenderisch geschmücktes griechisches Doppelkreuz dar, das der Sofienkirche in Konstantinopel entnommen worden war. Durch diese Schenkung erhielt das Kloster besonderen Glanz. Zur Zeit der Säkularisation wurde das Kreuz zusammen mit dem Trierer Domschatz zuerst nach Ehrenbreitstein, dann zur herzoglich-nassauischen Schatzkammer in Wiesbaden und schließlich im Jahre 1827 zum Domschatz nach Limburg gebracht, wo es heute in der Sakristei der Franziskanerkirche aufbewahrt wird.

Das Kloster hatte umfangreichen Weinbergsbesitz und große Einnahmen an Weinrenten in den umliegenden Moselorten. Wegen des großen Weinvorrates wurde ihm im Jahre 1374 das Weinzapfrecht auf der Kirmes zugesprochen.

Eine Schiffsmühle wurde dem Kloster im Jahre 1512 bestätigt. Drei Jahre darauf erhielt das Kloster Zuwachs durch die Klosterfrauen des aufgelösten Klosters Marienburg. Schlechte Finanzwirtschaft und Lockerung der Klosterzucht führten ähnlich wie auf der Marienburg auch hier im Jahre 1788 zur Auflösung des Klosters. Heute ist die Halbinsel wegen ihrer vom Straßenverkehr abgeschlossenen Lage eine beliebte Raststätte für Wassersportler geworden.

Stadtbefestigung Ediger: 1363 erlaubte Kaiser Karl IV. dem Erzbischof von Trier, das zur Stadt erhobene Dorf Ediger zu befestigen. Teile der Umwehrung sind erhalten, insbesondere am Kirchhof. Der Ort wurde allerdings nur „Freiheit“, ein Beispiel für viele andere, die sich trotz ihrer Stadterhebung nicht zur Stadt entwickeln konnten. - Die Kurfürstliche Kellerei in Eller, eine malerische Baugruppe des 16.-18. Jh. mit schöner Rokokotür, verdeutlicht die Gestalt derartiger Anlagen. a

Wohnturm Lehmen Ediger; ein gutes Beispiel für eine derartige kleine Anlage, war Teil eines befestigten Hofes, der unter Weinbergen an einer Moselfurt lag. 1227 wird Werner Ritter von Lehmen genannt. Der romanische Turm stammt wohl vom Anfang des 13. Jh. (1986-87 ausgebaut); Doppelfensterchen mit Hausteinsäule. Nach Osten und nach Westen hin sind Ansätze der Umfassungsmauer sichtbar. a

Burghaus Senheim, ein spätromanischer Wohnturm, um 1226 (Holzdotierung), mit steilem hochgotischem Giebeldach (1472), seit 1985 vorbildlich wiederhergestellt, dient jetzt als Künstleratelier und Werkstattgalerie Anders. (Besichtigung nach Voranmeldung). a

Burghaus Ellenz, ein schlichter Bau, entstand wohl nach 1473. Ein festes Haus besaß bereits Theoderich von Ellenz (1210 genannt). Das jetzige Gebäude hat an der Straßenseite Ecktürme. Es war um 1840 Ruine und wurde später wieder aufgebaut. Ein steiles Satteldach verlief ursprünglich in eine andere Richtung. a

Burg Beilstein (Metternich) ist ein gut angelegter Wehrbau und wirkt als Ruine stimmungsvoll in herrlicher Landschaft. Sie stammt aus dem 13. - 15. Jhd., kam 1652 als trierisches Lehen an die Freiherren von Metternich und wurde 1689 zerstört. Fränkische Gräberfunde belegen Beilsteins Besiedlung um 800. Seit 1068 ist der Ort Lehensbesitz der Herren von Braunshorn. Unter Ritter Johann (1299-1346) erhält der Ort Stadtprivilegien, wird befestigt, 1309 eine jüdische Gemeinde gegründet und 1310 die ehem. Pfarrkirche gestiftet. Nach dem Aussterben des Geschlechtes von Braunshorn geht das Lehen 1360 an die von Winnburg über. Nachdem Kurtrier 1488 Beilstein in Besitz genommen hat, belehnt es 1652 die Reichsgrafen von Metternich mit Herrschaft und Ort. 1689 Zerstörung der Burg Metternich, 1691 Grundsteinlegung der Klosterkirche, die 1738 vollendet wird. Im 17. und 18. Jh. entstand das Ortsbild, welches bis heute weitgehend so erhalten geblieben ist. Die Geschichte Beilsteins ist reich an Merkwürdigkeiten. Schon 1319 soll Beilstein Stadtrechte bekommen haben. Geschichtlich zuerst erwähnt wird es 1250 im Besitz des Erzstiftes Trier, nachdem es vorher (1200) Reichsburg war. Trier belehnte damit die Herren von Braunshorn, Winneburg und Metternich. 1471 wird ein Cuno von Winneburg und Beilstein erwähnt. Im Jahr 1637 berief Graf Emmerich von Metternich-Winneburg und Beilstein Mönche vom Berge Carmel nach dem sog. Kammerberge zu Beilstein und ließ Kloster und Kirche bauen. Die 12 Mönche des Ordens hatten den Gottesdienst in der Schloßkapelle und auf der Winneburg bei Cochem, sowie den Pfarrdienst in Beilstein zu versehen. Die Kirche wurde im Rokoko-Stil erbaut. Außer dem Karmeliterkloster soll auch ein Kapuzinerkloster hier bestanden haben. Im Jahre 1689 wurden von den Soldaten Ludwigs XIV. die Verteidigungswerke von Ort und Burg niedergerissen und alle bewegliche Habe auf die Bergfeste Montroyal bei Traben-Trarbach gebracht. Einige Monate später wurden auch Schloß und Ort niedergebrannt. Den Weinzehnten erhob hier die Abtei Steinfeld.

Gräfliches Amtshaus Bruttig (Haus Schunk) ist ein gutes Beispiel eines herrschaftlichen Amtshauses. Der gräflich sponheimische Ge richtsschultheiß Paulus Pauli errichtete es 1659 als Wohn- und Amtshaus: ein bedeutender Renaissancebau mit Gliederung aus rotem Sandstein und reicher Inneneinrichtung (holz geschnitzte Wendeltreppe und Türfüllungen, stuckierte Balkendecken, Kamin und Prunkofen). Um 1831-1922 war das Haus Besitz der Familie Schunk. a

Reichsburg Cochem; ein großartiger Bau des 19. Jh., prächtig gelegen, bereichert mit ihrem vielgestaltigen Umriß das Landschaftsbild. Sie war ehemals Reichsgut, mit dem die Pfalzgrafen belehnt waren. Die Tochter des Pfalzgrafen Ehrenfried (Ezzo, +1034), Richeza (König Mieczyslaw von Polen) übertrug sie 1051 ihrem Vetter, dem Pfalzgrafen Heinrich I. Als Pfalzgraf Wilhelm 1140 auf der Burg starb, zog König Konrad III. ein und besetzte sie 1151. Bis 1294 war sie Reichsburg. Eine kurze Aneignung durch den Erzbischof von Köln machte König Rudolf 1282 rückgängig. 1294 verpfändete König Adolf die Burg an Trier, das später die Landeshoheit erwarb. 1673 wurde die Feste durch die Franzosen beschossen und 1689 zerstört. 1868 begannen Aufräumungsarbeiten, 1874-77 ließ Kommerzienrat Jakob Louis Ravené aus Berlin die Burg durch die Architekten Ende und Julius Raschdorff in neugotischem Stil wieder aufbauen. Die Malereien schuf Ernst Ewald (Ausführung teilweise Göthe und Münster), die Bildhauereien gestalteten Albermann und Hausmann, die Glasmalereien Gäsler, die Holzbildhauereien Boldauf.

Die älteste Burg bestand wohl aus Wehrturm und Wohnhaus mit Nebengebäuden (um 1051), sie wurde in romanischer Zeit ausgebaut und unter Erzbischof Balduin von Trier (1307-54) erweitert, 1662 erneuert. Alt ist noch der Bergfried, ein Rundturm und das 2. Tor. Die neu errichtete Anlage steht in der alten Umwehrung.

Die Burg liegt beherrschend über der Stadt. Das Außentor ist verschwunden; das 2. Tor ergänzt. Eine Brücke führt zum Haupttor (1868); westlich steht das Verwaltungshaus, ehemals ein Burgmannshaus. Im Osten befindet sich ein Wohngebäude mit Faßkeller, östlich davon ist eine dreieckige Plattform erkennbar. Hier liefen ehemals 2 Mauern zum Fluß, da zwischen ein Seil, das eine Kette heben und senken konnte, die wegen des Zolls den Schiffen die Fahrt sperrte. - An der Südspitze steht die Kapelle, westlich davon: Kavaliershaus, Brunnenstube, Spielhaus. Im Nordwesten war ehemals ein versteckter Ausgang. Im inneren Bering erhebt sich der Bergfried, in der Nordostecke ein Rundturm (Hexenturm); das Treppenhaus ruht auf Fundamenten einer alten Außentreppe. - Das Innere birgt neugotische Raumausstattungen und Kunstwerke: Im Vorzimmer des Damenzimmers findet man eine Renaissance-Vertäfelung (neu: Füllungen 17.Jh.), Kachelofen (17. Jh.), Kacheln, Kaminplatte (1615; Kreuzigung, Gießer HANS GRAL), Wandteppiche (17. Jh.), Gemälde. - Eine Gaststätte lädt zum Verweilen ein. a

Winneburg: Die Winneburg liegt herrlich auf spitzem Felskegel im Enderttal bei Cochem. Wahrscheinlich wurde sie 1248/49 von Cuno, Herr von Winesberg gegründet. 1304 trug Wirich von Wunnenberg die Burg dem Erzbischof Diether von Trier zu Lehen auf: Die Burg wurde ein offenes Haus gegen jeden, außer dem römischen König und dem Erzbischof von Köln. Kuno von Wunnenberg (+1525) geriet in Streit mit dem Erzbischof von Trier, der ihn 1488 seiner Lehen verlustig erklärte. Es entstand der „Beilsteiner Krieg“, in dem Kuno und der Kurfürst von der Pfalz, der den Moselübergang bei Senheim erlangen wollte, unterlagen. 1503 belehnte der Erzbischof Kono von neuem. 1688 besetzten die Franzosen die Burg und sprengten sie 1689.

Die weithin sichtbare Burg, jetzt Ruine, stammt aus der Mitte des 13. Jh. und wurde in der ersten Hälfte des 15. Jh. erweitert; sie zeigt lehrreiche Einzelheiten der Wehrtechnik. - An der früheren Außenpforte führt ein Steg über den Graben. Hinter einem (früher) weiteren Tor biegt der Weg um; gleich hier war ein weiteres Tor. In großem Bogen erreichen wir die tonnengewölbte Torhalle (zur Anlage des 13. Jh. gehörig) und den unteren Hof. Der Palas, einst mit steilem Satteldach, hat an der Westseite starke Halbtürme, einer ein Treppenturm. Der Bergfried enthält ein Verlies, darüber einen Aufenthaltsraum mit Kamin, sowie Reste eines unteren Geschosses mit Aussichtsfensstern. In der Nordecke des oberen Burgplatzes liegen Teile eines Burgmannhauses (Kellerfundamente, Spurten von Tonnengewölben; Kamin- und Abstellnische, Halbturmrest mit Treppe). Die Oberburg ist vieleckig gestaltet und geschützt durch Steilabfall auf allen Seiten. - Im 15. Jh. wurde die Burg um den unteren Kopf erweitert: Im Norden ein Wohnbau mit Kamin, im Osten Stallungen, denen südlich ein Gesindehaus angefügt ist, im Südosten ein weiteres Wohngebäude mit Treppenturm; 2 Wohnräume sind zu sehen (Kamin, Gewölbeansätze; Renaissance-Mittelsaäule jetzt in Cochem). - Bei der Erweiterung wurde die Nordseite umwehrt, ebenso die Westseite (Wall und Graben. Die untere Hälfte der alten

Mauer wurde erneuert und innen für einen Wehrgang verstärkt mit starken Halbtürmen). a

Burg Coraidelstein oberhalb von Klotten wurde wahrscheinlich im zehnten Jahrhundert von Pfalzgraf bei Rhein, Hermann, erbaut, der sie dann Ezzo oder Ehrenfried-Pfalzgraf bei Rhein erbte. Im elften Jahrhundert lebte auf ihr Ezzos Tochter Richeza, die Polenkönigin aus dem Hause Ottos II. und der byzantinischen Prinzessin Theophano. Schon als Kind war sie mit dem Sohne des polnischen Königs Bodislaw verlobt. Als ihr Gatte, der geisteskranke Polenkönig Miesko, im Jahr 1034 starb, wurde sie vom polnischen Adel aus dem Lande getrieben. Sie zog sich mit ihrem Sohn Kasimir auf ihre Besitzungen in Clotten zurück, („in pago Clotteni"). Hier ließ sie sich in Dorfmitte eine Hauskapelle errichten, wo sie fast das Leben einer Ordensfrau führte. Nach dem Tode ihres Bruders Otto, dem Erzbischof von Köln, im Jahre 1047, nahm sie aus der Hand des Bischofs von Toul den Schleier und trat in das Kloster der hl. Ursula in Köln ein. Von hier aus beschenkte sie die Abtei Brauweiler, das Stammkloster und die Grabstätte ihrer Familie. Schon während ihres Aufenthaltes in Clotten (1040-1047) hatte sie dem Kloster jährlich 4 Fuder Wein geliefert. Im Jahre 1067 vermachte sie dann der Abtei alle ihre Moselgüter vom Endertbach bis zur Elz. Ihr Vetter Pfalzgraf Heinrich, der auch als Vogt und Schirmherr von Clotten eingesetzt wurde, erhielt die Stadt Cochem mit Burg und Zoll.

Kaiser Adolf von Nassau zog das Schloß zu Clotten nach dem Tode des letzten Pfalzgrafen an sich und verpfändete es dem Kurfürsten von Trier als Reichslehen. Kaiser Karl IV. überließ Coraidelstein zur Schuldentilgung dem Trierer Erzbischof Balduin als Eigentum. In Gegenwart des Kaisers Heinrich III., des Erzbischofs Anno von Köln und des Pfalzgrafen Heinrich fand 1056 auf der Insel Kaiserswerth die feierliche Übergabe der Clottener Güter an die Abtei Brauweiler statt. Der Kaiser erteilte die Bestätigung und fügte seinerseits die volle Zollfreiheit auf Rhein und Mosel zu Gunsten des Klosters hinzu. Die Abtei Brauweiler errichtete in Clotten ein Priorat in dem jetzigen Fronhof, der noch heute gut zu erkennen ist. Richeza starb wie eine Heilige im Jahre 1063 und wurde gegen ihre Verfügung nicht in der Grabstätte ihrer Familie beigesetzt, sondern auf Anordnung des Erzbischofs Anno von Köln in der Kirche Maria zu den Staffeln bestattet. Heute sollen ihre Gebeine im Kölner Dom unter der Orgel ruhen (in der Kapelle des Kölner Dombildes befindet sich auch ein kleiner Richeza-Sarkophag). Die Clottener Güter wurden für das Kloster Siegburg eingezogen (d. Erzbischof Anno von Köln). Sein Nachfolger Hildulf aber mußte sie nach langwierigem Streit auf Verlangen des Kaisers, des damaligen Papstes und des Abtes Wolfhelm ihrer eigentlichen Bestimmung übergeben.

Der erste Burgvogt von Klotten war Sicco. Nach dem Tode der Pfalzgrafen erhielten die Ritter von Klotten, die Güter als Lehen. Dieses Geschlecht erlosch in der Gräfin Jutta von Klotten bereits nach einigen Jahrhunderten. Sie vermählte sich mit Dietrich von Kesselstatt. Im Jahre 1413 wurde dieser mit der Burg Klotten belehnt. Die Familie der Kesselstatt-Clotten starb schon bald aus und die Burg kam in den Besitz der Grafen von Kesselstatt-Föhren, in deren Hand sie über 500 Jahre blieb. Die spätgotische Kirche wurde im vierzehnten Jahrhundert erbaut, während eine ältere bereits im Jahre 1004 von Erzbischof Ludolf von Trier zu Ehren des hl. Maximinus und Petrus geweiht worden war. Die erste Kirche unterstand bis zum Jahre 1217 der Abtei Malmedy, später den Kanonikern von Trier (Domkapitel). Die ursprüngliche Pfarrei Klotten erstreckte sich bis nach Hambuch. Die alte Kirche, die vermutlich 1549 eingeweiht wurde, vergrößerte man im Jahre 1865, wobei man sich jedoch an den alten Bau anlehnte. Sie überragt in sehr malerischer Weise den ganzen Ort. 1265 trat Klotten der „Edigra", dem Städtebund von Ediger, einer Vereinigung vieler Orte der Untermosel, bei. Drei Jahre später wurde Klotten selbst befestigt, wobei auch der jetzige Kirchturm als Festungsturm erbaut wurde.

Im späteren Bürgerkrieg der „Edigra" stellte sich Klotten auf die Seite der Abiten, die nach 1284 den Namen „Viktrix" führten.

Damals wurde Klotten eine Präfektur, aus der vielleicht das spätere Dynasten-Geschlecht „der von Clotten" entstanden ist. Etwas unterhalb von Klotten befand sich eine große Schanze. Dort wurde 1593 der niederländische Bandenführer Oliver-Tempel mit 800 Mann von den Klottenern geschlagen. Auch 1673 bewährte sich die Schanze beim Angriff des französischen Generals de la Trouze; im Brandjahre 1689 wurde sie geschleift. Der damalige Pfarrer von Klotten, der den Franzosen bei ihrem Eindringen in die Kirche donnernde Worte entgegenrief, konnte so die Zerstörung des Ortes retten. Er hatte jedoch viel zu leiden und konnte die Sprengung der Burg durch die Welschen nicht verhindern.

An den alten klösterlichen und adligen Besitz in Klotten erinnern noch heute der Fronhof, der Pyrmonter-, Nikolaus- und Petershof; letzterer gehörte noch 1446 der Abtei Malmedy. Begütert waren ebenfalls die Abtei Brauweiler, das Stift in Karden, die Abtei Maria Laach, das Kloster Springiersbach, das Domkapitel in Trier, die Abtei Himmerod, die Johanniter von Adenau, die Abtei Martental, das Kloster Rosenthal und Stuben. Die Abtei Niederehe bei Daun besaß hier im achtzehnten Jahrhundert 3000 Weinstöcke. Der Adel war vertreten durch die Königin selbst, die Pfalzgrafen, die Grafen Salm und Kesselstatt, die Ritter von Starkenburg, die von Eltz und die Herren Kratz von Scharfenstein. Früh erwähnt werden die Weinbergslagen und Flurnamen: „Schotzwyn oder scozwin", ein Weinberg in Klotten mit Namen „in Kameroth" (1250), der Laacher Hof zu Varandey auf dem Klottener Berg, ebenfalls „Summunt oder Summet" (1051).

Wiltburg Treis wurde wohl vor 1123 auf dem gleichen Felsmassiv errichtet wie die Burg Treis und wurde 1957 ausgebaut. Der romanische Palas zeigt ausgewogene Bauverhältnisse.a

Wiltburg

Burg Treis (Treisburg) (1 km Fußweg), ist eine sorgfältig geschützte Anlage auf einem steilen Fels am Zusammenfluß des Flaumbaches und des Dünnbaches. Sie stammt aus dem 11. oder 12. Jh. und ist jetzt Ruine. Den Bergfried errichtete Erzbischof Hillin von Trier (1152-69). Ein Halsgraben innerhalb der Ringmauer weist auf eine ältere, kleinere Anlage hin. a

Burghaus Karden ist ein stattliches Gebäude mit ausgeglichenen Maßverhältnissen und ein gutes Beispiel für spätmittelalterliche Bauweise. 1562 errichtete es der kurtrierische Schultheiss Simon Broy als Amts- und Wohnhaus am Moselufer. a

Schola Karden (Stiftsschule); Der aus dem Ende des 15. Jh. stammende spätgotische Bau in der Art eines Adelshofes, mit Staffel giebeln und Fachwerkobergeschoß birgt kostbare Wandmalereien der Erbauungszeit, Bildfolgen wie Susanne im Bad und die Sage von Herzog Heinrich dem Löwen, sind kulturgeschichtlich bedeutsam als frühe literarische Illustration. Stilistisch verwandt sind die Malereien im Rübenacher Saal mit denen in der Burg Eltz. a

Burghaus Pommern ein wuchtiger Wohnturm, steht an einem Weinbergshang. 1414 belehnte der Erzbischof von Trier den Hermann von der Weiher mit einem „gemauerten Stock", den er zu einem Wohnhaus machen sollte. Vielleicht handelte es sich um ein Gefängnis. Der jetzige Bau entstand nach 1414. Im 17. Jh. fügte man ein Hofhaus an. - Das Haus Nr. 18 (früher Birkenbeil), ein burgartiges Fachwerkhaus der Renaissance mit Treppenturm, stammt aus dem 17. Jh. - Der Himmeroder Hof, jetzt Pfarrhaus, ist ein gutes Beispiel eines spätmittelalterlichen, barock veränderten Klosterhofes. a

Burg Eltz: Nach einer (1 Stunde Fußweg von Moselkern) talaufwärts steht man staunend vor dem Märchenschloß „Burg Eltz“. Sie ist der teilweise aus dem 10. Jhd. stammende noch heute erhaltene Herrensitz der Grafen von Eltz. In der bekannten Eltzer Fehde belagerte Erzbischof Balduin von Trier nach der Eroberung von Burg Schöneck, Waldeck und Ehrenburg (1330) 3 Jahre lang das Schloß. Auf vorspringendem Felsen errichtete er damals den Grafen von Eltz zum Trotz die Burg Trutz-Eltz; sie ist heute verfallen. Der Streit endete mit der Belehnung der Grafen mit beiden Burgen.

Eltz ist keine Ritterburg mit Schutzwehr, Turm und Bergfried wie die übrigen Burgen der Mosel, sie ist eine Wohnburg, ein Bergstädtchen mit einer Reihe von Burghäusern, wie das Rodendorfer-, Kampenicher- und Rübenacher- Haus und die Platteltz, die von den einzelnen Familien der Grafen Eltz bewohnt wurden. Noch heute lassen sich die verschiedenen Bauperioden der Burg feststellen. Interessant sind auch die Bestimmungen des „Burgfriedens“ von 1430, die den Verkehr innerhalb der einzelnen sich nicht immer freundlich gesinnten Familien derer von Eltz regelten. Als im Jahre 1689 Boufleurs Scharen die Moselburgen systematisch zerstörten, blieb allein die Burg Eltz erhalten, weil ein Herr von Eltz, (Carl Anton von Eltz-Uettingen), Marschall von Frankreich war und auf sein Betreiben sogar eine Schutzwache auf einen benachbarten Hof auf das Maifeld gelegt wurde. Leider zerstörte der Brand vom Jahre 1920 die Burg teilweise erheblich. Sie wurde jedoch in alter Form wieder hergestellt. Wenn alle anderen Burgen der Mosel mehr massives Mauerwerk zeigen, handelt es sich meist um militärische Stützpunkte Doch der Aufbau der Burg Eltz mit seinen malerischen Erkern, Türmchen und Fachwerk lehrt uns, daß auch ein Teil der übrigen Schlösser und Burgen im Moseltal einst ein ähnliches Aussehen gehabt haben muß. Die Burg Eltz kann von Frühjahr bis Herbst besichtigt werden.

Burg Trutzeltz; gegenüber der Burg Eltz ist eine typische Trutzburg (Gegenburg). In der Eltzer Fehde (1331-36) errichtete sie Erzbischof Balduin von Trier, um von hier aus Eltz beschießen und bezwingen zu können. 1336 wurde sie bei der Aussöhnung den Grafen von Eltz übergeben. - Die Burgruine besteht aus einem Wohnturm auf steilem Fels mit Wehrgang im Norden und Eckturm im Osten, einem Doppeltor sowie Zwinger nach drei Seiten. a

Burg Pyrmont: Weithin ragt mit charakteristischem Umriß Burg Pyrmont auf einem Felsgrat inmitten bewaldeter Höhen. Kuno von Schönberg (Kreis Malmedy) war wohl der

Erbauer der 1225 erwähnten Wehranlage; er siedelte dort Burgmannen an. 1652 erwarben die Freiherren Waldbott von Bassenheim Pyrmont halb, um 1710 ganz. (Seit 1788 hatten die Besitzer der Herrschaft

einen Sitz im Westfälischen Grafenkolleg). 1712 begann die Familie von Bassenheim mit dem Umbau der Oberburg zum Barockschloß. 1810 wurde Pyrmont versteigert und teilweise abgebrochen. 1902-12 besaß Kapitän Hans Christoph Scharmberg die Ruine und richtete sich im Bergfried eine Wohnung ein. Er eröffnete ein „Museum" mit Briefmarken und Tierpräparaten, das für 10 Pf. zu besichtigen war, und verkaufte Schiffsmodelle in Flaschen. 1963 erwarben die Düsseldorfer Architekten Professor Dr.-Ing. Helmut Hentrich und Dipl.-Ing. Hubert Petschnigg Pyrmont und richteten darin ein Gästehaus und Büroräume ein. Der vorbildliche Wiederaufbau wahrte das vertraute Bild des Bauwerks in der Landschaft, insbesondere den Ruinencharakter, der durch die halbhohen Fensterpfeiler des dritten Schloßgeschosses hervorgerufen wird. Ziel war es, die Burg als Kulturdenkmal zu erhalten und gleichzeitig den heutigen Bedürfnissen nutzbar zu machen. Pyrmont beherrscht die alte, aus der Eifel zum Maifeld und zum Rhein führende Straße. Der Oberburg und deren ehemaliger Vorburg, der Niederburg, wurde später eine Erweiterung nach Westen zugefügt; hier lagen wohl die Wirtschaftsgebäude.

Gegenüber dieser heutigen Vorburg mit Nebengebäuden führt eine Holzbrücke (an Stelle der Zugbrücke) über den Graben. Im Hof der Oberburg finden wir ein gotisches Taufbecken. Die Einteilung der Innenräume des Schlosses verblieb in Keller (Treppenaufgang mit Sammlung kostbarer Keramik und Gläser) und Erdgeschoß in altem Zustand. In der Halle sehen wir einen flämischen Gobelin (15./16. Jh.), im Jagdzimmer Hörner, Gewehre und Lanzen. Von der alten Kapelle ist der stimmungsvolle Chor (15. Jh.) erhalten, jetzt mit einem französischen Maßwerkfenster. Das Eckzimmer besitzt eine alte Holztäfelung aus Trier. Den Rittersaal schmückt ein mächtiger gotischer Kamin sowie Rüstungen und Waffen, die alte Küche ein großer Kamin und vielerlei Hausrat. Das Obergeschoß enthält wohnliche Gästezimmer. An vielen Wochenenden finden Rahmenprogramme statt. („Erlebnisburg"). a

Burg Bischofstein gegenüber von Burgen auf einem Felsen, schützte einst den Ort

Burgen und das Umland, sowie die Moselübergänge nach dem Maifeld. Sie wurde wahrscheinlich von Erzbischof Arnold I. von Trier (1169-83) errichtet, 1689 zerstört und nach 1930 wieder aufgebaut. Heute beherbergt sie ein Schullandheim und kann nicht besichtigt werden. Ein weißer Kalkstreifen in halber Höhe des Turmes deutet auf einen abgebrochenen hölzernen Rundgang hin. Mit dem Bau der Burg wurde schon 1259 unter Erzbischof Arnold begonnen. Unbezwungen blieb die Burg selbst damals, als im Jahre 1552 Markgraf Albrecht von Brandenburg verheerend durch das Erzstift zog. Neben dem Turm erheben sich noch die Mauerreste der verfallenen gotischen Burgkapelle. Auf einem unterhalb liegenden Felsvorsprung steht eine noch gut erhaltene Kapelle aus dem 12. Jh. Im Jahre 1228 machte Vikar Gottschalk eine testamentarische Stiftung zugunsten eines 2. Geistlichen für die untere Kapelle auf dem Bischofstein. Ingebrand, Propst zu Münstermaifeld, stiftete damals für sich und seinen Bruder Heinrich von Daun Güter zu Valwig und eine Gedenktafel in dieser Kapelle.

Burg Ehrenburg bei Brodenbach (1 Stunde Fußweg, Auto 5 Min.), ist eine bedeutende Anlage auf beherrschendem Bergkegel. Sie wurde um 1120 errichtet, bis zum 16. Jh. ausgebaut und birgt bemerkenswerte Teile: Im 14. Jh. entstand der Doppelturm (Hengst), eine Verschmelzung von Bergfried und Schildmauer. Der Rampenturm, wohl vom Ende des 15. Jh., mit spiralförmiger Auffahrt für Geschütze, ist eine hervorragende wehrtechnische Leistung und einer der frühesten Bastionstürme in Deutschland.

Trutzig überragt taleinwärts die Ehrenburg, der Mosel gewaltigste Burgruine, weithin das Tal. Ein mächtiger Bergfried ragt hoch zum Himmel; seine Mauern sind etwa 6 m dick. Die Burg ist terrassenförmig aufgebaut. Ein mächtiger Rundturm, in dessen Innern eine für Reiter und Wagen benutzbare Wendelrampe aufwärts führt, stellt die Verbindung der einzelnen Stockwerke her.

Im Jahre 1161 wird durch Vermittlung von Kaiser Friedrich I., Konrad (Pfalzgraf am Rhein) vom Erzbischof Hillin mit Burg Ehrenberg (Erenberch-castrum) belehnt. Der Burgberg der Ehrenburg, der füher im Besitz des Stiftes St. Simeon in Trier war, wurde im Jahre 1226 vom Erzbischof Theoderich von Trier des Weines wegen gegen 1/2 Fuder Weinrente zu Leiwen und Müstert getauscht. Die Ritter von Ehrenberg lebten mit der Nachbarschaft in ständiger Fehde. Die Bürger der Stadt Koblenz, denen wohl manches Frachtgut auf Mosel und Landstraße durch die raubritterlichen Eingriffe der Ehrenberger weggeschnappt wurde, belagerten von 1394-95 die Burg. Im Jahre 1397 zahlten die Ritter von Ehrenberg der Stadt Koblenz dieses Vorgehen wieder heim durch die Einäscherung von mehr als 200 Häusern. Darauf wurde der Streit beigelegt. Als im Jahre 1414 die Ritter von Ehrenberg ausstarben, wurden Burg und Herrschaft zwischen Pfalzgraf Stephan, Johann von Schönenberg und Kuno von Pyrmont geteilt. Durch Heirat kamen die Pyrmonter Anteile an die Grafen von Eltz, die im Jahre 1545 im Beitz der gesamten Herrschaft waren. Wie die übrigen Burgen der Mosel wurde auch die Ehrenburg im Jahre 1687 von den Franzosen gesprengt.

Burg Thurant liegt oberhalb von Alken (Aufstieg 25 Min.) und ist eindrucksvolle zweitürmige Doppelburg.

Die Burg soll Pfalzgraf Heinrich - König Ottos IV. Bruder und Reichsverweser - als „Thuron“ zum Andenken an die vergeblich belagerte Syrer Feste (im Jahre 1197 vom Barbarossafeldzuge heimgekehrt), erbaut haben. Urkundlich erwähnt wird die Feste jedoch erst im Jahre 1209, als der Burgherr der Abtei Himmerod den Moselzoll bei

Alken (theloneum apud Thuron) erließ. Die Burg hatte manche Kämpfe zu bestehen. Im Jahre 1216 wurde sie durch Erzbischof Engelbert von Köln erobert. Nach dessen Ermordung im Jahre 1225 kam Pfalzgraf Otto wieder in Besitz der Burg. Die Übergriffe des Burggrafen Zorno veranlaßten die Erzbischöfe Arnold II. von Trier und Conrad von Köln, die Raubburg im Jahre 1246 zwei Jahre lang zu belagern und vom Pleidenberg aus zu beschießen. Nach dem Stiftsdokument von Münstermaifeld sollen hierbei von den Soldaten nicht weniger als 3000 Fuder Wein getrunken worden sein. Nach der Eroberung wurde die Burg in eine Trierer und eine Kölner Hälfte mit je einem Bergfried geteilt und von zwei besonderen Burggrafen verwaltet, denen die umliegenden Orte Fron- und Wachtdienste zu leisten hatten. Der ungetreue Vogt von Alken wurde wegen seiner Spionagendienste während der Belagerung von der Burg Thurandt aus an einem Seil zum Pleidenberg gewippt. Wegen Geldnot wurde die Burg öfters verpfändet. Im Jahre 1616 wurde sie zum Bau des Wiltberger Schlosses (im Orte) selbst der Dächer beraubt. Nach 1689 wurde sie mehrmals zerstört und 1915-16 teilweise wieder errichtet. Heute kann die Burg besichtigt werden. Das Innere birgt Waffen, Bilder und Keramik.

Burghaus Alken ist ein hohes spätgotisches Giebelhaus mit Treppenturm, neben dem die Herren von Wiltberg 1616 ein schloßartiges Gebäude errichteten. a

Oberburg Schloß Gondorf (Schloß von der Leyen) ist eine mächtige Anlage am Moselufer und zeigt beachtenswerte Bauten der Frührenaissance. Im 12. Jh. gründeten die 1158 genannten Ministerialen von Gondorf die Burg, von denen eine Linie seit 1308 den Namen von der Leyen (nach dem Burgfels) führt. Diese Familie, aus der später Erzbischöfe von Mainz und Trier hervorgegangen sind, stieg 1806 zum Fürstenrang auf. Im 14. Jh. und um 1560 unter dem Trierer Kurfürst Johann VI. von der Leyen (1556-67) fanden Bauarbeiten statt. Am Anfang des 19. Jh. zog die französische Verwaltung in das Schloß ein. Es war dann kurz Eigentum Talleyrands, der es auf den Namen seines Bankiers Le-Roux besaß. 1809 erwarb es Fürst Philipp von der Leyen von ihm zurück, mußte es aber 1820 wieder verkaufen. Seit 1876 teilt die Eisenbahn, seit 1971 die Straße (2 Tunnel) das Anwesen.

Die ausgedehnte Anlage, ehemals eine Fluß burg, besitzt eine wehrhafte Vorburg (im Westen). Im Norden steht ein stattliches Gebäude des 16. Jh. mit Eckturm. Der Mittelflügel (jetzt Besitz des Gondorfer Winzervereins) mit vorspringendem Halbturm ist der älteste Teil der Vorburg. Ein Verbindungstrakt erstreckt sich zum Torbau von 1527 (mit Konsolen für einen Erker, Schießscharten, Gußöffnung in Gewölbescheitel, Falz für Fallgatter und Anschlag eines inneren Tores und „Wetzrillen"). Das südlich an den Torturm anschließende Mauerstück hat einen doppelten Wehrgang. Die Vorburg entstand im 15. Jh.; über dem durch laufenden Bogenfries lief der Wehrgang. Caspar von der Leyen ließ hier 1626-1627, 1629 einen Wirtschaftshof gestalten: Speicherdächer mit Gauben (Zugang durch den südöstlichen Rundturm mit malerischer Haube). Ein mächtiger Rundturm (jetzt Glockenturm) mit Rundbogenfries besitzt ein Verlies, Gewölbe und einen Kamin.

Die rechteckige Hauptburg umschließt einen zur Mosel geöffneten Hof. Der Nordflügel enthält in seinem Ostteil (jetzt von der Straße durchbrochen) den früheren Palas (15. Jh.) in fein abgewogenen Verhältnissen. Er zeigt Ecktürmchen mit zierlichen Helmen und an der Flußseite einen reich verzierten Erker aus dem 3. Viertel des 16. Jh. Im Osten des Palas, finden wir einen schmalen Wehrgang mit vorgeschobener Bastion (3. Viertel des 16. Jh.). Zwischen Nord- und Südflügel ist eine Mauer des 15. Jh. und eine feingliedrige Holzgalerie auf ornamentalen Steinsäulen angefügt (um 1560). Der gut gestaltete Südflügel („Neuer Bau"), in Frührenaissance für Kurfürst Johann VI. errichtet (2 Flügel um einen älteren Rundturm an der Moselseite), zeigt feine Steinmetzarbeiten: Kreuzsprossenfenster mit zierlichen Dreiecksgiebeln, sowie ein Bandgesims und am Nordgiebel Fachwerk. Der Treppenturm an der Westseite war ehemals Bergfried (14. Jh.; Tür mit Renaissanceschmuck aus dem 16. Jh.). Daneben liegt die Einfahrt mit spätgotischem Tor, darüber ein Zwischenbau von 1814, ein gutes Werk der frühen Neugotik. a

Niederburg (Schloß Liebieg) Gondorf geht auf ein Burghaus zurück, das eine ältere Linie des Geschlechts von der Leyen um 1250 gründete. Jetzt findet man dort Ausstellungsräume für exquisite Antiquitäten und Gastronomie für festliche Anlässe bietet. Sie kam 1830 an den Koblenzer Kaufmann Simon Clemens. Dessen Sohn Peter ließ sie 1859-61 durch Vincenz Statz neugotisch umgestalten; seine Tochter Angelika brachte durch ihre Heirat 1879 den Besitz an den Freiherren Theodor von Liebig. 1910 kam ein Anbau im Westen hinzu (durch Baumeister Heinrich Bayerle), der insbesondere Raum für umfangreiche Sammlungen zur Kunst und Archäologie schaffen sollte. - Das Schloß liegt in einem schönen Park und zeigt an der Moselfront Teile des alten Burghauses, insbesondere den Kapellenerker; hier lag wohl der Festsaal. Die Fenster und der hohe Stufengiebel stammen aus dem 19. Jh., ebenso das Innere.

Zur Straße hin steht ein kleiner Rundturm als künstliche Ruine gestaltet - in den Bruchstücke vermauert sind. Die oberhalb gelegene Kapelle wurde im Stil französischer Doppelkapellen für Angelika von Liebieg nach dem Tod ihres Gatten (1891) durch den Ingenieur Kayer aus Wien 1892 geplant. Dunkle Bruchsteinflächen heben sich von reich gearbeiteten Werksteinen ab. Das Untergeschoß dient als Gruft. a

2 Burgen überragen Kobern: die malerische Niederburg und oberhalb (neben der Matthiaskapelle) die Oberburg,. Die Erbtochter aus dem Rittergeschlecht Cobern (gleichen Namens) heiratete im letzten Viertel des 12. Jh. Gerlach von Isenburg, der eine Linie Isenburg-Cobern gründete (1301 erloschen). 1195 mußte Gerlach das Eigentumsrecht an der „Aldenburg" (Oberburg) in Cobern, die wieder aufgebaut wurde, und der Niederburg dem Erzbischof von Trier übertragen. Dieser gab ihm daraufhin alles zu Lehen. 1347 und 1351 bzw. 1380 erwarb Erzbischof Balduin von Trier Herrschaft und Burgen, auf denen dann Amtsleute saßen. Im 15. und 16. Jh. veränderte man die Niederburg, 1688 wurde sie wahrscheinlich von den Franzosen zerstört. Im Bergfried der Oberburg wohnte bis gegen Ende des 18. Jh. ein Einsiedler, dem um 1770 die Aufsicht über die Matthiaskapelle übertragen wurde. a

Oberburg Kobern ist an den Schmalseiten durch tiefe Felsgräben geschützt. Der Angriffsseite hat einen romanischen Bergfried (um 1200) mit Kreuzgewölben in 2 Geschossen, Kamin und Treppen in der Mauer sowie Rundbogenöffnungen und Schießscharten. Die Ringmauer zeigt im Norden und Osten einzelne kleine Rundbogenöffnungen und Kaminreste. In der Oberburg befindet sich eine Gaststätte. a

Niederburg Kobern hat einen mandelförmigen Grundriß und ist im Norden durch einen tief in den Fels gehauenen Graben geschützt. Der romanische Bergfried (um 1200) auf einem bearbeiteten Felsklotz hat trapezförmigen Grundriß. Der ursprüngliche rundbogige Eingang befindet sich etwa in halber Höhe. Im Norden ist mittelalterlicher Verputz mit waagerechten Ritzfugen sichtbar. Südlich vom Bergfried liegt die Zisterne. Im Südosten der Burg befanden sich Wohnbauten. Der Palas (um 1240, nach 1351 spätgotisch umgestaltet) zeigt Flachbogenfenster und den Rest eines Erkers. - Ein spätgotischer Zwinger im Westen ist vor gelagert (mit rundem Außenturm). a

Matthiaskapelle: Neben dem Bergfried der Oberburg erhebt sich die Matthiaskapelle, die mit ihren zierlichen Formen einen wirkungs vollen Gegensatz bildet. Wahrscheinlich Heinrich II. von Isenburg-Kobern errichtete sie nach 1221 für das Haupt des Apostels Matthias, das er wohl von einem Kreuzzug mitgebracht hatte (heute in Trier, St. Matthias). Die Kapelle, ein Meisterwerk der spätesten rheinischen Romanik in letzter Prachtenfaltung, ist ein 6eckiger Zentralbau. Der hohe Mittelteil ruht auf 6 Säulengruppen, umgeben von einem weiten Umgang, der außen 2-geschossig und 2-teilig gegliedert ist, innen eingeschossig und 3-teilig. Das Portal zeigt feine Kapitelle. Die Wandarkatur aus Säulen und Kleeblattbögen ist vielleicht von Gelnhausen beeinflußt, ebenso die Kapitelle der Säulengruppen (ähnlich wie in Bacharach). Der Chor bildet einen Dreiviertelkreis; die Formen sind mit Worms verwandt. Die Kapelle zeigt Einwirkungen aus dem Heiligen Land (Himmelfahrtskirche bzw. Felsendom in Jerusalem); verwandt ist sie mit der Kapelle von Vianden in Luxemburg. Die alte Farbgebung der Kapelle (Weiß, roter und gelber Ocker, Schwarz) ist wiederhergestellt, ebenso der Fußboden aus kleinteiligem Steinmosaik. Ein Relief von 1630 zeigt die Enthauptung des Matthias. Siehe Kobern-Gondorf. a

Heesenburg Dieblich, ein beachtenswertes Burghaus, entstand um 1250. Das rechteckige Gebäude zeigt Spuren rundbogiger Fenster. Die östliche Giebelwand ist spätgotisch. Die Straßenseite schmückt ein barocker Fachwerkerker. 1762 erbte die Familie von der Hees das Anwesen. a

Burghaus der Zandt von Merl in Dieblich (jetzt Pfarrhaus) ist ein spätgotischer Bau mit steilem Giebel, Erker und Bogenfries an der Moselseite. a

Alte Burg in Koblenz (am Moselufer) bildet mit der Balduinsbrücke ein sehenswertes Stück des mittelalterlichen Koblenz. Um 1185 errichtete die Koblenzer Dienstmannenfamilie von der Arken (Name nach der Holzverankerung einer Eisbreche = archa) nahe der Moselfähre ein Burghaus (Teile der Moselfront erhalten).

Als Stützpunkt gegen die Stadtgemeinde erwarb es Erzbischof Heinrich von Trier. Er begann um 1276 den Ausbau (Aufstockung, Erweiterung nach Osten, Rundturm an der Nordost-Ecke). 1334-40 vergrößerte Erzbischof Balduin die Burg (Westflügel). Erzbischof Otto (1418-30) starb hier. Bei der Huldigung seines Nachfolgers Raban brachen Unruhen aus. Er flüchtete in die Burg und dann auf den Ehrenbreitstein. Im 16. Jh. vergrößerte man die Burg; durch einen Treppenturm und eine ausgewogene Stadtfront (Dreiflügelanlage). Unter Erzbischof Johann Hugo gestaltete Johann Christoph Sebastiani 1680-82 das Gebäude um. Johann Hugo wohnte oft und gerne hier, wo er auch 1711 starb. Nach 1945 richtete man das Gebäude für die Stadtbibliothek ein. - Beachtenswert ist die Wendeltreppe von 1557 mit bedeuten dem Portal; sie ist oben durch ein spätgotisches Netzgewölbe abgeschlossen; das Geländer entstand 1599. Die 8-eckige Kapelle hat Spitzbogenfenster. Malerisch ist der Brunnenturm (heutige Form von 1594). a

Kurfürstliches Schloß Koblenz: Am Rheinufer liegt majestätisch das „Neue Schloß“, ein bedeutendes Werk des Frühklassizismus. Clemens Wenzeslaus, seit 1768 Erzbischof von Trier und Bischof von Augsburg, plante bald nach seiner Thronbesteigung die Verlegung der Residenz von der Philippsburg in Ehrenbreitstein nach Koblenz. Das Schloß entstand im Zuge der Anlage der Neustadt 1777-93. Die Pläne schuf Michael d`Ixnard, die Johann Seiz veränderte. Anton Francois Peyre mußte dann aus Kostengründen Abstriche machen. 1784 war der Rohbau vollendet, 1786 zog der Kurfürst ein. Doch schon 1794 mußte er vor den französischen Revolutionstruppen Koblenz endgültig verlassen. Im gleichen Jahr wurde vor dem Schloßrondell der Freiheitsbaum aufgepflanzt, Rotten plünderten die Räume. Die Hofkirche wurde Dekadentempel, auf den Altar stellte man eine Ceres-Bildsäule aus dem Speisesaal. 1841 äußerte König Friedrich Wilhelm IV. von Preußen die Absicht, den Bau als Residenz einzurichten. 1842 begannen die Arbeiten unter Johann Claudius von Lassaulx, 1845 wohnte das Königspaar zum erstenmal hier. 1850-58 lebte Prinz Wilhelm, der spätere Kaiser, als Militärgouverneur im Schloß. Die Kaiserin weilte bis 1889 zweimal im Jahr mehrere Wochen hier. Im August 1914 diente das Gebäude als Großes Hauptquartier, 1921 bis zu seiner Zerstörung 1944 als städtisches Museum, 1950-51 wurde es wieder aufgebaut und ist jetzt Sitz von Behörden.

Das Schloß ist „einer der letzten monumentalen Schloßbauten des 18. Jh. und zugleich der erste und bedeutendste Bau des Frühklassizismus im Rheinland“ (Dehio). An der Flußfront finden wir am Mittelbau ein Relief von Sebastian Pfaff (Allegorien von Rhein und Mosel). Die halbkreisförmigen Seitenflügel (nur im Grundriß wiederhergestellt) sind vielleicht durch Villenentwürfe Palladios beeinflußt. Im Innern sind Eingangshalle, Gartensaal, Treppenhaus und Kurfürstensaal in Anlehnung an den alten Zustand erneuert. a

Festung Ehrenbreitstein: Die jetzigen, ihrer rein klassizistischen Architektur wegen viel beachteten Befestigungsbauten wurden 1817- 1828 durch die Preußen errichtet. Innerhalb der Festung des „Deutschen Heeres“ befindet sich das Landesmuseum mit der historischen Prunkkanone (1524), das Rheinmuseum und eine Jugendherberge. Alljährlich findet von hier aus unter dem Namen „Rhein in Flammen“ ein Großfeuerwerk statt.

Deutschordenskommende: Die Deutschordenskommende wurde 1216 gegründet und 1944 weitgehend zerstört. der nach 1945 wiederhergestellte Rheinbau war die Wohnung des Hauskomturs. Geringe Reste der ehem. Kirche sind erhalten.

Bürresheimerhof; (Florinsmarkt) ein stattlicher Bau mit schönen geschwungenen Giebeln, ist jetzt Teil der Stadtbibiothek und des Mittelrheinmuseums.

Deutsches Eck: Das Deutsche Eck liegt am Zusammenfluß von Rhein und Mosel, die Deutschordensritter gaben ihm den Namen, als sie 1216 dort einen Ordensbezirk ins Leben riefen. 1945 wurde das Reiterstandbild Kaiser Wilhelms I. auf dem 1897 errichteten Denkmal zerstört. 1993 wurde ein neues Standbild Kaiser Wilhelms I. errichtet, welches dank einer großzügigen Spende eines Koblenzer Kaufmannes finanziert wurde. Seit 1953 gilt das Denkmal als Mahnmal der deutschen Einheit .

Der MOSELLAND VERLAG hält weitere Literatur im Fachhandel für Sie bereit, oder Sie bestellen direkt beim Verlag. 56859 Bullay, Am Königsberg 14, Telefon 06542 / 2723 * Fax .../ 22723

Verlagstitel
Radwanderführer Mosel
Titel: RADWANDERN UND EINKEHREN IM MOSELLAND
ISBN 3-9801720-7-4, 2. Auflage
Format: 25 x 11 cm, LP. .... DM 9,80

Radwanderführer Mittelrhein
Titel: RADWANDERN UND EINKEHREN AM ROMANTISCHEN MITTELRHEIN
ISBN 3-9801720-4-X, 1. Auflage
Format: 25 x 11 cm, LP. .... DM 8,50

Reiseführer
Titel: ERHOLSAMES LAND - Autor: F.W. Weber
Untertitel: Mittelrhein, Mosel, Ahr, Eifel, Hunsrück, Nahe
ISBN 3-9801720-2-3, 1. Auflage
Format 21 x 11 cm, LP. ....DM 14,95

Reiseführer Rheinland-Pfalz - Autor: F.W. Weber
Titel: RITTER - REBEN - UND RASTEN
Untertitel: ...der Reiseführer zu romantischen Reisezielen im sagenumwobenen Rheinland Pfalz.
mit kleinem Weinbrevier, reichlich illustriert, ISBN 3-9801720-6-6, 1. Auflage
Format: DIN A 5 hoch, 256 Seiten, LP. ....DM 29,80

Quellennachweis
Wir danken dem Fremdenverkehrsverband Rheinland-Pfalz und ortsansässigen Verkehrsämtern für die Beschaffung von Text- und Bildmaterial. Beitrag: Der Weinbau an Mosel Saar, Ruwer, von Dr. Faas, Trier.

Beiträge zu Burgen und Schlösser: Dr. Wilh. Avenarius, Braubach/Rhein, gekennzeichnet mit a.

Beiträge zur Chronik: Dr. Felix Meyer, Zeltingen aus Band Wochende und Sommerfrische an Mosel und Saar 1928, Textüberarbeitung Hans Brück Bullay. Weininformationen: Deutsche Weininformation Mainz.

Bildnachweis: Moselland Archiv, Fremdenverkehrsverband Rheinland-Pfalz Koblenz, Landesbildstelle Koblenz: Luftaufnahmen, Titelfoto, Schweich und Koblenz. Fotostudio Gauls Koblenz. Verkehrsamt Metz.

Worterklärungen

Mansen	Bauer(n-Hof), die abgabepflichtig gegenüber Ihren Herrschaften waren.
frs	Zahlungsmittel Franc
Bauleute	Bauernhof
Hufe/Hube	die in der frühmittelalterlichen Grundbesitzverfassung der Anteil der einzelnen Bauernfamilie an der Gemeindeflur, meist 30-60 Morgen
Tlr	Zahlungsmittel
Malter	Gefäßmaß
Panzer	Metall-Schutzkleidung eines Kriegers
Abt	Klostervorsteher
Abtei	ein Kloster von Mönchen oder Nonnen
Castor	Verwalter
Epitaph	Grabmal mit Inschrift
Fehde	Feindseligkeit, besonders im Mittelalter eine Art Bruder- oder Privatkrieg, gewaltsame Selbsthilfe oder Rache zwischen Rittern, Grafen und Fürsten.
Frondienst	von Komunen oder Dienstherren befohlene Arbeisleistung, eine Art Zwangsarbeit ohne Bezahlung
Junker	Junger Edelmann
Kardinal	nach dem Papst der höchste Würdenträger der kath. Kirche
Kellerei	ist ein Weinkeller, indem der Wein bearbeitet gelagert und verkauft wird.
Kellermeister	Verantwortlicher Leiter einer Kellerei
Knappe	Edelknabe im Dienste eines Ritters
Münster	Stiftskirche, später auch für Dom
Münze	Werkstatt für Münzgeldprägung
Prekarie	Lehen
Raubritter	verarmte Ritter, die ihren Lebensunterhalt durch Raub und Erpressung sicherten
Ritter	Krieger, die im Mittelalter Herrschaftsrechte ausübten, in Burgen wohnten und adelige Lebensformen entwickelten
Scheffel	Gefäßmaß für Getreide
Spät-La-Tène Zeit	Teil der Eiszeit
Stift	mit Vermächtnissen und besonderen Vorrechten ausgestattete klosterähnliche Gemeinschaft von Geistlichen, später auch von frommen Frauen
Turnier	Wettkampfspiele,
Verlies	Unterirdischer Kerker
Visier	beweglicher, das Gesicht bedeckender Teil des Helmes einer Rüstung
Zehnt	wiederkehrende Abgabe eines (meist der zehnte Teil) aus den Erträgen des Grundbesitzers an den Grundherrn
Zehnthaus	Gebäude, in welchem die Produkte der wiederkehrenden Zehntabgabe registriert und gelagert wurde.
Zofe	auch Kammerfrau, eine Frau die nur zur Bedienung einer adeligen Dame angestellt wurde.
Zoll	Abgaben, Steuern auf Waren beim Überschreiten einer Grenze, früher auch beim Benutzen von Wegen und Brücken.

Orteverzeichnis